南京師範大學古典文獻學專業

成立四十週年紀念專號

古文獻研究

GU WEN XIAN YAN JIU

（第十輯）

王　鍔　主編

鳳凰出版社

圖書在版編目（ＣＩＰ）數據

古文獻研究. 第十輯 / 王鍔主編. -- 南京 ： 鳳凰
出版社, 2023.12
ISBN 978-7-5506-4048-1

Ⅰ. ①古… Ⅱ. ①王… Ⅲ. ①古文獻學－中國－文集
Ⅳ. ①G256.1-53

中國國家版本館CIP數據核字(2023)第243895號

書　　　　名	古文獻研究(第十輯)
主　　　編	王　鍔
責 任 編 輯	郭馨馨　孫　州
特 約 編 輯	莫　培
裝 幀 設 計	陳貴子
責 任 監 製	程明嬌
出 版 發 行	鳳凰出版社(原江蘇古籍出版社) 發行部電話025-83223462
出版社地址	江蘇省南京市中央路165號, 郵編:210009
照　　　排	南京凱建文化發展有限公司
印　　　刷	安徽省天長市千秋印務有限公司 安徽省天長市鄭集鎮向陽社區邱莊隊真武南路168號
開　　　本	787毫米×1092毫米　1/16
印　　　張	20
字　　　數	317千字
版　　　次	2023年12月第1版
印　　　次	2023年12月第1次印刷
標 準 書 號	ISBN 978-7-5506-4048-1
定　　　價	118.00圓

(本書凡印裝錯誤可向承印廠調換, 電話:0550-7964049)

目　録

CONTENTS

編者按：1983年，南京師範大學古典文獻專業成立，至今已走過了四十年歷程。自創業之艱辛，至今日之茁壯，風雨坎坷、悲辛歡愉，實賴衆多師生之堅守奉獻，砥礪前行。今刊發三文，以誌紀念。

李靈年老師訪談錄

李靈年　楊新勛

2023年5月23日上午，楊新勛在南京心頤薈康養中心采訪了專業的原系主任李靈年老師，以下是訪談記録。

楊新勛（以下簡稱“楊”）：李老師您好，非常感謝您能答應我們的這次訪談。幾年前就一直想拜訪您，您總怕我來回跑，所以我每次都是電話問候。因爲專業四十週年，今天終於能够利用這個機會拜訪您。

李靈年（以下簡稱“李”）：新勛太客氣了。你們中年人都很忙，正是年富力强的時候，教學任務重，科研壓力大，還有家庭、生活等方面的負擔，不容易。我們都是從那段時間走過來的，很有體會。

我退下來之後輕鬆多了，有了空閑時間，只是糖尿病很多年，又肺功能衰退，也行動不便，很多時候只能待在家裏。你經常打電話來問候，我們每次都能深入交談，也很欣慰。（自）去年冬季新冠流行以來，我住院一段時間，畢竟九十多歲了。這次疫情流行，太多老年人去世了，没想到我竟然能熬過來，我們能够再見面，真是非常激動啊。

楊：李老師，您是我們古文獻專業的老主任，又長期擔任古籍所所長，主編《文教資料》，在明清小説、清代文獻等方面都頗有建樹。能否請您先談談您的成長道路，您是如何一步步走上古代文獻研究的道路的？

李：我1930年的12月24日出生在徐州市沛縣静安鎮，隨父居住在銅山縣（編者按：今徐州市銅山區）。1937年後受日寇影響，我們又遷回老家臺兒莊李山口村。我父親畢業於滕縣神學院，是牧師。而我由於主要生活在江蘇，就填寫徐州市銅山縣人，籍貫山東省棗莊市臺兒莊區。由於戰亂，我少年時長期奔波流離，僅小學就換了十所。高中畢業，我報考的是齊魯大學，但當時國内形勢比較混亂，我高中畢業後就被學校留下來做初中教師。教了 3 年初中語文後，24 歲那年我到江蘇教師進修學院(江蘇教育學院前身)高中語文教師進修班學習，遇到了諸祖耿先生(1899—1989)和錢玄先生(1910—1999)兩位名師。一年後我被留下來，住在諸祖耿老師家裏作爲青年教師培養對象，也是諸老師的助教。諸老師是章太炎先生(1869—1936)弟子，潛心學術，著作甚富，尤長於先秦文獻研究；諸老師上課講解細膩，感情充沛，尤其吟誦《楚辭》時群情振奮，效果極佳。我受諸老師的教益很多，所以，多年後整理諸先生的日記、手稿等，我都非常樂意參加。

1960 年，國家恢復研究生招生，我考取了北京大學中文系的研究生，導師是吳組緗(1908—1994)老師，副導師是季鎮淮老師和吳小如老師。讀研期間，我參與了游國恩(1899—1978)等老師主編的《中國文學史》的班子，我和費振剛、李修生等人屬於青年人，得以向游國恩、季鎮淮、蕭滌非、王起等先生學習。參編文學史，給我們提供了很好的實踐機會，我搜集和整理文獻資料的方法就是(在)那時形成的。我的研究生學習先後歷時六年，除了參編文學史，我主要跟着吳組緗先生學習明清戲曲、小説研究。吳先生聰明、正直、愛國，善於觀察，長於創作，尤擅語言描寫，吳先生對我影響很大。

研究生畢業後，我回到了江蘇教院。1969 年江蘇教院併入南京師範學院，我又成了南師中文系的老師。長期以來，我自己主要從事明清小説，尤其是《儒林外史》《水滸傳》《三國演義》《紅樓夢》的校注和研究，後來因爲工作的關係也從事文獻整理研究，主編了《清人別集總目》等。

楊：李老師的經歷真是充滿了坎坷和傳奇，但從中也不難看出您的學術興趣和辛勤付出，能受到諸祖耿、錢玄和吳組緗等先生的青睞很不容易。

在上個世紀 80 年代，南師中文系可謂大師薈萃，雲蒸霞蔚，如段熙仲先生(1897—1987)、諸祖耿先生、唐圭璋先生(1901—1990)、錢玄先生、孫望先生(1912—1990)、徐復先生(1912—2006)等都是國内著名的學者；但是古文獻專業能夠創建起來還是很不容易，篳路藍縷，困難重重。您作爲我們古文獻專業的創建元老，能否談談專業的創建過程？

　　李：好的。1981 年 9 月，中共中央根據陳雲同志的提議，提出整理我國古籍的重要指示。教育部爲加快古籍整理人才培養，在北京大學中文系恢復了古文獻專業。受此影響，江蘇省高教局領導會同一些專家教授，經過醖釀，決定在我們南師中文系開辦一個古文獻專業。動議下來了，但是有些領導没有充分的思想準備，擔心系裏的條件差，教師參差不齊，資料比較匱乏，很多方面也没有基礎。這樣 1982 年底，系裏爲此開座談會，得到了程千帆、周勛初、卞孝萱、唐圭璋、孫望、徐復等先生的全力支持，尤其徐復先生誠懇地說：“條件不够可以逐步創造嘛。”事情才終於確定下來。南師古文獻專業終於宣告成立了，徐復先生擔任首届專業主任，確定於 1983 年秋季開始招生。對於課程的設置，程千帆先生（1913—2000）希望能够發揚無錫國專的優點，選讀一些專書，這後來成爲專業固定的系列經典導讀課。周勛初先生也提出了不少具體建議，還向專業提供了課程設置的資料。張芷先生和我都是在徐復先生的領導下工作。當時，青年教師吴金華先生（1943—2013）已經留校工作，輔助徐復先生，爲專業創建做了很多具體工作。

　　開辦伊始，徐復先生以七十多歲高齡率先上課。多年來，他先後講過古文獻要籍介紹、讀書指導、訓詁學等課，並利用自己的影響力邀請著名學者舉辦了各種學術講座。此外，錢玄先生也長期給專業上課，他的古代漢語、文字學和校勘學都講得很好，對學生幫助很大。趙國璋先生擔任專業的工具書使用法課，將教學與實踐結合起來，他這方面的著作就是在教學中撰寫而成的。吴金華先生雖然年輕，但是小學功底很好，人聰明，有理論意識，能够解決學術問題，講“古文獻學概論”，課上得非常受學生歡迎。

　　不久，我接替張芷先生擔任專業主任。當時，專業的很多方面都還處在初始階段，各方面都需要發展，也要和外界交流，尤其是要加强與全國高校古籍整理與研究工作委員會（以下簡稱“古委會”）的聯繫。作爲地方院校的古文獻專業，能够成爲古委會的直接領導和資助的教學單位，長期以來受到他們的大力支持，對我們專業發展來説很有意義。我由於擔任古籍所所長，實在忙不過來，很多事情都是副主任吴金華先生來做。這段時期，吴老師經常來和我交流，尤其是針對當時的社會風氣和教育風氣，當時系裏要求調整教學計劃，進行教改，我們都認爲應該堅持專業的方向和特點,不能大量削減專業基礎課程,不應改變專業性質。古文獻是要扎扎實實的功夫,基礎一定要打牢,然後才能談得上開拓和創新嘛。(19)92年前後,吳金華先生轉任復旦大學古籍所副所長,系裏又讓我再次擔任專業主任。當時我已退休,是返聘,只能算是臨時代任。副主任是趙生群先生,他年輕有爲,學術、業務能力都很強,尤其是對專業很有感情,能堅守,也有奉獻精神,很多事情都是他費心,而且做事越來越成熟穩重。後來,我由於年齡和身體原因離開了專業主任位置。

楊:回顧南師古文獻專業的創建、發展歷程,您能够很好地與張芷先生、吳金華先生和趙生群先生共事,甘當綠葉,無私奉獻,成爲古文獻專業的建設者、參與者和守望者。其間能够抵禦來自各方面的壓力,堅守專業,並且使南師古文獻專業一步步壯大,很不容易。我曾讀過您撰寫的《熱心古文獻整理事業的徐復先生》,也多次聽説您和吳金華先生共事的點點滴滴,時常被您對古文獻專業的深情所打動,被您對專業的奉獻精神所鼓舞。專業能够成長壯大,也非常感謝您。還有,這個過程中,諸位老師應該也有一些特別感人的事迹,您能具體談談嗎?

李:一個要説的是系裏的段熙仲先生和唐圭璋先生,他們真是道德高尚、學問出衆啊,同時也是教學嚴謹、待人熱誠。兩位先生都是中年喪妻,忠於愛情,沒有再娶,一個人既贍養老人,又撫育子女,同時還能勤奮讀書、刻苦鑽研,孜孜矻矻,終成大師級人物。他們勤奮到什麼程度,學生向唐圭璋先生求教、問問題,他都能深入淺出地做出回答,即使學生到他家,他也是只和學生談讀書、談學問,沒有時間閑談的。他們兩人都給專業做講座,開大課也讓專業學生選修,很多專業學生也深受兩位先生的影響。

錢玄先生 1934 年畢業於中央大學,師從黃侃(1886—1935)、胡小石(1888—1962)學習小學、經學,精通古漢語和三禮之學,共發表論著二百餘萬字,與程千帆、錢仲聯同時被聘爲續修四庫經部的學術顧問,影響廣泛;但他做事非常認真細緻,勤奮異常,精益求精,而且爲人低調,非常謙虛謹慎,胸懷坦蕩,淡泊名利。錢先生不但思路清晰,邏輯思維能力強,而且課講得條理分明,舉例恰當,不枝不蔓,深入淺出,幾乎所有學生都能心領神會。還有,錢先生書法秀美,板書洋洋灑灑,極漂亮。錢老師曾獲南師大教學比賽一等獎。

徐復先生是黃侃的得意門生,又經黃侃介紹得師章太炎先生,學問很大,訓詁學、語言學、文獻學都造詣精湛,著作等身,却非常平易近人。他上課時,要求學生認真讀書,樹立良好的學風,對學生的作業提出許多具體意見,或補充内容,或糾正錯誤,或指導方法,或深化認識,循循善誘,表現出極端負責的精神和對年輕人無私的愛。還有,就是徐復先生對年輕學人的培養和提携也是無微不至的,他非常注重發現年輕人身上的閃光點,絶不吝嗇贊賞之辭,熱情鼓勵年輕人,毫無保留地幫助他們,爲他們寫序寫跋,推薦文章,古道熱腸,胸襟博大,讓人有種如沐春風的感覺。他和很多年輕人都結下了深刻的友誼。像吳金華、江慶柏、施孝適、萬仕國等都是當時深受徐復先生影響的年輕人,可以説徐復先生影響了一代人。由於年齡原因,徐復先生從專業主任的位置上退了下來,也退休了,但是他仍然擔任專業的名譽主任,時常到學校來和師生會面、交談,用他的影響力、感召力爲專業發揮餘熱。他是我們專業的一面旗幟。

楊:是啊,那時雖然是初創時期,但是著名學者親自授課,指導學生,專業學生能够親炙名師真是人生的幸運啊。雖然當時困難重重,道路險阻,但是也發展得步履穩健,氣氛活躍,生機勃勃。也正是這些著名學者的授課、指導,積極參與,才給專業的發展打下了堅實的基礎,也獲得了社會和學界的認可。我2003年來專業工作,曾有機會和徐老見面,那時徐老在主席臺上熱情洋溢地講他的讀書心得,非常陶醉,而且南師文學院學報幾乎每年都刊發徐老的新作。他老驥伏櫪,筆耕不輟,真是讓人感動。

李:是的。回顧那段歲月,真是讓人感動也激動,感慨良多,我覺得爲之付出是值得的,也是欣慰的。到1998年,南師建立文學院,專業已招生十届,畢業學生137人,很多學生已成爲所在單位的骨幹力量,這樣古文獻專業順理成章地升格爲系,定名"文獻學系",並且改隔年招生爲每年都招,招生人數從15人擴大到20多人,頻次增加、規模擴大,專業更加興旺了。

楊:是的,專業壯大起來了,也一步步走上了正軌。李老師,您長期擔任古籍所所長,談談所的建立、工作以及和古文獻專業的關係,好嗎?

李:好的。古籍所的成立比古文獻專業晚了一年。響應國家號召,根據學校的實際情况,經過專家醖釀,請示江蘇省高教局,古文獻研究所於1984年成立,也就是一般説的"古籍所"。當時古籍所有辦公室、資料室,編制25人,編輯《文教資料》,同時也是江蘇省古籍整理領導小組秘書處的掛靠單位。古籍所擬定的主要任務是從事古籍整理實踐和古文獻理論研究，培養和鍛煉古文獻整理和研究的專業人才，和古文獻專業有交叉、重疊而又略有不同。

我們主要工作，一是搶救性整理中文系著名專家學者的古籍整理和研究成果，如段熙仲、諸祖耿、唐圭璋、金啓華、錢玄等先生的著作，如《戰國策集注彙考》《三禮通論》《尨書詳註》等。由於歷史原因，他們的著作整理難度很大。"文革"時期，條件差，他們多把校註直接標在原著上，同時大量使用貼加浮籤的方式。當時用紙不方便，他們往往將煙盒裁成紙條貼在書頁上。這種浮籤不工整，字迹也模糊，又年久失色，都增加了整理難度。而這時老先生們都年事已高，聽力、目力均已下降，這就需要古籍所增加人手，我們很多所里人也是這些著名學者的助手。二是積極申報古籍整理研究的課題和計劃，規劃相關研究課題。我們積極申報古委會和江蘇省的各項課題計劃，獲得資助對於我們展開工作很有幫助。這方面的代表性成果如《文獻學辭典》《江蘇藝文志》《廣雅詁林》《三禮辭典》《全宋詞典故考釋辭典》《清人別集總目》《明清進士題名録》《清代人物生卒年表》《江蘇地方文獻總目》等，還有一些規劃了，也着手了，但是由於參與人員退休或去世没有繼續下去。當然，所裏人員也參加了兄弟院校和單位的古籍整理課題工作，尤其是古委會的衆多"全集"工程。三是古籍所與古文獻專業關係密切，承擔專業的一些教學、科研任務。由於古籍所的性質，當時很多古文獻專業的老先生如諸祖耿先生、錢玄先生、徐復先生、鄭異之先生、葉祥苓先生等都編制在古籍所，承擔文獻學專業的教學任務，同時擔任教學科研項目，編著或出版教材。如錢玄先生撰寫的《校勘學》、趙國璋等先生編著的《文史工具書概述》就是在講課教案的基礎上修改而成的教材。徐復先生、錢玄先生等都主張把自己的成果列入古籍所"專刊"，並且身體力行。所裏的青年教師江慶柏、陳敏傑以及謝秉洪等也都承擔古文獻專業課程的教學任務，江慶柏還長期擔任專業教研室主任。可以説，古籍所和古文獻專業關係密切，有魚水之情，兩個單位的人員不分彼此，兩者是分不開的。

楊：聽您講述這些過往，感覺您對老先生們有着非常濃厚的感情，對他們的學術非常敬仰，對他們成果的搜集、整理和出版又非常熱心，真是讓人感動。

也正如您所説，古籍所和文獻學專業關係十分密切。我來專業工作時，教研室主任就是江慶柏老師，陳敏傑老師擔任專業的古文獻學、校勘學和《楚辭》導讀課程的教學任務，陳老師後來把《楚辭》導讀課分給我來上。江慶柏老師上課很有特色，深入淺出，講解透徹，尤其能夠將教學與科研和古籍整理實踐相結合，他從事清代文獻研究和四庫學研究都往往有學生參與，學生跟着他增加了動手能力，這對於古文獻專業的學生來説很重要。

李：是的，古籍所和古文獻專業是密不可分、休戚與共的。

楊：時間過得真快，一上午就這樣渡過去了。聆聽李老師談了兩個多小時，真是受益匪淺，讓我對古文獻專業和古籍所的建立有了新的認識，也讓我對專業上的大師級的專家們有了鮮活的認識，對您的奉獻精神也有了更多認知，謝謝您！祝您和師母身體健康！

（受訪者：南京師範大學文學院教授；

采訪者：南京師範大學文學院教授）

循序漸進，持之以恒

江慶柏

　　我是 1984 年 12 月在南師參加工作的。開始的時候是在古文獻整理研究所，後來在古文獻專業。

　　和任何人一樣，在剛參加工作時，都有一個對以後工作方向的規劃問題。我開始做了一個時期的先秦、秦漢文化研究，後來做過《昭明文選》研究，還做過一段時間的文獻學研究，以及其他一些零零碎碎的事。這些有的是出於個人愛好，有的是研究所交給的工作任務。

　　大概在 1990 年前後，當時的研究所領導叫我參加《江蘇藝文志》的編纂工作。這個工作的基本內容就是把上古至清末及部分生於晚清而於 1949 年 9 月 30 日之前去世的江蘇籍作者著作收集起來，按照當時江蘇省的行政區劃分卷，每一地級市範圍各自成卷。這個課題可以展示江蘇文化的成就，爲江蘇研究提供切實的文獻依據。這個想法很好，但實際做起來難度很大。

　　首先是工作量大。江蘇是一個文化大省，自古至今，作者、著作數以萬計，工作量很大。其次是工作條件差，缺經費、缺人手、缺資料。

　　《江蘇藝文志》本書篇幅巨大，而查找資料的工作量更爲巨大。當時國內互聯網基本還只是一個概念，更沒有資料庫，電腦也沒有。記得學校分配電腦，研究所與學校思政室兩個單位因爲是在同一樓層，所以一起分了一台，是長城 386 桌上型電腦。電腦放在思政室，要用必須在思政室開門的時候。因此所有資料都需要從原始文獻中查找，然後做成卡片。這樣的工作非常枯燥，就是整天抄卡片、排卡片。1996 年，最後一卷《蘇州卷》出版。全書 11 卷，分爲 15 冊，共 800 萬字。這些都是課題組一個字一個字手寫出來的。

　　從現在的角度看，當時的工作狀況是非常"落後"的，效率也是很低的。但這一階段的工作，使自己收穫巨大，對自己以後的工作、研究有着十分重要的影響。這個工作最大的收穫，是自己基本瞭解了江蘇文獻的總體情況，並進而逐漸瞭解了江蘇社會、江蘇文化的基本特徵。後來我陸續完成了《明清蘇南望族文化研究》《近代江蘇藏書研究》的寫作，並與人合作完成了《孫星衍評傳》的寫作。這些著作的撰寫，歸根到底都與自始至終參加了《江蘇藝文志》的編寫有關。

例如在編纂《江蘇藝文志》的過程中，感覺蘇南地區同一姓氏的作者特別多，而這種同一姓氏的分布又有着明顯的區域性，如無錫的華氏、秦氏，鎮江的李氏、丁氏，常州的莊氏、惲氏，蘇州的顧氏、陸氏、潘氏，等等。這種情況肯定不是偶然的。通過家譜、族譜、地方志等文獻的梳理，看到了同姓人物之間明顯的親族關係。這些都被稱爲地方望族。進一步考察這些望族的家庭教育、科舉成績、人才團聚現象、教育、文化學術活動以及家族的文獻整理、文化交往情況，得出了可以把明清時期蘇南望族看作是一種文化型家族的結論。

《江蘇藝文志》只收録江蘇人寫的書，我們在工作中，還看到不少寫江蘇的著作，但因作者不是江蘇人，按照體例，無法收到書中。實際上這部分著作對瞭解江蘇、研究江蘇，是非常重要的。因此大約在《江蘇藝文志》出版十年後，也就是 2006 年前後，我開始考慮編寫《江蘇地方文獻書目》這部書。因爲有《江蘇藝文志》的基礎，所以 2008 年申報江蘇省社會科學基金項目時很順利被批准了。2013 年圖書完成出版。在本書編纂及出版後，依據掌握的資料，先後編輯出版了《江蘇人物傳記叢刊》《南京愚園文獻十一種》《江蘇近現代社會救濟與慈善文獻叢刊》。

《江蘇地方文獻書目》體例與《江蘇藝文志》不同，但是互相配合，一部收録江蘇人寫的書，一部收録寫江蘇的書。

2016 年，江蘇省開始組織實施“江蘇文脉整理與研究工程”（後來改稱爲“江蘇文脉整理研究與傳播工程”），編輯出版《江蘇文庫》。可能因爲本人參加過《江蘇藝文志》和主持過《江蘇地方文獻書目》的編寫，本人被聘爲“工程”編輯出版委員會編委，同時擔任《江蘇文庫·史料編》主編之一。

我做《四庫全書》提要研究的課題，大致也是這樣一種情況。

之所以回顧以上的經歷，是想説明一個問題，對於一個人來説，社會的選擇面是非常寬的；但一個人的能力、知識面又是非常有限的。我們只能在不斷的比較、嘗試中,選擇適合自己的工作。人生是很短促的,想做的事情很多,能做的事情又很少。因此一旦有了相應的選擇,而且有可能走下去的時候,就要堅持走下去。"不積跬步,無以至千里",這個道理不複雜。

(作者:南京師範大學古文獻整理研究所研究員)

南師古文獻二老頌

吳新江

　　我南師古文獻，創自徐老鳴謙、錢老小雲兩太夫子。兹值四十年之慶，同人頗以緬懷兩太夫子德徽相從臾。新江不敏，而且不學，無所以仰贊萬一者，隨所記憶，就便作歌，各得如干篇。雖不足爲名儒師傅光，要無飾辭敷衍而貽羞兩太夫子，唯此無愧。先生之風，無德而稱，因不加詮次，蓋無可詮次，而總名"南師古文獻二老頌"云。

二〇二三年八月

二老天下之大老，
因兹黄耇德何曜。
光儀四十年中傳，
長爲後生通智竅。

《詩·小雅·南山有臺》："樂只君子，遐不黄耇。"

一

徐鳴謙太夫子

名儒武進接餘杭，
無類之教獨有方。
四十年追根柢事，
絶知學在段兼王。

惇誨誰忘夫子光，
一言不覺首低昂。
向來事業無機巧，

要在乾乾肯構堂。

大師士復最仁勇，
不懼世間多雪霜。
但願讀書三萬日，
夙成儀範澤無央。

太夫子，諱復，士復其字。

獨精故訓辨陰陽，
非但蘄春一瓣香。
座上紛紛來學滿，
翕然天下慕章黃。

太夫子教人，恒稱"太炎先生""季剛先生"，恒舉聲音明則義訓可明之教。

憶誨著書人滿家，
憶看雅記紙全花。
小親謦欬無閒話，
啓迪殷殷生有涯。

太夫子八十華誕，公家有小祝頌事。天下同志，咸相奉賀。新江時受命收集壽序、壽聯、賀信、賀電，整理爲册子，隨即印製，所以分發及留存也。太夫子執友杭州大學蔣雲從(禮鴻)先生贈詩，南京大學程會昌(千帆)先生贈聯，文辭典雅，書法優美，印象特深。程先生聯曰："翰林尊祭酒，難老媲蒼官。"太夫子親誨曰："程先生這個好。他講究。'難老'者，耐老也。"世紀之交某年，忽有晉行，新江特攝晉祠"難老"泉匾額以獻，蓋藉頌長壽長樂也。太夫子樂而受焉。某名庠來賀信，用"著書滿家"之典，新江不學，乃疑"家"或爲"架"字音訛，請諸太夫子，始識己繆。太夫子恒備《經籍籑詁》册，隨時翻檢，翻多易損，損則易之，無慮如干過，蓋特取其便；其訂正《黃季剛先生日記》册，於時人整理，隨手補其闕而正其誤，蓋特尊其師。其手寫螞蟻字，邊際皆滿，略無白地。此事新江親見之熟。

故老德光無涘涯，

見人一善每咨嗟。

獨於自我矜嚴甚，

好著新篇又滿家。

太夫子樂道人之善，好成人之美，此後學所共知。

晚訂《訄書》稱榜樣，

學林乃敢讀餘杭。

會通四海無中外，

一代鄭箋新發皇。

太夫子嘗不足時賢《章太炎全集》之事，恨其整理粗糙，且謂："章先生的學問大，他的書不好讀的。整理的人和出版的人，都不太專業，又不肯請教，所以有許多疏漏，可惜可惜。"

晚校蘄春日記詳，

他人勞苦要商量。

惜於靖獻無知識，

輕棄六經歸草荒。

《書·微子》："自靖，人自獻於先王。"太夫子一名家故人不知，而強解焉，太夫子殊惜之。

斟酌古今兼五王，

網羅放失著新章。

南窗日日思蜂擁，

筆迹無拘細細行。

餘杭門墻極盛，嘗戲以太平天國比例，門下有"五王"之目：黃侃天王，汪東東王，朱希祖西王，錢玄同南王，吳承仕北王。

太夫子每云："我們搞學問的，要讀的書太多太多，任重道遠，寫字可以看得清楚就好了，不能太講究，因爲時間不夠用。"嘗見其早年手稿二紙，字作行楷，書法至佳。所恨倉猝之間未由檢獲。

> 夫子難言性天道，
>
> 與人唯歡讀書好。
>
> 一生最切老婆心，
>
> 真正弗容易是寶。

難言者，不輕言也。

《論語·公冶長》："子貢曰：'夫子之文章，可得而聞也；夫子之言性與天道，不可得而聞也。'"

"老婆心切"，禪家語，不得已而用之；然太夫子之愛人以德，其迹固如此。

徐太夫子於人之好學而能所爲，輒一言嘉之，恒曰："真正弗容易啊！"遂成格言云。

廿數年前，太夫子鳴謙老應復旦章先生之敦邀，暫往講學古籍研究所。時先師吳企玄夫子見命全程陪侍焉。太夫子登壇次，章先生暨先師皆共同聆聽，賓主俱歡樂。事畢，太夫子將歸，會五角場交通小梗塞，主人頗踧踖，蓋懼或失時。太夫子獨夷然不爲意，謂必無慮。後果然。唯至則亦既忙迫矣，太夫子猶從容謂曰："不要緊，不要緊。"新江口雖不言，而不覺步之遽。乃太夫子小步健走站台，幾同壯年。入座不喘息，反笑而垂慰曰："我叫來得及的吧。"意氣自若。當時情景，歷歷如新，迄無一毫失。茲者王鍔先生見命緬懷，遂復思及故事。竊謂此事雖細，而足可稍窺太夫子襟度，因列鄙詞，以寫十一，借溫君子何憂何懼之旨，兼懷章先生及先師。至其言之不能雅馴，此責固所不敢辭，然猶得藉口在情不在辭否？

二〇二三年八月十一日

> 動車一里孰云長，
>
> 健步誰猜八十強。
>
> 入座故猶垂教訓，
>
> 謂言畢竟不慌忙。
>
> 先生正是鳴謙老，
>
> 有道來從復旦章。
>
> 雖亦臨行遭促迫，

吉人天相自徜徉。

二
錢小雲太夫子

絕學當時最擅場，
古經記説待商量。
研幾賈氏兼胡氏，
陟降重行揖讓鄉。

賈氏，公彥。胡氏，培翬。

太夫子禮學名家，冠絕當世，而絕不抱殘守缺。恒謂：“今日之事禮學研究，旨在瞭解先民生活方式。”

不吝危軀向海藏，
陰陽營裏小滄桑。
四時想像名山外，
柔遜從來是我強。

太夫子深居簡出，唯憂禮學之傳。與鳴謙太夫子，俱宅南陰陽營。又性剛毅寬大，與徐老同，皆南方之強。

日日明牕迎曙色，
鑽研至賾會淵默。
自箴猶嘆讀書難，
獨向吉金成獨識。

太夫子晚年，視聽有不良者。後生造門請益，太夫子每不易審，然必和顏以待。後生問訊次，以長安相頌禱，則歉歉然以不能復從事學問自笑。其實一生孜孜矻矻，無日不至於學，而得力吉金者獨多。

幾年幸接手談奢，
長樂傾聽畏錯差。
侍坐終難留滯久，

不然斜照吝餘霞。

太夫子暮年,新江率不匝月一請安。至則自推門趨進,太夫子必扶案起,然後坐,然後手談無閒話。每不忍輒辭,而不敢久坐,以此爲難,迄今怏怏甚至。

> 夙誨後生先六書,
> 無知成隊待型模。
> 倍能景仰我無慚,
> 錢小雲而小石胡。

太夫子之教,先文字學,最以明條例爲急務,蓋欲無知者之或得功倍也。親授許書,且親爲講義兩種,曰"文字學"、曰"説文段注釋例",嘉惠及於"中外"焉。

太夫子吉金之學,受之夏盧大師。

(作者:南京師範大學文學院副教授)

《左傳》注解例釋

趙生群

摘要:《左傳》爲我國古代重要典籍,注釋之作繁多。余亦多留心,今舉其注解體例四類:明體例、比文辭、揆情理、辨舊注,並各舉例釋之,敬請讀者批評指正。

關鍵詞:《左傳》 注解 明體例 揆情理 辨舊注

注釋一部古書,牽涉到許多方面。《左傳》的注釋也是如此。限於篇幅,此文所舉,大多是一些相對較爲特殊的例子。一般的如訓詁、史實等方面的内容,本文暫不討論。不當之處,敬請讀者批評指正。

一、明體例

讀一部書,首先要明其體例,體例不明,很容易造成誤解。

例一:桓公三年《春秋經》:"九月,齊侯送姜氏于讙。"《左傳》:"齊侯送姜氏,非禮也。"

陸德明説:"(《左傳》)'齊侯送姜氏',本或作'送姜氏于讙'。"①阮元説:"《水經注·汶水篇》引傳文作'齊侯送姜氏于下讙'。"②楊伯峻説:"此是釋《經》'齊侯送姜氏于讙'文,宜有'于讙'二字。楊守敬所藏六朝人手寫《左氏傳》及日本金澤文庫本俱有此兩字,今據補。《史記·年表》云:'桓公三年,翬迎女,齊侯送女,君子譏之。'即用此《傳》之義。"③

"于讙"二字該不該補呢?《左傳》説:"凡公女嫁于敵國,姊妹,則上卿送之,以禮於先君。公子,則下卿送之。於大國,雖公子,亦上卿送之。於

---

① 〔唐〕陆德明撰,黄焯彙校,黄延祖重輯:《經典釋文彙校》第十五,北京:中華書局,2007年,第475頁。

② 〔晉〕杜預注,〔唐〕孔穎達疏,〔清〕阮元校刻:《春秋左傳正義》卷六《校勘記》,北京:中華書局1980年影印本《十三經注疏》下,第1752頁。

③ 楊伯峻:《春秋左傳注》一,北京:中華書局,1990年,第99頁。

天子,則諸卿皆行,公不自送。於小國,則上大夫送之。"《傳》言"齊侯送姜氏"非禮,並不是說"送姜氏于讙"非禮。《史記·十二諸侯年表》:"肇迎女,齊侯送女,君子譏之。"就是這個意思。

石經、宋本都沒有"于讙"二字,也可以證明。

《左傳》體例,往往擇取《春秋》部分内容加以發揮,後人不明此理,容易產生誤解。

例二:桓公五年《經》:"天王使仍叔之子來聘。"《左傳》"仍叔之子,弱也。"

劉文淇説:"唐石經校文云:'"之子弱也秋大",磨作"之子來聘弱也秋大"。'按:杜解舉傳文有'來聘',初刻非也。各本脱'來聘'。"①楊伯峻説:"原脱'來聘'二字,劉文淇《舊注疏證》據杜預《注》説補,是也。此釋《經》書'仍叔之子',謂其人年少。《經》書'天王使仍叔之子來聘'在夏季,而《傳》釋之於末秋者,或者仍叔之子來聘,桓王欲魯出師以從王伐鄭。魯實未出師,故《傳》釋之於繻葛之役後以見意乎!"②

杜預説:"仍叔之子來聘,童子將命,無速反之心,久留在魯,故《經》書夏聘,《傳》釋之於末秋。"③杜預是在解釋《經》《傳》互異的原因,并不是在復述傳文,劉氏據此增"來聘"二字,不可信從。

例三:宣公二年《經》:"秋九月乙丑,晉趙盾弑其君夷皋。"《左傳》"乙丑,趙穿攻靈公於桃園。宣子未出山而復。"

《釋文》説:"'攻',如字。本或作'弑'。"④王引之説:"案:'攻',本作'殺'。'殺'字隸或作'煞',上半與攻相似,又因上文'伏甲將攻之'而誤爲'攻'耳。趙穿殺靈公,故大史書曰'趙盾弑其君',若但攻之而已,則殺與否尚未可知,大史何由而書弑乎?"⑤李富孫説:"案:義當作'弑'。"⑥

《傳》作"攻"其實不誤。《經》書"秋九月乙丑,晉趙盾弑其君夷皋"。

① 〔清〕劉文淇《左傳舊註疏證》,日本京都:中文出版社,1979年,第89頁。
② 楊伯峻:《春秋左傳注》一,第106頁。
③ 〔晉〕杜預注,〔唐〕孔穎達疏,〔清〕阮元校刻:《春秋左傳正義》卷六,第1748頁。
④ 〔晉〕杜預注,〔唐〕孔穎達疏,〔清〕阮元校刻:《春秋左傳正義》卷二十一,第1867頁。
⑤ 〔清〕王引之:《經義述聞》卷十八《春秋左傳》中,南京:江蘇古籍出版社,1985年,第422頁。
⑥ 〔清〕李富孫:《春秋左傳異文釋》四,《清經解續編》拾壹,南京:鳳凰出版社,2005年影印本,第2873頁。

《傳》載"乙丑,趙穿攻靈公於桃園",又載立公子黑臀事,則趙穿攻靈公而殺之可知。《國語·晉語五》:"靈公將殺趙盾,不克。趙穿攻公於桃園,逆公子黑臀而立之,實爲成公。"《國語》叙此事,亦僅言攻而不言殺,文與《左傳》相類。

《左傳》之文,多蒙經文省略。如:

宣公五年《經》:"冬,齊高固及子叔姬來。"《傳》:"來,反馬也。"省略主語"齊高固及子叔姬"。

定公十五年《經》:"丁巳,葬我君定公,雨,不克葬。戊午,日下昃,乃克葬。"《傳》:"葬定公,雨,不克襄事,禮也。"這裏了省略"克葬"之結果。

宣公八年《經》:"冬,十月,己丑,葬我小君敬嬴。雨,不克葬。庚寅,日中而克葬。"《傳》:"冬,葬敬嬴,旱,無麻,始用葛茀。雨,不克葬,禮也。禮,卜葬,先遠日,辟不懷也。"這裏也省略了結果。

昭公二十五年《經》:"秋七月上辛,大雩。季辛,又雩。"《傳》:"秋,書再雩,旱甚也。"這裏連事情都省掉了,只有解釋經文的文字。

文公元年杜預注説:"《傳》皆不虛載《經》文。"《左傳》叙事,意在解經,常刺取有關經義之部分,而省略其餘,不可以尋常叙事之文例之。

二、比文辭

排比文辭,是解讀古書的重要方法。上下文之間存在聯繫,相同或相似的句式,可資排比,都有助於讀者理解文義。

例一:桓公六年:"鬭伯比言于楚子曰:'……少師侈,請羸師以張之。'熊率且比曰:'季梁在,何益?'鬭伯比曰:'以爲後圖,少師得其君。'王毀軍而納少師。"

竹添光鴻説:"毁猶減少……'毁軍'與上'羸師'變文。"[①]楊伯峻説:"羸音雷,弱也。羸師者,藏其精鋭不使見,而以疲弱士卒代之,示之以弱,下文所謂'毁軍'即是。"[②]

---

① 〔日〕竹添光鴻:《左傳會箋》第二,天工書局,1998 年,第 146 頁。
② 楊伯峻:《春秋左傳注》一,第 110 頁。

"毀軍"謂撤除軍壘,與"嬴師"相關而非一事。

《左傳》"毀"字,多爲拆除之義。如:文公十六年"毀泉臺"、襄公十五年"毀之重勞"、襄公三十一年"毀鄉校"、昭公三年"乃毀之,而爲里室"、昭公十二年"問何故不毀"、昭公十八年"毀於北方"、昭公二十二年"毀其西南"、定公八年"遂毀之"、哀公十年"毀高唐之郭",都是例證。

《説文·車部》:"軍,圜圍也,从包省;从車。車,兵車也。"段玉裁注:"'包省'當作'勹'。勹,裹也。勹車,會意也……勹車爲軍也。"據金文,軍從車從勹(旬)。以兵車圜圍而成之營壘,爲"軍"字之本義。

軍壘整飭完固,足以顯示軍威,故《傳》屢稱"武軍"。如,襄公二十三年:"(齊侯)張武軍於熒庭。"昭公十三年:"及郊,陳、蔡欲爲名,故請爲武軍。蔡公知之,曰:'欲速,且役病矣,請藩而已。'乃藩爲軍。"

《孫子兵法·行軍》:"(塵)少而往來者,營軍也。"銀雀山出土《孫臏兵法·雄牝城》:"營軍取舍,毋回名水,傷氣弱志,可擊也。"又《善者》:"積糧盈軍,能使飢。"又《將德》:"君令不入軍門。""軍"皆指營壘。

莊公四年《傳》:"令尹鬬祁、莫敖屈重除道梁溠,營軍臨隨。隨人懼,行成。""營軍"謂修築軍壘。軍容壯盛,可以懾敵制勝。楚"營軍臨隨",隨人懼而請成,正好達到了既定目的。

桓公十一年《傳》說"王毀軍而納少師",意思是撤其軍壘,明無意久留(此與莊公四年"營軍臨隨"正相反),所以示敵以弱也,故下文曰"少師歸,請追楚師",季梁止之曰:"天方授楚,楚之嬴,其誘我也。"

定公七年《傳》:"齊國夏伐我。陽虎御季桓子,公斂處父御孟懿子,將宵軍齊師。齊師聞之,墮,伏而待之。"杜注:"墮毀其軍以誘敵而設伏兵。""墮毀其軍"謂毀其營壘,與桓公六年"毀軍"同義。

例二:成公八年:"莒子曰:'辟陋在夷,其孰以我爲虞?'"

楊伯峻説:"意謂無人覬覦此偏僻夷蠻之地。説本章炳麟《讀》。"①

需要補充的是,陋也是僻的意思。辟、陋同義。《論語·子罕》:"子欲居九夷。或曰:'陋,如之何?'子曰:'君子居之,何陋之有?'"邢昺疏:"'或曰陋,如之何'者,或人謂孔子言,東夷僻陋無禮,如何可居?"劉寶楠《正義》:"陋者,言其地僻陋。"

---

①　楊伯峻:《春秋左傳注》二,第840頁。

成公九年《左傳》:"冬十一月,楚子重自陳伐莒,圍渠丘。渠丘城惡,衆潰,奔莒。……莒城亦惡,庚申,莒潰。楚遂入鄆,莒無備故也。君子曰:'恃陋而不備,罪之大者也;備豫不虞,善之大者也。莒恃其陋,而不脩城郭,浹辰之間,而楚克其三都,無備也夫!'"八年《傳》之"辟陋",即九年"陋"同義;八年言"辟陋在夷,其孰以我爲虞",正與"恃陋而不備"相應。昭公十九年《左傳》:"晉之伯也,邇於諸夏,而楚辟陋,故弗能與爭。""辟陋"亦偏僻之意。

例三:桓公六年:"公問名於申繻。對曰:'名有五:有信,有義,有象,有假,有類。'"

"名有五"以下數句,各家無説。

"名有五",謂命名有五法。"有信,有義,有象,有假,有類"之"有",皆訓"以"。

吳昌瑩説:"《唐韻正》:有,古讀爲'以',是以、有二字義同而用通也。"①李富孫説:"臨下有赫,《潛夫論·班禄》引作'以赫';案《左氏·桓七年傳》'有信有義'四句,《論衡·詰術》皆引作'以',義並通。"②

《傳》下文説"以名生爲信,以德命爲義,以類命爲象,取於物爲假,取於父爲類",又説"不以國,不以官,不以山川,不以隱疾,不以畜牲,不以器幣",與此相對。《論衡·詰術》:"其立名也,以信,以義,以像,以假,以類。"又説:"置名則以信、義、像、假、類。"是其證也。

"有"用作"以"的意思,古書不乏其例。如:昭公二十一年《傳》:"《軍志》有之:'先人有奪人之心,後人有待其衰。'"吳昌瑩説:"一本作,'先人有奪人之心,後人以待其衰。'蓋不知'有'即'以'義,而改'有待'作'以待'。"③文公七年《傳》:"先人有奪人之心,軍之善謀也。"宣公十二年《傳》:"《軍志》曰:'先人有奪人之心。'薄之也。""有"字義同。又如:僖公三十年《傳》:"冬,王使周公閱來聘。饗有昌歜、白黑、形鹽。"襄二十三年《傳》:"有臧武仲之知,而不容於魯國。"《國語·晉語二》:"君惠吊亡臣,又重有命。"諸"有"字皆訓"以"。

①　〔清〕吳昌瑩:《經詞衍釋》卷三,北京:中華書局,1956 年,第 52 頁。
②　〔清〕李富孫:《詩經異文釋》十二,《清經解續編》拾,第 2829 頁。
③　〔清〕吳昌瑩:《經詞衍釋》卷三,第 52 頁。

　　例四:襄公二十五年:"莊公通焉,驟如崔氏,以崔子之冠賜人。侍者曰:'不可。'公曰:'不爲崔子,其無冠乎?'"

　　杜預説:"言雖不爲崔子,猶自應有冠。"①沈欽韓説:"言棠姜總不爲崔子之妻,何患於無冠賜人? 今在崔子之宮,適可費崔子之冠。"②俞樾説:"此當以'公曰不'絶句。'公曰不',猶"孟子曰否",乃甚不然之辭。'不'與'否'古字通也。'爲崔子句,其無冠乎',言既爲崔子,豈患無冠。吾以其冠賜人,於崔子無損也。"③楊伯峻説:"言不用崔子之冠,豈無他冠可用乎。"④

　　朱彬説:"'爲'之言'有'也。《論語》'不有祝鮀之佞'、《傳》'不有君子,其能國乎',文勢尤近似。"⑤

　　按:朱彬的説法是正確的。"不爲"即"不有"。"不爲崔子,其無冠乎"二句,意爲:倘無崔子之冠,豈無他人之冠以賜人乎?

　　王引之説:"家大人曰:《孟子·滕文公篇》:'夫滕,壤地褊小,將爲君子焉,將爲野人焉。'趙岐注曰:'爲,有也。雖小國,亦有君子,亦有野人也。'又:'夷子憮然爲閒。'注曰:'爲閒,有頃之閒也。'又《盡心篇》:'爲閒不用,則茅塞之矣。'注曰:'爲閒,有閒也。'"⑥《經義述聞》《經傳釋詞》皆謂"爲"可釋"有",舉例甚夥。

　　"不有"即"無有",常用於複句之中,表示假設之前提並不存在。如:

　　僖公十年《傳》:"不有廢也,君何以興?"僖公二十八年《傳》:"不有居者,誰守社稷? 不有行者,誰扞牧圉?"昭公十六年《傳》:"不有是事,其能終乎?"昭公十七年《傳》:"不有以國,其能久乎?"哀公六年《傳》:"不穀不有大過,天其夭諸?"

　　《國語·周語中》:"陳侯不有大咎,國必亡。"《晉語六》:"詎非聖人,不有外患,必有内憂。"《論語·雍也》:"不有祝鮀之佞,而有宋朝之美,難乎免於今之世矣。"

---

①　〔晉〕杜預注,〔唐〕孔穎達疏,〔清〕阮元校刻:《春秋左傳正義》卷三十六,第1983頁。

②　〔清〕沈欽韓:《春秋左氏傳補注》八,《清經解續編》拾壹,第2976頁。

③　〔清〕俞樾:《群經平議·春秋左傳三》,《清經解續編》拾叁,第6956頁。

④　楊伯峻:《春秋左傳注》三,第1096頁。

⑤　〔清〕朱彬:《經傳考證七·春秋左氏傳》,《清經解》捌,第10597頁。

⑥　〔清〕王引之:《經義述聞》卷三十一《通説》上,第727頁。

《孔叢子·執節》："經者,取其事常也。可常則爲經矣。且不爲孔子,其無經乎!""不爲"亦與"不有"同義。

三、揆情理

注釋古書,不僅要在訓詁上講得通,還必須考慮理解是否合乎情理。

例一:莊公三十年:"秋,申公鬭班殺子元。鬭穀於菟爲令尹,自毀其家,以紓楚國之難。"

杜預説:"毀,減。紓,緩也。"[1]桂馥説:"毀謂破家。《蒼頡篇》:'毀,破也。'"[2]楊《注》同桂説。[3]

毀是捨棄的意思。"家"謂家産。"自毀"二句,言捨棄其家財,以紓楚國之難。竹添光鴻謂"家指家財",是對的。[4]

"毀"用作"捨棄"的意思,《左傳》多見。

昭公元年:"乃毀車以爲行,五乘爲三伍。""毀車"的"毀"顯然不是毀壞的意思。"毀車以爲行",謂捨棄車乘,而將乘卒編入步卒行列。銀雀山出土《孫臏兵法·威王問》:"毀卒亂行,以順其志。"毀卒亂行,謂捨棄部伍行列。

文公十八年《傳》:"少皞氏有不才子,毀信廢忠,崇飾惡言,靖譖庸回,服讒蒐慝,以誣盛德,天下之民謂之'窮奇'。""毀"與"廢"同義。

成公二年《傳》:"蠻夷戎狄,不式王命,淫湎毀常,王命伐之,則有獻捷。"襄公十三年《傳》:"君命以共,若之何毀之?""毀"皆爲廢棄之義。

襄公十一年《傳》:"正月,作三軍,三分公室而各有其一。三子各毀其乘。季氏使其乘之人,以其役邑入者無征,不入者倍征。孟氏使半爲臣,若子若弟。叔孫氏使盡爲臣,不然不舍。""毀"與"舍"同義,謂捨棄,放棄。

昭公五年《傳》:"五年春,王正月,舍中軍,卑公室也。毀中軍于施氏,成諸臧氏。初,作中軍,三分公室而各有其一。季氏盡征之,叔孫氏臣其子弟,孟氏取其半焉。及其舍之也,四分公室,季氏擇二,二子各一,皆盡征之,

---

① 〔晉〕杜預注,〔唐〕孔穎達疏,〔清〕阮元校刻:《春秋左傳正義》卷十,第1782頁。
② 〔清〕桂馥:《札樸》卷二,中華書局,1992年,第62頁。
③ 楊伯峻:《春秋左傳注》一,第247頁。
④ 〔日〕竹添光鴻:《左傳會箋》第三,第284頁。

而貢于公。以書使杜洩告於殯,曰:'子固欲毀中軍,既毀之矣,故告。'杜洩曰:'夫子唯不欲毀也,故盟諸僖閎,詛諸五父之衢。'受其書而投之,帥士而哭之。"文中二言"舍",四言"毀",皆同義。

《説文·宀部》:"家,居也。"《尚書·多士》:"繼爾居。"居謂家業。《後漢書·橋玄傳》:"及卒,家無居業,喪無所殯,當時稱之。"文公十四年《傳》:"公子商人驟施於國,而多聚士,盡其家,貸於公有司以繼之。"襄公二十七年《傳》:"遂滅崔氏,殺成與彊,而盡俘其家。"此二例之"家",亦指家産。《史記·吕不韋列傳》:"九月,夷嫪毒三族……諸嫪毒舍人皆没其家而遷之蜀。"司馬貞《索隱》:"家謂家産資物。"

例二:宣公二年:"晉靈公不君,厚斂以彫墙,從臺上彈人,而觀其辟丸也。宰夫胹熊蹯不熟,殺之,寘諸畚,使婦人載以過朝。"

服虔説:"蹯,熊掌,其肉難熟。"[1]楊伯峻説:"熊蹯即《孟子·告子上》之熊掌,其味甚美,然難熟。"[2]

"熟"同"孰",訓"爛",非生熟之熟。《説文·丮部》:"孰,食飪也。"段玉裁注:"飪,大孰也。可食之物大孰,則丮持食之。"

"孰""熟"二字,與"爛(爤)"字義得相通。《説文》:"爛,火孰也。"段玉裁注:"《方言》:'自河以北趙、魏之閒火孰曰爛。'孰者,食飪也。飪者,大孰也。孰則火候到矣。引伸之,凡淹久不堅皆曰爛。"《説文》:"廉,爛也。"

《新序·雜事四》:"臣請譬之以五味:管仲善斷割之,隰朋善煎熬之,賓胥無善齊和之,羹以熟矣,奉而進之,而君不食,誰能彊之?""羹"指肉,肉經"斷割""煎熬"而後熟爛。《新唐書·忠義傳序》:"彼委靡頓熟偷生自私者,真畏人也哉!"此"熟"字與"爛"同義,亦爲"淹久不堅"之意。

《漢書·董仲舒傳》載其對策説:"自古以倈,未嘗有以亂濟亂,大敗天下之民如秦者也。其遺毒餘烈,至今未滅,使習俗薄惡,人民嚚頑,抵冒殊扞,孰爛如此之甚者也。""孰爛",猶言"糜爛"。"孰""爛"爲同義連文。

文公元年《傳》:"冬十月,以宫甲圍成王。王請食熊蹯而死,弗聽。丁未,王縊。"楚公子商臣逼宫,成王請食熊蹯而死,乃緩兵之計,以熊掌難以煮爛,王請食之,欲拖以待變耳。

---

① 〔南朝宋〕裴駰集解,〔唐〕司馬貞索隱,〔唐〕張守節正義:《史記·晉世家》裴駰《集解》引,中華書局點校本《史記》第五册,1982年,第1674頁。
② 楊伯峻:《春秋左傳注》二,第656頁。

熊蹯不易燒煮,宰夫胹之不孰(爛),乃殺之,此靈公所以爲無道。《初學記·器物部·羹》:"劉向《新序》曰:'紂王天下,熊羹不熟而殺庖人。'"紂王之事,正與靈公相類。《吕氏春秋·審應覽·應言》:"市丘之鼎以烹雞,多泪之則淡而不可食,少泪之則焦而不熟。"熟亦爛也。

例三:昭公元年:"子晳怒。既而櫜甲以見子南,欲殺之,而取其妻。子南知之,執戈逐之。及衝,擊之以戈。子晳傷而歸,告大夫曰:'我好見之,不知其有異志也,故傷。'"

竹添光鴻説:"《釋文》……或作'衷'。《考工記·函人》疏以衣衷著甲謂之櫜。則衷與櫜文異而事同。"[1]

櫜,是藏的意思;甲,指兵器。櫜甲,謂暗藏兵器。

《廣雅·釋器》:"櫜、韜、韣,弓藏也。"櫜爲藏弓之具,引申而有藏義。《詩·周頌·時邁》:"載戢干戈,載櫜弓矢。""戢""櫜"皆藏也。《詩·小雅·彤弓》:"彤弓弨兮,受言櫜之。"毛《傳》:"櫜,韜也。"僖公二十三年《左傳》:"右屬櫜鞬。"孔疏:"《詩》云'載櫜弓矢'。則弓矢所藏,俱名櫜也。"宣公十二年《左傳》:"武王克商,作《頌》曰:'載戢干戈,載櫜弓矢'。"杜注:"戢,藏也。櫜,韜也。"《儀禮·士喪禮》:"設冒,櫜之。幠用衾。"鄭玄注:"櫜,韜盛物者,取事名焉。"胡培翬《正義》:"櫜,又有藏義。"

定公九年《左傳》:"東郭書讓登,犁彌從之,曰:'子讓而左,我讓而右,使登者絕而後下。'書左,彌先下。書與王猛息。猛曰:'我先登。'書斂甲曰:'櫜者之難,今又難焉。'"杜注:"斂甲起欲擊猛。""甲"指兵器,"斂"訓取。取甲欲攻之。

例四:定公四年:"楚子在公宫之北,吴人在其南。子期似王,逃王,而己爲王,曰:'以我與之,王必免。'隨人卜與之,不吉。"

楊伯峻説:"逃於王,逃至王所。"[2]

《説文·辵部》:"逃,亡也。"又《匸部》:"匿,亡也。""逃"與"匿"同義。《爾雅·釋詁上》:"瘞、幽、隱、匿、蔽、竄,微也。"郭璞注:"微,謂逃藏也。《左傳》曰'其徒微之'是也。"

"逃王,而己爲王",謂子期藏匿楚王,而己假扮爲王。《史記·楚世

① 〔日〕竹添光鴻:《左傳會箋》第二十,第 1354 頁。
② 楊伯峻:《春秋左傳注》四,第 1547 頁。

家》曰:"王從臣子綦乃深匿王,自以爲王。"《伍子胥列傳》:"王子綦匿王,己自爲王以當之。"《史記》易"逃"爲"匿",文義明瞭。

逃用作隱藏、隱匿之義,經籍習見。如:

莊公八年《傳》:"費請先入,伏公而出鬭,死于門中。""伏公"與"逃王",其事正同。

《孫子兵法·謀攻篇》:"少則能逃之,不若則能避之。"王晳注:"逃,伏也。謂能倚固逃伏以自守也。《傳》曰:'師逃于夫人之宮。'"

《管子·地數》:"吾謹逃其蚤牙,則天下可陶而爲一家。""逃其蚤牙",謂藏其爪牙。

《説苑·奉使》:"王與太后奔於莒,逃於城陽之山。""逃"亦"隱匿"之義。

四、辨舊注

注解古書,總體上來説,多是後出轉精。但也有的時候會錯過前人好的見解,而出現後不如前的情況。

例一:莊公十四年:"人之所忌,其氣燄以取之。妖由人興也。人無釁焉,妖不自作。"

惠棟説:"余仁仲《左傳字辨》曰:'其氣燄以取之'……王符《潛夫論》、《漢書·五行志》皆云'其氣炎以取之'。"[1]阮元説:"石經初刻'燄'作'炎',是也。改作'燄',大誤。《釋文》亦作'炎'。"[2]洪亮吉説:"《釋文》、《石經》本並作'炎',後人妄改'燄'。"[3]楊伯峻説:"'燄',《唐石經》及金澤文庫本俱作'炎',《漢書·五行志》《藝文志》及王符《潛夫論》引亦俱作'炎'。《校勘記》亦以作'炎'爲是。《風俗通·過譽篇》云:'人之所忌,炎自取之。'則似以'其氣'二字作一停頓,不以氣燄爲一詞。"[4]

原文作"燄"不誤。《説文·炎部》:"燄,火行微燄燄也。从炎,臽聲。"

① 〔清〕惠棟:《春秋左傳補註》一,《清經解》叁,第2746頁。
② 〔晉〕杜預注,〔唐〕孔穎達疏,〔清〕阮元校刻:《春秋左傳正義》卷九《校勘記》,第1776頁。
③ 〔清〕洪亮吉:《春秋左傳詁》卷六,北京:中華書局,1987年,第245頁。
④ 楊伯峻:《春秋左傳注》一,第197頁。

"人之所忌,其氣燄以取之",謂人有所畏懼,則其心氣不盛,妖從而取之。《尚書·洛誥》:"無若火始燄燄,厥攸灼叙,弗其絕。""燄""燄燄"皆用以形容火勢微弱,所以杜預説:"未盛而進退之時,以喻人心不堅正。"

《新書·審微》:"語曰:'焰焰弗滅,炎炎奈何? 萌芽不伐,且折斧柯。'智禁於微,次也。""焰焰"同"燄燄",亦謂微弱。

《説文》又云:"炎,火光上也。"《尚書·洪範》:"火曰炎上。"火向上燃燒謂之炎,則炎非微弱之名可知。《子華子·晏子》:"違天而顯明,神則殛之,雖大必折,雖炎必撲。""炎"謂盛。

《説苑·敬慎》:"熒熒不滅,炎炎奈何;涓涓不壅,將成江河;綿綿不絕,將成網羅;青青不伐,將尋斧柯。"向宗魯説:"關曰:''熒熒',《家語》作'焰焰'。'"[1]"焰焰"同"燄燄"《六韜·文韜·守土》:"涓涓不塞,將爲江河;熒熒不救,炎炎若何?""熒熒"以狀細火,"炎炎"則火勢已盛之謂。顔師古注《藝文志》,云"炎讀與燄同",注《五行志》云"炎音弋贍反",正謂"炎"當借作"燄"。石經初刻作"炎",改刻作"燄",亦以"燄"爲正字。各家以"炎"爲正,而以"燄"爲誤,未必然也。

例二:成公十三年:"無祿,文公即世。穆爲不吊,蔑死我(我死)君,寡我襄公,迭我殽地,奸絕我好,伐我保城,殄滅我費滑,散離我兄弟,撓亂我同盟,傾覆我國家。"

《釋文》:"'死我君',本或以'我'字在'死'上。"[2]惠棟《春秋左傳補注》引《左傳》作:"蔑我死君。"[3]武億説:"下文'寡我襄公',此别本'我'字在'死'上者爲定。古人比事屬詞,其義如是。"[4]

武億的説法是對的。"蔑死"不辭,且"蔑我死君"以下九句,句式一律。死君,指逝去之先君,謂文公,襄公則當時在位之君也。若以"我君"對"襄公",則語意淆亂,文不成義。

"死君",指死去之國君。《韓非子·難二》:"夫不奪子而行天下者,必不背死君而事其讎,背死君而事其讎者,必不難奪子而行天下。"《韓非

---

①　向宗魯:《説苑校正》卷十,北京:中華書局,1987年,第258頁。
②　〔晉〕杜預注,〔唐〕孔穎達疏,〔清〕阮元校刻:《春秋左傳正義》卷二十七,第1912頁。
③　〔清〕惠棟:《春秋左傳補註二》,《清經解》叁,第2755頁。
④　〔清〕武億:《群經義證三·春秋左氏傳》,《清經解續編》玖,第1039頁。

子·難三》:"死君復生,臣不愧,而後爲貞。今惠公朝卒而暮事文公,寺人之不貳何如?"僖公三十三年《左傳》:"未報秦施,而伐其師,其爲死君乎?""死君"亦指已故之君(文公)。蔑有輕義,謂輕視。《説文》:"寡,少也。"少有小義。由少、小引申之,則亦有輕視之義。如此,則文例、文義一氣貫通。《三國志·文帝紀》:"臣子爲蔑死君父,不忠不孝,使死者有知,將不福汝。"則當時傳世之本已經有誤作"蔑死"的本子。

例三:成公十八年:"甲申晦,齊侯使士華免以戈殺國佐于内宫之朝。師逃于夫人之宫。"

杜預説:"伏兵内宫,恐不勝。"①傅遜説:"既云伏兵,又何逃耶?蓋齊靈公密誘佐入宫而殺之,其衛從之師倉卒不知謀,乃逃入耳。"②章太炎説:"《説文》云:'逃,亡也。'又云:'匿,亡也。'是逃與匿同誼……此言師匿于夫人之宫也。"③楊伯峻説:"杜《注》解師爲軍隊,意謂防華免失敗,故先'伏兵内宫',章炳麟因解逃爲藏匿,俱不可信。"④

章太炎釋"逃"爲"匿",是對的,而解説稍嫌迂迴。《爾雅·釋詁上》:"瘞、幽、隱、匿、蔽、竄,微也。"郭璞注:"微,謂逃藏也。《左傳》曰'其徒微之'是也。"

《傳》前面説"内宫",後曰"夫人之宫",實爲一事。"師逃于夫人之宫",謂預先伏師於内宫,以明"殺國佐于内宫之朝"之故。伏甲而行刺,屢見於《傳》。

定公四年:"楚子在公宫之北,吳人在其南。子期似王,逃王,而己爲王,曰:'以我與之,王必免。'隨人卜與之,不吉。""逃"亦藏匿之意。

例四:定公七年:"齊國夏伐我。陽虎御季桓子,公斂處父御孟懿子,將宵軍齊師。齊師聞之,墮,伏而待之。"

杜預説:"墮毀其軍以誘敵,而設伏兵。"⑤竹添光鴻説:"墮伏似止言

---

① 〔晉〕杜預注,〔唐〕孔穎達疏,〔清〕阮元校刻:《春秋左傳正義》卷二十八,第1923頁。

② 〔明〕傅遜:《左傳註解辨誤》卷上,《續修四庫全書》第119册,上海:上海古籍出版社,2002年影印本,第543頁。

③ 章太炎:《春秋左傳讀》,《章太炎全集》二,上海:上海人民出版社,1982年,第463頁。

④ 楊伯峻:《春秋左傳注》二,第907頁。

⑤ 〔晉〕杜預注,〔唐〕孔穎達疏,〔清〕阮元校刻:《春秋左傳正義》卷五十五,第2141頁。

伏兵,杜以爲二事,恐非。"①楊伯峻説:"言將夕擊齊軍。"②

杜預注近是。《會箋》以"墮伏"連文,楊注釋"軍",都有問題。

"宵軍齊師",謂晚間攻擊齊師之營壘。《説文·車部》:"軍,圜圍也……從包省;從車。車,兵車也。"段玉裁注:"'包省'當作'勹'。勹,裹也。勹車,會意也……勹車爲軍也。"據金文,軍從車從勹(旬)。"軍"之本義,爲以兵車圜圍而成之營壘。由此義引申之,攻擊敵人軍壘亦可稱"軍"(如同攻城門稱"門")。

哀公八年《傳》:"微虎欲宵攻王舍……吳子聞之,一夕三遷。""宵攻王舍"與"宵軍齊師"事正相類。下文"墮,伏而待之"謂齊師毀其軍壘,設伏以待之,杜預説是也。

成公十六年《傳》:"諸侯遷于制田,知武子佐下軍,以諸侯之師侵陳,至于鳴鹿。遂侵蔡。未反,諸侯遷于潁上。戊午,鄭子罕宵軍之,宋、齊、衛皆失軍。"鄭子罕於夜間襲擊敵營,故"宋、齊、衛皆失軍"。

　　附記:8 月下旬,楊新勛老師告知擬於南京師範大學古文獻專業成立 40 週年之際出一專輯。時間倉促,不及另撰專文,因取前時講稿删改,略加潤色而成此文,以志慶賀。(2023 年 9 月 4 日於濟南)

(作者:南京師範大學文學院教授)

---

①　〔日〕竹添光鴻:《左傳會箋》第二十七,第 1821 頁。
②　楊伯峻:《春秋左傳注》四,第 1561 頁。

關於《孟子》"舍皆取諸其宮中而用之"的一點補充[*]

高中正

摘要:《孟子·滕文公上》"舍皆取諸其宮中而用之"中"舍"爲表示"皆、共"義的總括詞。這種"舍"字在戰國時代六國文字中爲"余"之異體,和《公羊傳》中關東語"皆、共之辭"的"餘"字所記錄爲同一個方言詞。"舍""餘"之别,反映了戰國至漢歷時的用字差異,而分别在成書於戰國及西漢齊魯一帶的《孟子》和《公羊傳》中各有保留。"舍"與表示總括的"舉"音義關係密切,用法相近,或有共同來源。

關鍵詞:上古漢語 舍 餘 用字變化 總括副詞

上古漢語中有一種用法特殊的"舍"字:

> 且許子何不爲陶冶,**舍皆**取諸其宮中而用之,何爲紛紛然與百工交易,何許子之不憚煩?(《孟子·滕文公上》)

文句前後記載孟子批評許行等人尚農而力陳其弊。其中"舍皆"之"舍"字,曾因章太炎讀"啥"遭到王力批評而廣爲人知[①],此後學者多有關注,意見頗夥[②],從而成爲一椿學術公案,有待索解[③]。對於前人的研究得失,

* 本文是國家社科基金青年項目"北大漢簡語詞考釋及相關問題研究"(項目批准號:20CYY039)的階段性成果。文章先後請高强、蔡一峰、余堅、陳劍、鄔可晶、盛益民、王翠等師友審閱指正,作者很感謝。

① 章炳麟《章太炎全集·新方言》,上海:上海人民出版社,2014年,第9頁。王力:《王力文集》第十九卷《新訓詁學》,濟南:山東教育出版社,1990年,第170—171頁。

② 王力主編:《古代漢語(校訂重排本)》,北京:商務印書館,1990年,第305頁;裴學海:《古書虛字集釋》,北京:中華書局,2004年,第807頁;俞志慧:《〈孟子〉舊注商兑九則》,《儒林》第3輯,濟南:山東大學出版社,2006年,第218—220頁;李蓋瑪吉:《〈孟子·許行〉篇中"舍"字正解》,《文學界(理論版)》2012年第6期,第99—100頁;李剛:《利用楚簡資料校讀〈孟子〉一則》,《金陵科技學院學報》2019年第1期,第70—74頁。清人意見參看〔清〕焦循:《孟子正義》,北京:中華書局,1987年,第371頁。

③ 參汪維輝:《〈孟子〉裏的幾個疑案》,清華大學"紀念聞一多先生誕辰120週年——中國語言文學研究系列學術講座",2019年4月24日。

此前已有學者進行一定梳理①。不過，一些看似較爲關鍵的證據和看法，實則似是而非。部分比較重要的意見，則因過去少有學者注意，而有待揭示。以上種種，都值得進一步研究。

我們同意《孟子·滕文公上》的“舍”是表“皆、共”義的總括副詞，認爲應與故訓中解釋爲“皆、共”的“餘”字所記錄的是同一個詞，“舍”“餘”屬於戰國到漢代的歷時用字之變。此外，用作“皆”的“舍”和“舉”音義皆近，用法相似。現將相關意見分述如下。

一、前人研究得失

較早提出《孟子·滕文公上》之“舍”表“咸、皆”意這一看法的應該是董志翹先生。學者往往舉董先生與他人合著之《中古虛詞語法例釋》中意見，但此書限於體例，並未展開論證，更早的出處應是董志翹《〈舍皆取諸其宮中而用之〉新解》一文（以下稱“董文”）②，舉證更加細緻，其中主要證據有二：

1. 敦煌文書（S6537）有“六親聚而咸怨，鄰里見而舍恨”，“舍”“咸”對舉，可見“舍”爲總括副詞。又 S6417：“囑二娘子比三子舍識時節③，所有些些資産，并仰二娘子收掌。”“舍”也是表總括的範圍副詞；

2. “舍皆”同義連用，先秦以至於中古，往往可見同義並列式副詞，如“既已”（《墨子·公輸》）、“相與”（《孟子·公孫丑》）等。

董文所舉證據 1 最爲關鍵，不過核查圖版可知，兩件文書的録文皆可斟酌。S6537 所謂“舍”字作𠊯，不少研究者都録作“含”字，且與之對舉的“咸”字，從圖版來看也應是“成”。如此則前後小句並不構成對文關係。

---

①　紀凌雲《“舍”義辨——〈孟子·滕文公上〉“舍皆取諸其宮中而用之”》，《重慶三峽學院學報》2020 年第 1 期，第 88—95 頁。

②　董志翹：《〈舍皆取諸其宮中而用之〉新解》，《語文知識》1986 年第 4 期，收入董著：《訓詁類稿》，成都：四川大學出版社，1999 年，第 236—238 頁。

③　“時”，董文録作“情”，當改。

S6417之"舍"作舍,亦與正常寫法的"舍"字不類①。可見證據1的兩個例子,都有疑問,並不能作爲中古漢語中有用作總括法"舍"字的積極證據。董文由此上溯到《孟子·滕文公上》,證據並不充分。

李剛也認爲《孟子·滕文公上》之"舍"應當理解爲"皆",並將《荀子·修身》中如下之句與《孟子》"舍皆"句的用法聯繫:

　　　　不是師法而好自用,譬之是猶以盲辨色,以聾辨聲也,舍亂妄無爲也。(《荀子·修身》)

《荀子》此句唐代楊倞注說"舍,除也。除亂妄之人孰肯爲此也",王念孫認爲楊倞解釋有誤,指出"舍亂妄無爲"意謂"言所爲皆亂妄"②。李文據此認爲王念孫是"以'皆'釋'舍'",此"舍"字與《孟子·滕文公上》的"舍"用法相同,還進一步判定後者的"舍皆"之"皆"是注文闌入的衍文③。

這種看法也有問題。王念孫所謂"所爲皆亂妄",只是申講句意,指"所做亂妄之事",並非認爲"舍"有"皆"義。"舍"在此處仍應解釋爲動詞"除"。《荀子·修身》這類"舍……無"句式,又見於《管子·輕重甲》"十人之力,不可得而恃,夫舍牛馬之力所無因",王念孫指出"所無因"當作"無所因",解釋爲"人力不足恃,則必借牛馬之力"④,也即"除去牛馬之力外,沒有可憑借的(力量)"。可以看出,王念孫對"舍……無"句式的理解一致。類似之句又如"舍此無累者乎""舍仇牧荀息無累者乎"(桓公元年《公羊傳》),"舍是無難矣"(成公十六年《公羊傳》),等等。因此,《荀子·修身》的"舍"也不是總括詞。

上舉董文及李文,雖然核心證據難稱可信,但對《孟子·滕文公上》那句話的理解,仍很有啓發。陳劍認爲董文以"舍皆"同義連用,"極具說服力",進而指出《孟子·滕文公上》之"舍",亦即《公羊傳》訓爲"皆"

---

①　兩份敦煌文書的圖版及釋讀,蒙余堅先生指示。
②　〔清〕王念孫撰,徐煒君等點校:《讀書雜志》,上海:上海古籍出版社,2014年,第1651頁。
③　李剛:《利用楚簡資料校讀〈孟子〉一則》,第70—74頁。
④　〔清〕王念孫撰,徐煒君等點校:《讀書雜志》,第1305頁。

"共"的"徐"①：

       （1）魯人徐傷歸父之無後也，於是使嬰齊後之也。何休注："徐者，皆共之辭也。關東語。"（《公羊傳·成公十五年》）②

陳劍先生分析認爲：

      "舍""徐"皆从"余"聲，相通自無問題。孟軻鄒人，筆下出現"關東語"，那也是自然之極。所以，由此看來，先秦有一個方言詞，表示"皆共"、總括，書面語中寫作"舍"或"徐"……

單就《孟子》"舍皆"的解釋而言，陳文所舉之證據已較充分。此外，李蓋瑪吉懷疑"舍"即《廣雅·釋詁》"餘，皆也"之"餘"③，也值得重視，不過他進而認爲"舍皆"更可能是"餘皆"，作他指代詞理解爲"其餘的都"，和我們下面的意見不同。從董志翹首先指出《孟子》之"舍"爲總括副詞，陳劍將之與《公羊傳》"皆共之辭"的"徐"字聯繫，到李蓋瑪吉舉出《廣雅·釋詁》之例，證據鏈已漸趨完整。不過，仍有一些問題還沒有弄清楚。"舍""徐""餘"之間是怎樣的字際關係？他們是否與上古方言因素有關？作爲總括詞的來源又是什麼？《孟子》"舍皆"到底是同義連用，還是有注文闌入？等等。下面打算對這些問題，作進一步的補充解答。

二、"舍""餘"音義皆近，爲一語分化的用字差異，與"胥"有別

    《廣雅·釋詁》"餘，皆也"的解釋淵源有自。王念孫《廣雅疏證》曾舉上文例（1）成公十五年《公羊傳》何休注"徐者，皆共之辭也"，認爲此句之"徐"與《廣雅》的"餘"聲近義同④。但值得注意的是，原本《玉篇》殘卷卷

---

    ①　陳劍：《難肋系列》，國學網，2003年，http://www.reocities.com/arhthoau/guoxuebbs/chenjian.htm。
    ②　李剛文已引及這則材料，不過並未注意陳劍的意見。
    ③　李蓋瑪吉：《〈孟子·許行〉篇中"舍"字正解》，第99—100頁。
    ④　〔清〕王念孫：《廣雅疏證》，北京：中華書局，2004年，第96頁。

九食部"餘"字下引的《公羊傳》此句則作"齊魯餘喪歸父之無後,何休曰:
'餘者,皆之辭也,關東語也'"。蘇芃據此指出今本《公羊傳》的"徐",原當
寫作"餘",與《廣雅·釋詁》"餘,皆也"一致①。這是很可信的意見。

　　"舍"和"餘"兩個字,在記録{餘多餘}②一詞時,是歷時的用字替換關
係。"舍"字西周金文寫作🔣(令鼎,《集成》02803)、🔣(史墻盤,《集成》
10175),戰國文字作🔣(郭店楚簡《老子乙》簡16),從余、下加"口"形繁
化③,類似之例如"令/命""今/含"等,本皆是一字異體,後來才有用法上
的分工。研究者業已指出,戰國時六國的用字習慣,一般用"豫"來記録
"捨棄、舍止"之{舍}④,與"舍"字的用法分工明確。此時的"舍"字職能尚
未從"余"分化,應當看作"余"的異體。"舍""余"兩個字記録的詞也往往
一致。戰國時六國文字多用"余"記録{餘多餘},例子很多⑤,此外還以"舍"
來表示,如:

　　　　(2) 修之家,其德有舍(餘)。(郭店《老子》乙本簡16)

　　其中"舍"字,馬王堆帛書《老子》甲、乙本、北大簡《老子》以及今本均
作"餘"。

　　　　(3) 有所有舍(餘)而不敢盡之,有所不足而不敢弗☐(上博《從
政》甲本簡14)

陳偉指出相似之句也見《禮記·中庸》:"有所不足,不敢不勉;有餘,不敢
盡。"⑥其中"有餘,不敢盡",也即《從政》之"有舍(餘)而不敢盡之"。

---

①　蘇芃:《南朝蕭梁時期〈春秋公羊傳〉經注文本探微——以原本〈玉篇〉引書爲
例》,《歷史文獻研究》第41輯,揚州:廣陵書社,2018年,第33頁。
②　本文用{某}表示某詞,下同。
③　古文字中很多字可以加"口"旁繁化,參劉釗:《古文字構形學(修訂本)》,福
州:福建人民出版社,第340頁。
④　禤健聰:《戰國楚系簡帛用字習慣研究》,北京:科學出版社,2017年,第
275—276頁。
⑤　參周波:《戰國時代各系文字間的用字差異現象研究》,北京:綫裝書局,2012
年,第93頁。
⑥　陳偉:《新出楚簡研讀》,武漢:武漢大學出版社,2010年,第152頁。

(4) 凡天子歆氣,邦君食蠲。大夫承餕,士受舍(餘)。(上博《天子建州》乙本簡7—8)

"舍"字《天子建州》甲本對應之處作"余",均當讀"餘"。

秦漢文字系統,則多以"餘"來記録{餘_{多餘}}①。正是由於"余""舍"兩字戰國時六國地區用字尚未完全分化,漢以後人面對"舍"字時候,也會將其誤讀爲"餘",如《淮南子・精神》如下之句:

　　　若夫至人,量腹而食,度形而衣,容身而游,適情而行,餘天下而不貪,委萬物而不利。

邊田鋼认爲"餘"字本應作"舍",與下句之"委"相對爲文,今本作"舍"是後人在"字詞分派過程中,誤解'舍'表'多餘',遂致'舍'誤作'餘'"②。此外,《古文四聲韻》所引《道德經》"餘"作"舍"形③,《老子》出現的"餘"字,皆表"多餘"。周波懷疑反映了齊文字特點④。如果可信,則是齊系文字中"舍"可用作{餘_{多餘}}的直接證據。

　　既然明確了記録{餘_{多餘}}時,"舍""餘"是歷時的用字替换。那麽上舉《孟子・滕文公上》中的"舍"字,與《廣雅・釋詁》以及(1)《公羊傳》關東語中理解爲"皆"的"餘"字,也就很不難解釋。類似的多字表示一個虚詞的情況也並不少見,如記録總括詞{屯},可以寫作"屯""純""淳"等字⑤,記録範圍副詞{頗},可以寫作"頗""柀""被"等形⑥,等等。爲表述方便,可以將戰國時期齊地這一總括副詞記作{餘_{皆、共}}。

---

　　①　參劉豔娟:《秦簡牘用字習慣研究》,華東師範大學博士學位論文,上海,2020年,第334頁;周朋升:《西漢初簡帛用字習慣研究(文獻用例篇)》,吉林大學博士學位論文,長春,2015年,第698頁。

　　②　邊田鋼:《漢語史視角下的〈淮南子〉校釋新證——立足於西漢前期字形、詞義和字詞關係》,《浙江大學學報(人文社會科學版)》2021年第3期,第159—160頁。

　　③　李零、劉新光整理:《汗簡・古文四聲韻》,北京:中華書局,1983年,第72頁。

　　④　周波:《戰國時代各系文字間的用字差異現象研究》,第93頁。

　　⑤　朱德熙:《説"屯(純)、鎮、衡"——爲〈唐蘭先生紀念論文集〉作》,收入朱德熙著,裘錫圭、李家浩整理:《朱德熙古文字論集》,北京:中華書局,1995年,第173—184頁。

　　⑥　參看單育辰:《秦簡"柀"字釋義》,《江漢考古》2007年第4期,第81—84頁;孟蓬生:《副詞"頗"的來源及其發展》,《中國語文》2015年第4期,第291—305頁。

《孟子》的成書時代在戰國晚期,由弟子後學編纂而成,本由齊系文字寫成①。《公羊傳》則應當成書漢初,至少經過了當時經師口傳、轉寫。這種戰國時用"舍"、西漢用"餘"的文本特徵,和(2)—(4)所反映的戰國秦漢之際用字習慣的變化情況是平行的。"舍""餘"記録{餘皆、共},既可能是戰國至漢,齊魯方言區記録一個表總括"皆""共"義之詞的不同寫法,也不排除是本用"舍"字,而在秦漢以後,被人改成"餘"。{餘多餘}和{餘皆、共}的用字,可以簡單表示如下:

六國用"舍";漢用"餘"→{餘多餘}

六國用"舍";漢用"餘"→{餘皆、共}

兩個及兩個以上的不同之字,會在同一或不同歷史階段記録多個詞,出現這種情況的原因很多,需要具體分析,有時可能是歷時的用字變化,也可能是字與字之間因讀音極近而偶然的借用。這種字形與詞之間的交錯關係,在古漢語發展過程中並不少見。如"寺""時"既可以用來記録{詩},也可以記録{時}②,"匂""害"在不同歷史時期曾記録{匂}和{害}③,等等。

還須説明的是,有學者認爲"舍""餘"也可通"胥"④,這種看法並不可信。作爲總括詞講的"胥",見於《爾雅·釋詁》,《詩經》中多有用例,如《詩經·小雅·角弓》"爾之教矣,民胥效矣",鄭玄箋:"胥,皆也。"又《方言》第七:"僉、胥,皆也。自山而東五國之郊曰僉,東齊曰胥。""胥"本是通語中

①　"齊系文字"指戰國時齊國以及臨近國家如魯、邾等所使用的文字系統,具體梳理可參周波:《戰國時代各系文字間的用字差異現象研究》,第3—4頁。此外,戰國時齊、魯地區在文字和語言方面關係密切,研究見嚴耕望:《揚雄所記先秦方言地理區》,《嚴耕望史學論文選集》,上海:上海古籍出版社,2009年,第569、571頁。

②　例參陳斯鵬:《楚系簡帛中字形與音義關係研究》,北京:中國社會科學出版社,2011年,第25頁。

③　參田煒:《西周金文字詞關係研究》,上海:上海古籍出版社,2016年,第202—205頁。

④　王海根認爲《公羊傳》之"徐"通"胥",他還同意朱駿聲意見,認爲"徐""假借爲'俱'",更不必。參王海根:《古代漢語通假字大字典》,福州:福建人民出版社,2006年,第290頁。新版《漢語大字典》亦列此項,不妥。見羅竹鳳主編:《漢語大字典(第二版)》,成都:四川辭書出版社、武漢:崇文書局,2010年,第886頁。網絡上有學者也提出《孟子》之"舍",應讀《方言》之"胥",我們曾有類似想法,現在看來也有問題。

的用法,很可能在西周以後,多在東齊地區有保留。從來源看,"胥"的總括詞當由"互相"一類動詞義虛化而來①,"舍/餘"則不同,詳下文討論。從讀音上看,"舍""余""餘"和"胥"上古音雖然同在魚部,但聲母相差很大。"余""餘""舍"上古聲母皆屬＊L-類②,"胥"爲齒音心母,以"疋"作聲符之字如"胥"則來自上古＊Ts-類,諧聲類型迥別,文獻中相通之證更是少見③。學者或舉清華簡《祭公之顧命》簡19—20之例,認爲"舍""胥"相通:

　　　　公曰:天子參公,余惟弗起朕疾,汝其敬哉! 兹皆岳(保)舍一人,康慈(?)之,辟(?)伓(服)之。

其中"舍"字,清華簡原整理者讀成訓爲"相"的"胥",得到不少學者的贊同④,實則難以憑信。清華簡《祭公》"天子參公"多見,過去斷作"天子、參公",從前後文義來看,均當作一句讀,所指實爲"天子之三公","一人"則專指天子。此"舍"應讀作蔣文指出的出土及傳世文獻中理解爲效法、繼承的"序/叙"⑤,"保"訓爲"守"是常訓,"保叙"也就是保守、效法天子,今本《逸周書·祭公》稱天子和三公要以夏商的興亡爲鑒而"守序終之",清華簡《祭公之顧命》的"保舍",也即今本《祭公》的"守序",前者和下文"康慈(?)之,辟(?)伓(服)之"所指,均是天子之三公所要效忠的國君。

---

①　李宗江:《漢語總括副詞的來源和演變》,收入氏著《漢語常用詞演變研究(第二版)》,上海:上海教育出版社,第158—171頁。

②　〔日〕野原將揮、〔日〕秋谷裕幸:《也談來自上古＊ST-的書母字》,《中國語文》2014年第4期,第344頁。

③　古人編髮所用之"箆梳",古書中或作"比余""比疏",出土文獻中或作"比疏",學者以爲"卑餘"亦是,見伊强:《馬王堆三號漢墓遣策補考》,李學勤主編:《出土文獻》第9輯,上海:中西書局,2016年,第224—225頁。這類異文可能只是同物異稱,是否可以作爲"胥""餘"相通之證,還有待研究。

④　參季旭昇主編:《清華大學藏戰國竹簡(壹)》,臺北:藝文印書館,2013年,第270頁。

⑤　蔣文:《據出土及傳世文獻説上古漢語中"繼承"義的"序/叙"》,《中國語文》2021年第1期,第97—110頁。

三、"舍皆"同義連用,"皆"非注文闌入

李剛認爲《孟子·滕文公上》"舍皆"之"皆"是衍文①,也不可信。此句趙岐注在申講文意時,已有"皆"字②,可見東漢時文本尚且如此。"舍皆"應該是副詞連用,除董文所舉的一些副詞連用證據外,古漢語中總括副詞連用(下文用"AB"表示)亦有其例:

(6) 河出孟門,大溢逆流,無有丘陵沃衍、平原高阜盡皆滅之。(《吕氏春秋·愛類》)

(7) 於是天命聖人,使司牧之,使不失性,四海蒙利,莫不被德,僉共奉戴,謂之天子。(《潛夫論·班禄》)

(6)"盡皆"之後接謂語爲"AB＋VP"結構。(7)"僉共"徐山認爲是同義並列複詞,均是"皆"義③。《孟子》"舍皆取諸其宫中而用之","舍皆"後也是接謂語中心語,其中"舍皆用之",與(6)格式相近,"皆"字不應視作衍文闌入正文。

其次,從修辭而言,"舍皆"與下文之"紛紛"相對爲文,韻律和諧。古漢語中有時會將平列小句中的狀語對舉,形成對比來加强語氣,如:

(8) 王如用予,則豈徒齊民安,天下之民舉安。(《孟子·公孫丑下》)

(9) 諸君子皆與驩言,孟子獨不與驩言,是簡驩也。(《孟子·離婁下》)

(10) 豈唯寡君,舉群臣實受其賜。(昭公二年《左傳》)

(11) 今當獨咸陽坐以貲,且它縣當盡貲?(睡虎地秦簡《法律答問》簡 57—58)

---

① 李剛:《利用楚簡資料校讀〈孟子〉一則》,第 70—74 頁。
② 《孟子·滕文公上》對應的趙岐注作"舍者,止也。止不肯皆自取之其宫宅中而用之"。
③ 徐山:《探義尋根:徐山文字訓詁萃編》,濟南:齊魯書社,2016 年,第 259 頁。

　　(8)(9)《孟子》中表限制的"徒""獨"分別與總括詞"舉""皆"對應，(10)"唯"與"舉"對舉。胡波指出(11)"盡"與前面表示僅限的範圍副詞"獨"照應，形成對比①，均是單音節結構。而文章開頭討論的《孟子·滕文公上》中的"紛紛"有衆義，見於《廣雅疏證》卷六上(頁187)，句中作狀語的"舍皆"與"紛紛"，都是修飾謂語動詞動作，語義内涵一致，"舍/餘皆"與"紛紛"的詞義密切，兩者的關係，如同"胥"與訓衆多的"員"可以構成一組近義詞，王念孫曾分析伍子胥何以名"員"：

　　　　春秋楚伍員字子胥。《爾雅》："僉、咸、胥，皆也。"是衆之義也。《説文》："貤，物數紛貤亂也。"《孫子·兵勢》篇云："紛紛紜紜。"《釋名》云："雲，猶云云，衆盛意也。"義並與"員"同。②

　　"胥"是皆、共之詞，"員/貤"則是衆多之狀。《孟子·滕文公上》"舍皆"描寫"取諸其宮中而用之"的狀態，是對"不爲陶冶"的進一步説明；"紛紛"則修飾"與百工交易"，是對"不憚煩"的進一步解釋，詳見表一。分句中雙音節詞的對應，顯然有齊整韻律的考量。

表一　《孟子·滕文公上》分句對應表

| 1 | (何許子)不爲陶冶？ | **舍皆**取諸其宮中而用之 |
| 2 | (何許子)不憚煩？ | **紛紛**然與百工交易 |

四、總括詞"舍/餘"和通語中的"舉"音義
關係密切，"舍皆"指向賓語

　　作爲齊魯方言區的一個方言詞的{餘}，又是否可以找到其來源呢？王念孫在解釋《廣雅》"餘，皆也"時認爲，"餘"表總括的詞義，來自形容詞"衆"義：

　　　　餘者，昭二十八年《左傳》："謂知徐吾、趙朝、韓固、魏戊、餘子之

---

① 胡波：《秦簡副詞研究》，西南大學碩士學位論文，重慶，2010年，第31頁。
② 王念孫：《廣雅疏證》，第100頁。

不失職,能守業者也。"杜預注云:"卿之庶子爲餘子。"《逸周書·糴匡解》:"餘子務藝。"孔晁注云:"餘,衆也。"《論語·雍也》篇云:"其餘則日月至焉而已矣。"是餘爲皆、共之詞也。①

這種説法比較可疑。"餘"的"衆、庶"之義,並非一般意義上的"衆多",而暗含"羨餘、其餘、其他"一類意思,《説文》"餘,饒也"即是明證。王氏所舉故訓"餘,衆也",有其特定含義,其中"餘子"與嫡長子相對,《周禮·地官·小司徒》"大故致餘子",鄭衆注:"餘子,謂羨也。"桓公二年《左傳》"卿置側室,大夫有貳宗",杜預注:"側室,衆子也。""餘子"即側室之子,由杜預注可以看出,古訓所謂的"衆子",其實是指除嫡子以外的其他庶出之子。王氏所舉的《論語·雍也》"其餘",原文中意指"其他學生",和前文"三月不違仁"的顔回相對,也非"餘"可理解爲"皆、共之詞"的證據。

"餘/舍/餘"等字,從詞義引申的角度,很難解釋爲何會有虛化的"皆、共"一類用法,它們的總括詞來源,或與當時通語中同樣是總括副詞的"舉"關係密切。下面分別從讀音、詞義以及用法上加以説明。

第一,從古音歸部來看,"余/餘"和"舉"古音同屬於以母魚部開口;從諧聲來看,上博三《仲弓》簡7"老老慈幼,先有司,舉賢才",用"舉"字表示{舉},"舉"是"與""呂"雙聲之字②。古文字中亦有多見"舍"字③,是"余""呂"雙聲,或以爲是"舒"字異體,"予"則是從"呂"分化,"余/舍""予"常可通用。

此外,"舉"從"與"得聲。秦文字中"餘"還可用作連詞{與}:

(10) 秦餘(與)楚爲上交,秦禍案環(還)中粱(梁)矣。(馬王堆帛書《戰國縱橫家書》"李園謂辛梧章"第273行)

(11) 言之秦王,秦王令受之。餘(與)燕爲上交,秦禍案環(還)歸於趙矣。(馬王堆帛書《戰國縱橫家書》"李園謂辛梧章"第278行)

---

① 王念孫:《廣雅疏證》,第96頁。

② "舉"的古音構擬及相關問題,可參看蔡一峰:《"與""舉"古讀補説——兼談"夜"的擬音問題》,《漢語史學報》第23輯,上海:上海教育出版社,2020年,第142—148頁。

③ 參黃德寬主編:《古文字譜系疏證》,北京:商務印書館,2007年,第1580頁。

又《説文》"讀若"也可見"余""與"的讀音密切。《説文》中"舁"及從"舁"聲之字,許慎或讀爲"余":

(12)《説文》廾部:舁,讀若余;又《説文》女部:嬩,讀若余。

"舍/餘"和"舉"的語音極爲密合,將兩者聯繫並無窒礙。

第二,從詞義來看,"舉"在古書中可用爲總括之詞,理解爲全、全都,除上舉(8)外,又如[1]:

(13)昔者諸侯事吾先君,皆如不逮,舉言群臣不信,諸侯皆有貳志。(宣公十七年《左傳》)

(14)天下之君子,與(舉)謂之不仁不祥。(《墨子·天志中》)

(15)國之所以安危臧否也,制與(舉)在此,亡乎人。(《荀子·王制》)

"舉"的總括副詞用法,來源於動詞義"聚斂、協同"。一個顯豁的例子是《墨子·天志上》"舉天下美名而加之,謂之聖王",《天志中》對應之處作"聚斂天下之美名而加之焉"。類似的總括詞"屯""都",學者也多認爲是由聚斂、聚合一類意思引申而來,可爲參考。

第三,從用法來看,"皆""舉"在謂語動詞前作狀語時,語義指向既可以前指,也可以後指稱代多數的賓語。

(16)僖子不對而泣曰:"君舉不信群臣乎?"(哀公六年《左傳》)

(17)百骸、九竅、六藏,賅而存焉,吾誰與爲親?汝皆説之乎?其有私焉?(《莊子·齊物論》)

(18)其分地衆而子孫少者,建以爲國,空而置之,須其子孫生者,舉使君之。(賈誼《治安策》)

---

[1]　例證及分析參考了楊樹達:《詞詮》,上海:上海古籍出版社,2006年,第386頁;蕭旭:《古書虛字旁釋》,揚州:廣陵書社,2007年,第1頁;何樂士:《古代漢語虛詞詞典》,北京:北京出版社,2006年,第252、553頁。

(16)"舉"後指賓語,前文没有照應成分,是僖子反問哀公:難道全部的大臣(每一個大臣)都不相信嗎?(17)(18)前文皆有前置語,"之"回指前文。(17)"之"所指代的是百骸、九竅、六藏①;(18)"之"則代指前文"建以爲國"之"國"。

回到《孟子·滕文公上》"且許子何不爲陶冶,舍皆取諸其宫中而用之","許子"是主語,總括副詞"舍皆"指向的賓語"之",所指代的是前文陶冶等各種生活器物,用法和(17)(18)很相近。例(6)《吕氏春秋·愛類》"河出孟門,大溢逆流,無有丘陵沃衍、平原高阜盡皆滅之","盡皆"也是總括副詞疊用,殷國光指出"意義指向賓語"②,這和"舍皆"連用指向賓語的用法相同,正可參照。

五、結　語

總之,上古漢語中"舍"字作爲總括副詞,不僅可以獨用,也可以和其他總括詞連用。《孟子·滕文公上》中的"舍"字,在戰國的齊魯方言區記録總括詞{餘},與《公羊傳》所載西漢時關東語中表示"皆""共"義的"餘",屬於歷時的用字替换。"舍皆"是同義副詞連用,"皆"字並非注文闌入,"舍皆"總括右側稱代多數的賓語。"舍/餘"和通語中表示總括的"舉"音義關係密切,至於方言詞"舍/餘"是否由通語中的"舉"分化而來,鑒於"舍/餘"的用例較少,需要進一步研究。

近年來,由於出土資料的大量披露,越來越多學者已認識到,一些看似"通假"的現象,只是不同階段用字習慣差異的反映。古書中是否還有用爲總括副詞的"舍"或"餘",或者六國除齊魯方言區以外,是否還有此類用法的"舍"字,則有待今後留意。

2021 年 7 月 4 日初稿

2023 年 9 月 28 日定稿

(作者:山東大學文學院教授)

---

① 參魏培泉:《莊子語法研究》,臺灣師範大學國文研究所碩士學位論文,臺北,1982 年,第 328 頁。

② 殷國光:《〈吕氏春秋〉詞類研究》,北京:商務印書館,2008 年,第 293 頁。

《漢書蕭何曹參張良傳殘卷》校讀記

謝秉洪

摘要：傳世《漢書》敦煌抄本中有一件編號爲伯 2973B 的殘卷，該殘卷將蕭何、曹參、張良三人傳記合抄在一起，與通行本《漢書》編次稍異，本文據以擬名爲《漢書蕭何曹參張良傳殘卷》。因爲該殘卷很有可能抄於唐太宗之前的高祖之世或更早，較《漢書》現存最早的版本北宋景祐本早數百年，所以具有重要的版本價值和極高的校勘價值。本文以中華書局點校本《漢書》爲底本，與殘卷仔細比勘，從發現的大量異文中刺取校勘問題 18 例，略加考辨，間及標點商榷，希望能爲《漢書》研究的進一步深入添磚加瓦。

關鍵詞：敦煌抄本　漢書蕭何曹參張良傳殘卷　點校本　校勘

迄今爲止，所見《漢書》敦煌抄本殘卷凡十餘件①，其中一件編號爲伯

---

① 由於唐代顏師古《漢書》注的巨大影響，其他各家注本相繼失傳，僅有少數晉、唐寫本殘卷傳世。據初步考察，《漢書》傳世寫本以敦煌抄本殘卷爲最多，共 11 件，其中一件爲羅振玉《敦煌石室碎金》排印本，題《漢書匡衡張禹孔光傳》；另外 10 件的編號分別爲斯 0020（題《漢書匡衡傳》）、斯 2053（題《漢書》卷七十八《蕭望之傳》）、斯 10591（題《漢書王商史丹傳喜傳》）、伯 2485（題《漢書蕭望之傳》）、伯 2513（題《漢書王莽傳》）、伯 2973B（題《漢書蕭何曹參張良傳》）、伯 3557（題《漢書刑法志第三》）、伯 3669（題《漢書刑法志》）、伯 5009（題《漢書項羽傳》殘片）、俄 ДхO3131（題《漢書天文志》）。以上 11 件殘卷中，斯 10591 號僅存尾題 1 行，斯 0020 號所存部分全爲白文，俄 ДхO3131 號僅殘存 5 斷行，三者均無法判定源自何本；其餘 8 件，據王重民等考證，伯 3669 號、伯 3557 號、伯 5009 號、斯 2053 號與《敦煌石室碎金》排印本《漢書匡衡張禹孔光傳》5 種屬於蔡謨《集解》本；伯 2973B 號屬於顏游秦《漢書決疑》本；伯 2485 號、伯 2513 號二者屬於顏師古注本。敦煌抄本之外，吐魯番出土文書中有一件編號爲 80TBI：001a 的殘卷，題《晉寫本《漢書西域傳》殘片》，系新疆柏孜克里克千佛洞 1975 年出土遺物之一。又，據榮新江教授研究披露，德國國家圖書館所藏吐魯番文獻 Ch. 938 號殘片與《西域考古圖譜》所刊日本大谷探險隊所得吐魯番文書中的一件殘片是可以綴合的《史記》和《漢書》抄本，其正面爲《漢書·張良傳》，反面爲《史記·仲尼弟子列傳》，經比勘，應當是唐朝前期抄本。此外，日本藏有多種唐寫本殘卷，其中最著名的是《漢書食貨志上》日本人手寫卷子本，黎庶昌輯刻《古逸叢書》中影摹了這一卷子本；又有《揚雄傳上》殘卷一卷，收入《東京帝國大學文學部景印唐鈔本》第二集。各種寫本殘卷，爲後世核校《漢書》提供了很好的資料，具有較高的校勘價值。

2973B,《敦煌遺書總目索引》①定作“漢書蕭何曹參張良傳殘文”,本文據以擬名爲《漢書蕭何曹參張良傳殘卷》。衆所周知,今本《漢書》卷三十九爲《蕭何曹參傳》,乃蕭、曹二人合傳;卷四十爲《張陳王周傳》,系張良與陳平、王陵、周勃及其子周亞夫等合傳。而該殘卷將蕭何、曹參、張良三人傳記合抄在一起,與通行本《漢書》稍異,但底卷《張良傳》行首右方有一條短分隔號,似乎是有意與其前面的《曹參傳》隔開的標志(蕭、曹二傳間則無分隔號)。殘卷計61行,每行30餘字不等,起《漢書·蕭何傳》“(周)書曰天予不取反受其咎”(7/2006/14②),迄《漢書·張良傳》“(遂去不)見”(7/2024/12),首、尾各3行均有殘缺,中間又有數行殘破。該殘卷書寫草率,與其他抄本尤其是兩件《蕭望之傳》殘卷之書寫工整秀美相比,差距很大。經與通行本對勘,發現蕭、曹二傳史文間有節略,張良傳則相對完整,惜乎内容太少;而注文則更是寥寥無幾,不及顏師古注本十分之一,王重民先生定此殘卷爲大顏注本③,其説大致可信。按大顏即顏游秦,爲顏師古之叔父,撰有《漢書決疑》一書,唐高祖時仍健在;又此殘卷不避“世”“民”“治”等唐諱,故很有可能抄於唐太宗之前的高祖之世或更早。因爲殘卷抄於雕版印刷尚未盛行之時,較《漢書》現存最早的版本北宋景祐本早數百年,所以具有重要的版本價值和極高的校勘價值。筆者將抄本殘卷與中華書局點校本等對校,發現大量異文,雖然也有不少是殘卷明顯的抄寫之誤,但大多數情況下,抄本的異文勝於通行本,可補正通行本之脱漏訛誤,定點校本校勘之是非等。兹以點校本爲底本,刺取校勘問題18例,略加考辨,間及標點商榷,求正於方家。

1. 上以何功最盛,先封爲酇侯,食邑八千户。(7/2008/7—8)

按:殘卷“酇”下有“才何反”三字注文,底本無,景祐本、慶元本、蔡琪本、汲古閣本、殿本等皆同底本。按舊注於此“酇”字的讀音及屬地衆説紛紜,莫衷一是。顏師古注引文穎曰:“音贊。”又曰:“先封何者,謂諸功臣舊

---

①　商務印書館編:《敦煌遺書總目索引》,中華書局,1983年。按敦煌研究院編、中華書局2000年版《敦煌遺書總目索引新編》作“P.2973c(蕭何、曹參、張良等傳)”,與此稍異。

②　此指中華書局點校本《漢書》册、頁、行,據1962年6月第1版、2002年11月第11次印刷本,下同。

③　王重民:《敦煌古籍叙録》,北京:中華書局,1979年,第82頁。

未爵者,何最在前封也。酇,屬南陽,解在《高紀》。"其於《高帝紀下》引臣瓚曰:"《茂陵書》何封國在南陽。酇音贊。"又云:"瓚説是也。而或云何封沛郡酇縣,音才何反,非也。案《地理志》南陽酇縣云侯國,沛酇縣不云侯國也。又南陽酇者,本是春秋時陰國,所謂遷陰於下陰者也。今爲襄州陰城縣,有酇城,城西見有蕭何廟。彼土又有築水,築水之陽古曰築陽縣,與酇側近連接。據何本傳,何薨之後,子禄無嗣,高后封何夫人同爲酇侯,小子延爲築陽侯。孝文罷同,更封延爲酇侯。是知何封酇國兼得築陽,此明驗也。但酇字別有䣜音,是以沛之䣜縣,《史記》《漢書》皆作酇字,明其音同也。班固《泗水亭碑》以蕭何相國所封,與何同韻,於義無爽。然其封邑實在南陽,非沛縣也。且《地理志》云:王莽改沛酇曰贊治,然則沛酇亦有贊音。䣜、酇相亂,無所取信也。説者又引江統《徂淮賦》以爲證,此乃統之疏謬,不可考核,亦猶潘岳《西征》以陝之曲沃爲成師所居耳。斯例甚多,不可具載。"(1/71/15—1/72/6)據此,知顔師古不取其叔父酇音"才何反"之説,而以蕭何所封酇地在南陽。而《史記集解》引瓚曰:"今南陽酇縣也。孫檢曰'有二縣,音字多亂。其屬沛郡者音嵯,屬南陽者音贊'。按《茂陵書》,蕭何國在南陽,宜呼贊。今多呼嵯,嵯舊字作'䣜',今皆作'酇',所由亂也。"《索隱》引鄒氏云:"屬沛郡音嵯,屬南陽音贊。"(6/2016/2—4)[1]按清佚名撰《漢書疏證》[2]卷一四"先封爲酇侯"條引陸游《老學庵筆記》云:"《漢書》酇侯音'贊',今亳州酇縣乃音'才何反'。而字書'䣜'字亦'才何反',云邑名,一作酇;而'贊'字部有'酇'字,亦云邑名……是字二音,顔注未必是也。"又云:"愚按:鄭康成《周禮》'酒正'注云:'盎如今酇白。'陸德明《釋文》云:'酇白即今之曰醝酒也,宜作醝,作酇,假借也,在何反。'孔疏云:'漢時蕭何所封南陽,地名酇。'陸氏精於小學,亦讀從'才何'之音,諸説紛紜,可以折中矣。"其説有理。按古時凡封功臣,多就本土,如張良封留,是爲成例;而蕭何起沛,故應先封於沛郡之酇縣,而後其子孫改封南陽酇縣也。《説文》云:"䣜,沛國縣,從邑,虘聲。"清顧祖禹《讀史方輿紀要·河南五·歸德府》云:"酇縣城在縣西南,本秦縣,屬泗水郡,陳勝初起,攻酇,下之。漢亦爲酇縣,屬沛郡。本作䣜。"知沛郡之酇本作"䣜",當

---

① 據中華書局點校本《史記》,1982 年 11 月第 2 版、1999 年 11 月第 16 次印刷本,下同。

② 《漢書疏證》,佚名撰,影印清抄本,《續修四庫全書》本。

音"才何反"。按"才何反"同"在何反",與"嵯""醝""鄘"等讀音相近。中古以後,"鄘"字多借"鄭"字爲之,遂致相亂。抄本殘卷保留了"鄭"音"才何反"的注語,正説明大顔是以沛郡之鄭爲蕭何封地,可謂有見,彌足珍貴,且可補今本注文之缺。

2. 上曰:"夫獵,追殺獸者狗也,而發縱指示獸處者人也。今諸君徒能走得獸耳,功狗也;至如蕭何,發縱指示,功人也。且諸君獨以身從我,多者三兩人;蕭何舉宗數十人皆隨我,功不可忘也!"(7/2008/10—12)

按:上文兩處"發縱",景祐本、慶元本、殿本等皆同底本,而殘卷作"發蹤"。師古曰:"發縱,謂解縱而放之也。指示者,以手指示之,今俗言放狗。縱音子用反,而讀者乃爲蹤迹之蹤,非也。書本皆不爲蹤字。自有逐蹤之狗,不待人發也。"《補注》引錢大昭曰:"《説文》無'蹤'字,蹤迹字古作'縱'。《隸釋·郭仲奇碑》云'有山甫之縱',又云'徽縱顯',《魯峻碑》云'比縱豹産',《趙圉令碑》云'羨其縱高',《外黄碑》云'莫與比縱',《夏承碑》云'紹縱先軌',皆是也。小顔乃疑非蹤迹之蹤,誤矣。"又云:"先謙曰:《史記》作'蹤',足證縱、蹤通用,顔注非是。"按錢、王二説是。漢時縱、蹤二字多通用,漢碑中亦有作"發蹤"者,如《隸釋》卷六《敦煌長史武斑碑》云:"受天休命,積祉所鍾。其在孩提,岐嶷發蹤。"此"發蹤"猶言顯示迹象。而《史記》卷五十三《蕭相國世家》正作"發蹤"(6/2015/12),與殘卷合,見此顔注"書本皆不爲蹤字"非事實;得此殘卷,益證其説不確。

又按:"多者三兩人"句,殘卷作"多者兩三人"。《史記》正作"多者兩三人",與殘卷暗合。按《漢書》前部分内容多來自《史記》,文字亦多原文抄録,故此處殘卷作"多者兩三人"或許更接近《漢書》原貌。

3. 關内侯鄂(千)秋時爲謁者,進曰:"群臣議皆誤。……"(7/2009/2—3)

於是因鄂(千)秋故所食關内侯邑二千户,封爲安平侯。(7/2009/9)

校勘記云:"景祐、殿本都無'千'字,下同。"

按:以上所引史文中兩處"鄂千秋",殘卷與汲古閣本等皆同底本,而點校本據景祐本、殿本删"千"字,可商。按《史記》卷五十三《蕭相國世家》叙此作"關内侯鄂君",《索隱》云:"按《功臣表》,鄂君即鄂千秋,封安平

侯。"(6/2016/15)卷一百一十八《淮南衡山列傳》"淮南王有女陵……爲中
詗長安"《集解》引徐廣曰:"詗,伺候采察之名也,音空政反。安平侯鄂千
秋玄孫伯與淮南王女陵通而中絕,又遺淮南王書稱臣盡力,故棄市。"(10/
3083/5)皆作"鄂千秋"。又《漢紀》卷三、《通鑒》卷十一叙此亦皆作"鄂千
秋",是其證。按古人爲了達到修辭等目的,常有割裂姓名的現象,從漢魏
到五代,其例甚多,梁玉繩《漢書人表考》、錢大昕《十駕齋養新録》等書列
舉了大量的例證。有截去一字者,如介之推稱"介推"、宮之奇稱"宮奇"、
酈食其稱"酈其"、申包胥稱"申包"、鄭當時稱"鄭當"、段干木稱"干木"等;
亦有將一人名字割裂爲多種稱呼者,如唐代詩人李商隱爲遷就字數或平
仄而稱司馬相如爲"相如""馬相如""馬卿"等,例多不贅。不過,這種割裂
姓名的現象多見於詩文與書信中,而史籍中則較爲罕見,故不可以彼例
此。又漢時多有以"千秋"爲名者,著名的如武帝時丞相車千秋(田千秋)、
宣帝時諫大夫給事中蔡千秋、元帝時太常弋陽侯任千秋以及張良六世孫
張千秋、西漢名儒夏侯建之子夏侯千秋等,史籍皆全稱其名。據考,西漢
武、昭、宣、元四朝,人名喜取延年、延壽、千秋、彭祖、萬年等詞爲之,此類
人名用字反映了人們延年益壽、長生不老的願望,它與漢初的黄老思想及
武帝、宣帝喜好神仙方術有很大的關係。據此,知底本等有"千"字並不
誤,不當删。檢慶元本等録宋祁校語云:"浙本作'鄂千秋'。"與殘卷合。
而景祐本、殿本等無"千"字,蓋誤脱。同書卷十六《高惠高后文功臣表》作
"安平敬侯鄂秋"(2/575/10),亦誤脱"千"字,應據《史記》等校補。得此殘
卷,可證點校本校改之非。

**4. 夫曹參雖有野戰略地之功,此特一時之事。……陛下雖數亡山東,
蕭何常全關中待陛下,此萬世功也。今雖無曹參等百數,何缺於漢? 漢得
之不必待以全。奈何欲以一旦之功(而)加萬世之功哉!**(7/2009/3—7)

校勘記云:"**景祐、殿本都無'而'字。**"

按:殘卷有"而"字,點校本據景祐本、殿本删"而"字,非。《史記》卷五
十三《蕭相國世家》叙此亦有"而"字,見此底本不誤。按張烈《中華書局點
校本漢書校勘記商榷》①説省"而"字則語氣不順,所言甚是。事實上,"一

①　張烈主編:《漢書注譯》第四册附,海口:南方出版社,1999年。

旦之功"與"萬世之功"本不可相提並論,此處加"而"字轉折,乃起强調作用,故此"而"字不當删。檢慶元本等録宋祁校語云:"浙本'加'字上有'而'字。"與殘卷合。得此殘卷,可證點校本校改之非。

又按:"此萬世功也"句,殘卷"功"字上有"之"字,而底本與各本皆無。按《史記》卷五十三《蕭相國世家》叙此亦有"之"字,下文亦作"萬世之功"。此"萬世之功"與上文"一時之事"對舉,文意顯豁,是,殘卷可補通行本之缺。

5. 高祖崩,何事惠帝。何病,上親自臨視何疾,因問曰:"君即百歲後,誰可代君?"對曰:"知臣莫如主。"(7/2012/7—8)

按:殘卷"疾"字下有"困"字,而各本皆無。按《史記》卷五十三《蕭相國世家》叙此云:"及何病,孝惠自臨視相國病,因問曰……"(6/2019/8)用了兩個"病"字,從行文來看,上文已言"何病",則下文不當再重出一"病"字,語意重複;而《漢書》此處贅加一"疾"字,亦有疊床架屋、語意累贅之嫌。以馬、班之史才,駕馭文字得心應手,當不至有此疏失,或有脱漏。按《漢紀》卷五叙此作"何病,上自臨問",《通鑒》卷十二叙此作"鄷文終侯蕭何病,上親自臨視,因問曰",皆僅用一個"病"字,言簡意賅,蓋荀悦、司馬光二人亦有見於此而作删改也。考之史籍,類此記載帝王探視臣下之病,諸書多於"上(或作'帝')自(或作'親自')臨視(或作'臨''臨候''臨問')"句式前交待某人"病"或"病篤""病甚"等情形,鮮有於該句式後贅加"病"字者。本書中亦不乏其例,如:卷六十六《陳萬年傳》云:"及吉病甚,上自臨,問以大臣行能。吉薦于定國、杜延年及萬年。"(9/2900/1—2)卷九十七上《外戚傳》:"初,李夫人病篤,上自臨候之,夫人蒙被謝曰……"(12/3951/11)皆其比。又卷七十四《丙吉傳》云:"五鳳三年春,吉病篤。上自臨問吉,曰:'君即有不諱,誰可以自代者?'吉辭謝曰:'群臣行能,明主所知,愚臣無所能識。'"(10/3147/16—10/3148/1)遣詞造句,簡直與此如出一轍! 所不同的是,此處未在前面交待探視對象的病重情形,只是簡單著一"病"字,而在後面加以補充説明。殘卷多一"困"字,層次分明,語意完整,了無窒礙,只是標點應略作改動而已。正確的標點爲:"何病,上親自臨視,何疾[困],因問曰……"從上下文意來看,蕭何此次患"病"非同尋常,而惠帝可能仍如往常一樣前去探視;待發覺蕭何已經病得不輕,亦即到了"疾困"的地步,遂以後事相問。按載籍屢見"疾困""病困"等辭,例多不贅;而"疾困"與上引"病篤""病甚"等意思正相近,"困"字有生命垂危之義,這也正是惠帝向蕭何諮詢繼任者的真正原因。如果是一般的"疾病",探病的惠帝便不應以後事相問,否則即與情理不合,故此"困"字實不可少。傳世刻本脱漏"困"字,蓋因與其下"因"字形近而誤删。得此殘卷,可補通行本史文之缺。

又按:"誰可代君"下,殘卷有"者"字,而底本及景祐本、殿本等皆無。按《史記》《漢紀》《通鑒》等叙此皆有"者"字,與殘卷合,語意較完足,點校本可據補。

6. 何買田宅必居窮辟處,爲家不治垣屋。(7/2012/9)

按:"何買田宅必居窮辟處"句,各本皆同,而殘卷"買"上比底本等多一"置"字,"辟"作"僻"。按《史記》卷五十三《蕭相國世家》叙此云:"何置田宅必居窮處,爲家不治垣屋。"(6/2019/11)"買"作"置",無"辟"字。而《漢紀》卷五叙此作"何買田宅必居窮僻處",《通鑒》卷十二叙此作"何置田宅必居窮僻處",前者"買"字與《漢書》同,後者"置"字與《史記》同,兩"僻"字則與殘卷合。按載籍中屢見"置田宅""買田宅""置買田宅"等連文,例多不贅,故此處作"置""買"或"置買",義皆可通。又,"辟"爲本字,"僻"爲後起字,義可兩通。顏師古注云:"辟讀曰僻。僻,隱也。"(7/2012/9)蓋師古所見本即作"辟"。衆所周知,《漢書》好用古字,故當以作"辟"於義爲長。而殘卷有"僻"字,正可見此《史記》無"辟(僻)"字或爲誤脱,反過來又可補《史記》之缺漏。

7. 參代何爲相國,舉事無所變更,壹遵何之約束。……吏言文刻深,欲務聲名,輒斥去之。(7/2019/3—5)

按:殘卷"吏"下比底本等多一"之"字,《史記》卷五十四《曹相國世家》叙此亦有"之"字,二者暗合,是。按作"吏之言文刻深",乃是在一個分句的主語和謂語之間用"之"字,取消句子獨立性,表示語意未完,讓讀者或聽者等待下文;若單説"吏言文刻深",則是一個獨立而完整的句子,而"輒斥去之"的主語亦由曹參變成了"吏",明顯有歧義,故"之"字不可省。得此殘卷,可補正史文之缺漏。

又按：《史記》"欲務聲名"下多一"者"字，殘卷及通行本皆無。從句子的語法結構來看，《史記》是，可據補。但"刻深"後之逗號以作頓號爲宜。

8. 日夜飲酒。卿大夫以下吏及賓客見參不事事，來者皆欲有言。至者，參輒飲以醇酒，度之欲有言，復飲酒，醉而後去，終莫得開説，以爲常。（7/2019/5—6）

按："復飲酒"句，景祐本、慶元本、汲古閣本、殿本等皆同底本，而殘卷無"酒"字。按上文已有"酒"字，則此處不宜重出，殘卷省"酒"字，義勝。而《史記》卷五十四《曹相國世家》叙此作"復飲之"（6/2029/14），"飲"字活用爲使動用法，"復飲之"意謂曹參又使來客飲酒，直至其"醉而後去"，如此描寫，與古人行文習慣相合，則又較殘卷作"復飲"爲勝。據此，通行本《漢書》此處或涉上衍一"酒"字，或"酒"字乃"之"字之訛，點校本失校。

9. 參見人之有細過，掩匿覆蓋之，府中無事。（7/2020/5）

按：掩匿，各本皆同，而殘卷"掩匿"上比底本等多一"專"字，語意較足。按《史記》卷五十四《曹相國世家》、《漢紀》卷五、《通鑒》卷十二叙此皆有"專"字，見此殘卷有"專"字是，通行本蓋誤脱，可據殘卷校補。

10. 參曰："陛下觀參孰與蕭何賢？"上曰："君似不及也。"（7/2020/10—11）

按："陛下觀參孰與蕭何賢"句，各本皆同，而殘卷作"陛下觀臣能孰與蕭何賢"，與《史記》卷五十四《曹相國世家》暗合。王先謙《補注》云："宋祁曰：'浙本"觀參"字下有"能"字。'先謙曰：《史記》亦有'能'字。與，如也；賢，優也。言才能孰優。浙本是。"按《通鑒》卷十二叙此與《史記》同，王説是。據筆者仔細比勘，知點校本雖以《補注》本爲底本，但對王注精華採擇遠遠不夠，於此亦可見一斑。得此殘卷，可補正通行本之缺漏。

11. 百姓歌之曰："蕭何爲法，講若畫一；曹參代之，守而勿失。載其清靖，民以寧壹。"（7/2021/6—7）

按：清靖，景祐本、慶元本、殿本等皆同底本，而殘卷及汲古閣本、《補注》本等皆作"清靜"。按《史記·曹相國世家》、《漢紀》卷五、《通鑒》卷十二叙此皆作"清净"。按"清靖""清净""清静"三者可通,無煩改字。點校本既以《補注》本爲底本,却不尊重底本,而據景祐本、殿本等暗改底本,實非。得此殘卷,益證點校本暗改之誤。

12. 淮陰、黥布等已滅,唯何、參擅功名,位冠群臣,聲施後世,爲一代之宗臣,慶流苗裔,盛矣哉!（7/2022/1—2）

按:群臣,北監本、汲古閣本、殿本等同底本,《史記》卷五十三《蕭相國世家》叙此亦作"群臣"（6/2020/5）;而殘卷與景祐本、慶元本、蔡琪本、汪文盛本、大德本等皆作"群后"。按作"群臣"或"群后"雖皆可通,但從上下文意來看,則以作"群后"於義爲長。"群后"指衆諸侯,《漢書》卷七十三《韋賢傳》有"庶尹群后,靡扶靡衛,五服崩離,宗周以隊"云云（10/3101/8—9）顏師古注曰:"庶尹,衆官之長也。群后,諸侯也。"而"群臣"則指衆臣子,其中當有未封侯者。蕭何本傳謂其"功第一",故得先封侯,位在衆諸侯之上,此即所謂"位冠群后"也。又,載籍屢見"位冠群后"連文,而鮮見"位冠群臣"連文。如:《御覽》卷五百六十二引干寶《晉紀》云:"四月,太尉魯公賈冲薨。……及議諡,博士秦秀曰:'冲位冠群后,惟民之望而悖禮溺情,以亂會倫。案諡法:昏亂紀度曰"荒",冲宜諡"荒"。'上弗從,賜諡曰'武'。"又《梁書》卷一《武帝本紀》云:"相國位冠群后,任總百司,恒典彝數,宜與事革。"《南史》卷六同。又《周書》卷一九《達奚武傳》云:"或謂武曰:'公位冠群后,功名蓋世,出入儀衛,須稱具瞻,何輕率若是?'"《北史》卷六十五亦同。皆其證,例多不贅。據此,頗疑《史記》《漢書》通行本之"群臣"二字乃後人所妄改,得此殘卷,可爲佐證。

13. 良（年）少,未宦事韓。（7/2023/4）
校勘記云:"景祐、殿本都無'年'字。"

按:點校本據景祐本、殿本刪"年"字,可商。殘卷與汲古閣本等皆有"年"字。按《史記》卷五十五《留侯世家》叙此亦有"年"字（6/2033/4）,點校本未刪改,是。張烈《中華書局點校本漢書校勘記商榷》謂"刪'年'字語義不明"。按張説甚是,"年"字不當刪。得此殘卷,可證點校本校改之非。

又按:王先謙《補注》云:"宋祁曰:'"宦"疑是"嘗"字。'錢大昭曰:'閩本"宦"作"嘗"。'……先謙曰:凌稚隆云一本'未'下有'嘗'字。案《史記》

作'未宦事韓'。"按"宦"字與"嘗"字及其異體"甞"書體字形相近，極易混淆，但此處殘卷作"宦"甚爲明晰，與其下"嘗"字書體極不相類。得此殘卷爲證，可知宋祁説非。

14. 良嘗閒從容步游下邳圯上，有一老父，衣褐，至良所，直墮其履圯下，顧謂良曰："孺子下取履！"（7/2024/6—7）

按：上文中的兩個"圯"字，景祐本、慶元本、殿本、北監本等皆同底本，而汲古閣本、《補注》本等前一字同底本，後一字作"汜"。核之殘卷，後一字作"汜"甚明，與《補注》本等同；而上一字僅存右半部"巳"，左半部模糊不清，但其下有"音怡"二字注，據此讀音當是"圯"字。又，《史記》卷五十五《留侯世家》二字皆作"圯"。按舊注於此二字衆説紛紜，莫衷一是。服虔曰："圯，音頤，楚人謂橋曰圯。"應劭曰："汜水之上也。"文穎曰："沂水上橋也。"師古曰："下邳之水，非汜水也，又非沂水。服説是矣。"王先謙補注云："張伯曰：'案從水乃《詩》云"江有汜"及今有汜水縣字，音詳里反。據許慎《説文》云"東楚謂橋爲圯"，在土部，本從土，傳寫蓋誤從"汜"，合從土，作"頤"音，與下文"直墮其履汜下"並作"圯"字校定。'劉攽曰：'予謂若本實作"圯"，則應劭無緣解作汜上，疑"汜"亦自爲"頤"音而釋爲橋也，譬如"瞻辭"作"澹辭"矣。然則"汜"字從水亦未爲誤，而校定亦未宜從土也。'宋祁曰：'舊本"汜"從水，張伯改作土，謂從水者是"江有汜"之"汜"，音詳里反。余謂伯説非也。近胡旦作《圯橋贊》，字從水。旦，碩儒也。予嘗問之，旦曰："汜從水，何所疑憚？《説文》從圯，蓋本字。原後人從水，未容無義。伯改從土，奈應注爲汜水之汜，又何以辨應之誤也？用此尤見張伯之率爾也。"'王念孫曰：'《沂水注》：沂水於下邳縣北西流分爲二水，一水逕城東屈從縣南注泗，謂之小沂水，水上有橋，徐、泗間以爲圯，昔張子房遇黄石公於圯上，即此處也。據此，則文穎以"汜爲沂水上橋"是也。師古不審地望而非之，誤矣。'沈欽韓曰：'《淮南·道應訓》："公孫龍至於河上，而航在一汜，使善呼者一呼而航來。"注："汜，水厓也。"此汜上者，亦謂下邳之水邊也。'先謙曰：……'汜'字當從水，有二解：如服説讀'汜'爲'圯'，則訓爲橋；如沈引《淮南》注，則訓爲水厓。予疑'汜'字古本或作'沂'，故《敍傳》云'漢良受書於邳沂'，顏注引晉灼曰：'沂，崖也。下邳水之崖也。此注文穎云'沂水上橋'，蓋所見有沂、汜兩本，因而立注。《水經注》'小沂水'之名,又後人沿傳文及文説爲之附會,流傳以成典實,究之古訓不如此也。'沂'與'圻'通,'圻'又與'垠'同,故宋祁於《叙傳》引韋昭'本作垠'。《文選》載班此文亦作'邲垠'。'垠'字本訓崖岸,足證班氏於此傳文必解爲'下邲水崖之上'、不以爲'橋圯',沈氏'汜'爲水崖之説爲不可易也。韋昭於作'垠'之本釋曰:'垠,限也。謂橋。'《文選·大將軍讌會詩》李注引文穎'沂水上橋'之説以釋'垠'字,則妄爲牽引而愈不可通矣。"按:王先謙謂"'汜'字當從水,有二解",甚有理,可從;但以《水經注》及文穎説爲附會,則未免武斷,清王峻《漢書正誤》①卷三亦謂"文穎之説爲最當,不當與應氏一例非之也"。事實上,此處兩個"圯"字原本不一致,一則從土,一則從水,且由來已久,自宋時張佖校定爲從土之"圯",遂致傳世刻本多作"圯"而鮮作"汜",反而泯滅了原貌。而殘卷抄於雕版印刷盛行以前,輾轉傳抄的次數較刻本爲少,故多能保存原貌。得此殘卷,可祛諸疑,益見敦煌寶藏之珍貴!點校本不采王先謙之善説,暗改底本之"汜"字而未作任何説明,不合古籍整理規範。

又按:如前所述,殘卷前一個"圯"字下有"音怡"二字注文,而傳世《漢書》各本皆無此注語,而有"音頤"之服注。按《史記集解》引徐廣曰:"圯,橋也,東楚謂之圯。音怡。"《索隱》曰:"李奇云:'下邲人謂橋爲圯。音怡。'文穎曰:'沂水上橋也。'應劭云:'沂水之上也。'姚察見《史記》本有作土旁者,乃引今會稽東湖大橋名爲靈圯。圯亦音夷,理或然也。"(6/2035/10—11)殘卷注音與徐廣、李奇暗合,彌足珍貴,可補通行本注文之缺漏。

又按:"孺子下取履"句,點校本《史記》標作:"孺子,下取履!"(6/2034/15)於"孺子"後點斷,語意清晰,是。下文亦以"下取履"爲句,宜統一處理。

15. 良愕然,欲歐之。爲其老,乃彊忍,下取履,因跪進。(7/2024/7)
按:歐,景祐本、慶元本、殿本等皆同底本,而殘卷作"毆"。《史記·留侯世家》叙此作"毆"。按"歐""毆""敺"三字同音通用,載籍多混用,無煩改字。

---

① 〔清〕王峻:《漢書正誤》,徐蜀編:《兩漢書訂補文獻彙編》,北京:北京圖書館出版社 2004 年影印清抄本。

又按:"乃彊忍"句,景祐本、殿本等皆同底本,而殘卷無"乃"字,"彊"作"强"。《史記》卷五十五《留侯世家》敘此亦作"彊",無"乃"字。按古時彊、强二字混用,義可兩通,後世"强"行而"彊"廢。殘卷無"乃"字,與《史記》暗合,義可兩通。疑此"乃"字爲後人所加。

16. 父以足受之,笑去。(7/2024/7—8)

按:笑去,各本皆同,而殘卷作"笑而去"。慶元本録宋祁云:"浙本作'笑而去'。"按浙本與殘卷合。又《史記》卷五十五《留侯世家》敘此亦作"笑而去",可證《漢書》原有"而"字,通行本誤脱。"笑"和"去"本是兩個動作,中間加一"而"字連接,文從字順;如單作"笑去",則顯突兀,且與古人行文習慣不合。點校本應據補"而"字。

17. 良因怪(之),跪曰:"諾。"(7/2024/8—9)

校勘記云:"景祐、殿本都無'之'字。"

按:點校本據景祐本、殿本等删"之"字,可商。殘卷與汲古閣本、《補注》本等皆有"之"字,《史記》卷五十五《留侯世家》敘此亦有"之"字。檢慶元本等録宋祁校語云:"浙本'怪'字下有'之'字。"與殘卷合。張烈《中華書局點校本漢書校勘記商榷》謂此"之"字不當删,有"之"字語意方完全。按張説是,點校本誤删。得此殘卷,可證點校本校改之非。

18. 五日平明,良往。父已先在,怒曰:"與老人期,後,何也? 去,後五日蚤會。"五日,雞鳴往。父又先在,復怒曰:"後,何也? 去,後五日復蚤來。"(7/2024/9—10)

按:五日平明,北監本、汲古閣本、殿本等皆同底本,而景祐本、慶元本、汪文盛本、大德本等皆無"平"字。按殘卷與《史記》皆有"平"字。又上文老父有"孺子可教矣。後五日平明,與我期此"之語,見此"平"字不可省,景祐本、汪文盛本等明顯誤脱一字。得此殘卷,可定通行本異文之是非。

又按:上引之文明顯有歧義,蓋整理者失察而誤標。《史記》卷五十五《留侯世家》敘此文字小異,在"去"與"後五日蚤會""後五日復蚤來"之間,各多一個"曰"字,而《漢書》傳世刻本與點校本等皆無。按《史記》有了兩個"曰"字，標點亦與此異，作：五日平明，良往。父已先在，怒曰："與老人期，後，何也？"去，曰："後五日早會。"五日雞鳴，良往。父又先在，復怒曰："後，何也？"去，曰："後五日復早來。"按《史記》標點是。有無"曰"字，文意截然不同。兩相比較，可知通行本《漢書》有脫漏。可喜的是，殘卷亦有一"曰"字，與《史記》暗合。按此殘卷異文參校價值甚大，不僅可補通行本之缺漏，還可定顏注與點校本標點之是非。按此段叙述張良遇黃石公之文，一共用了五個"去"字，皆爲動作描寫，非對話；而其主語亦皆爲"老父"，即黃石公，並非張良。上文分別是"笑而去"與"父去里所"，下文爲"遂去不見"。若依點校本《漢書》之原標點，則中間兩處"去"字的主語都變成了張良，這不但與事實不符，亦與情理不合。究其致誤之因，約有四端：一是未見殘卷異文而失校，二是不明文意，三是沿襲顏注之誤，四是未與《史記》等仔細參校。諸多原因中，筆者以爲除了第一點尚情有可原外，其他本來皆可避免。按顏師古於"去，後五日蚤會"下注云："放良令去，戒以後會也。其下亦同。蚤，音早。"據此，知顏師古所見本即無"曰"字，而將此"去"字及下文之"去"字皆屬之張良，大誤。事實上，"去"乃"老父"徑自"離開"，而非"老父"命張良"離開"，文意甚明，而點校本的整理者失察，且爲顏注所迷惑，故而誤標。

　　又按：《漢書》此段文字明顯抄自《史記》，二者文字略有小異，剪裁痕迹猶存。而殘卷僅有中間兩個"去"字後的前一個"曰"字，較《史記》少後一個"曰"字，蓋亦有脫漏。按古書中雖然常有省去"曰"字的成例，如《孟子》一書中便有不少省去"曰"字的地方，例多不贅。不過，這些省去"曰"字的地方，其後的句子或片斷皆當另用引號標識，否則便易生歧義。以彼例此，即使《漢書》此文原無中間兩個"曰"字，亦當視作承前省略而另作處理，其正確標點如下：

　　　　五日平明，良往。父已先在，怒曰："與老人期，後，何也？"去，"後五日蚤會！"五日，雞鳴往。父又先在，復怒曰："後，何也？"去，"後五日復蚤來！"

如此標點，方合文章原意。"老父"飄然而來，見"年少"張良"與老人期"而遲到，不免生氣而斥責三兩句；隨後又飄然而"去"，却因"孺子可教"，臨離開時還不忘留下一句"後五日蚤會"的囑咐。太史公妙筆生花,活現了黃石公這位世外高人的"神仙"風采,令人歎爲觀止! 而若依點校本《漢書》之誤標,則大相徑庭,索然寡味矣! 有鑒於此,益悟校點古籍之艱難,不可不慎也! 中華書局點校本影響深遠,後出各種注本、譯本、選本及《漢書補注》整理本等皆沿襲其誤標而不改,以致謬種流傳,故特爲詳辨如上。

2008 年 8 月 6 日舊稿

2023 年 9 月 1 日修改

（作者:南京師範大學文學院副教授）

續注、整合、定型:《靈棋經》動態生成考[*]

王晶波

摘要:《靈棋經》是産生於晉代的一部擬易類卜書。從晉至明,先後有數人爲之作注,每一次續注,都構成了《靈棋經》動態生成過程中的一個重要步骤,經由這些步骤,其文本的内容、形式不斷發展完善,至明代最終定型。續注貫穿了《靈棋經》歷史演變以至定型的整個過程,一定程度上也標志着這部擬易類卜書的動態生成方式。文章以出土文獻與傳世抄本、刻本爲依據,梳理一千多年間《靈棋經》的發展演變脉絡,考察不同續注在其文本生成與定型中所起的作用,同時也爲觀察擬易類典籍的歷史發展與動態生成方式提供一個可資借鑒的視角。

關鍵詞:靈棋經 續注 演變 動態生成

《靈棋經》是産生於东晉时代的一部占卜典籍。其卜法模擬《周易》而來,以十二枚分別寫有"上""中""下"字的棋子爲工具,通過抛擲棋子,按所呈現不同字樣棋子的數目,分三層排列成卦:"上"字排最上層,"中"字排中間,"下"字排在最下層,形成卦象,以此來預測吉凶。《靈棋經》便是記載這種占卜方法及其吉凶解説的卜書。作爲擬易類卜書的一種,該書在衆多同類卜書旋起旋滅的潮流中流傳千年而不絶,在士大夫群體中有較廣泛的影響,明清以來又先後被收入《道藏》和《四庫全書》這兩部大型叢書,流传更广。近年來有學者陸續從不同角度對這一典籍加以研究,如詹石窗從《易》學與道教角度對靈棋課法及符號的解讀[①],黄正建、王愛

---

* 本文爲國家社科基金 2023 年度重點課題"敦煌疑僞經的民間講唱研究(23AZW011)與教育部重大項目"敦煌佛教疑僞經全集整理與研究"(2022ZWXKD03)及其互動關係史研究"(21&ZD267)階段性成果。

① 詹石窗:《靈棋課法的由來及其符號解讀》,《周易研究》2001年第 1 期,第68—78 頁。

和、關長龍等人對敦煌寫本《靈棋經》殘卷的整理研究①,岩本篤志對日本室町時期抄本的考察②,田勝利、張江珍等對繇詞卦詩的分析③,以及筆者對文本源流的梳理④,都推進了今人對這部古卜書的整體認識。不過,論者所依據的材料,大多是明清以來通行的定本,主要是《四庫全書》和《道藏》所收錄的文本。利用定型本的研究,有利於準確把握該書的現狀和性質,但不利於全面認識其文本發展演化的歷史過程及特點。尤其像《靈棋經》這樣流傳時間長且不斷有續注的擬易類卜書,其文本形式和內容都處在不斷演變中,僅憑定本很難認清其動態生成的過程。因此,利用目前可見到的不同時期的《靈棋經》寫本、刻本——包括敦煌存唐五代寫本、日本藏古抄本、明清以來刻本等,梳理《靈棋經》從唐前到明清的發展演變脈絡,考察其文本在千餘年間的發展演化乃至定型的歷史,尤其是不同的注解在文本生成演化以及最後定型中的作用,同時也爲觀察相類的擬易型卜書的歷史發展與定型提供一個可資借鑒的視角,就顯得既有必要又富可行性。

一、《靈棋經》諸本述略

依據目前可見的《靈棋經》的內容形式,特別是卦符、卦名、象名及各家注解的特點,綜合各抄本、刻本的總體情況與時代先後,筆者將《靈棋經》大致劃分爲以下五個系統⑤:

---

① 黄正建:《敦煌占卜文書與唐五代占卜研究》,北京:學苑出版社,2001年,第19—22頁。王愛和《敦煌占卜文書研究》,蘭州大學博士學位論文,蘭州,2003年,第22—40頁。關長龍《敦煌數術文獻輯校》,北京:中華書局,2019年,第398—426頁。王晶波《敦煌占卜文獻與社會生活》,蘭州:甘肅教育出版社,2013年,第61—74頁。

② 〔日〕岩本篤志:《六朝隋唐五代と日本における『靈棋經』——敦煌本・室町期鈔本を中心に》,《資料學研究》3,2006年,第1—27頁。

③ 田勝利:《論〈靈棋經〉對〈周易〉的借鑒及其與易學理念的融通》,《武陵學刊》,2015年第5期,第7—12頁;《論靈棋經繇詞的詩體特徵及取象藝術與意義》,《天中學刊》2016年第2期,第49—54頁;張江珍《靈棋經卦詩研究》,陝西師範大學碩士學位論文,西安,2016。

④ 王晶波:《從敦煌寫本看〈靈棋經〉的源流演變》,《敦煌學輯刊》2014年第4期,第80—92頁。

⑤ 筆者在《從敦煌寫本看〈靈棋經〉的源流演變》一文中分爲6個系統,今修正爲5個。清代程芝雲據古本翻刻的一卷本《靈棋經》(《百二漢鏡齋秘書》本),實際上是明刻本的簡化本,去掉了四家注文,僅保留了象辭和卦詩,因此不算一個單獨的系統。

1.《靈棋卜法》一卷(以下簡稱"敦煌顏注本")。以敦煌寫本殘卷 P.3782+S.557 爲代表。該本首殘尾全,無卦名、象名,卦符用漢字上、中、下三字上下排列表示;有二家注,前者稱"注曰",後者稱"顏淵曰"或"顏曰";尾有題記:"靈棋卜法一卷。殿下錫本。已前都計百廿四卦。壬申年寫了。範梧記"。保存了原書三分之二的内容。

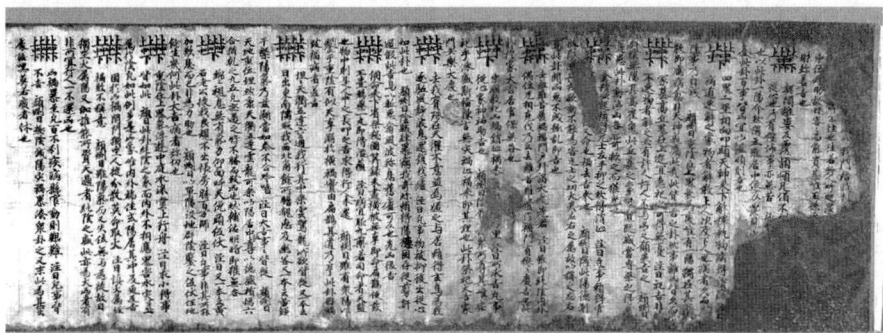

圖一　敦煌顏注本《靈棋卜法》(P.3782)殘卷

2.《靈棋經》(擬)一卷(以下簡稱敦煌何注本)。以敦煌寫本 P.4048、P.4984V、S.9766+9766V 爲代表。首尾均殘,有原序(不全)、象名、卦符,卦符用一、丨、一表示,有二家注,稱"顏曰""何曰"。保存了原書約十分之一的内容。

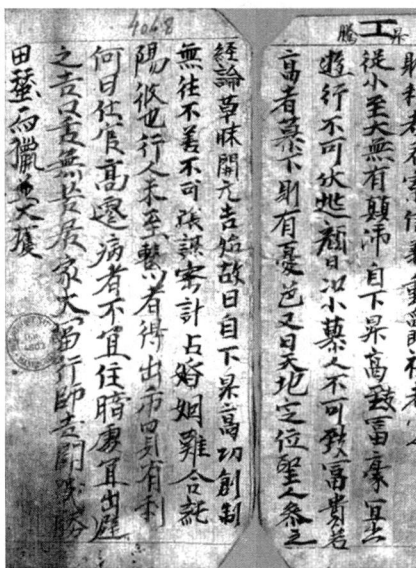

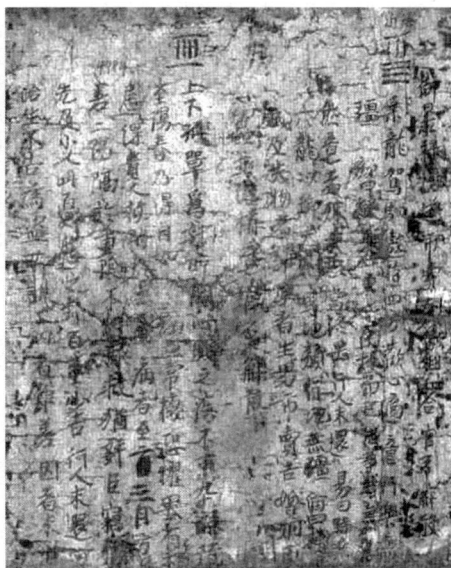

圖二　敦煌何注本《靈棋經》(P.4048)　圖三　敦煌何注本《靈棋經》(P.4984V)殘卷

3. 古抄本《靈棋經》一卷，以日本室町時期(1336—1573)古抄本爲代表。署"晉襄城道人法味傳，晉駕部郎中顏幼明注，宋御史中丞何承天箋注，琅瑘王胤著卦名"；有原序、象名及卦名，卦符用一至四的數字表示；有二家注，稱"顏曰""何曰"；有後序，題"上黨紫團叟韓運休述"。據日本岩本篤志考察，日本所藏古抄本《靈棋經》，有室町後期抄寫的東京大學綜合圖書館藏本(簡稱東大本)、米澤市立圖書館藏本(簡稱米澤本)，以及室町初期抄寫的求古樓本(今藏臺北故宮博物院)，這些抄本的祖本源自日、宋之間的貿易往來，可以看作是南宋以來傳本的代表①。

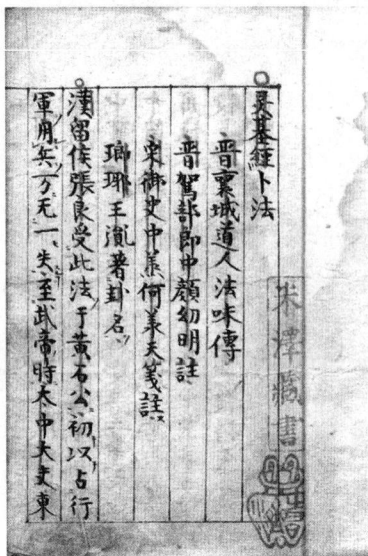

圖四　米澤本《靈棋經》卷首

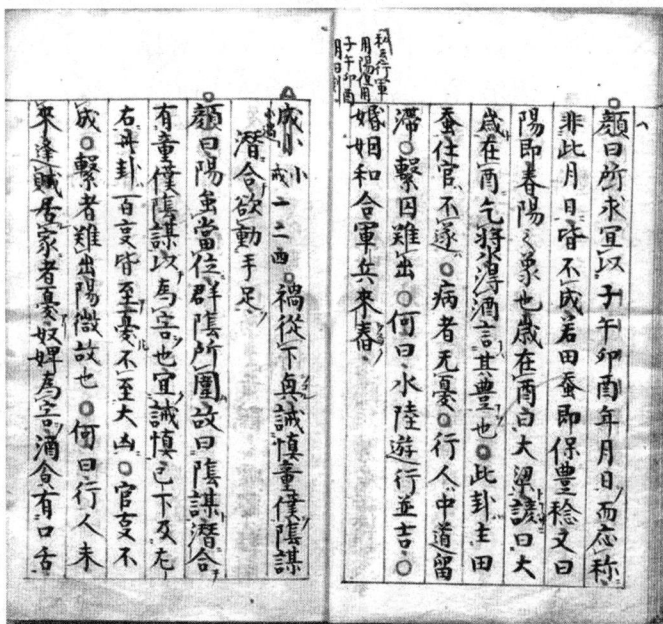

圖五　米澤本《靈棋經》局部

① 〔日〕岩本篤志：《六朝隋唐五代と日本における「靈棋經」——敦煌本·室町期鈔本を中心に》，《資料學研究》3，2006年。

4.《靈棋本章正經》二卷（以下簡稱道藏本），以正統《道藏》本爲代表。署"晉駕部郎中顏幼明注，宋御史中丞何承天續注"；有三序：唐李遠序、原序、明劉基序；有目錄，有象名、卦名，象名稱"課"，卦符用一至四的數字表示；有三家注，稱"顏云""何云""解曰"；後有二序，一題"黨紫團山叟韓運序"，一題"南軒張栻題"①。

圖六　正統道藏本《靈棋經》

5.《靈棋經》二卷，以明汪浩刊本爲代表（以下簡稱汪刊本）。《四庫全書》《墨海金壺》《珠叢別錄》《長恩書室叢書》《述古叢鈔》《藏修堂叢書》《芋園叢書》《翠琅玕館叢書》等叢書所收《靈棋經》，均出自汪刊本。書前有唐李遠序；有象名、卦名、陰陽八卦，卦象用一至四數字配合上、中、下漢字表示，有四家注，稱"顏曰""何曰""陳曰""劉曰"，末有卦詩。後有明劉基、汪浩等後序。

以上諸本內容形式基本相同，僅在卦序有無、卦解位置的前後等處稍有差異。下面列出五個系統《靈棋經》的基本情況如表一所示：

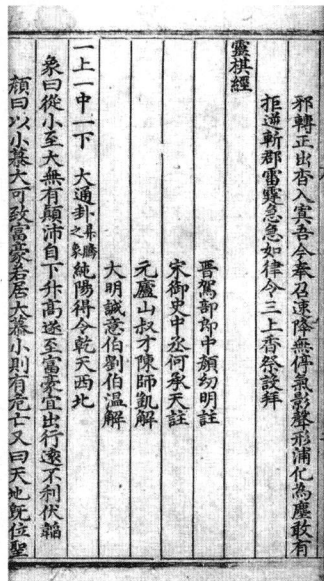

圖七　明刻本《靈棋經》
（明正德十五年刊）

①　《靈棋本章正經》，《道藏》（第 23 冊），上海：上海書店 1988 年影印本，第 455—486 頁。

表一

	敦煌顏注本	敦煌何注本	米澤本	道藏本	汪刊本 (正德十五年本)
題署	不明	不明	晉襄城道人法昧傳,晉駕部郎中顏幼明注,宋御史中丞何承天箋注,琅琊王胤著卦名	晉駕部郎中顏幼明注,宋御史中丞何承天續注	晉駕部郎中顏幼明注,宋御史中丞何承天注,元廬山叔才陳師凱解,大明誠意伯劉伯温解
序言	缺	原序(不全)	原序	唐李遠序、宋人序、原序、經解序	唐李遠序
卦名	無	無	有	有	有
象名	無	有	有	有	有
陰陽八卦	無	無	無	無	有
卦符	漢字上中下分三行排列 如：上 中中中中 下下下下	符號—丨—排列 如：䷁	數字一至四分三行排列 如：一四四	數字一至四分三行排列,空用○ 如：一四四 ○○一	數字一至四配合上中下排列 如：一上四中四下
象辭	有	有	有	有	有
注家	二家:注曰、顏淵曰	二家:顏曰、何曰	二家：顏曰、何曰	三家:顏曰、何曰、解曰	四家:顏曰、何曰、陳曰、劉曰
卦詩	無	無	無	無	有
後序	無	無	上党紫團叟韓運休述	党紫團山叟韓運序;南軒張栻題	明劉基、汪浩、郭勋等

　　以上的系統劃分,大體勾勒出《靈棋經》千餘年來的發展演變軌迹。可以看出,自晉、宋、唐一直到明代,《靈棋經》從形式到内容都經歷了一個由簡而繁的演變過程,不斷有人爲之做注,随着這些續注的出現,不僅《靈棋經》的形式更加完備整齊,逐步出現卦名、象名,最後還標出陰陽八卦等信息,其内容方面也有許多變化,如象辭的解析逐步細緻,依據《周易》進一步發揮引申、分析概括,甚至還出現了改動象辭的情況。此外,原有的前代舊注也出現一些分合調整、吸納融會的變化。可以説,每一個新注家

的出現,都大致代表了《靈棋經》發展演變的一個新階段,因此,通過對歷代注家與注文出現前後變化的分析與比較,我們就可以大體復原出這部古卜書在千餘年間的階段性發展的動態過程。

二、從顏幼明注看敦煌本《靈棋卜法》的早期形態與特點

1. 顏注本的形態與特點

第一系統的《靈棋卜法》(P. 3782+S. 557)①,是經東晉顏幼明注解並確定的本子。顏注本出現的時間上限,據傳世本所題的"晉駕部郎中顏幼明",可大體判定爲東晉末年,因爲顏幼明雖然活到了劉宋時期,但署名中特地强調晉,可見其完成於晉時。由於該寫本首部殘缺,無法看到其前序及相關凡例等。這個系統的《靈棋卜法》,形式與内容都比較簡要,由四個部分組成,即卦符、象辭與兩家注文。該寫本的最大特點是簡要,無卦名、象名,有卦符、象辭,有無名氏注與顏注,保留了《靈棋經》早期形態。其中的無名氏"注曰",實爲作者自注(説詳後),與《靈棋卜法》同時産生,顏注排在無名氏"注曰"之後,表明其産生晚於前者。

其卦符的構成,是依據十二個棋子抛擲後得出的實際字樣數目,直接以"上""中""下"三個漢字的排列來直觀表現,如 下下（上上／中中中中）、中中中中（上上上上）、下下下下,没有使用符號或數字來代替。這與後世出現的各種版本的情況皆不相同。

象辭皆四言韻文。四句者最多,亦有六句,偶有五句、八句。如三上二下卦:"天作淫雨,洪水滔天,人民巢居,無有火煙";又如二上三中四下卦:"韓廬逐兔,走不伸步,噬兔在前,逐鹿在後,頻頻重獲,略不得走。"

象辭後,緊接着的是以"注曰"引出的注文,然後是顏幼明的注文。如:

上上上
中中中中
下下下下賢君在上,下有讒臣,雖有聰明,終見暗塵。注曰:事在

---

① 釋文參見闢長龍《敦煌數術文獻輯校》,第398—417頁。本節相關引文均出此書,不一一出注。

主暗,凡事不果,當叩下人,和則叩上,叩下史吉。顏淵曰:上雖高明,下蔽者多,徒抱其智,殆於舟矣。賢名蓋假稱耳,亦猶《詩》云"哲者成城"、《離騷》云"哲王不寤"矣。此卦百事有悔,求仕進彌非,婚姻小吉,陰陽頗應,故言也。

顏幼明的注文跟在"注曰"之後,大多標稱"顏淵曰",少量稱"顏曰"。顏注先釋卦象及象辭,次釋前注。釋卦象時多用"某某之象"點明其要義,如"得志之象""丘墓之象""山嶽之象"等。從內容看,顏注解釋卦象,重點在從陰陽處位的角度對卦象及其內涵進行更細緻的解說,時或引用《易》《詩》《離騷》《孝經》中的文字加以佐證;有時也呼應前邊無名氏注的內容,將前注中籠統、簡略的說法與判斷進一步具體化,補充細化,明確指出所占事項及其吉凶。釋吉凶時多用"此卦……"之句式加以概括定性,引出對占卜事項及其吉凶的解說,如"此卦純陰,凶也",或"此卦因禍致福,病者差,吉"。

細察寫本內容,顏注本除了解釋卦象及前注內容,他在作注時,還將當時所通行的諸本進行了歸納統一,並保留異說。主要表現在四上三中四下卦與四上四中一下卦上。如:

> 上上上上
> 中中中
> 下下下下坦坦天衢,五達六通,我行其中,乘雲駕龍,所欲皆從。又一本云:日出東南隅,照我西北角,餘所瞻睹,惠及幽谷。又一本云:黃鐘于祭,陽氣乃茲,漸當如泰,不合吟嘻。注曰:大吉,事事皆從。顏淵曰:天地重位,坦然康,天衢五達,雲龍可乘,以陽居中,位尊以德盛,指撝六合,猶乾之九五,凡庶遇之,將不勝而致凶也。然輔佐明時,即獲無咎。

此卦的五句象辭之後,以兩個"又一本云"分別列出了兩種各四句的象辭異文,這表明顏幼明見到的諸本中,此卦象辭的表述至少有三種,或者本身就有三個不同的本子,三種表述的句式與含意都比較相近,但後兩種象辭,對卦象中間代表人位的三陽的正面意義的解說沒有前一種充分透徹,與無名氏注的"大吉,事事皆從"的注文也有一些差異,因此他選擇更切合卦象的第一種爲主,同時還並列出後兩種作爲參照,注釋時也對其内容有一定解説。又如四上四中一下卦,其象辭爲"綿綿視息,無有氣力,仰面視天,俛頭低伏"四句,後面緊接着的是:"又一本云:黄石老公,授我良規,不出帳房,勝百萬師。"這四句的含義與前面四句截然不同,可見在顔注出現之前,《靈棋卜法》已有不同傳本流行,顔注選取與卦象及"注曰"更加切合的前一種象辭,而將後一説法作爲異本並列於後,以存異説。

2. 有關顔注前之古注本的考察

基於敦煌顔注本的内容,我們還可以對它之前注本的大概情況進行一點推測,即顔注本中的"注曰"所代表的更早形態的本子。

敦煌顔注本《靈棋卜法》所存的 80 餘卦中,除去殘缺不全者,所有卦的象辭後面,全都有無名氏"注曰",後面才是顔幼明注文。顔注數量不及"注曰"多,僅占"注曰"數量的四分之三强。從排列位置與數量來看,"注曰"所代表的本子應早於顔注本。

這個本子的内容大體包括三個部分,即:卦符、象辭與無名氏注文,内容較顔注本更加簡單。而這個無名氏的注,筆者認爲應該是作者的自注①,直接一點説,就是晉法味在編寫《靈棋卜法》時所加的注。因爲編寫《十二靈棋卜法》的目的是應用於吉凶占卜,其形式内容都模仿《周易》而來,象辭與注文在占卜運用中各有分工,象辭在"觀物取象"的基礎上則將卦形符號所象徵的隱晦内容以文字的形式表現出來,闡明象旨,相當於《周易》中的卦爻辭,而注文則側重解釋卦象的象徵意義與内涵,並直接點明其所預示的吉凶内容,約相當於《周易》中《象傳》《文言》等的綜合。《靈棋經》的占辭均爲四言韻文,注重象旨與意藴解説,語句整齊,表達内容概括而籠統;而注文則圍繞占辭,解説具體事項如疾病、行人、財物、家事、遷徙等所涉吉凶及所宜,二者互相配合,才能更好地應用於占卜實際。也就是説,卦形(卦符)、象辭、注文這三個部分,構成了《靈棋卜法》最初編成之時的主體内容,其中,卦形(卦符)是觀物取象的符號性體現,象辭是對卦形的象徵主旨的概括性闡釋,而注文在對以上二者加以綜合解説的基礎上,使之能够用於吉凶事項的占卜預測。就《靈棋卜法》的文本來看,象辭

---

① 王晶波:《從敦煌寫本看〈靈棋經〉的源流演變》,《敦煌學輯刊》2014 年第 4 期,第 86 頁。

與“注曰”的内容,二者互爲表裏,體用結合,缺一不可。如:

上
中中中中
下下下　君命司士,討截奸宄,尋戈張戟,大有所獲。注曰:宜爲人
驅使,亦宜使人,自專而敗。病者有鬼,宜爲解除。行人必,遠討吉。
(顔注略)

可見這些注文是隨着《靈棋卜法》的産生而産生,是針對每一卦的卦形、象
辭而給出的吉凶占卜的應用解説。

作者自注的文字,内容簡略,概括性强,少則二三句,多不過六七句,
四言居多,有押韻的情況。内容上注重解釋卦象,常用“凡事”“事事”“百
事”等詞概括,並給出明確的“吉”或“不吉”的斷語。如“四下”卦:“下下下下
養生送終,祭祀潔豐,儀容彫悴,服御粗凶。注曰:凡事皆大吉,孝子有喪
之象。”其餘情況也大體如此。

另外還要説明的是,這些最早的注文僅出現於《靈棋卜法》(P.
3782+S.0557)這一系統當中,第二系統的敦煌本《靈棋經》以及傳世的各
種抄本與刻本中,都没有這些注文。這些注文僅與顔幼明注文並存了不
長的時間,隨着何承天注的出現而消失。

三、何承天注本對顔注的整合

敦煌本《靈棋經》的第二個系統,以 P.4048、P.4984V、S.9766+S.
9766V 四個卷號爲代表①。四個卷號可拼合爲三件寫本,皆首尾不全,未
存原名,學者擬題爲《靈棋經》,今從之。

與第一系統的《靈棋卜法》相比,該系統寫本的變化很明顯,形式與内
容方面皆有變化:(1) 卦符形式從用漢字上、中、下分三層排列的形式,變
爲用—、∣、—這三個符號替代;(2) 出現了象名;(3) 新增了“何曰”之注
文,排在原來的“顔淵曰”之後,“顔淵曰”皆改爲“顔曰”;(4) 顔注本原有
的無名氏“注曰”全部消失。由於“何注”最後出現,上述這些變化都與他

────────────

① 　本節相關釋文參見關長龍《敦煌數術文獻輯校》第 418—426 頁。

有關,所以筆者把這一系統的寫本簡稱爲"敦煌何注本"。

這一系統寫本殘損嚴重,三件合起來所涉內容只有 12 卦,但保存了非常重要的序言的大部分內容,使我們可以對《靈棋經》的來歷、編寫凡例、主旨、解釋邏輯等情況有所認識。不過,由於前一系統的顏注本沒有保留下序言部分,使我們無從比較二者的差異,只能就其皆存的部分,來看一下何注對前一注本的整合調整。

如前所述,與顏注本相比,何注本在形式上首先是將卦符的表現方式由漢字變成抽象的符號,書寫更加簡便,亦節省出空間,無疑是一個進步。其次是給每一個卦象都賦予了象名,如 P.4048 存有升騰、漸泰兩個象名,P.4984V 存得志、才達、恣游、憂患、慎德 5 個象名,S.9766＋S.9766V 存"淫蠱"之象名。如果算上抄漏或缺失部分的,還可以根據傳世本補出事遂、戰敗兩個象名。象名的出現,反映《靈棋經》在發展過程中進一步向《周易》的看齊。這是在對前一注本中無名氏注及顏幼明注文中有關卦象及象辭解説加以總結提煉,並加上何氏自己的理解認識的基礎上完成的。何承天將無名氏注及顏注中解釋卦象時"某某之象""某某之卦"的説法,結合自己的認識與理解,歸納凝煉爲象名,明確象旨,使之從形式上更近于《易》。如"得志",顏注本中有"純陽用事,得志之象"之語;"憂患",顏注本之無名氏注有"此卦憂心之卦",何注本中這些話歸於顏注之下,有"常懷恐懼,畏有禍患……此憂患之卦"等。可見象名雖然是何承天所撰,但同時也是他吸納前人注解成果的體現。

何承天注本除了上述形式的變化,更主要的是對卦象所兆示吉凶事宜的解説。如:

> 升騰　⼯從小至大,無有顛沛。自下升高,□致富豪。宜出游
> 行,不可伏逃。顏曰:以小慕人(大),不可致富貴,若高者慕下,則有
> 憂危。又曰:天地定位,聖人參之,經綸草昧,開元吉始,故曰自下升
> 高,功創制,無往不善。不可陰謀密計。占婚姻難合,純陽攸(故)也。
> 行人未至,系者得出,市買有利。何曰:仕官高遷,病者不宜住暗處,
> 宜出避之吉。口舌無苦。居家大富。行師吉,鬥戰勝。田蠶與獵並
> 大獲。(P.4048)

由以上例文可以看出,何注的内容主要是對該卦所兆示的具體吉凶解說,文辭簡短,語意明確,並注意與顏注相配合,補充增加了顏注所未及的吉凶事項;如升騰一卦,顏注的重點在卦象的闡明上,吉凶占測只提到婚姻、行人、系者、市買這四項,而何注未及釋象意,而是補充解說了仕官、病患、口舌、居家、出師戰爭、田獵、捕獵這七種事項的吉凶。

與顏注本系統相比,何注本的另一重要不同是顏注本中的無名氏注文全部消失,大部分被整理併入顏注之內,少量進入了何注之內。

下面分別以一上三中三下卦、二上三中四下卦爲例來看何注本對顏注本的整合與改造,如表二。

表二

	顏注本《靈棋卜法》(P.3782)	何注本《靈棋經》(P.4984V)
才達 一上 三中 三下	上 中中中 下下下濟濟多畜,德有光輝,相見歡喜,長樂未央。 注曰:出身當遇貴人,人亦有貴而相益,歲終得力,病者差,行人未來,凡事成,吉。 顏淵曰:夫以陽爻爲賢,故曰多士。萬物相見,向明之卦,百事大吉,可及名譽。《詩》云"濟濟多士,文以寧人"。	才達☲濟濟多事,合得孔光,相見歡喜,長樂未殃。 顏曰:出行得才,多當貴人相助,歲暮當得其力,非止一者。病者差,行人歸,百事吉。欲見王侯及求名利,善。 何曰:求禄得遂,市買利,婚姻和合,官事解散。
恣游 二上 三中 四下	上上 中中中 下下下下乘龍駕馴,遨游四方,歡心適意,行樂無疆。 注曰:凡事□□,所求皆成,意殊大要,當終遇果。行人未還,病者差,行人彌善,久有病非宜,《易》云:時乘六龍以御天也。	恣游☵乘龍駕馴,遨游四方,歡心適意,行樂無疆。 顏曰:縱其心東西南北而已,凡事無所不成,□然意志殊求,要當終果,行人未還。《易》曰:"時乘六龍以御天。""牝馬地類,行地無疆。" 何曰:捕賊及失物當得,孕者生男,市買吉,婚姻、田獵並得稱意,官事解散。

由上表所列看,顏注本中的兩卦皆有的無名氏"注曰",到何注本中則全然不見,多出了"何曰";同時,何注本中的"顏曰"内容也發生了變化。前一卦(才達),顏注本中的"注曰"的内容"出身當遇貴人,人亦有貴而相益,歲終得力,病者差,行人未來,凡事成吉",在何注本中變成了"顏曰"的一部分:"顏曰:出行得才,多當貴人相助,歲暮當得其力,非止一者。病者差,行人歸,百事吉。"而顏注本中的"顏淵曰"内容,被省略壓縮,刪除了有

關卦象的部分,而將"百事大吉,可及名譽,《詩》云'濟濟多士,文以寧人'"的語意,歸納爲"欲見王侯及求名利,善"這一句,置於何注本"顏曰"的最後位置。後一卦(恣游),顏注本中只標出了無名氏注,無顏注①,何注本中,這些"注曰"内容稍稍變動了一下叙述語句,全部移到了"顏曰"的名下,並且還增加引用了《易》中的一句話。

　　比較可以看出,何注本對顏注本的調整,首先將無名氏"注曰"的内容與"顏曰"或"顏淵曰"的内容進行了整合,突出了其中吉凶解說的部分,也保留了運用陰陽易理分析卦象的部分,統一用"顏曰"表示。一般来説,何注本中"顏曰"開頭部分釋吉凶的文字往往與顏注本的"注曰"有關,而後面用"又曰"所引出注文,偏重於卦象解說,則往往與顏注本中的"顏曰"(顏淵曰)的文字接近。可見,何注中没有"注曰",並非簡單地取消顏注本的無名氏注,而是將這些注文稍作改動删減,將之融入顏、何二家注文之中,其中絶大多數進入顏注,少部分進入何注。此外,原本中"顏曰"的一些内容,在何注中也有删改的情況。一上四中二下卦如表三所示:

表三

顏注本(P. 3782＋S. 557)	何注本(P. 4984V)
上 中中中中 　下下　　天地寬舒,小人自如。禁人之不行,盗賊我廬。注曰:當失財物,家長病。顏曰:群陰多盛,陽不能利,小人道長,無所忌怖。此卦偏主,執正不吉,求事終當慢,視行人未來,近(追)逃不克,病者凶。	慎德　　天地寬舒,小人自如,禁令不行,盗賊我廬。顏曰:當失財物,家内長病,至秋方差。此卦特主執政,不宜求事。行人未期,追亡不獲。[何曰:]病者服藥無益,官事不吉。

　　顏注本的"注曰"在 P. 4984V 何注本中變成了"顏曰"中的一句;顏注本中原爲"顏曰"的"群陰多盛,陽不能利,小人道長,無所忌怖"之句,全被删去;而"此卦偏主,執正不吉,求事終當慢"句,則改爲"此卦特主執政,不宜求事",含義産生了不小的偏移;最後的"病者凶"句,則變爲何注内容,表述也有了不同,還加上"官事不吉"。

　　敦煌保存的何注本的内容雖然不多,但也足以讓我們清楚看到何注對顏注本的調整與改造。假若將顏注本中有關"注曰""顏淵曰"的内容與

---

①　按照顏注本中"注曰"的體例,無名氏"注曰"極少引用經典中的文字,推測這裏的《易》云"可能是顏注所引,是抄寫者漏掉了"顏淵曰"三字。

傳世本中的顔注、何注進行對比,這種情况也同樣明顯,如表四所示:

表四

	顔注本	正統道藏本
三上四中二下	意有所規,恐不得施,進退猶豫,不知所爲。 <u>注曰:凡事進退有所爲不定,不定則事不專,不專則不得也。</u> 顔曰:以陰居下,外應于陽,欲有所爲而隔於中,故猶豫也,自倚者强修亦有獲。此卦百事無初而有終也,後當大吉矣。	疑滯課疑惑卦　三四二 　意有所窺,恐不得施,進退猶豫,不知所爲。 　<u>顔云:凡事進退不定,則事不專,事不專則不得成也。</u> 　又云:陰居下位,上應于陽,欲有所爲,群陰內隔,故猶豫也。然自强經營,終有獲也。此卦凡百,無初有終。 　何云:所求不得,所作不成,治生不利,仕宦者退,行人迷惑,官事難成,病者憂凶,此卦迷惑之象也。

顔注本的"注曰"内容幾乎没有改動地歸入《道藏》本顔注名下,原本的"顔曰"内容,稍做調整,突出轉折語氣,依照原句序,以"又云"的名義,並列於後。何注内容則在前注基礎上補充解説相關吉凶事宜,着重强調了此卦迷惑之象所兆示的各種"不得"。

四、米澤本的一些新變化

日本米澤市立圖書館所藏《靈棋經》,抄於室町(1336—1573)後期,大約相當於我國明代中期左右。它的内容,序跋以外,有卦名、象名、卦符、象辭與顔、何二家注,未見後世通行本中元陳師凱、明劉基的解,可知其祖本早於陳、劉注本,可視爲南宋以來傳本的代表[1]。嚴格來説,米澤本中並未出現新的注家,仍是顔、何兩家注,但其内容、形式較前更趨完備,有更多的歷史信息,還保留了完整的前序與一篇五代人所作後序。因此我們可以將其視爲敦煌何注本之後、明代道藏本之前的一個過渡本。將之與其前的敦煌本進行比較,可使我們更清晰地瞭解五代至南宋間《靈棋經》的流傳,有助於推考敦煌本尤其是何注本的整體面貌;將之與後面的道藏本加以比較,又可瞭解元明時代《靈棋經》的新發展。

---

① 〔日〕岩本篤志:《六朝隋唐五代と日本における『靈棋経』——敦煌本・室町期鈔本を中心に》,《資料學研究》3,2006年,第1—27頁。

　　米澤本的題名,内外不同,封面與扉頁均題"靈龜經",内頁首題"靈基經卜法",下署"晉襄城道人法味傳,晉駕部郎中顔幼明注,宋御史中丞何承天箋注,琅邪王胤著卦名"。這些内容敦煌本不存。之後緊接着爲19行序言,内容包括靈棋卜法的起源流傳、棋子制法、占卜之儀的一部分,以及吉凶解釋之理。序言内容較敦煌本少了"咒語"和擲棋布卦、吉凶陰陽的説明部分。

1. 卦名的出現與象名的調整

　　與敦煌本相比,此本新出現的内容,首先表現在卦名、卦象同時出現。敦煌何注本中已有象名,但無卦名。由米澤本題署中的"琅邪王胤著卦名",可知此本中每卦卦首大字所標注的二字,即是王胤所著寫的卦名,其後小字所寫,則是之前已有的象名,如"大通升騰",大通爲卦名,升騰爲象名;"受福漸泰",受福爲卦名,漸泰爲象名。著卦名者王胤,據東京大學總圖書館藏本及求古樓本序言:"宋世王胤兄弟與何承天等,共論此法。"[1]可知與王胤與何承天同時,而且王氏兄弟與何承天共同討論過《靈棋經》,何承天爲之作注、擬定象名,王胤繼之撰著了卦名。敦煌何注本中有象名而無卦名,説明何注本流行在先,王胤撰卦名的本子後出。他將自己撰著的卦名置於何撰的象名之前,並對原象名進行了少許調整改動,與何注本合併爲一,因而才有"宋御史中丞何承天箋注,琅邪王胤著卦名"這樣的署名。

　　此本中卦名與象名同時出現,二者多爲近義詞,卦名注重對卦的性質及預示結果的概括,象名側重對卦象及象旨的闡明,二者互爲補充,相輔相成。如亨通/豐財、豫吉/宜禱、宜陰/佳麗、盛德/避惡等,多是如此。

　　卦名的出現,在《靈棋經》發展中的具有重要意義。它表明《靈棋經》在經過初創與早期傳播之後,得到了相當的社會認可,因此才不斷有後續者對之保持關注,進一步依照《周易》的形式内容,對之加以調整、整合,在已有象名的基礎上,概括卦意,闡明卦旨,凝煉出卦名,使之從形式上更接

---

　　① 王胤之名,諸抄本寫法不同。東京大學總圖書館藏本同米澤本,求古樓本序中作"王涓",楊守敬《經籍考古志》卷七又稱作"王潅"。當是字形相近而致錯訛。今依米澤本。參楊守敬:《日本訪書志》卷七,臺北:廣文書局,1967年,第2册第738—741頁;〔日〕岩本篤志:《六朝隋唐五代と日本における『靈棋經』——敦煌本・室町期鈔本を中心に》,《資料學研究》3,2006年,第8—9頁。

近《易經》,從而在儒家經典盛行的時代,爲《靈棋經》的更廣泛傳播與接受提供了更大更高的平臺。

就米澤本與敦煌何注本二者皆有的象名來看,相同者占多數,上舉升騰、漸泰之外,相同的還有得志、才達、恣游諸名。不同的如一四一卦,敦煌本作憂患,米澤作憂志;一四二卦,敦煌本作愼德,米澤本作盜賊,愼德爲卦名;二一二卦,敦煌本作淫蠱,米澤作淫盛。這些少量的不同,説明敦煌本的象名出現在前,而王胤加著卦名在後,特别是一四二卦的愼德,在米澤本中成爲卦名,象名則改爲盜賊,可見王胤在加著卦名時,對之前出現的象名也有所調整潤色。敦煌本所存象名與《道藏》本《靈棋本章正經》的相關部分全都一致。

2. 注文的差異

米澤本中的注文,與敦煌何注本相比,大多一致,也有少量不同,情況見下表五:

表五

	何注本	米澤本	道藏本
一上一中一下	升騰工 從小至大,無有顛沛。自下升高,□致富豪。宜出游行,不可伏逃。 　顔曰:以小慕人(大),不可致富貴,若高者慕下,則有憂危。 　又曰:天地定位,聖人參之,經綸草昧,開元吉始,故曰自下升高。功創制,無往不善。不可陰謀密計。占婚姻難合,純陽攸(故)也。行人未至,系者得出,市買有利。 　何曰:仕官高遷,病者不宜住暗處,宜出避之吉。口舌無苦。居家大富。行師吉,鬥戰勝。田蠶與獵並大獲。(P.4048)	大通　升騰 —— 從小至大,無有顛沛。自下升高,遂致富豪。宜出游行,不可伏逃。 　顔曰:以小慕大,可致富貴,高大慕小,則有危。 　又曰:天地既位,聖人參之,經營草昧,開元吉始,故曰自下升高也。立功創制,無往不善。不可陰謀密計。不宜老病。婚姻難合,謂純陽故也。占行人未飯,系者得出,市買有利。 　何曰:仕官高遷,宜顯不宜隱。病者不可仕(住)暗處,宜出外避之吉。口舌無苦,居家大富。行軍吉,戰鬥戰勝。孕者生男。又田蠶漁獵大獲,吉也。	升騰課大通卦—— 從小至大,無有顛沛。自下升高,遂致富豪。宜出游行,不利伏韜。 　顔云:以小慕大,可致富貴,若居大慕小,則有危亡。 　又云:天地既位,聖人參之,經綸草昧,開元造始。故曰自下升高也。立功創制,無往不善。不可陰謀密計。不宜老病。婚姻難合,純陽故也。行人未歸,系獄者出,市買有利。 　何云:仕宦高遷,宜顯不宜隱。病者不宜居暗處,宜出外避之吉。口舌無害,居家大富。行師吉,戰鬥戰勝。孕生男。田蠶漁獵大獲,吉。 　解曰……(略)

　　總體情況是米澤本的文字多於何注本。象辭與顏注内容前後差别不大(抄寫訛誤除外),有個别語氣的調整,不同之處主要集中在何注當中。後者的何注,比前者内容豐富,對吉凶事項的説明也更詳細一些,説明王胤所做改動,主要針對的是何注。

　　通過以上比較,可以看出王胤著卦名並加以調整後的《靈棋經》,因其内容形式都較何注本更爲細緻完善,撰成之後,逐漸替代了原來的何注本,成爲通行本。後代的《靈棋經》文本,無論是《道藏》本還是《四庫本》,所涉及何注及前面内容,大都與此本更接近,顯然是在此本基礎上發展而來的。

3. 卦序排列的不同

　　米澤本還有一個與前後的本子都不一致的方面,即卦序排列。

　　《靈棋經》的卦序排列,從敦煌顏注本到後來的《道藏》本、《四庫》本,都是依照從下到上數字漸次增多、滿四進一的方式,上中下均有的"三象"卦排列在前,先列一上一中一下到一上一中四下,接着爲一上二中一下以至一上四中四下,共16卦[1],依次到四上四中四下,共64卦;然後排列"兩象"卦,按上中、中上、上下的順序,共48卦;最後爲只有"一象"的單象卦,依次爲一至四個上、中、下,共12卦,三者合計124卦,加上最後的純陰鎠卦,湊成總卦數125卦。敦煌顏注本保留内容一半多,可以看出也按這一排列順序的。

　　而米澤本的前64卦,即上中下"三象"俱全的卦序,與其他本相同,而接下來的"二象"卦,則有不同。在四上四中四下卦結束後,另頁重起,標"上下部"之小題目,有小字注:"此卦十六卦";16卦之後,同樣另頁重起,標"上中部",下注"十六卦";然後又另頁,標"中下部";接着爲"全上此四卦",小字注"上部";"全中",小字注"此四卦中部";"全下",小字注"此四卦下部";最後爲"此一卦",小字注"紀陰"。

　　就是説,從第65卦起,米澤本的卦序排列不同於其他各本,它將"上下部"的16卦排在了第65—81的位置上,而除此本外的其他本,第65—81排列的都是"上中"的16卦。這樣下來,中間的第65—112的卦序排列就都跟着有了變化。具體如下表六所列:

---

　　① 《靈棋本章正經》在此處標注"三象上一十六課"。後面皆未有此類標注。若依此推算,其後的二上一中一下至二上四中四下,當爲"三象上二",然後爲"三象上三""三象上四"的各十六課等。

表六

其他各本卦序	三象卦 64	上中卦 16	中上卦 16	上下卦 16	一象卦 12
米澤本卦序	三象卦 64	上下卦 16	上中卦 16	中下卦 16	一象卦 12

五、從《道藏》本看劉基注本的特點

　　《靈棋經》的後期注家,主要是元陳師凱注與明劉基注。不過,首先需要辨析清楚這兩家注本各自的内容,方可展開討論。

　　從時間看,元代陳師凱的注解在先,但目前未見到陳注的單行本,即陳注與顏、何兩家合一的抄本或刻本。所見到的陳注,均與顏、何、劉注合刊,即四家注合於一本。

　　元末明初劉基的注本,目前可見的單行本有一種,稱《靈棋經解》一卷,收于清道光十年刊《得月簃叢書》初刻本中①,卦名、卦象、象辭而外,僅收劉基注解,但又不是劉基注解的全部,只收了其中概括卦意象旨的詩體解説部分,未收後面散體的詳細解説,可以判斷這是後人編輯的劉基《靈棋經解》的縮略本,不是原本,不能成爲考察的依據。其餘的明正德刻本及《四庫》本等都是劉基注與其他三家注合刊本。

　　唯一的劉基注未與陳師凱注合刊的本子,是《正統道藏》所收《靈棋本章正經》,其中標爲兩家注,而實有三家注,顏、何之外,便是劉注。筆者通過對各家注本的考察比較,認爲《正統道藏》所收《靈棋本章正經》,正是以劉基注解本爲底本的。换句話説,《道藏》本《靈棋本章正經》實際上就是劉基注本。因此,我們先討論劉注本。

1. 劉基注本的確認

　　比較正統道藏本與明正德刻本及《四庫》本的内容,可以確定,正統道藏本採用的是劉基注本,但却有意隱去了劉基的名字。

　　(1) 正統道藏本《靈棋本章正經》收了劉基的注,但未標其名。書中注者只標出了顏幼明、何承天,但實際上有三家注,何注之後還有一家稱"解曰"的注,將這些稱"解曰"的注文與明刻本及《四庫》本中的注文對照,

---

　　① 又稱《明誠意伯刘伯温靈棋經解》,美國哈佛大學圖書館藏《得月簃叢書》初刻本,清道光十年(1830)刊。

與"劉曰"完全相同，可知"解曰"即爲劉基注文。（2）道藏本收了劉基的《經解序》，也没有標他的名字。書前收序言四篇，分别爲唐李遠序、南宋人序、原序、經解序，其中最後一篇《經解序》，實際即劉基序。從此序言看，劉基作《靈棋經解》的時間在元至正二十一年，即 1361 年，早於四庫館臣所説的"明初"①。書後有兩篇後序，一爲"黨紫團山叟韓運"（米澤本作"上黨紫團山叟韓運休"），一爲"南軒張栻"。前者爲五代時人，後者爲南宋初年著名理學家張栻（1133—1180）。前序中未標姓字的南宋人序，文中提到"張南軒師"，可知作者爲張栻門人，其時當不晚於南宋中期。可見，除去劉基之外，《靈棋本章正經》其他的序跋作者都是南宋之前的人，可知劉基做注時所依據的底本，應當是南宋以來的傳本。

　　還有一個例子也可以説明劉基注本的底本是南宋本。元吴師道《礼部集》卷十八中有《靈棋經後題》②，其中載："張宣公云其家先魏公所藏，其説甚有理，以十二子驗陰陽奇耦之數，若陰勝陽，必不佳。"他提到的"張宣公"，正是南宋張栻，所概引張氏之語，與道藏本所收張栻後序的内容相合，可見吴師道看到的本子中也有張栻的後序。吴氏還説："予家先大父畜此書，甚敬信之。紙背有紹興十一年棋兵官記所占驗事三象，内第七卦爲人剪去。歲久紙爛，'祭法'以後殘缺，俾兒輩重寫。"其祖父所傳家藏本，雖然紙背載紹興十一年（1141）的占驗事，但有張栻的後序，時間當晚於張栻，但其時代確實久遠，爲南宋以來的舊本應無疑問。吴師道（1283—1344）與陳師凱大約同時在世，他看到的本子當然早於陳注本，而這個本子又與道藏本《靈棋本章正經》的序言相合，也就可證明道藏本即劉注本所依據的底本爲宋本。

　　《正統道藏》的編纂，時間在明永樂十七年至二十年間（1419—1422）③，其時距劉基注解《靈棋經》的時間相去不遠，編者將《靈棋經》收入太玄部，所依據的正是劉基做注的《靈棋經解》。但在收入時作了一些改動：一是修改了原來的書名，將《靈棋經解》改爲了《靈棋本章正經》；二是刻意隱去

---

① 《四庫全書總目·靈棋經》謂"明初劉基復仿《周易》象傳體作注，以申明其義。"《四庫全書總目》卷一〇九子部數術類，北京：中華書局，1965 年，第 913 頁。

② 元吴師道：《吴師道集》卷一八，杭州：浙江古籍出版社，2012 年，第 638—639 頁。

③ 虞萬里：《正統道藏編纂刊刻年代新考》，《文史》，2006 年第 4 輯，第 181—212 頁。

了劉基的名字——只署顏、何注而未題劉基,正文内的注解,顏、何兩家分別稱"顏云""何云",劉基注則只寫"解曰",收録了他的序言也未題其名。以上情況,都説明當時的編纂者是有意隱藏了劉基的名字。這麼做的原因尚不清楚,或許與明成祖時期的政治氛圍有關。

不過,就其注文而言,通過與其他本子的比較,可以判斷劉基注文的整體内容,在收録時並未作改動。

從序言看,劉基作《靈棋經解》的時間(1361 年)晚于陳師凱①,按常理以及後來四家注中陳注在前劉注居後的情況推測,人們很自然地會認爲劉基作注時很可能參考了陳注,但綜合參考《道藏》本在顏何兩家外只有劉注未收陳注的情況,以及通行的明刻本中明成化三年汪浩的跋文内容來看,筆者判斷劉基作注的時間雖然晚於陳注,但並未參考陳注,而是直接在顏、何二家注的基礎上完成的,且在完成後的很長一段時間内,劉注都與陳注各自别行。道藏本所收,正是在顏、何兩家注基礎上完成的劉注單行本。

而將劉注本與陳注本合而爲一,使原來的三注本成爲最終的四家注本,則是正統道藏編成數十年後的事了(説詳後)。

2. 劉基注本的特點

通過考察《靈棋本章正經》與其他注本,我們可以大致歸納出劉基注本在内容與形式方面的特點。

(1) 形式特點。首先是劉基注本附有 124 卦的目録和卦符。這是《靈棋經》自産生起近千年以來首次出現目録。之後的本子,大多都帶有目録,而以劉基所編爲最早。他的卦符標注也很有特點,除用一至四的數字表示相應的棋子數量,還採用了○作爲無字棋子的標志,即在呈現卦象非上中下俱全的時候,以○來代替無字的那個棋子的位置,如第 124 卦"送終課全陰卦",卦象爲四個有"下"字的棋子,其餘棋子皆呈現無字的一面(所謂"鏝"),卦符爲"○○四",其他本子多標爲"四下",均不如劉注的標法更直觀。

---

① 劉基《靈棋經解》完成之時,明朝尚未正式建立。據其序言所云"辛丑歲夏五月",爲元至正二十一年(1361),因此劉注也可説是元末成書。見《靈棋本章正經·經解序》,《道藏》(第 23 册),第 455 頁;又見劉基《靈棋經序》,日本東京大學東洋文化研究所藏明正德十五年(1520)序重刊本《靈棋經》。

其次,劉注本統稱卦象爲"課",並將象名排在卦名之前。如"升騰課大通卦""樂道課驚喜卦",其中"升騰課"也就是"升騰象","樂道課"就是"樂道象"。這種稱卦象爲"課"的做法,與注文内注解卦象時的稱呼也是一致的,如第一卦"升騰課大通卦",劉基"解曰"分析卦象的一段:"此課三位俱陽,少陽方長,故爲從小至大、自下升高之象";"樂道課驚喜卦"的"解曰"也同樣:"此課一陰居二陽之中,故爲外剛内柔之象。"將卦象統稱爲"課",這在《靈棋經》的四家注中,唯有劉基注本這樣稱呼,因此,"課"也就成了劉基注解的特有用詞。《四庫》本中也保留了這個特點:"第十六將損卦"的"劉曰"解説卦象:"此課一陽棲于積陰之上,故有豺虎咆哮、雨水淋淫之象也。"劉注將象名置於卦名之前,這也不同於它之前或之後的其他本子,如《道藏》本第一卦"升騰課大通卦",米澤本作"大通升騰",《四庫》本作"大通之卦升騰之象";第二卦"漸泰課受福卦",米澤本作"受福漸泰",《四庫》本作"漸泰之卦守時之象"等。

書前原序與米澤本相比,多出咒語、擲棋布卦儀等内容。此外,在劉基序後、目録之前,又多出"造棋子法式"、"祝語"、擲棋成卦、"送神詞"、"祭法"、"忌法"等數段文字,專門記載有關棋子製作及以之占卜的儀式過程。這是原來敦煌本與米澤本都没有的部分。其中有些内容在原序言中有交代,如造棋子法、祝語、擲棋成卦等,但"送神詞""祭法""忌法"等不見於前本,應該是劉基根據原序言内容並綜合相關占卜之儀式所添加。這個原序,到後來的汪浩本中則被删除。

(2) 内容特點

劉基注解的内容,可大體分爲三個部分。排最前的,是四到八句的四言韻文,仿《周易》象傳的體式,對卦旨象意進行總體概括;其次是對卦象的具體解説,根據陰陽位置、三才關係,對卦象及前面的韻文概括進行更具體細緻的分析;第三部分是對吉凶事宜的推占。他在前人注的基礎上,進一步闡明了《靈棋經》與《易》的關係,將靈棋之式歸結爲經三緯四。以三爲經,即上中下與天地人和君臣民相對應;以四爲緯,將一至四之棋數,釋爲少陽、少陰、太陽、老陰,一爲少陽,二爲少陰,三爲太陽,四爲老陰,"少陽與少陰爲耦,太陽與太陰爲敵,得耦而悦,得敵而争,其恒道也。或失其道而偶反爲仇,或得其行而敵反爲用,其變也。陽多,則道同而相照。陰多,則志異而相乖。君子、小人之分也。陰陽迭用,體有不同,而名隨之

異變,《易》之道也。"①將《易》與《靈棋經》的同一性解釋得更加深入、透徹。以一一四卦爲例:

> 富盛課通泰卦一一四
> 富盛貴極,天道反側。隨運上下,與時消息。子子孫孫,以萬以億。
> 顏云:……(略)何云:……(略)
> 解曰:富盛極貴,家業成也。隨運上下,以保盈也。子子孫孫,不宜爭也。此課陽在上,老陰居下,上下得位,有位有物,富貴盛極,無以復加之象。故宜隨運從時,知足無妄,則可保其已身成,而子子孫孫繼守之,而無失矣。占婚姻吉,求官、覓財、望事皆已得遂,不可過望。行者止,吉。官事求和,複則有悔。病將愈。戰功不宜妄躁,見則可止,吉。求人不信。凡事極則必反。已吉則有凶,已凶則吉也。

此卦中劉氏"解曰"的前六句爲四言韻文,主要對卦象卦名所代表内涵及所兆吉凶,以及人們所宜採取的應對進行概括解説。後面從"此課陽在上"到"而無失矣"的十餘句,再次以散文形式對卦象的陰陽位置及相應關係進行分析,並對前面的概括加以具體注釋;最後部分,從"占婚姻吉,求官、覓財"至末尾,是此卦所兆示的具體吉凶事項的占斷之辭,羅列出有關婚姻、求官、覓財、出行、官事、疾病、戰功等事項的吉凶,以及人們所應採取的補救應對行爲,並強調此卦"物極必反"的特點,提醒人們注意適時而止。在注解各項吉凶時參考並繼承了顏、何二家的注文,在加以總結和強調的基礎上,也有一定的發揮和修正,並提出一些新的見解,如"戰功不宜,妄躁見則可止,吉。求人不信"一句,顏、何注即無。不過,也有他理解不準而致誤的地方,如"求官、覓財、望事皆已得遂,不可過望"一句中,將"望事"作爲意願得遂的事項之一來解釋,且含義不明,這與顏注中"望人者少遲"的含義不符。此句在米澤本中作"望人未至",意思更明確,是指在外的人未能回歸,而不是"望事""得遂"。可見劉注也有理解不準的地方。總體而言,劉基注解詳細完備、切近《易》理,而且形式規整,言詞馴

---

① 劉基:《經解序》,《道藏》(第 23 册),第 455 頁。

雅,得到四庫館臣的高度評價①。

六、汪浩刊本在《靈棋經》定型中的意義,兼考陳師凱注

在《靈棋經》發展定型的過程中,明代汪浩的刊本有非常重要的意義。雖然汪浩實際上並未對《靈棋經》加以續注,但他將劉基注與陳師凱注加以整合刊刻,使原來分別流行的兩個三家注本(顏何陳、顏何劉)合而爲一,成爲包含顏、何、陳、劉四家注的本子。他的整合刊刻,標志着《靈棋經》的最後定型。汪刊本流行之後,替代了原本單獨流傳的陳注本與劉注本,其中的陳注本完全失傳。因此,我們可以通過他所刊刻的四家注本,來推考陳師凱注本的大致情況。

1. 汪浩刊本的整合及特點

汪浩,字弘初,後字恒菴,明代宗景泰辛未年(1451)二甲賜進士出身,先後擔任南京大理寺副、都察院右僉都御史、四川巡撫、右副都御史。後因掠殺降人謫戍廣東開平,卒於戍所②。四庫本《靈棋經》跋文中將其名字誤寫作"汪誥",流行本多以訛傳訛。

明正德十五年重刊本《靈棋經》書後所收明成化三年(1467)汪浩跋文稱:

> 右《靈棋》一經,不知起自何人,説者爲象《易》而作,理或然也。若必求其人,則鑿矣。余自辛酉領鄉書上京師,始得之鄉先達楊文定之門。而辛未登進士、入仕途,凡破疑決事,占之每驗。至甲申巡撫四川,乙酉、丙戌討賊平蠻,占之尤驗。今丁亥春正月七日,乃一歲之首,靈棋當祭之日……但世傳已遠,魯則魚、亥則豕,觀者病之。余近得陳廬山之本,參互考訂而壽諸梓,庶使占者益有所驗云。
>
> 成化三年丁亥五月朔旦南郡汪浩識

---

① 《靈棋經提要》評價説:"青田一注獨爲馴雅,實基所自作。觀其詞簡義精,誠異乎世之生尅制化以爲術者矣。"《靈棋經》,文津閣《四庫全書》(第267冊),北京:商務印書館,2005年,第643頁。

② 龔延明主編、方芳點校:《天一閣藏明代科舉録選刊上·景泰二年進士登科録》,寧波:寧波出版社,2016年,第165頁。

跋文不長,從中可知這樣幾個事實:一是汪浩本人得到《靈棋經》並以之占卜且屢有應驗;二是他原有的《靈棋經》應當是劉基的注本(劉基序中有"象《易》而作"之語);三是他得到的陳廬山(即陳師凱)注本是單行的,且不太常見;四是他所作的工作是將原有的劉基注本與陳師凱注本整合考訂並加以刊刻;五是刊刻《靈棋經》的時間在成化三年(1467)五月前後。

按其跋文所述,汪浩於辛酉年(1441)鄉試之後前去京師,從那兒的同鄉先輩楊文定(楊溥,曾任少保、宰輔)處得到一本《靈棋經》,這個本子,既非顏何兩家注本,也不是陳師凱的三家注本,而是劉基注本。在他中進士、入仕爲官並不斷升遷的二十餘年裏,凡遇疑難之事,汪浩常用《靈棋經》來占卜,可知他對此書内容非常熟悉。成化三年(1467)丁亥歲的春天,他在四川巡撫任上時,又得到陳師凱的注本,於是他將原來的劉注本與新得的陳注本加以參互考訂,合其注文於一書,於五月雕版刊印。

他所做的"參互考訂",是將原來各自別行的劉注本與陳注本,在兩家共有的經文及顏何注的基礎上,按時間先後,將陳師凱與劉基的注文合併彙編,使全書的注家由過去的三家(顏何陳、顏何劉)變爲四家,同時調整編排了全書的格式,加以刊印。汪浩考訂整理後的四家注《靈棋經》,成化三年(1467)初刻之後,又多次重印或重刻,遂成爲最通行的本子。《靈棋經》文本從此定型,結束了該書從東晉末年以來直至明中葉之間不斷續注的動態生成過程。

汪浩考訂刊印的《經棋經》,與之前的正統道藏本相比,在内容、形式方面有如下特點:

(1)書前原序消失。這個原序自第二系統敦煌何注本中出現,米澤本、道藏本均收,汪浩刊本中被删除。

(2)卦名、象名的互置。與《道藏》本及米澤本相比,原來傳本中的卦名,在汪浩刊本中變成了象名,原來的象名則變成了卦名。如道藏本的"樂道課驚喜卦"變成了汪浩本的"樂道卦驚喜之象","年豐課宜田卦"變爲"年豐卦宜田之象"。124卦中近110個卦的卦名、象名與之前的互相顛倒占比近50%。

(3)卦名、卦象之後出現"純陽得令,乾天西北"(大通卦)、"陰正得位,巽氣東南"(漸泰卦)的字句,這是對每一卦象的陰陽、三才、八卦、方位的概括。此前各本均無這些内容。

（4）象辭之前均冠以“象曰”二字。此前所無。

（5）出現元代陳師凱的注解。書前題“元廬山叔才陳師凱解”，文内則統一用姓氏加“曰”字標明注文，陳解稱“陳曰”，劉解也由《道藏》本的“解曰”改爲“劉曰”。

（6）劉基注文後出現了卦詩，用“詩曰”引出七言或五言詩一首，偶有兩首，對卦象及吉凶所宜加以詩咏。這也是最新出現的内容。

2. 由汪浩本的變化看陳注的内容與特點

如果我們把汪浩的工作限定在文本整合與校勘考訂的話，那麽以上的這六個特點，亦即新出現的變化，就可以歸功於陳師凱的工作；如果汪浩的工作並不限於文本整合與校勘考訂，那就需要一些具體分析，才能大體確定陳注究竟有哪些推動。

與《道藏》本相比，汪浩本中最主要的變化，當然是陳注的併入。陳師凱出身於儒學世家，父親是元代著名學者陈澔，史載其“于易象、乐律多所撰述，能世其家學。”[1]他爲《靈棋經》作注解，也從一個方面説明《靈棋經》流傳的廣泛，他爲之作注，使這部擬易類卜書中所包含的易理學説得到準確疏理，以免謬誤流傳，也有利於人們能够更準確地用它來占卜吉凶。他的注解大多圍繞疏通卦象易理、解説陰陽八卦的變化及其象徵而展開。汪本中以“陳曰”標注出來的文字都比較簡短，篇幅約相當於劉基注文的三分之一，也比之前的顏注少，與何注篇幅差不多。其文主要解釋卦象，四、六言句與散文體式間而用之，文辭典雅，簡潔凝練。如：

二陰在上，四陰在下，一陽孤弱，地道虛損，有凶年轉徙之象，故曰云云。（未還卦）

三位皆陰，不至盛極，無偏勝相克之象，有順樂受福之理。故曰云云。與一上一中一下相對，皆初陰初陽，純和無克，故皆吉。（安泰卦）

陳注的最後，幾乎全都以“故曰云云”結尾（偶爾有在中間的），這也是他獨

① 柯劭忞:《新元史》卷二三六,《二十四史外編》(第 123 册),天津:天津古籍出版社,1998 年,第 379 頁。

具的特點之一。

　　除了明確標出“陳曰”的注文之外，汪刊本新出現的內容裏，未標明來源同時也非劉注的內容，也多與陳師凱有關。

　　（1）每卦後的陰陽八卦屬性標注。如“二上一中一下　神護卦神假之象”後所標“陰居陽位、兑金正西”，“四上四下　口舌卦無吉之象”後所標“二陰相克、坤地西南”等，這些文字，以《周易》八經卦之名稱屬性爲標準，將《靈棋經》125卦的陰陽位置、三才關係、八卦方位等等，用八個字加以概括標示，這些標示與其注文解説也形成呼應印證，非精通易理者不能做到，可以確定是陳師凱所加。

　　（2）每卦末尾的五、七言卦詩。此類卦詩以五言居多，七言次之，大多爲四句一首，也有兩首，或者五言後還附有四言。詩句多取自然和生活中的意象來比喻吉凶，並提示人們所宜採取的應對行爲，概括性很強。如：

　　　　詩曰：豹變文成彩，乘龍福自臻。赤身承寶貴，事事可更新。（大通卦）
　　　　詩曰：輕舟迎浪去如飛，百事營求正及時。更與貴人同道路，從兹百福自追隨。（富盛卦）
　　　　詩曰：一枝花欲發，却值雨和風。雲散多青黑，愁消福禄空。陰險虧福，勢不可久。禍起一身，更貽於後。（陰賊卦）

這些卦詩融匯了易理，很好體現了《靈棋經》的象旨卦意，將卦象含意、吉凶所宜用詩歌語言含蓄概括地表達出來，文辭通俗易曉，是深思熟慮的結果。

　　卦詩在汪刻本中最早出現。劉基注本中無此，自非劉基所爲；也不可能是汪浩所撰。汪浩主要是將陳注本與劉注木“參互考訂而壽諸梓”，跋文中也没有説他撰作了卦詩，那就肯定不是他。因此撰者只能是陳師凱。

　　（3）有關部分卦名、象名的互倒。雖然目前没有證據表明一定是陳師凱所爲，但同樣也没有汪誥所爲的記載。與前論相同，這也同樣是對每一卦的整體情況深思熟慮後的所作所爲，因此，汪刊本中卦名、象名與前代《靈棋經》相比而出現互相顛倒的情況，應該也是陳師凱所爲。

　　至於在象辭之前均冠以“象曰”二字的情況，陳、汪二人皆有可能，且對内容影響不大,姑置不論。

依據上面的分析,我們可大致還原出陳注本原來的情況。以四上四下卦爲例:

> 四上四下　　口舌卦,無吉之象。二陰相克、坤地西南
>
> 象曰:東家娶婦,西鄰會客。縛猪啾啾,打狗咋咋。戒慎禍患,將成災厄。
>
> 顔曰:……(略)何曰:……(略)
>
> 陳曰:群陰布於上下而無應,小人各行其志而不和,惟見是非蜂起,亂散將至,故曰云云。
>
> 詩曰:口舌向門來,終身且懼災。家中防暗箭,驚恐又傷財。

與劉注本相較,陳注本的特點大致可歸納爲如下:

形式方面,① 卦符用一至四的數字與上中下相配來表示;② 卦名卦象用"某某卦某某之象"表示,其中近一半的卦名、象名與劉注相顛倒;③ 每卦都用八個字標注出陰陽八卦;④ 象辭前面冠以"象曰"二字。

内容方面,重點在從陰陽處位、三才關係方面對卦象加以闡釋,注文簡潔。注文之後加撰了通俗易懂的五、七言詩,概括卦象兆示的吉凶以及人們所宜行事的大致原則。

3.《靈棋經》文本的定型

經過明代汪浩的"參互考訂",《靈棋經》的文本最終從早期僅有象辭和作者自注的一本簡單卜卦書,經過一千多年的不斷續注與修訂,最終變成了體例整飭、注家衆多、解説細緻而又切近易理的一部擬易類卜書的代表之作。在這一過程中,至少有四位不同時代的注者對之進行續注,每一次的續注,在增加注解、細釋卦旨象意、解析《易》理、揭示吉凶所宜之外,也都對之前的文本與注解進行了一定程度的整合修訂,如卦符標注方式的改動,象名與卦名的漸次出現,卦序的調整,陰陽八卦的標注,等等,甚至還改動了個别的象辭。每一次續注,都構成《靈棋經》發展乃至成型過程中的一個重要步驟,經過這些連續的動態的步驟,其文本内容、形式都在不斷地變動並完善,最終發展定型,因此,對《靈棋經》這部擬易類卜書而言,續注出現的過程,就是它不斷地動態演變以至定型的歷史,甚至我

們可以説,續注,就是這部擬易類卜書的動態生成方式。

在這一過程中,除了具有代表性的注家以外,一些抄寫者、刊印者與占卜應用者也發揮了不小的校勘與整合作用,尤其是明代中期汪浩對陳注、劉注的整合與刊印,使得《靈棋經》在流行一千年之後、經歷了四位有名注者的續注之後,最終整合完成而定型。

下面以"一上三中三下"爲例,來看一下各本的變化與差異,如表七所示:

表七

	顏注本 P.3782＋S.557	何注本	米澤本	劉注本 (道藏本)	四庫本 (含陳注)
卦名	無	無	安吉	安吉卦	才達卦
陰陽 八卦	無	無	無	無	群陽下盛 乾天西北
象名		才達	才達	才達課	安吉之象
卦符			一三三	一三三	一上三中三下
象辭	濟濟多畜,德有光輝,相見歡喜,長樂未央。	濟濟多事,合得孔光,相見歡喜,長樂未殃。	濟濟多士,令德輝光。相見歡喜,長樂未殃。	濟濟多士,令德輝光。相見歡喜,長樂無殃。	象曰:濟濟多士,令德輝光。相見歡悦,長樂無殃。
注	注曰:出身當遇貴人,人亦有貴而相益,歲終得力。病者差,行人未來,凡事成,吉。				
顏注	顏淵曰:夫以陽爻爲賢,故曰多士。萬物相見,向明之卦,百事大吉,可及名譽。《詩》云濟濟多士,文以寧人。	顏曰:出行得才,多當貴人相助,歲暮當得其力,非止一者。病者差,行人歸,百事吉。欲見王侯及求名利,善。	顏曰:出身有才,亦當有貴人相助,歲暮當得其力,非止一也。病者差,行人還,百事吉。上欲見王侯及求名利,尤善。	顏云:出身以才,當有貴人相助。歲暮方得,其力非止一也。病者瘥,行人還,百事吉。上欲見王侯及求名譽,彌善。	顏曰:陽數彌重,故曰多士。出身以才,亦當有貴人相助,歲暮方得其力,非止一時也。病者瘥,行人還,百事吉。士欲見王侯及求名譽,彌善。

	顏注本 P.3782＋S.557	何注本	米澤本	劉注本 （道藏本）	四庫本 （含陳注）
何注		何曰:求禄得遂,市買利,婚姻和合,官事解散。	何曰：求官得,遠行人還,市賈田蠶有利,婚姻吉,病者自差,官事不成。	何云:求官得志,行人至,市賈田蠶有利,嫁娶吉,病者瘥,官事不成,此卦吉利。	何曰：求官得,行人至,田蠶有利,嫁娶吉,市賈利,病者瘥,訟不成。此卦大吉。
陳注					陳曰:三陽道盛,可以有爲。而地道亦得盛陽充實,所處皆安。故曰云云。
劉注				解曰:濟濟多士,以從上也。相見歡喜,往有尚也。此卦一陽正位於上,而中下皆三陽,猶人君有剛明之德而衆賢從之也。庶人得之,則爲貴人、良朋相助之象。占求官、見貴、婚姻、市賈,皆吉。用兵得賢人,求事當獲人助,吉。	劉曰:濟濟多士,以從上也。相見歡喜,往有尚也。此課一陽正位於上,而中下皆三陽,猶人君有剛明之德而衆賢從之也。庶人得之,則爲貴人良朋相助之象,占求官、見貴、婚姻、市賈皆吉。用兵得賢人,求事吉人助光。
卦詩					詩曰:貴人相暗助,藏用得相宜。莫訝花枝少,須知結果遲。

七、續注在擬易類卜書生成中的意義

《周易》作爲群經之首,在中國文化中的影響十分深遠而又廣泛多面。

就其與民衆生活密切相關的一面來説,基於"推天道以明人事"的特點,以陰陽術數預測與推占吉凶禍福而切於民用,使其在長期的歷史文化發展中獲得廣泛的民間基礎與應用。先秦文獻如《左傳》《國語》等書中,記載有不少運用《周易》進行占卜的事例,但這種應用多在社會上層。漢以後隨着社會的重大變革與庶民百姓地位的提高,普通民衆對其個人命運的貧富貴賤、壽夭窮通以及家庭之吉凶禍福、婚喪嫁娶等内容的選擇預測需求日漸增多,而作爲經典的《周易》及衍生出的衆多典籍,無論從占筮的用具、過程,還是對卦象、爻辭的解釋,都顯得繁瑣深奧而多義難解,多不便於人們日常的占算預測。因此,從魏晉時起,就有很多人根據《周易》的原理,模仿《周易》形式,編撰出衆多的應運更簡便、解説更明確的占卜書。這些仿易類卜書,多被歸在子部五行類。《隋書·經籍志》子部五行類中收錄了 272 部典籍,其中帶"易"字的和擬易類的卜書,幾近百種。後來也是如此,人們不斷地圍繞《周易》和日常吉凶占卜應用,發明或撰作出更多的卜術與卜書。不過,隨着時間推移,絶大多數的擬易類卜書都亡佚消失,保留至今的很少。《靈棋經》便是六朝前後出現的一部簡易而便於民用的占卜書,因其簡要實用,不僅流傳下來,影響了後來的籤卜等方術的發展,其本身也在千餘年的流傳過程中不斷得到新的注解研析,内容由簡及繁,形式不斷規整,不僅廣泛流傳中土,還遠播日本。除被普通民衆應用於日常生活的吉凶占測以外,也被當作道教典籍收入《道藏》。它的流傳過程和演變特點,一定程度上代表了擬易類卜書在古代傳播、生成與定型的特點,在術數文化發展的歷史中發揮了承上啓下的作用。

在《靈棋經》的發展過程中,不同時代注者的續注發揮了非常重要的作用,續注一方面使得這部卜書内容更加充實嚴密,解説清晰,形式齊整,便於應用,另一方面也不斷地發掘剖析它所蘊涵的易理,運用陰陽八卦學説,從卦符、爻位、象辭等方面加以解析,使之從義理、形式上更貼近《周易》,在獲得更權威的理論資源與解釋空間的同時,也獲得更廣泛的民衆認可。

就卦符表現形式而言,這個變化是一個單純增加的過程。從最初的僅有文字表現的卦象,到後來陸續標注卦名、象名、卦解,以及卦序。象名、卦名的出現與卦符的抽象化是比較重要的一步。這一變化在敦煌本的兩個系統中已經可以看到。第一系統《靈棋卜法》(P. 3782+S. 557)

中,尚無象名,卦符的表示也是直觀的形式,即直接以上中下三字的多寡排列來表示相應棋子的數量。到第二系統的《靈棋經》中,已經出現了象名,如升騰、漸泰、得志、才達等。米澤本中則在已有象名的基礎上出現了卦名,即"王胤著卦名"之具體表現,如大通/升騰、受福/漸泰、自足/得志、安吉/才達等,同時也有個別象名的調整。卦符的表示形式,從直觀的以"上中下"三層文字排列到以符號—、|、—表示,又到以純粹的數字排列、再到數字配合文字的形式,大體經歷了四個階段的變化。這個過程也是一個卦符形式逐漸由具象到抽象的過程。

從內容解説方面看,象辭從唐到明清期間也有少量變化,主要在語句表述和用字方面,而基本內容與形態則沒有多大變化,還是早期的樣子。其中變化較大的,如四上二中四下卦的象辭:

去離難苦,履禍福,門户拜謁,大□先君。(顏注本)
宗廟致,凶禍銷止,福來盈門,殃去萬里。(米澤本)
宗廟祭祀,凶禍消止,福來及門,殃去萬里。(四庫本)

這四句象辭的語句表述有較大不同,前後順序亦有調整,但所蘊含的吉凶意象與內容則相去不遠。內容的最大變化表現在注者與注文的陸續增加上。從最初的作者自注到晉顏幼明注,劉宋何承天續注,再到元陳師凱解、明劉基解,前後至少有五位注者做過注解。注解的內容也從簡單的吉凶事項預測深入到對卦象所蘊涵的陰陽八卦易理的詳細分析與論説,吉凶事項與行爲宜忌的內容也更加豐富,並且有了五、七言詩的總結之語。隨着注者的增多,後代注者也有對前注進行整合修改的現象。

擬易類卜書的續注,一方面借鑒了傳統經典的注疏傳統與方式,一方面又與之有一定的不同。最大的不同在於,學者對傳統經典的注釋解讀,無論儒、道、釋的經典,還是史部著作,都是在不得改動原文的前提之下進行的,即便對前人舊注也都保持原貌而不加改動,即所謂疏不破注。而擬易類卜書大多出自民間人士之手,並不具備經典的神聖與權威,加上初撰之稿確實不乏粗疏遺漏之處,後人在加以續注時,雖然也對原文與舊注保持相當的尊重,但調整改變的情況也普遍存在。正是經由這些續注者的不斷注解與整合,一方面使得原本粗疏的占卜書更加嚴密充實起來,另一方面也在不斷地引申發揮中更貼近附會《周易》等經典，在獲得更高的理論權威的同時，也從實際應用方面更加便利易行，從而受到廣泛歡迎，在不斷續注的過程中逐漸完善並最終定型。

（作者：杭州師範大學人文學院教授）

説"《索隱》注同"

——以《史記》寫本爲綫索

梁　濤

摘要：二家注本《史記》在合刻《集解》與《索隱》時，提出了"《索隱》注同"的現象，這在單行本《史記集解》與《史記索隱》中，也同樣存在。可見早在刻本時代以前，《史記》的注解已經發生混亂，考察傳世的幾種寫本《史記集解》，可以發現《索隱》存在抄入《集解》寫本、占據《集解》空間和完全化身爲《集解》的幾種形態。這爲我們從"《索隱》混入《集解》"的角度理解《索隱》注同這一問題，提供了較爲詳細的材料。而且，揭示出寫本時代合抄《索隱》的具體特徵，如"標目"混用"貞（曰、云）"、"索（隱曰、云）"等，文字則由於是"引録"而非"原本"，因此常有一二訛誤，且存在"節引"。利用這些特徵，以及《集解》《索隱》的内在體例和其他内證，可以爲《史記》的校勘服務。

關鍵詞：《索隱》注同　《史記》寫本　傳抄　訛誤

　　《史記集解》與《索隱》的合刻，最早可以追溯至蜀刻二家注本，今天傳世的蔡夢弼本、張杅刊耿秉重修本，均源於此，但耿本基本屬於"重模"，而蔡本《索隱》則有增補、删减及校改[①]。因此，以耿本最存真爲主，綜合蔡本進行考察，可以得知最初合刻時的具體情况（以下稱"二家注本"）。檢《史記》卷二《夏本紀》"冀州既載，壺口、治梁及岐"，《集解》："鄭玄曰：《地理志》壺口在河東北屈，梁在左馮翊夏陽，岐在右扶風美陽"。耿本云："《索隱》注同，今不復具。"蔡本云："《索隱》注同。"此爲《集解》與《索隱》合編時，第一次出現二者内容重復，耿本發凡言例，詳言"今不復具"，而在以下相似情况只云"《索隱》注同"。

---

　　①　拙文：《宋版〈史記〉的源流與系統新考》第三章，中國人民大學碩士學位論文，2023年。按：蔡本《史記集解索隱》，南宋乾道七年（1171）蔡夢弼刻本（有配補、補鈔），《中華再造善本》，北京：北京圖書館出版社，2003年影印本；耿本《史記集解索隱》，南宋淳熙三年（1176）張杅刻八年耿秉重修元代遞修本，《中華再造善本》，2003年影印本。

考裴駰《史記集解》爲"合本子注",《集解》與正文相附而行,併合一百三十篇爲八十卷①。司馬貞從而作注,摘字出文,云"今輒采按今古,仍以裴爲本,兼自(見)愚管,伸爲之注"②,撰《史記索隱》三十卷。《索隱》"以裴爲本"進行補注,不應簡單重複《集解》所作的注釋,而在二家注本合編時,卻已經比較廣泛地存在"《索隱》注同"這一現象。此外,比對兩宋官方監本《史記集解》,如紹興本、景祐本、淮南本(以下稱"集解本")③,與明末汲古閣刻單行本《史記索隱》(以下稱"索隱本"),也是如此情況。由此可見,在刻本時代以前,《史記》的注解已經發生混亂,"《索隱》注同"這一現象的產生應當向寫本時代進行追溯。

一、《索隱》抄入《集解》寫本

今存寫本《史記》主要分日本傳藏和敦煌出土兩類,均爲《集解》本,總數不超過二十。其中,日本宮內廳圖書寮藏《范睢蔡澤列傳第十九》(《史記》七十九),每紙十八行(第一紙十六行)十五字,爲鐮倉時代寫本《史記集解》④。在寫本的天地、行間、紙背等處,抄入有《索隱》、《正義》、《集注》、《決》、盧等注。而《索隱》並見於紙表(天頭地脚)以及紙背,紙背另有《史記正義》,考紙背之《索隱》《正義》實據"摺本(刻本)"寫入,與紙表之《索隱》來源不同。如"紙背"第一條、第四條:

家貧無以自資,乃先事魏中大夫須賈。【《索隱》曰:《漢書·百官

① 袁傳璋:《論裴駰"〈史記集解〉八十卷"系合本子注本》,《文學遺產》2022年第1期,第1—14頁。按:作者自述,此觀點梗概粗具於1993年未刊稿中。又,裴駰集解《史記》八十卷本之合篇,最近有學者利用日本古類書《二中曆》作出重要推進,參見張宗品:《裴注八十卷集解本〈史〉篇目考——基於古寫本文獻的研究》,《文獻》2022年第3期,第7—25頁。

② 〔唐〕司馬貞:《史記索隱》卷三〇《補史記序》,日本國立公文書館藏明崇禎毛晉汲古閣刻本,番號:史008—0003,第9葉b。

③ 紹興本《史記集解》,南宋初期覆北宋刊南宋前中期遞修本(有配補、補鈔),北京:文學古籍刊行社,1955年影印本;景祐本《史記集解》,北宋末年刻南宋前期修本(有配補),臺北:二十五史編刊館,1955年影印本;淮南本《史記集解》,國家圖書館藏南宋紹興淮南路轉運司刻宋元明初遞修本,善本書號:08654。

④ 〔日〕宮內廳書陵部藏:《范睢蔡澤列傳第十九》,鐮倉時代書寫加點,番號:512·93。

表》:中大夫,秦官。此魏有中大夫,蓋古官也。姓須名賈,蓋密須氏
之後。】

　　○索隱本——魏中大夫。【按《漢書·百官表》:中大夫,秦官。
此魏有中大夫,蓋古官也。】須賈。【須姓、賈名也,須氏蓋密須之後。】

　　賓客飲者醉,更溺睢。【《索隱》曰:更,音羹。溺即溲也。溺,音
年吊反。溲,音所留反。《正義》曰:溺,古"尿"字。】

　　○寫本紙表——【《索》:溺即瘦也。】

　　以上所引紙背《索隱》《正義》,與耿本、蔡本及黃善夫三家注本①均
同。如第一條合編《索隱》"魏中大夫"及"須賈",將兩條《索隱》併作一條,
插入正文"魏中大夫須賈"下,變"須姓賈名"爲"姓須名賈",以及文字異
同,均合於二家注本。此外,二家注本《史記》將《索隱》編入《史記集解》,
面臨如何"標目"區分二者的問題,考耿本、蔡本均以"《索隱》曰"標目(第
一條作"司馬貞《索隱》曰"詳言之),寫本紙背也與之一致。

　　而"紙表"天頭地脚所引錄的《索隱》,則如下所示:

　　摺齒。【《索》:(摺,音□答反。)謂打折其脅,而又拉折其齒。】

　　○二家注本——《索隱》曰:摺,音力答反。謂打折其脅,而又拉
折其齒也。

　　○索隱本——上對答反,謂打折其脅,而又折其齒。

　　卷以簀。【貞:簀謂葦群(扌無)荻之薄也,用之以裹死人(其
屍也:扌)。】

　　○二家注本——《索隱》曰:簀謂葦荻之薄也,用之以裹其屍也。

　　○索隱本——簀謂葦荻之薄也,用之以裹屍也。

　　三亭之南。【《索》:三亭,夕名,在魏境之邊,道亭也。今無其處。

　　①　〔日〕國立歷史民俗博物館藏:《史記集解索隱正義》,南宋慶元黃善夫刻本
(有補鈔),番號:H-172。

一云魏之郊境,總有三亭,祖餞之處。今與期於三亭之南,蓋送飲(餞)已畢,期無人之處所□□(也)。】

○二家注本——《索隱》曰:三亭,亭名,在魏境之邊,道亭也。今無其處。一云魏之郊境,總有三亭,皆祖餞之處。如今與期三亭之南,蓋送餞已畢,無人之處所也。

○索隱本——按:三亭,亭名,在魏境之邊,道亭也。今無其處。一云魏之郊境,總有三亭,皆祖餞之處。與期三亭之南,蓋送餞已畢無人處。

至湖。【貞:按《地理志》京兆有湖縣。】

○二家注本——《索隱》曰:《地理志》京兆有湖縣,本名胡,武帝更名湖,即今湖城也。(置於"至湖關"下。)

○索隱本——按《地理志》京兆有湖縣,本名胡,武帝更名湖,即今湖城縣也。

惡內諸侯客。【貞:內,音納,亦如字。內者,入也。】

○二家注本——《索隱》曰:內,音納,亦如字。內,猶入也。

○索隱本——內,音納,亦如字。內者,亦猶入也。

忘索之。【貞:索,搜也,栅,音先革反。】[①]

○二家注本——《索隱》曰:索,搜也,音栅,先格反。

○索隱本——索,猶搜也,音栅,又先格反。

由上可見,紙表《索隱》引錄有兩點特徵:一、"標目"或從書名取"《索》"字,或從著者取"貞"字,而不是統一以"《索隱》曰"進行標識;二、"文字"與單行本系統、二家注本系統《索隱》均有不一致處,偶有訛衍,有的還存在節引,如"至湖"條,又如上文所引"更溺"條。此外,紙表《索隱》由墨筆書寫,另有朱筆批校,以上"下劃綫"及相應"括弧內容"即表示朱批,應是

---

① 此條在寫本"嚮者疑/車中有人,忘索之"句上,又重見於前文"我且匿/車中"之天頭,蓋抄手轉錄時,尋"車中"之文而誤。

據刻本《索隱》所作(與二家注本系統合),時代晚於墨書。

因此,日藏《范雎蔡澤列傳》寫本的紙表與紙背《索隱》來源不同,觀察二者筆迹,也可見不出一手。其中,如上所論,紙背《索隱》與傳世刻本無異,而紙表《索隱》當是據寫本引録①。雖然,不能確定此件《史記集解》寫本引録《索隱》進行補注,其來源有多早,但這種寫本形態却很有啓發性,可與其他寫本相發明,反映《集解》《索隱》合抄的發展歷程。

二、《索隱》占據《集解》空間

在日藏《史記集解》寫本中,有京都高山寺舊藏《夏本紀》《殷本紀》《周本紀》《秦本紀》四種,其中的《殷本紀第三》《(史記)三》爲鎌倉時代初期寫本,早在 1917 年羅振玉即予影印,收入《吉石盦叢書》四集②。由於此件《史記集解》寫本卷中和卷末混入兩條《索隱》,引起了學者的關注,賀次君以爲"是乃《索隱》《集解》合抄最先之形式,亦可推知司馬貞《索隱》在晚唐時已有合《集解》並行者矣"③,王叔岷則認爲"考古鈔本通篇于正文之外,概録裴駰《集解》。惟此二處,録《索隱》之文。鈔者蓋本無意于録《索隱》,而偶誤録入者也。鈔本何以誤録《索隱》之文,此必所據之本爲《索隱》本。更由不稱'索隱曰'或'索隱',而稱'貞曰'或'貞云'推之,鈔者所據之本,蓋即《索隱》原本矣"④。賀說論據有限,恐不可取,王說以爲《索隱》爲抄手無意誤録,比較合乎情理。只是二家都未曾仔細分析兩條《索隱》的具體情況,王叔岷甚而推斷此卷所據爲司馬貞《索隱》原本,則與基本事實相背。

考寫本所録兩條《索隱》及相應刻本情況如下:

① 〔日〕藤原佐世:《日本國見在書目録·正史家》,云"《史記索隱》卅卷:唐朝散大夫司馬貞撰",日本室生寺舊藏寫本,東京:古典保存會,1925 年影印本。可知,日本有《史記索隱》單行本流傳。

② 〔日〕高山寺藏:《殷本紀第三》,鎌倉時代初期書寫加點,羅振玉影印:《日本古寫本殷本紀殘卷》,《吉石盦叢書(續編)》,《羅雪堂先生全集(初編)》第十五册,臺北:大通書局,1986 年再版,第 6425—6454 頁。

③ 賀次君:《史記書録》,北京:商務印書館,1958 年,第 19 頁。

④ 王叔岷:《史記斠證》附録二《論日本古鈔本史記殷本紀》,北京:中華書局,2007 年,第 3515 頁。

主癸卒,子天乙立,是爲成々湯々。【貞曰:湯名履,《書》曰"予小子履"是也。又稱天乙者,譙周云:"夏、殷之衆,生稱王,死稱廟主,曰帝尊乙神不名配之。天亦帝也,殷人尊曰湯,故天乙者"。從契至湯凡十四代,故《國語》曰"玄王勤商,十四代興"。玄,契也。**張晏曰**:"禹、湯皆字也。二王去唐、虞之文,從高陽之質,故夏、殷之王皆以名爲號。"《謚法》曰:"除虐去殘曰湯也①。"】自契至湯八遷。

○集解本——主癸卒,子天乙立,是爲成湯成湯。【張晏曰:"禹、湯皆字也。二王去唐、虞之文,從高陽之質,故夏、殷之王皆以名爲號。"《謚法》曰:"除虐去殘曰湯。"】自契至湯八遷。

○索隱本——湯【湯名履是也。又稱天乙者,譙周云:"夏、殷之禮,生稱王,死稱廟主,皆以帝名配之。天亦帝也,殷人尊湯,故曰天乙"。從契至湯凡十四代,故《國語》曰"玄王勤商,十四代興"。玄王,契也。】

○二家注本——主癸卒,子天乙立,是爲成湯。【張晏曰:……《索隱》曰:湯名履(蔡本有"書曰予小子履")是也。又稱天乙者,譙周云:"夏、殷之禮,生稱王,死稱廟主,皆以帝名配之。天亦帝也,殷人尊湯,故曰天乙"。從契至湯凡十四代,故《國語》曰"玄王勤商,十四代興"。玄王,契也。】成湯,自契至湯八遷。

孔子曰,殷路車爲善,而色尚白也。【貞云:按《論語》孔子曰"乘殷之々路",《禮記》曰"殷人尚白",事連也。太史公爲贊,不取成文,遂作此法,事速也。】

○索隱本——色尚白。【《論語》孔子曰"乘殷之輅",《禮記》曰"殷人尚白",太史公爲贊,不取成文,遂作此語,亦疏略也。】

○二家注本——孔子曰,殷路車爲善,而色尚白。【《索隱》曰:《論語》孔子曰"乘殷之路",《禮記》曰"殷人尚白",太史公爲贊,不取成文,遂作此語,亦疏略也(蔡本作"疏也")。】

---

① 寫本作"之"字形,此抄手省筆如是,每以"之"字當"也"字。參見楊守敬撰,王重民輯:《日本訪書志補》,第 8 頁,收入張雷校點:《日本訪書志》,瀋陽:遼寧教育出版社,2003 年。

如上所示,此件寫本《史記集解》中録入的《索隱》,與上文《范雎蔡澤列傳》寫本特點一致:一、"標目"爲貞曰、貞云,而非"索隱曰";二、"文字"則與刻本參差不一,偶有訛誤,如"曰帝尊乙神不名配之""玄契也""遂作此法"等處。

更值得注意的是第一條《索隱》插入的"位置"以及其上的"重文",有研究者分析説:"案:高山寺本'是爲成＝湯＝'下,注文先有'貞曰'至'契也'六十三字,乃《索隱》文;接下有'張晏曰'至'曰湯',系裴駰《集解》。《索隱》在《集解》之前,且兩者未見作任何區分。這條《索隱》顯見是後人附記'而偶誤録入(注文)者',非所謂'《索隱》、《集解》合鈔形式。'考此條《索隱》乃釋'成湯',蓋附記者先出'成湯'兩字,再録《索隱》注文,(當作'成湯貞曰湯名履'云云)。後人轉鈔不慎,將'貞曰'以下六十三字誤入裴注前,而附記所出'成湯'兩字則闌入正文。"①所言切中肯綮,可以推知此件《史記集解》所據底本的最原初形態,當與《范雎蔡澤列傳》相似,抄者在《史記集解》的天地或行間録入《索隱》進行補注,爲"《索隱》《集解》合鈔最先之形式"。但是,在寫本轉抄過程中,容易將附記的《索隱》寫入進文本之中,使得其正式進入《集解》的空間,即此《殷本紀》之例。

三、《索隱》化身《集解》注釋

《殷本紀》寫本中録入《集解》空間的《索隱》,至少還有"貞曰""貞云"進行標識,可供區分,而如果在繼續的轉抄中脱漏這些"標目",則《索隱》很可能被視作《集解》,成爲《史記集解》寫本中正式的一部分,經北宋官方的校定進而成爲所有《史記》刻本的面貌。如日本大東急記念文庫藏《孝景本紀第十一》(《史記》十一),爲延久五年(1073)大江家國的寫本,此卷"二年春,封故相國蕭何孫蕭系爲武陵侯"下,並無《集解》注文②。

① 易平:《日本高山寺藏裴注〈史記·殷本紀〉文本源流考》,《史學史研究》2007年第3期,第101頁。按:"集解本"仍重"成湯"二字,蓋與此件寫本同出一源,"二家注本"將下"成湯"移置注後,文意不通且失本貌。"索隱本"出文作"湯",考《殷本紀》多見"湯",今本或有脱文,當出"成湯"二字。

② 〔日〕大東急記念文庫藏:《孝景本紀第十一》,延久五年(1073)大江家國書寫加點,京都:京都帝國大學文學部,昭和十年(1935)影印本。此外,日本實踐女子大學圖書館藏(山岸德平舊藏)《孝景本紀》,大治二年(1127)書寫加點,與大東急記念文庫本同,參見李由:《從日傳〈史記〉鈔本看〈史記〉新修訂本的校勘》,《域外漢籍研究集刊》第12輯,北京:中華書局,2015年,第374頁。

　　然而,兩宋國子監本以來的《史記集解》刻本,正文之下均有與"《索隱》注同"的《集解》注釋,其詳如下:

　　　　○集解本——封故相國蕭何孫係爲武陵侯。【徐廣曰:《漢書》亦作"係"。鄒説本作"俣",音昊。又案:《漢書·功臣表》及《蕭何傳》皆云孫嘉,疑其人有二名。】
　　　　○索隱本——蕭何孫係。【《漢書》亦作"係",鄒誕本作"俣"。又按:《漢書·功臣表》及《蕭何傳》皆云封何孫嘉,疑其人有二名也。】
　　　　○二家注本——封故相國蕭何孫係爲武陵侯。【徐廣曰:《漢書》亦作"係"。鄒誕生本作"俣",音昊。又案:《漢書·功臣表》及《蕭何傳》皆云孫嘉,疑其人有二名。《索隱》注同。】

張文虎曰:"鄒誕生南齊人,裴氏無由引,且其文全同《索隱》,此俗本兼采二注而誤入者。……北宋本'誕生'二字作'説',亦非。"①可見,張氏注意到《集解》"鄒説本"的文字錯誤,以及與裴駰時代相錯的證據。此外,考裴注第一條發凡,曾言"凡是徐氏義,稱徐姓名以別之,餘者悉是駰注解並集衆家義",其例則"徐廣曰"注後,冒以"駰案"二字,此條與之不合②。綜上可知,今本《孝景本紀》此條《集解》,當屬《索隱》完全混入的代表,而推測其寫本形態,或者即《殷本紀》基礎上修改"貞曰"爲"徐廣曰",或者所録《索隱》並無"標目",後人臆加"徐廣曰"。

　　又,下文景帝中三年"軍東都門外",寫本《孝景本紀》也没有《集解》。而傳世刻本《史記集解》均存在與"《索隱》注同"的內容,同樣屬於《索隱》完全混入的文本形態。如下所示:

　　　　○集解本——軍東都門外。【案《三輔黃圖》:東出北第一門曰宣平門,外曰東都門。】

---

　　①　張文虎:《校刊史記集解索隱正義劄記》卷一,北京:中華書局,1977年,第106頁。
　　②　今本《集解》"徐廣曰"下引他家注解,或無"駰案"者,其由蓋有四:一、脱漏,原有而今本脱文;二、錯位,多條注解錯置一處;三、標點,誤分徐廣所引爲獨立引文;四、竄訛,即此《索隱》竄入之例。此處暫不展開,筆者另撰有專文。

○索隱本——軍東都門。【按《三輔黃圖》云:東出北第一門曰宣平門,外曰東都門。】

○二家注本——軍東都門外。【案《三輔黃圖》:東出北第一門曰宣平門,外曰東都門。《索隱》注同。】

四、餘　論

從二家注本合刻時,即已存在不少"《索隱》注同"的情況,考察兩宋監本《集解》與汲古閣單本《索隱》,也是如此。因而,本文利用傳世寫本,從《索隱》抄入《史記集解》的角度,分析了從《索隱》進入《集解》寫本、占據《集解》空間、進而化身爲《集解》,形成"《索隱》注同"的過程。

可以發現,抄入《史記集解》中的《索隱》,在文字上,與傳世的單行本、二家注本《索隱》有一些較爲普遍的差異。除了偶有勝於今本外,如上文《殷本紀》中,寫本"湯名履,《書》曰'予小子履'是也",索隱本、耿本均作"湯名履是也",當有脫文,(蔡本據他本校正)。其餘,多有一二字的訛誤,此爲"轉録"與"原本"的區別,如《孝景本紀》原本《索隱》作"鄒誕(生)本",轉録進《集解》誤作"鄒説本",又"封何孫嘉"脫作"孫嘉"。對照上文《范雎蔡澤列傳》、《殷本紀》寫本所轉録的《索隱》,其特徵如出一轍,當可互證。此外,又有"節引"者,如《范雎蔡澤列傳》"更溺"條、"至湖"條,而這一情況在今本《史記》中同樣能找到類似案例。

案《史記》卷六六《伍子胥列傳》"六月,敗吳兵於豫",其下各本注釋:

○集解本——豫丘,地名,在郊外。

○索隱本——按《左傳》作"豫丘",杜預云:豫丘,地名,在郊外。

○二家注本——(耿本有"駰案")豫丘,地名,在郊外。索隱曰:《左傳》作"豫丘"。

按:"駰案"二字是耿本臆加,以標識注文歸屬,其例如此。

王叔岷曰:"案《集解》不云'《左傳》作豫丘',而徑云'豫丘,地名。'似所舉正文'豫'下有'丘'字。(《楚世家》無'丘'字。——原注)黄善夫本、殷本《索隱》並無‘杜預云：稷丘，地名，在郊外。’十字，蓋因與《集解》同而略之。”①可見，王說注意到《集解》與正文之間的差異，且以“索隱本”爲原貌。但他解釋此差異時，却懷疑正文應作“稷丘”，這既與《楚世家》不合，而且正文果作“稷丘”，則《集解》不須復出“稷丘”。此外，《索隱》云《左傳》作“稷丘”，是其所見正文也作“稷”。除了《集解》與正文之間的突兀關係外，又檢《楚世家》“十一年六月，敗吳於稷”，《集解》“賈逵曰：楚地也”，已做相應注釋②。

　綜上可言，《伍子胥列傳》“集解本”的注釋當是《索隱》混入，而此例所録《索隱》僅有“稷丘地名在郊外”一節，與上文《范雎蔡澤列傳》寫本節録《索隱》正相發明。而點校本《史記》此卷《校勘記》第六條，云：“杜預云稷丘地名在郊外　耿本、黄本、彭本、柯本、淩本、殷本無，疑此衍。按：《左傳》定公五年：使楚人先與吳人戰，而自稷會之，大敗夫概王於沂。杜預《注》：稷、沂皆楚地。”③僅據二家注本系統《索隱》疑爲衍文（黄本以下出自蔡本，殷本源出“蒙古中統二年段子成本”，與耿、蔡同）④，實際是停留在了二家注本合編者的認識上，没有進一步分析各家文獻的關係，所引今本《左傳》、杜注，洪亮吉云“按《左傳》並不作稷丘，其引杜注字句亦不合，蓋誤以裴駰《集解》爲杜注也”⑤，膠柱今本，不見森林。

---

①　王叔岷：《史記斠證》卷六六，第 2091 頁。標點有改動。

②　《史記》卷四〇《楚世家》，點校本二十四史修訂本，北京：中華書局，2014 年，第 2069 頁。

③　《史記》卷六六《伍子胥列傳》，第 2655 頁。

④　參見張玉春：《〈史記〉版本研究》所繪版本源流圖及相關章節，北京：商務印書館，2001 年。關於段本，張氏只主張段本《集解》與蔡本緊密，而據《天禄琳琅書目後編》等疑段本《索隱》另據所謂“嘉祐二年(1057)《史記索隱》”。《後編》所録乃據“嘉祐刊記”，實出書賈僞撰，參見劉薔：《天禄琳琅研究》，北京：北京大學出版社，2012 年，第 410—411 頁。段本底本與耿本、蔡本同屬二家注本，參見〔日〕尾崎康著、〔日〕喬秀岩、王鏗編譯：《正史宋元版之研究》，北京：中華書局，2018 年，第 272—273 頁。

⑤　洪亮吉撰，李解民點校：《春秋左傳詁》卷一九，北京：中華書局，1987 年，第 819 頁。

附 錄

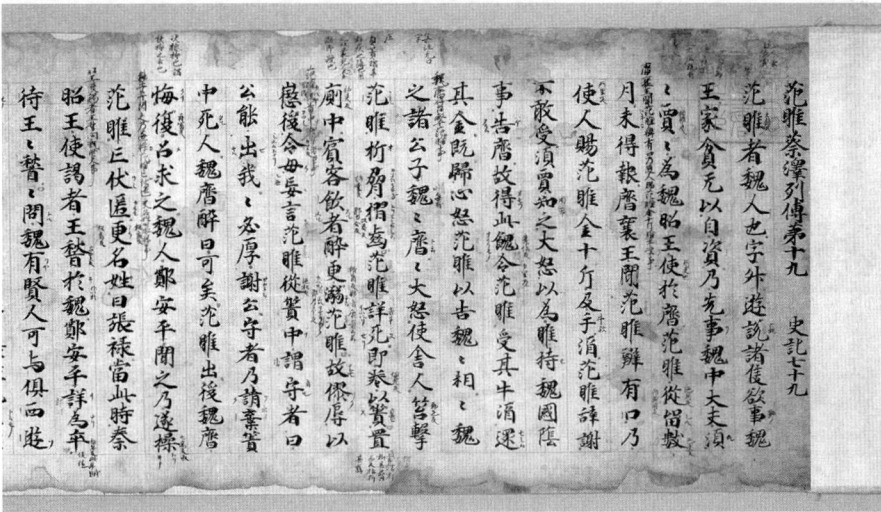

圖一　日本宮內廳書陵部藏《范雎蔡澤列傳第十九》(紙表)

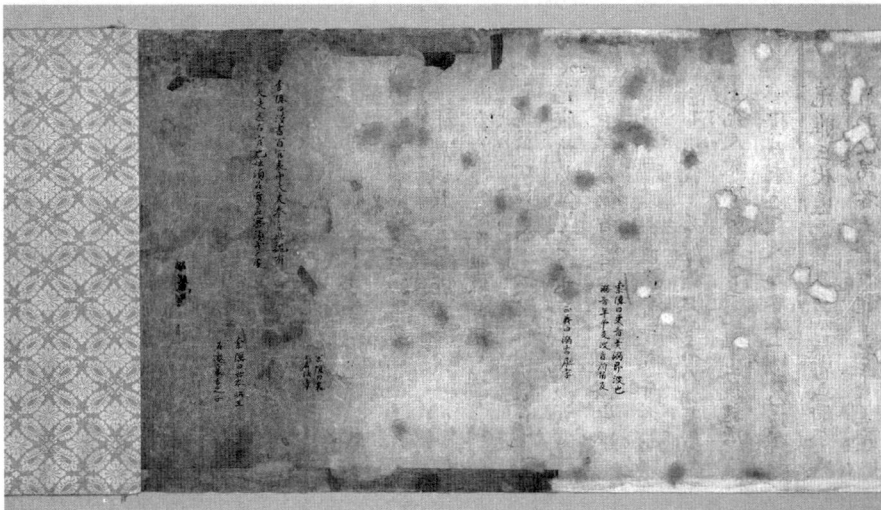

圖二　日本宮內廳書陵部藏《范雎蔡澤列傳第十九》(紙背)

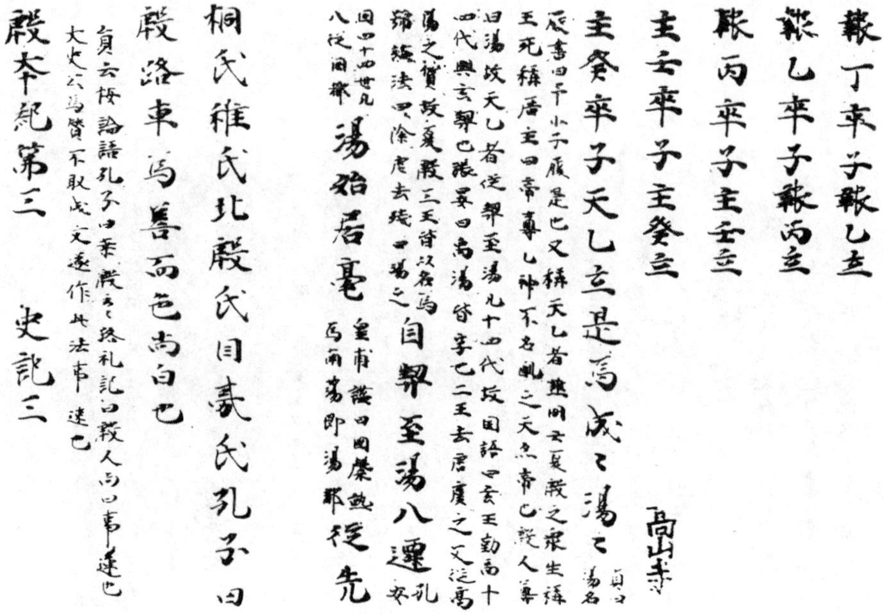

圖三　日本高山寺藏《殷本紀第三》（一）（二）

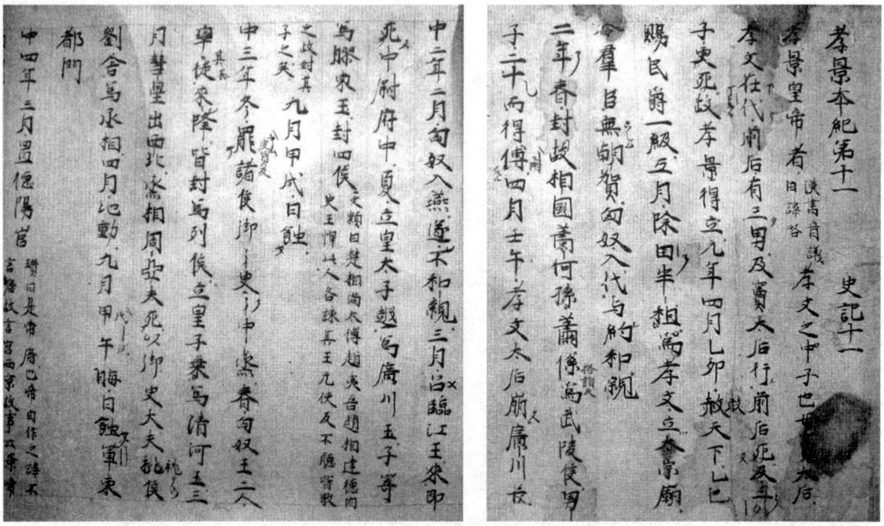

圖四　日本大東急記念文庫藏《孝景本紀第十一》（一）（二）

（作者：中國人民大學國學院博士研究生）

《周禮正義》〈冬官考工記〉名物訓釋的
有序性指向[*]

李亞明

摘要:《周禮》最後一部分〈冬官考工記〉是我國第一部記述官營手工業各工種規範和製造工藝的文獻。兼釋其正文與注疏的集大成者,當推清代孫詒讓所撰《周禮正義》。本文以《周禮正義》〈冬官考工記〉的名物訓釋爲主要考察對象,歸納並提煉其所蘊涵的系統性指向的重要組成部分——有序性指向,系統探求該文獻解釋名物意義的方法。

關鍵詞:考工記　名物　訓釋　名物訓詁

一、引　言

《周禮》各篇多有"辨某""辨某之名""辨物""辨某物""辨其物""辨某名某物""辨某之物""辨其名物""辨某之名物""辨其某之名物"以及"掌某""掌某之名物""掌某之物名"的表述,其所"辨"所"掌"的"名""物",就是名物,即"範圍比較特定、特徵比較具體的專名,也就是草木、鳥獸、蟲魚、車馬、宮室、衣服、星宿、郡國、山川以及人的命名,相當於後來的生物、天文、地理、民俗、建築等科學的術語"①。

筆者曾經類聚、梳理並分析我國第一部記述官營手工業各工種規範和製造工藝的文獻——《周禮·冬官考工記》(以下簡稱《考工記》)的職官、原材料、行爲、性狀、時空、色彩、車輿、兵器、玉器、樂鍾、營國、溝洫等詞語系統,形成了《論〈周禮·考工記〉手工業職官系統的特徵》《論〈周禮·考工記〉手工業原材料詞語系統的特徵》《〈周禮·考工記〉行爲詞語

---

* 李亞明,男,1964年生,文學博士,中國廣播影視出版社編審,研究方向爲訓詁學。

① 陸宗達、王寧:《訓詁方法論》,北京:中華書局,2018年,第168頁。

系統》《〈考工記〉動詞配價類型考察》《〈周禮·考工記〉性狀詞語系統》《《周禮·考工記〉時空詞語關係》《論〈周禮·考工記〉色彩詞語系統》《〈周禮·考工記〉車輿詞語系統》《論〈周禮·考工記〉兵器詞語系統的特徵》《論〈周禮·考工記〉玉器詞語系統的特徵》《〈周禮·考工記〉樂鍾詞語系統》、《〈考工記〉營國詞語系統考》《從〈周禮·考工記〉溝洫關係看我國古代農田水利系統》《考工記名物圖解》等一系列成果。但是,上述成果基本上以《考工記》文本爲考察的起點,而未進一步深入考察對《考工記》進行隨文釋義的注釋類訓詁。

兼釋《考工記》正文與注疏的集大成者,當推清代孫詒讓(字仲容,1848—1908)所撰《周禮正義》(以下簡稱"《正義》")。該書主要在漢代鄭玄《周禮注》和唐代賈公彥《周禮疏》的基礎之上疏解《周禮》,"以《爾雅》《説文》正其詁訓,以《禮經》、大小戴《記》證其制度……博采漢唐宋以來迄於乾嘉諸經儒舊詁,參互證繹,以發鄭《注》之淵奧,裨賈《疏》之遺闕。"①張之洞評價該書"求之乾嘉諸老宿,亦未易易數也",章太炎推崇該書"古今言《周禮》者莫能先也",《續修四庫全書總目提要》評價該書"洵治《周官》解詁者之淵藪也"。該文獻尤精於名物考據。

季剛先生嘗言:"夫所謂學者,有系統條理,而可以因簡馭繁之法也。……蓋專門之小學,持之若網在綱,揮之若臂使指。"②"夫一書有一書之條例,治之者必首知其書之例而分討之,次綜群書之例而比類旁通之,夫而後言專則精,言博則通矣。"③本文所涉,即《正義》〈考工記〉名物訓釋所藴系統性指向的有序性指向,也就是訓釋結構、功能、分布和排列所體現的穩定性、規則性和因果關聯性。

例如《鍾氏》:"鍾氏染羽,以朱湛丹秫三月而熾之,淳而漬之。三入爲纁,五入爲緅,七入爲緇。"《正義》:"此明染色淺深之異名。……纁雖三入,深於緅經,而色尚兼黄,則淺於絳也。……染朱以四入而止,不能更深,故五入之後即染以黑也。"④纁是由浸染三次而獲得的朱紅色;緅是以

①　〔清〕孫詒讓撰,汪少華點校:《周禮正義》,北京:中華書局,2015年,《序》,第5頁。

②　黄侃述,黄焯編:《文字聲韻訓詁筆記》,上海:上海古籍出版社,1983年,第2頁。

③　黄侃述,黄焯編:《文字聲韻訓詁筆記》,第10頁。

④　〔清〕孫詒讓撰,汪少華點校:《周禮正義》,第3998頁。

纁爲底色,用青礬石等交替浸染五次媒染而成的略近黑色的深紅色;緇是以纁爲底色,用青礬石等交替浸染七次媒染而成的黑色。《正義》闡明從"纁"到"緅"再到"緇"的染色工序的有序關係。再如《輈人》:"龍旂九斿,以象大火也。""龍旂"指畫有兩龍相蟠圖案以取象東宮蒼龍星宿的旗幟。《正義》:"以下記路車所建旌旂,象東南西北四官之星,又放星數爲斿數也。"①又《輈人》:"鳥旟七斿,以象鶉火也。""鳥旟"指畫有鳥隼圖案以取象南宮朱雀星宿的旗幟。《正義》:"……七星與柳同位連體,故旟象朱鳥,即取彼星。"②又《輈人》:"熊旗六斿,以象伐也。""熊旗"指畫有熊虎圖案以取象西宮白虎星宿的旗幟。《正義》:"此經亦通謂參爲伐,故六斿取象於彼。"③《輈人》尚載畫有龜蛇圖案以取象北宮玄武星宿的旗幟——"龜蛇(旐)",此不贅述;然由上已見《周禮正義》所闡明的四種旗幟與特定方位、動物和星宿之間的有序對應關係④。

目前傳統的文獻語言描寫研究面臨的狀況,仍如黃行描述的那樣:"儘管没有明確提到有序的概念,在描述各種複雜的組合與聚合規則時已暗示語言的結構是有序的,但是一般没有把有序上升到方法論的高度,因此不能解釋語言結構普遍存在的非平衡分布狀態。"⑤本文以《正義》(考工記)的名物訓釋爲主要考察對象,着重通過歸納並提煉其闡明主體與名物對象之間的有序關係、度量衡的有序比例關係之中所蘊涵的系統性指向的重要組成部分——有序性指向,系統探求該文獻訓釋名物方法。

二、闡明主體與名物對象之間的有序關係

《正義》(考工記)主要從闡明工匠與原材料之間、成品之間、製作行爲及其工具之間的理據的有序關係等方面來闡明主體與名物對象之間的有

---

① 〔清〕孫詒讓撰,汪少華點校:《周禮正義》,第 3901 頁。
② 〔清〕孫詒讓撰,汪少華點校:《周禮正義》,第 3903 頁。
③ 〔清〕孫詒讓撰,汪少華點校:《周禮正義》,第 3904 頁。
④ 參見李亞明:《考工記名物圖解》,北京:中國廣播影視出版社,2019 年,第 123—130 頁。
⑤ 黃行:《論語言結構分布的普遍性和有序性》,《語文研究》1997 年第 2 期。

序關係①。

（一）闡明工匠與原材料之間的理據的有序關係

例如：【冶氏—金屬】《冶氏》：“冶氏爲殺矢。”《正義》：“《説文》仌部云：‘冶，銷也。’金部云：‘銷，鑠金也。’②《總叙》云：‘爍金以爲刃。’故工以冶爲名。”③闡明“冶氏”與職掌冶煉金屬以制戈、戟、殺矢之間的理據的有序關係。【鮑人—皮革】《鮑人》：“鮑人之事……”《正義》：“‘鮑人之事’者，以事名工也。事謂柔治韋革之事。”④闡明“鮑人”與職掌治皮革之間的理據的有序關係。【韗人—皮革】《韗人》：“韗人爲皋陶。”《正義》：“亦以事名工也。《祭統》注釋‘韗’爲‘韗碌皮革’，明此工主治革以冒鼓，又兼爲鼓木。”⑤闡明“韗人”與職掌治皮以製鼓之間的理據的有序關係。【韋氏—熟牛皮】《正義》：“‘韋氏’者，以所治之材名工也。《説文·韋部》云：‘韋，相背也。……獸皮之韋，可以束枉戾相韋背，故藉以爲皮韋。’《一切經音義》引《字林》云：‘韋，柔皮也。’蓋此工專治柔執之韋，與鮑人兼治生革異。”⑥闡明“韋氏”與職掌治熟牛皮之間的理據的有序關係。【玉人—玉石】《玉人》：“玉人之事……”《正義》：“‘玉人之事’者，亦以所治之材名工也。”⑦闡明“玉人”與職掌治玉石之間的理據的有序關係。【梓人—梓樹】《梓人》：“梓人爲筍虡。”《正義》：“梓人亦以所攻之材名工也。”⑧闡明“梓人”與治落葉喬木梓樹的木材以製筍虡之間的理據的有序關係。【梓人—木材】《梓人》：“梓人爲侯。”《正義》：“梓人攻木之工，而爲侯者，凡侯皆以木爲植以張之也。”⑨闡明“梓人”與治木材以製箭靶之間的理據的有序關

---

① 《考工記》手工業職官與原材料、成品、製作行爲及其工具和方式之間的理據性和規則性，詳見李亞明：《論〈周禮·考工記〉手工業職官系統的特徵》，《中國石油大學學報》（社會科學版）2008 年第 1 期。

② 〔清〕段玉裁《説文解字注》：“銷者，鑠金也。仌之融如鑠金然，故爐鑄亦曰冶。”

③ 〔清〕孫詒讓撰，汪少華點校：《周禮正義》，第 3912—3913 頁。“故工以冶爲名”一句，係《周禮正義》語而非《考工記·總叙》原文，該版攬入引號，誤。

④ 〔清〕孫詒讓撰，汪少華點校：《周禮正義》，第 3970 頁。

⑤ 〔清〕孫詒讓撰，汪少華點校：《周禮正義》，第 3977 頁。

⑥ 〔清〕孫詒讓撰，汪少華點校：《周禮正義》，第 3987 頁。《周禮正義》引《説文解字》韋部“韋”省略“从舛口聲”四字，故“獸皮之韋”前宜加省略號。

⑦ 〔清〕孫詒讓撰，汪少華點校：《周禮正義》，第 4009 頁。

⑧ 〔清〕孫詒讓撰，汪少華點校：《周禮正義》，第 4074 頁。

⑨ 〔清〕孫詒讓撰，汪少華點校：《周禮正義》，第 4097 頁。

係。【車人—幼嫩的木材】《車人》:"車人爲耒。"《正義》:"《山虞》云:'凡服
耟,斬季材。'注云:'服,牝服,車之材。'是服耟同材,故耒車亦同工也。"①
闡明"車人"與治幼嫩的木材以制耒耟之間的理據的有序關係。

(二)闡明工匠與成品之間的理據的有序關係

例如:【輪人—車輪】《輪人》:"輪人爲輪。"《正義》:"'輪人爲輪'者,以
所製之器名工也。"②闡明"輪人"與所製車輪之間的理據的有序關係。
【輿人—車厢】《輿人》:"輿人爲車。"鄭玄注:"車,輿也。"《正義》:"'輿人爲
車'者,亦以所製之器名工也。"③闡明"輿人"與所製車厢之間的理據的有
序關係。【輈人—馬車曲轅】《輈人》:"輈人爲輈。"《正義》:"'輈人爲輈'
者,亦以所製之器名工也。"④闡明"輈人"與所製馬車曲轅之間的理據的
有序關係。【函人—皮甲】《函人》:"函人爲甲。"《正義》:"'函人爲甲'者,
亦以所作之器名工也。"⑤闡明"函人"與所製皮甲之間的理據的有序關
係。【裘氏—狐裘】《正義》:"'裘氏'者,以所作之服名工也。"⑥闡明"裘
氏"與所製狐裘之間的理據的有序關係。【磬氏—石磬】《磬氏》:"磬氏爲
磬。"《正義》:"'磬氏爲磬'者,亦以所作之器名工也。"⑦闡明"磬氏"與所
制石磬之間的理據的有序關係。【矢人—箭矢】《矢人》:"矢人爲矢。"《正
義》:"'矢人爲矢'者,亦以所作之器名工也。"⑧闡明"矢人"與所製箭矢之
間的理據的有序關係。【廬人—簬器】《廬人》:"廬人爲廬器。"《正義》:
"'廬人爲廬器'者,亦以所作之器名工也。"⑨闡明"廬人"與所製簬器之間
的理據的有序關係。【車人—牛車】《車人》:"車人之事……"《正義》:"'車
人之事'者,亦以所作之器名工也。"⑩又《車人》:"車人爲車。"《正義》:"此
車人所爲三車皆牛車,與輪人、輿人、輈人三職所爲駟馬車不同。"⑪闡明

---

① 〔清〕孫詒讓撰,汪少華點校:《周禮正義》,第4247頁。
② 〔清〕孫詒讓撰,汪少華點校:《周禮正義》,第3787頁。
③ 〔清〕孫詒讓撰,汪少華點校:《周禮正義》,第3850頁。
④ 〔清〕孫詒讓撰,汪少華點校:《周禮正義》,第3867頁。
⑤ 〔清〕孫詒讓撰,汪少華點校:《周禮正義》,第3963頁。
⑥ 〔清〕孫詒讓撰,汪少華點校:《周禮正義》,第3988頁。
⑦ 〔清〕孫詒讓撰,汪少華點校:《周禮正義》,第4044頁。
⑧ 〔清〕孫詒讓撰,汪少華點校:《周禮正義》,第4053頁。
⑨ 〔清〕孫詒讓撰,汪少華點校:《周禮正義》,第4114頁。
⑩ 〔清〕孫詒讓撰,汪少華點校:《周禮正義》,第4240頁。
⑪ 〔清〕孫詒讓撰,汪少華點校:《周禮正義》,第4253頁。

“車人”與所製牛車之間的理據的有序關係。【弓人—弓】《弓人》:“弓人爲弓。”《正義》:“‘弓人爲弓’者,亦以所作之器名工也。”①闡明“弓人”與所製弓之間的理據的有序關係。

（三）闡明工匠與製作行爲之間的理據的有序關係

例如:【畫繢—繪畫、刺綉】《畫繢》:“畫繢之事……”《正義》:“‘畫繢之事’者,亦以事名工也。”②闡明“畫繢”與繪畫、刺綉行爲之間的理據的有序關係。【帪氏—湅絲帛】《帪氏》:“帪氏湅絲。”《正義》:“‘帪氏湅絲’者,亦以事名工也。此記絲灰湅之法。”③闡明“帪氏”與湅絲帛的行爲之間的理據的有序關係。【陶人—製作甗等陶器】《陶人》:“陶人爲甗。”《正義》:“陶人,亦以事名工也。”④闡明“陶人”與製作甗等陶器的行爲之間的理據的有序關係。【瓬人—製作簋等陶器】《瓬人》:“瓬人爲簋。”《正義》:“瓬人,亦以事名工也。賈疏云:‘祭宗廟皆用木簋,今此用瓦簋,據祭天地及外神尚質……’”⑤闡明“瓬人”與製作簋等陶器的行爲之間的理據的有序關係。【匠人—營建都城和溝洫】《匠人》:“匠人建國。”“匠人營國。”“匠人爲溝洫。”《正義》:“凡建立國邑,必用土木之工,匠人蓋木工而兼識版築營造之法,故建國、營國、溝洫諸事,皆掌之也。”⑥闡明“匠人”與營建都城和溝洫的行爲之間的理據的有序關係。

（四）闡明工匠與製作行爲的工具之間的理據的有序關係

例如:【段氏—椎段之具】《攻金之工》:“段氏爲鎛器。”《正義》:“‘段氏’者,《説文·殳部》云:‘段,椎物也。’又《金部》云:‘鍛,小冶也。’凡鑄金爲器,必椎擊之,故工謂之段氏。鍛,則所用椎段之具也。”⑦闡明“段氏”與捶打行爲所用的錘子之間的理據的有序關係。

（五）闡明成品使用主體與特定成品之間的有序對應關係

例如:【天子—大圭】《玉人》:“大圭長三尺,杼上,終葵首,天子服之。”

---

① 〔清〕孫詒讓撰,汪少華點校:《周禮正義》,第 4272 頁。
② 〔清〕孫詒讓撰,汪少華點校:《周禮正義》,第 3988 頁。
③ 〔清〕孫詒讓撰,汪少華點校:《周禮正義》,第 4002 頁。
④ 〔清〕孫詒讓撰,汪少華點校:《周禮正義》,第 4065 頁。統觀《周禮正義》體例,“陶人”後宜加逗號。
⑤ 〔清〕孫詒讓撰,汪少華點校:《周禮正義》,第 4069—4070 頁。《周禮正義》引賈公彦疏語之末省略“器用陶匏之類也”,故宜改句號爲省略號。
⑥ 〔清〕孫詒讓撰,汪少華點校:《周禮正義》,第 4126 頁。“建國”“營國”“溝洫”爲並列三事,故其間宜加頓號。
⑦ 〔清〕孫詒讓撰,汪少華點校:《周禮正義》,第 3961 頁。

大圭即珽（珵），天子朝儀時所佩玉笏。《正義》：“《大戴禮記·虞戴德篇》云：‘天子御珽，諸侯御荼，大夫服笏。’《荀子·大略篇》同。……至《玉藻》所云‘笏度二尺有六寸’者，《左傳·桓二年》疏謂是諸侯以下之度分①，其説甚塙。蓋搢珽與帶劍同，大圭三尺與上士之劍度適相當，諸侯以下之笏二尺六寸，與中士之劍度亦相近，其等例同也。”②這裏的“上士之劍度”，是指《桃氏》“身長五其莖長，重九鋝，謂之上制，上士服之”；“中士之劍度”，是指《桃氏》“身長四其莖長，重七鋝，謂之中制，中士服之”。《正義》：“記三等服劍長短輕重之差。”③不但闡明天子與大圭、諸侯以下等級貴族與笏之間的有序對應關係，而且闡明上士、中士、下士與各相應劍度之間的有序對應關係。【宗后—大琮】《玉人》：“大琮十有二寸，射四寸，厚寸，是謂內鎮，宗后守之。”大琮是天子的正位配偶——宗后象徵權位的琮。《正義》：“此鎮琮即王后所守之瑞玉。若然，諸侯夫人受命於后，亦當有命玉。公夫人疑當中琮九寸，侯伯夫人疑當中琮七寸，子男夫人疑當小琮五寸，度各視其夫之圭璧而用琮與？”④根據宗后與十二寸大琮之間的特定對應關係，推論公爵夫人與九寸中琮、侯爵和伯爵夫人與七寸中琮、子爵和男爵夫人與五寸小琮之間的特定對應關係。

三、闡明度量衡的有序比例關係

《正義》〈冬官考工記〉名物訓釋所闡明各種名物之間度量衡的有序比例關係，大致有闡明長度與長度的比例關係，寬度與寬度的比例關係，寬度與長度的比例關係，長度與長度、寬度與寬度的綜合比例關係，長度與高度的比例關係，高度與高度的比例關係，長度與厚度的比例關係，寬度與厚度的比例關係，厚度與深度的比例關係，深度與深度的比例關係，寬度與深度的比例關係，長度與周長的比例關係，寬度與周長的比例關係，周長與周長的比例關係，直徑與周長的比例關係，直徑與長度和周長的綜

---

① 《左傳·桓公二年》：“袞、冕、黻、珽，帶、裳、幅、舄，衡、紞、紘、綖，昭其度也。”孔穎達疏：“蓋諸侯以下，度分皆然也。”
② 〔清〕孫詒讓撰，汪少華點校：《周禮正義》，第4019—4020頁。
③ 〔清〕孫詒讓撰，汪少華點校：《周禮正義》，第4036頁。
④ 〔清〕孫詒讓撰，汪少華點校：《周禮正義》，第3930頁。

合比例關係,寬度與長度及周長和直徑的綜合比例關係,半徑與半徑的有序遞減關係,橢圓長軸與短軸的比例關係,六齊成分的有序遞減關係等二十種類型[①]:

(一)闡明長度與長度的比例關係

例如:【部(達常)—桯】《輪人》:"部長二尺,桯長倍之,四尺者二。""輪人爲蓋"之"部"通"柎",本指車蓋柄部頂端較膨大的車傘帽,也稱保斗、蓋斗;唯此經"部長二尺"之"部"並非特指車傘帽,而是泛指含車傘帽在内的車蓋柄部上半截相對細的部位(即與"桯"相對的"達常")。《正義》:"部與達常同一木……"[②]"桯"則指車蓋下部較粗的直柄(即杠)。《正義》:"疑古車蓋之杠當爲二節,上下各長四尺,蓋與達常爲三節也。其建於車上,則别以軸鍵連貫爲一。車止時,車右持蓋以從,則但持其上節六尺之部杠而下,《道右》'王下則以蓋從'是也。蓋在車上,則建於軾間,故必八尺之杠而後無蔽目之患;在車下,則人持之,其高下在手,故去其下杠,使輕便易舉。此則校之經文而適協,揆之事理而可通矣。"[③]闡明車蓋柄部上半截相對細的部位("部"[此經泛指"達常"])的長度與車蓋柄部下半截相對粗的部位("桯")的長度之間的比例關係。【軹前—策】《輈人》:"軹前十尺,而策半之。"《正義》:"輈長一丈四尺四寸,其四尺四寸在輿下,故出於輿外軹前者有十尺也。"[④]闡明馬車曲輈在車厢前沿之前("軹前")的長度與馬鞭("策")的長度之間的比例關係。【股(長)—鼓(長)】《磬氏》:"磬氏爲磬……其博爲一,股爲二,鼓爲三。"《正義》:"鼓之長度贏於股三分之一也。"[⑤]闡明磬的下體(即叩擊部位)的長度("鼓[長]")與上體的長度("股[長]")之間的比例關係。【身—个】《梓人》:"上兩个,與其身三,下兩个半之。"《正義》:"九節之侯,中丈八尺,身倍之,得三丈六尺,上个又倍身,得七丈二尺。出於身者,左右各一丈八尺,下个當身處三丈六尺,不減,其出於身者減之,得上个之半,左右各九尺,凡一丈八尺,連當身總五丈四尺也。然則七節之侯,侯身二丈八尺,上个五丈六尺,下个四丈二尺。五節

　　① 《考工記》名物度量衡比例關係的換算公式,詳見李亞明:《〈周禮·考工記〉度量衡比例關係考》,《古籍整理研究學刊》2010年第1期。
　　② 〔清〕孫詒讓撰,汪少華點校:《周禮正義》,第3837頁。
　　③ 〔清〕孫詒讓撰,汪少華點校:《周禮正義》,第3838頁。
　　④ 〔清〕孫詒讓撰,汪少華點校:《周禮正義》,第3872頁。
　　⑤ 〔清〕孫詒讓撰,汪少華點校:《周禮正義》,第4047頁。

之侯,侯身二丈,上个四丈,下个三丈。"①闡明三種規制的箭靶的靶身("身")與在其上下方的兩側起維持和固定作用的布幅("个")等部位的長度之間的比例關係。

(二)闡明寬度與寬度的比例關係

例如:【臘廣—從(廣)】《桃氏》:"桃氏爲劍,臘廣二寸有半寸。兩從半之。"《正義》:"⋯⋯明劍身一面之橫度也。'臘廣'者,中爲一脊,左右兩從,合爲一面,謂之'臘'。⋯⋯此明分臘廣爲二之度,以其從夾劍脊,故云'兩從'。脊中隆起,分爲兩刃,故其橫徑適得臘廣之半度。半之者,自脊中分,兩邊各廣一寸四分寸之一也。"②闡明劍的兩刃之間一面的寬度("臘廣")與從劍脊對分出的兩刃之間一半的寬度("從[廣]")之間的比例關係。【股博—鼓博】《磬氏》:"磬氏爲磬⋯⋯其博爲一⋯⋯參分其股博,去一以爲鼓博。"《正義》:"鼓博朒於股三分之一也。"③闡明磬的上體的寬度("股博")與下體(即叩擊部位)的寬度("鼓博")之間的比例關係。【經塗—環塗—野塗】《匠人》:"國中九經九緯,經塗九軌。⋯⋯經塗九軌,環塗七軌,野塗五軌。""經塗"泛指貫通都城南北和東西的幹綫大道,以每軌八尺,每齊尺 0.197 米計,則經塗寬約 14.184 米;"環塗"指都城內環城墻的道路,以每軌爲八尺,每齊尺合 0.197 米計,則環塗寬約 11.032 米;"野塗"指城郭之外的郊區的道路,以每軌爲 8 尺,每齊尺合 0.197 米計,則野塗寬約 7.88 米。鄭玄注:"廣狹之差也。"《正義》:"'經塗'已見前,此復出之者,以環塗、野塗皆依此迭減,明根數也。⋯⋯環塗環九經、九緯之外,故狹於經塗、緯塗。野塗在國門之外,故又狹於環塗,皆以二軌迭減也。"④闡明"經塗""環塗""野塗"之間寬度的有序遞減關係。

(三)闡明寬度與長度的比例關係

例如:【戈廣—內(長)/胡(長)/援(長)】《冶氏》:"戈廣二寸,內倍之,胡三之,援四之。"《正義》:"明戈諸體之長度,並以廣爲根數也。⋯⋯云'長四寸'者,謂內之長也。倍二寸故得四寸。云'胡六寸,援八寸'者,三

---

① 〔清〕孫詒讓撰,汪少華點校:《周禮正義》,第 4100、4101 頁。
② 〔清〕孫詒讓撰,汪少華點校:《周禮正義》,第 3925、3926 頁。
③ 〔清〕孫詒讓撰,汪少華點校:《周禮正義》,第 4047 頁。
④ 〔清〕孫詒讓撰,汪少華點校:《周禮正義》,第 4202 頁。

二寸故得六寸,四二寸故得八寸也。"①闡明戈頭的寬度("戈廣")與戈頭後部插入柄杖與其相連接的樺頭("内[長]")、下刃後部弧彎下垂的部分("胡[長]")、前部橫出且有鋒刃的部分("援[長]")的長度之間的比例關係。【戟—内/胡/援】《冶氏》:"戟廣寸有半寸,内三之,胡四之,援五之。"《正義》:"云'内長四寸半'者,戟廣寸半,三之,得四寸半也。云'胡長六寸'者,以四乘寸半,得六寸也。云'援長七寸半'者,以五乘寸半,得七寸半也。"②闡明戟頭的寬度與戟頭後部插入柄杖與其相連接的樺頭("内")、下刃後部弧彎下垂的部分("胡")、前部橫出且有鋒刃的部分("援")的長度之間的比例關係。【堂脩—(堂)廣】《匠人》:"夏后氏世室,堂脩二七,廣四脩一。"《正義》則引《隋書·宇文愷傳》愷奏《明堂議》:"讎校古書,並無'二'字,此乃桑間俗儒信情加減。"③又引俞樾語:"當據宇文愷議訂正。……'廣四脩一'者,廣二十八步也。堂脩一七,其廣四七,廣之四,脩之一也。是謂'廣四脩一'。"④闡明堂的長度即深度("堂脩")與寬度("[堂]廣")之間的比例關係。

(四)闡明長度與長度、寬度與寬度的綜合比例關係

例如:【堂脩—門堂(脩)】【(堂)廣—門堂(廣)】《匠人》:"夏后氏世室,堂脩二七,廣四脩一……門堂,三之二。"《正義》:"'三之二'者,以正堂之脩三分取二,爲一堂之脩;以正堂之廣三分取二,爲二堂之廣也。"⑤闡明堂的長度即深度("堂脩")與門堂的長度即深度("門堂[脩]")之間,以及堂的寬度("[堂]廣")與門堂的寬度("門堂[廣]")之間的綜合比例關係。【堂脩—門堂(脩)—室(脩)】【(堂)廣—門堂(廣)—室(廣)】《匠人》:"夏后氏世室,堂脩二七,廣四脩一……門堂,三之二,室,三之一。"《正義》:"'三之一'者,以正堂之脩三分取一爲每門室之脩,即門堂之半也。其廣⑥當與門堂同。以一室言之,亦得正堂三之一,於差率仍無悖矣。今以正堂脩

---

①　〔清〕孫詒讓撰,汪少華點校:《周禮正義》,第3914—3916頁。

②　〔清〕孫詒讓撰,汪少華點校:《周禮正義》,第3924頁。

③　〔清〕孫詒讓撰,汪少華點校:《周禮正義》,第4146頁。

④　〔清〕孫詒讓撰,汪少華點校:《周禮正義》,第4147頁。"廣四脩一"係引《匠人》原文,故宜加引號。

⑤　〔清〕孫詒讓撰,汪少華點校:《周禮正義》,第4159頁。"三之二"係引《匠人》原文,故宜加引號。

⑥　亞明案,"廥"字殆爲"廣"字之訛。

七步、廣二十八步計之,門室蓋脩二步二尺,廣亦九步二尺。"①闡明堂、門堂和室的長度即深度之間,以及堂、門堂和室的寬度之間的綜合比例關係。

(五)闡明長度與高度的比例關係

例如:【(蓋)弓:長—尊】《輪人》:"參分弓長,以其一爲之尊。"《正義》:"其下宇曲有四尺,宇曲之末爪端下於部者則二尺,即上平高於爪端之度也。"②闡明蓋弓的長度與高度之間的比例關係。

(六)闡明高度與高度的比例關係

例如:【城(高)—逆墙(高)】《匠人》:"囷、窌、倉、城,逆墙六分。"《正義》:"逆墙六分城高,以一分爲之。假令城高九雉,則以上一丈五尺却爲逆墙。囷、窌、倉逆墙放此。"③闡明城墙的高度("城[高]")與逆墙的高度("逆墙[高]")之間的比例關係。

(七)闡明長度與厚度的比例關係

例如:【鼓間/鉦間—厚】《鳬氏》:"是故大鍾十分其鼓間,以其一爲之厚。小鍾十分其鉦間,以其一爲之厚。"《正義》:"記鍾厚薄之正度也。……凡特鍾、編鍾,皆應十二律,其大小各不同。大鍾厚得鼓間十分之一,小鍾厚得鉦間十分之一,亦各以其鍾體直徑十爲根數也。"④分別闡明大鍾的鼓間與鍾體厚度、小鍾的鉦間與鍾體厚度之間的比例關係。

(八)闡明寬度與厚度的比例關係

例如:【(輻)博—(輻)厚】《車人》:"輻長一柯有半。其博三寸,厚三之一。"《正義》:"與斧柯博厚度正同。……厚得博三分之一,故有一寸。"⑤闡明牛車輪輻的寬度("[輻]博")與厚度("[輻]厚")之間的比例關係。

(九)闡明厚度與深度的比例關係

例如:【(鍾)厚—(遂)深】《鳬氏》:"爲遂,六分其厚,以其一爲之深而圜之。"《正義》:"遂與鼓同處,然鼓是鍾下半之全體,上接鉦而下接於,其

① 〔清〕孫詒讓撰,汪少華點校:《周禮正義》,第 4161—4162 頁。
② 〔清〕孫詒讓撰,汪少華點校:《周禮正義》,第 3846 頁。
③ 〔清〕孫詒讓撰,汪少華點校:《周禮正義》,第 4236 頁。
④ 〔清〕孫詒讓撰,汪少華點校:《周禮正義》,第 3945 頁。
⑤ 〔清〕孫詒讓撰,汪少華點校:《周禮正義》,第 4255 頁。此"斧柯"係指《車人》上文:"車人爲車,柯長三尺,博三寸,厚一寸有半。"

地平廣,叩擊易差,故於正中處,六分其厚,而圜窐其一分,使擊時易辨也。"①闡明鍾體厚度("[鍾]厚")與鍾體外壁下段於上、鉦下靠近鍾口邊沿的叩擊正中處②的深度("[遂]深")之間的比例關係。

(十)闡明深度與深度的比例關係

例如:【國馬之輈—田馬之輈—駑馬之輈】《輈人》:"輈有三度,軸有三理。國馬之輈深四尺有七寸,田馬之輈深四尺,駑馬之輈深三尺有三寸。""國馬之輈"指種馬、戎馬、齊馬、道馬等國馬所駕兵車、乘車所配之輈,"田馬之輈"指田馬(駑馬)所駕田車(獵車)所配之輈,"駑馬之輈"指駑馬所駕役車所配之輈。《正義》:"……以下明'輈有三度'之數,各視其馬之良駑以爲淺深也。"③闡明"國馬之輈""田馬之輈""駑馬之輈"之間深度的有序遞減關係。

(十一)闡明寬度與深度的比例關係

例如:【鑿深—輻廣】《輪人》:"凡輻,量其鑿深以爲輻廣。"《正義》:"言輻之廣深同度,則强弱相等,而後足相持以爲固也。……輻廣與鑿深同度,所以爲强足以任轂之重。"④闡明輻菑在轂上所入榫眼的深度("鑿深")與輪輻的寬度("輻廣")之間的比例關係。【(畎廣)—(遂廣)—(溝廣)—(洫廣)—(澮廣)】【(畎深)—(遂深)—(溝深)—(洫深)—(澮深)】《匠人》:"匠人爲溝洫,……一耦之伐,廣尺,深尺,謂之畎;田首倍之,廣二尺,深二尺,謂之遂。九夫爲井,井間廣四尺,深四尺,謂之溝;方十里爲成,成間廣八尺,深八尺,謂之洫;方百里爲同,同間廣二尋,深二仞,謂之澮。"《正義》:"井田溝洫之度,起數於壟中之畎。……倍畎之廣深以爲遂也。……此經五溝廣深皆以相倍爲數,澮'廣二尋,深二仞',廣深各丈六尺,尋與仞,度廣與測深異名也。"⑤闡明畎、遂、溝、洫、澮的寬度與深度之間的綜合比例關係。⑥

---

① 〔清〕孫詒讓撰,汪少華點校:《周禮正義》,第 3947 頁。

② 亞明案,"遂"殆指鍾口邊沿內腔用以調整音律的溝狀磨槽。

③ 〔清〕孫詒讓撰,汪少華點校:《周禮正義》,第 3868 頁。"輈有三度"係引《輈人》原文,故宜加引號。

④ 〔清〕孫詒讓撰,汪少華點校:《周禮正義》,第 3817—3818 頁。

⑤ 〔清〕孫詒讓撰,汪少華點校:《周禮正義》,第 4207—4213 頁。"廣二尋,深二仞"係引《匠人》原文,故宜加引號。

⑥ 參見李亞明:《從〈周禮·考工記〉溝洫關係看我國古代農田水利系統》,《黃河水利職業技術學院學報》2008 年第 2 期。

　　（十二）闡明長度與周長的比例關係

　　例如：【輈長—當兔之圍】《輈人》："十分其輈之長，以其一爲之當兔之圍。"《正義》："田車當兔圍蓋一尺四寸，駕馬車蓋一尺三寸三分。"①根據馬車曲轅的長度（"輈長"）推算出了曲轅在車厢下正中與車軸相交的木墊的周長（"當兔之圍"）。如表一所示：

表一　輈長與當兔之圍的比例關係（單位：尺）

部件 ＼ 車類型	兵車	乘車	田車	駕馬車
輈長	10.44	10.44	10.4	10.33
當兔之圍	1.44	1.44	1.4	1.33

　　【甬長—（甬）圍—衡圍】《鳧氏》："以其甬長爲之圍，參分其圍，去一以爲衡圍。"《正義》："甬長八，參分去一以爲衡圍，則衡圍五又三分分之一也。"②闡明懸掛鍾體的柄形物的長度（"甬長"）與甬部頂端圓形平面的周長（"衡圍"）之間的比例關係。【（旅）長—（旅）圍】《函人》："權其上旅與其下旅，而重若一，以其長爲之圍。""旅"通"膂"，本謂脊骨，引申指腰部。《正義》："長謂甲旅劄上下之直度，故圍即指上下旅之間要圍之橫度也。"③闡明甲衣的長度（"〔旅〕長"）等同於腰圍（"〔旅〕圍"）的比例關係。

　　（十三）闡明寬度與周長的比例關係

　　例如：【（車）廣—軫圍】《輿人》："六分其廣，以一爲之軫圍。"《正義》："田車軫圍蓋一尺五分。"④根據車厢的寬度（"（車）廣"）推算出了田車車厢底部後面枕木的周長（"軫圍"）。如表二所示：

表二　車廣與軫圍的比例關係（單位：尺）

部件 ＼ 車類型	兵車	乘車	田車
（車）廣	6.6	6.6	6.3
軫圍	1.1	1.1	1.05

　　【軫間—軸圍】《輈人》："五分其軫間，以其一爲之軸圍。"《正義》："田

---

① 〔清〕孫詒讓撰，汪少華點校：《周禮正義》，第 3882 頁。
② 〔清〕孫詒讓撰，汪少華點校：《周禮正義》，第 3943 頁。
③ 〔清〕孫詒讓撰，汪少華點校：《周禮正義》，第 3967 頁。
④ 〔清〕孫詒讓撰，汪少華點校：《周禮正義》，第 3859 頁。

車軸圍蓋一尺二寸六分,駕馬車蓋一尺二寸。"①根據車厢底部兩側枕木的寬度("軹間")推算出了輪軸的周長("軸圍")。如表三所示:

表三　軹間與軸圍的比例關係(單位:尺)

部件 ＼ 車類型	兵車	乘車	田車	駕馬車
軹間	6.6	6.6	6.3	6
軸圍	1.32	1.32	1.26	1.2

(十四)闡明周長與周長的比例關係

例如:【(輻)股圍—骹圍】《輪人》:"參分其輻之長而殺其一,則雖有深泥,亦弗之溓也。參分其股圍,去一以爲骹圍。"《正義》:"此明輻股與骹不同度,以起輪綆之義也。……承上輻三分殺一之文,而明其所殺骹圍之度。股圍,即輻上半橢方之全圍,不殺者也。"②闡明輪輻靠近輪轂的較粗一端的周長("[輻]股圍")與靠近輪輞(圈)的較細一端的周長("骹圍")之間的比例關係。【軹圍—式圍—較圍—軹圍—轛圍】《輿人》:"參分軹圍,去一以爲式圍。"《正義》:"此謂圓圍也。……田車式圍蓋七寸。"③根據田車車厢底部後面枕木的周長("軹圍")推算出了其車軾的周長("式圍")。又《輿人》:"參分式圍,去一以爲較圍。"《正義》:"此亦謂圓圍也。……田車較圍蓋四寸三分寸之一。"④根據田車車軾的周長("式圍")推算出了其車厢兩旁高出於車軾的木把手⑤的周長("較圍")。又《輿人》:"參分較圍,去一以爲軹圍。"《正義》:"此謂方圍也。……田車軹圍蓋三寸九分寸之一。"⑥

---

① 〔清〕孫詒讓撰,汪少華點校:《周禮正義》,第 3881 頁。

② 〔清〕孫詒讓撰,汪少華點校:《周禮正義》,第 3820—3821 頁。

③ 〔清〕孫詒讓撰,汪少華點校:《周禮正義》,第 3859 頁。

④ 〔清〕孫詒讓撰,汪少華點校:《周禮正義》,第 3859—3860 頁。

⑤ 關於"較"的形制,學術界有的承鄭衆説,認爲指"豎軨之上連接之横木"(鄭思虞:《〈毛詩〉車乘考》,《西南師範學院學報》1983 年第 2 期)、"軨上之横木可憑靠者"(朱鳳瀚:《古代中國青銅器》,天津:南開大學出版社,1995 年,第 281 頁);有的承賈公彦説,認爲指"軨柱上再加高的一節短柱"(汪少華:《古車輿"軹""較"考》,《華東師範大學學報》(哲學社會科學版),2005 年第 3 期)。本文把"較"視爲車厢兩旁高出於車軾的木把手。參見孫機:《中國古獨輈馬車的結構》(《文物》1985 年第 8 期)、王厚宇等:《淮陰高莊戰國墓的青銅輿飾及相關問題》(《故宫博物院院刊》2000 年第 6 期)、山東省文物考古研究所:《山東淄博市臨淄區淄河店二號戰國墓》(《考古》2000 年第 10 期)、李亞明:《考工記名物圖解》(北京:中國廣播影視出版社,2019 年)。

⑥ 〔清〕孫詒讓撰,汪少華點校:《周禮正義》,第 3860 頁。

根據田車車廂兩旁高出於車軾的木把手的周長（"較圍"）推算出了支撐田車車廂兩側車較的縱橫交錯木條的周長（"軹圍"）。又《輿人》："參分軹圍，去一以爲轛圍。"《正義》："此亦謂方圍也。……田車轛圍蓋二寸二十一分寸之二。"①根據支撐田車車廂兩側車較的縱橫交錯木條的周長（"軹圍"）推算出了支撐田車車軾的縱橫交錯木條的周長（"轛圍"）。如表四所示：

表四　軫圍、式圍、較圍、軹圍、轛圍的比例關係（單位：尺）

部件 ＼ 車類型	兵車	乘車	田車
軫圍	1.1	1.1	1.05
式圍	0.73333	0.73333	0.7
較圍	0.48889	0.48889	0.47
軹圍	0.32593	0.32593	0.31111
轛圍	0.21729	0.21729	0.20741

【兔圍—頸圍—踵圍】《輈人》："參分其兔圍，去一以爲頸圍。"《正義》："此謂圓圍也。……田車頸圍蓋九寸三分寸之一，駕馬車頸圍蓋八寸十五分寸之十三。"②由田車和駕馬車曲輈在車廂下正中與車軸相交的木墊的周長（"兔圍"）推算出了田車和駕馬車曲輈前端稍細用以持衡的部位的周長（"頸圍"）。又《輈人》："五分其頸圍，去一以爲踵圍。"《正義》："田車踵圍蓋七寸四十五分寸之十九，駕馬車蓋七寸七十五分寸之七。"③由田車和駕馬車曲輈前端稍細用以持衡的部位的周長（"頸圍"）推算出了田車和駕馬車曲輈的尾部即後端承軫的部位的周長（"踵圍"）。如表五所示：

表五　兔圍、頸圍、踵圍的比例關係（單位：尺）

部件 ＼ 車類型	兵車	乘車	田車	駕馬車
兔圍	1.44	1.44	1.4	1.33
頸圍	0.96	0.96	0.933	0.887
踵圍	0.768	0.768	0.747	0.709

【（被）圍—晉圍—首圍—刺圍】《廬人》："凡爲殳，五分其長，以其一爲之被

---

①　〔清〕孫詒讓撰，汪少華點校：《周禮正義》，第3861頁。
②　〔清〕孫詒讓撰，汪少華點校：《周禮正義》，第3883—3884頁。
③　〔清〕孫詒讓撰，汪少華點校：《周禮正義》，第3885頁。

而圍之。參分其圍,去一以爲晉圍。五分其晉圍,去一以爲首圍。凡爲酋矛,參分其長,二在前、一在後而圍之。五分其圍,去一以爲晉圍。參分其晉圍,去一以爲刺圍。"《正義》:"此經言'圍之'者二:《桃氏》爲劍云'參分其臘廣,去一以爲首廣,而圍之',首廣即首徑,以求其圍,可得其度,故不言圍度,而度即寓乎廣;此爲殳云'五分其長,以其一爲之被而圍之',亦不言圍度,而度即寓乎被。求度不同,而文例則一也。"①闡明由劍的柄部末端手握部位的把頭的寬度("首廣",相當於其直徑)以求其周長("[首]圍")的考據方法,以及由長柄兵器柄部的長度以求手握部位的周長("[被]圍")的考據方法。《正義》又曰:"至諸圍之度,以程説②推之,殳圍九寸,參分去一以爲晉圍,則晉圍六寸也。'五分其晉圍,去一以爲首圍',則首圍四寸又五分寸之四也。酋矛圍與殳同,'五分其圍,去一以爲晉圍',則晉圍七寸五分寸之一也。'參分其晉圍,去一以爲刺圍',則刺圍亦四寸又五分寸之四也。然則酋矛之刺圍與殳之首圍正同,惟殳之晉圍,視酋矛六分減一。蓋凡毄兵、刺兵柲之圍度並同,其被漸殺以趨於晉,毄兵所殺多,舉之則細;句兵所殺少,舉之則重,故被圍雖同,而近晉之舉圍,則又不害其異也。長兵之制,其可考者如此。"③闡明殳的柄部手握部位的周長("[被]圍")與柄部末端的銅箍的周長("晉圍")和柄部首端的周長("首圍")之間的比例關係,以及酋矛的柄部手握部位的周長("[被]圍")與柄部末端的銅箍的周長("晉圍")和柄部上端插入矛刃尾部的周長("刺圍")之間的比例關係。如表六所示:

表六　殳與酋矛諸圍比例關係(單位:尺)

度量 成品	(被)圍	晉圍	首圍	刺圍
殳	9	6	4.8	
酋矛	9	7.2		4.8

(十五) 闡明直徑與周長的比例關係

例如:【輪崇—牙圍】《輪人》:"是故六分其輪崇,以其一爲之牙圍。"

---

① 〔清〕孫詒讓撰,汪少華點校:《周禮正義》,第4122頁。
② 此"程説"指程瑤田之謂"殳與酋矛之圍,乃其廬體上下諸圍之宗也"。
③ 〔清〕孫詒讓撰,汪少華點校:《周禮正義》,第4122—4123頁。

《正義》:"牙圍之度,爲車制諸度之根。……賈疏云:'此據兵、乘車而言。若田車之輪小,崇六尺三寸,亦可知也。'案:依賈說,田車牙當圍一尺十分寸之五,減於兵車、乘車五分。"①由田車車輪的高度即直徑("輪崇")推算出了其輪輞(圈)的周長。又《車人》:"六分其輪崇,以其一爲之牙圍。"《正義》:"牙圍謂牙身長方四面之圍,其度居輪崇六分之一,與《輪人》小車牙圍、輪崇之差同。……輪崇即謂輪高,亦即輪上下之直徑也。"②闡明大車(牛車)車輪的高度即直徑("輪崇")與輪輞(圈)的周長("牙圍")之間的比例關係。如表七所示:

表七　輪崇與牙圍的比例關係(單位:尺)

部件 ＼ 車類型	大車	兵車	乘車	田車
輪崇	9	6.6	6.6	6.3
牙圍	1.5	1.1	1.1	1.05

【程圍—部廣】《輪人》:"輪人爲蓋,達常圍三寸,程圍倍之,六寸。信其程圍以爲部廣,部廣六寸。"《正義》謂鄭玄注"依圓周求徑率求之"③,並曰:"此申程之曲圍以爲達常之直徑,故以信言之。"④又曰:"此部亦圓形,中直廣博如一,故廣即徑也。"⑤闡明車蓋下部較粗的直柄的周長("程圍")與車蓋柄部頂端較膨大的車傘帽的寬度即直徑("部廣")之間的比例關係。

(十六) 闡明直徑與長度和周長的綜合比例關係

例如:【輪内徑—轂長—(轂)圍】《輪人》:"椉其漆内而中詘之以爲之轂長,以其長爲之圍。"《正義》:"取牙漆内直度中屈之,折取其半以爲轂之長度也。……明轂長與圍等,圍謂圜圍也。"⑥闡明直徑與長度和周長的

---

① 〔清〕孫詒讓撰,汪少華點校:《周禮正義》,第 3800 頁。
② 〔清〕孫詒讓撰,汪少華點校:《周禮正義》,第 4258 頁。
③ 〔清〕孫詒讓撰,汪少華點校:《周禮正義》,第 3835 頁。
④ 〔清〕孫詒讓撰,汪少華點校:《周禮正義》,第 3836 頁。亞明案,達常之徑,鄭玄注已明"徑一寸也",故《周禮正義》此"達常"應作"部"。賈公彥疏下文:"此部即達常。以此達常上入部中,遂名此達常爲部,其實是達常也。"屬文意訓釋,特指"部長二尺"之"部",非謂"信其程圍以爲部廣"之"部"也。
⑤ 〔清〕孫詒讓撰,汪少華點校:《周禮正義》,第 3837 頁。
⑥ 〔清〕孫詒讓撰,汪少華點校:《周禮正義》,第 3803 頁。

綜合比例關係。

(十七)闡明寬度與長度及周長和直徑的綜合比例關係

例如:【輪崇—車廣—衡長】【衡任(長)—(衡任)圍】《輿人》:"輿人爲車,輪崇、車廣、衡長,參如一,謂之參稱。"《正義》:"凡兵車、乘車,輿廣衡長六尺六寸;田車,輿廣衡長六尺三寸。"①雖未涉及車輪的高度即直徑("輪崇"),却闡明車廂的寬度("車廣")與車衡的長度("衡長")之間的比例關係。《輈人》:"衡任者,五分其長,以其一爲之圍。"《正義》:"衡長必與輪崇等,田車輪崇六尺三寸,駕馬車輪崇六尺,衡長各如其輪崇,亦'五分其長,以其一爲之圍',則田車衡任圍當得一尺二寸六分,駕馬車當得一尺二寸。"②根據《輿人》所述車輪的高度即直徑("輪崇")與車衡的長度("衡長")相等以及《輈人》所述車衡的長度("衡任[長]")與周長("[衡任]圍")之間的比例關係,推算出田車和駕馬車的車衡的周長。如表八所示:

表八　輪崇、車廣、衡長、衡任圍的綜合比例關係(單位:尺)

部件 ＼ 車類型	兵車	乘車	田車	駕馬車
輪崇	6.6	6.6	6.3	6
車廣	6.6	6.6	6.3	6
衡長	6.6	6.6	6.3	6
(衡任)圍	1.32	1.32	1.26	1.2

【臘廣—莖圍—(莖)長—首廣—(首)圍】《桃氏》:"桃氏爲劍,臘廣二寸有半寸。……以其臘廣爲之莖圍,長倍之。……參分其臘廣,去一以爲首廣,而圍之。"據經文意,劍的兩刃之間一面的寬度("臘廣")爲2.5寸;劍柄的主要器段的周長("莖圍")也是2.5寸,其直徑約爲0.7958寸,故《正義》曰:"莖圍二寸半,其形正圓,徑蓋八分强也。"③闡明劍柄的主要器段的周長與直徑之間的關係。據經文意,劍柄的主要器段的長度("莖長")是劍的兩刃之間一面的寬度("臘廣")的一倍,同時也是劍柄的主要器段

---

① 〔清〕孫詒讓撰,汪少華點校:《周禮正義》,第3850頁。

② 〔清〕孫詒讓撰,汪少華點校:《周禮正義》,第3880頁。"五分其長,以其一爲之圍"係引《輈人》原文,故宜加引號。

③ 〔清〕孫詒讓撰,汪少華點校:《周禮正義》,第3926頁。

的周長（"莖圍"）的一倍，即 5 寸，故《正義》曰："即莖圍之倍數也。"①據經文意，柄部末端手握部位的把頭的寬度（"首廣"，相當於直徑）是劍的兩刃之間一面的寬度（"臘廣"）的三分之二，約 1.6667 寸，故《正義》曰："劍首與《廬人》'殳首'同義。……《輪人》'部廣'注云：'廣猶徑也。'"②闡明柄部末端手握部位的把頭的寬度（"首廣"，相當於直徑）。據經文意，柄部末端手握部位的把頭的周長（"〔首〕圍"）由其直徑換算而來，約 5.236 寸，故《正義》曰："以圜徑求周率課之，首圍蓋五寸強。"③綜上，《正義》闡明劍的兩刃之間一面的寬度（"臘廣"）與劍柄的主要器段的周長（"莖圍"）、柄部末端手握部位的把頭的寬度（"首廣"，相當於直徑）、柄部末端手握部位的把頭的周長（"〔首〕圍"）之間的綜合比例關係。

（十八）闡明半徑與半徑的有序遞減關係

例如：【庇軹—庇輪—庇軫】《輪人》："弓長六尺，謂之庇軹，五尺謂之庇輪，四尺謂之庇軫。"《正義》："蓋之大小無定，其差有此以下三等，降殺各以一尺，與車軹、輪、軫之廣相應也。"④闡明三種蓋弓不同長度的車傘——"庇軹""庇輪""庇軫"之間半徑的有序遞減關係。

（十九）闡明橢圓長軸與短軸的比例關係

例如：【銑—鉦—銑間—鼓間—舞脩—舞廣】《鳧氏》："十分其銑，去二以爲鉦，以其鉦爲之銑間，去二分以爲之鼓間；以其鼓間爲之舞脩，去二分以爲舞廣。"《正義》："經凡單言'銑'、言'鉦'者，皆鍾體之直徑也。自'銑間謂之於'外，凡言'銑間''鼓間'者，皆鍾空中面角相距之橫徑也。蓋古鍾橢圓，侈弇必有定度，而後可以協律，且無柞鬱之聲病。然兩銑之間，若唯紀實體之度，則隅角之銳鈍與弧中之增減，無由可定，故必度其下口弧弦虛直之大徑，合之鼓間及上㟒舞廣之小徑。"⑤闡明橢圓鍾體的長軸與短軸之間的有序對應關係。具體來看，鄭玄注《鳧氏》"十分其銑，去二以爲鉦，以其鉦爲之銑間"："此言鉦之徑居銑徑之八，而銑間與鉦之徑相應。"《正義》則認爲："本言鍾全體直徑十，體上半之鉦直徑八，又以鉦之直徑爲銑間，即鍾口之大橫徑也。鄭誤以銑十爲鍾口之橫徑，鉦八爲鉦之橫

① 〔清〕孫詒讓撰，汪少華點校：《周禮正義》，第 3927 頁。
②③ 〔清〕孫詒讓撰，汪少華點校：《周禮正義》，第 3930 頁。
④ 〔清〕孫詒讓撰，汪少華點校：《周禮正義》，第 3842 頁。
⑤ 〔清〕孫詒讓撰，汪少華點校：《周禮正義》，第 3939—3940 頁。

徑,銑間八爲鍾體下半之直徑,非經義也。"①闡明"鉦"與"銑間"之間的有序比例關係。又,鄭玄注《鳧氏》"去二分以爲之鼓間,以其鼓間爲之舞脩,去二分以爲舞廣":"鼓間又居銑徑之六,與舞脩相應。舞脩,舞徑也。舞上下促,以横爲脩,從爲廣。舞廣四分。"《正義》則認爲:"本言去鍾口大横徑之二分,爲鼓間之小横徑,又以爲鍾頂之大徑亦六。鄭誤以鼓間爲鼓之直徑,舞脩爲鍾體近頂處之横徑,亦非經義。……脩爲横徑,則六分去二分以爲廣,廣爲直徑則四分,故云'舞廣四分'也。……鄭意舞廣即舞間,與銑間、鼓間之爲直徑者同。"②先駁後從,闡明"鼓間"與"舞脩""舞廣"之間的有序比例關係。

(二十) 闡明六齊成分的有序遞減關係

例如:【上制—中制—下制】《桃氏》:"身長五其莖長,重九鋝,謂之上制,上士服之;身長四其莖長,重七鋝,謂之中制,中士服之;身長三其莖長,重五鋝,謂之下制,下士服之。"《正義》:"……記三等服劍長短輕重之差。……以三分其金而錫居一之齊計之,則重九鋝者,金二斤八兩,錫一斤四兩也。重七鋝者,金一斤十五兩二銖又三分銖之二,錫十五兩十三銖又三分銖之一也。重五鋝者,金一斤六兩五銖又三分銖之一,錫十一兩二銖又三分銖之二也。"③在鄭玄注闡明劍的"上制""中制""下制"之間長度和重量的有序遞減關係的基礎之上,進一步深入闡明三者之間六齊成分比例的有序遞減關係。

四、結　語

姜亮夫評價孫詒讓是:"有極其謹嚴、極其精細、極其系統的方法和立場的一位經師。""他不僅在爲《周禮》作疏,他是在通過對《周禮》的條理終始,來表現對古典制④的選别。他不僅在作疏,而是在'著作'。這是精神之所在。"⑤洪誠評價《正義》"千絲萬縷,細織成文;巨制鴻裁,精理

---

① 〔清〕孫詒讓撰,汪少華點校:《周禮正義》,第 3940 頁。
② 〔清〕孫詒讓撰,汪少華點校:《周禮正義》,第 3940—3941 頁。"舞廣四分"係引鄭玄注文,故宜加引號。
③ 〔清〕孫詒讓撰,汪少華點校:《周禮正義》,第 3930—3931 頁。
④ 亞明案,此處疑脱"度"字。
⑤ 姜亮夫:《孫詒讓學術檢論》,《浙江學刊》1999 年第 1 期。

無間"①。誠哉斯言!《正義》(考工記)名物訓釋蘊涵的有序性指向,就是這種"極其謹嚴、極其精細、極其系統的方法和立場""千絲萬縷,細織成文"的體現。其主要表現爲闡明名物結構概括性搭配限制的有序搭配關係,即分布限制的規則性,因而具備一定的順序關係的功能(即功能序),顯示了名物訓釋系統動態演變方式的規則性;這種指向實現了名物之間以及名物內部的各個要素之間有規則的聯繫或轉化。研究《正義》(考工記)名物訓釋的有序性指向,對於系統探求經學文獻名物的訓釋方法,踐行季剛先生"有系統條理""輾轉旁通"的理念,具有一定的理論意義和實用價值。

　　《正義》(考工記)名物訓釋的有序性指向是其系統性指向的重要組成部分。《正義》(考工記)名物訓釋的系統性指向的另外兩個組成部分是層次性指向和關聯性指向,限於篇幅,容另文闡述。

(作者:中國廣播影視出版社總編室主任、編審)

---

　　① 洪誠:《讀周禮正義》,杭州大學語言文學研究室:《孫詒讓研究》,1963 年,第25 頁。

《白氏六帖事類集》引《禮記》考

趙育琇

摘要：《白氏六帖事類集》是編纂於唐代並流傳至今的一部重要類書，引《禮記》時不但涉及經文且旁及各類注文，可見編者之重視。其引文中保留了一些《禮記》寫本的文本特徵，如因使用通用文字而産生異文，或僅存於寫本的版本異文，可見中唐流傳的《禮記》寫本面貌。另有部分異文乃據鄭注意見調整經文而産生，説明鄭注被編者充分接受。此外，部分引文或來源於漢魏以來失傳的《禮記》注疏文獻，其保留的逸注之説亦有創見，可資參考。所引《月令》或多據《唐月令》，且據引文稱名可推測《唐月令》不僅單行且有依托《禮記》全本的流傳情況。

關鍵詞：白氏六帖事類集　禮記　逸注　唐月令

　　《白氏六帖事類集》（下簡稱“《白帖》”）是唐代文人白居易編纂的類書，此書在唐代即産生重要影響，時人競相傳抄甚至自行補充此書以備科考。同時，《白帖》作爲流傳至今且保存相對完整的隋唐類書，在今日也備受關注。

　　作爲白居易準備科考與文章創作的素材庫，《白帖》徵引的材料中也包括《禮記》。《禮記》作爲《三禮》之一，其地位自兩漢以來不斷提高，至於唐代取代《儀禮》而位列《五經》之一，有《禮記正義》。《白帖》引《禮記》所據文本可能是中唐可見的《禮記》寫本①，甚至包括已佚的《禮記》注疏本，故《白帖》保留的《禮記》文本彌足珍貴。編者對《禮記》文本的處理也反映出《禮記》在當時的接受情況和傳播面貌。

---

　　①　張雯於《白居易〈白氏六帖事類集〉纂集考》中提出《白帖》的主體部分應當是白居易早期讀書所得，大致在永貞元年（805）之前就完成了主體部分的編纂。據此，《白帖》主體部分的成型要遠早於唐石經的刊刻，所徵引的《禮記》當是中唐及以前的寫本。詳參張雯《白居易〈白氏六帖事類集〉纂集考》，《文獻》2021年第3期，第149—150頁。

　　《白帖》引《禮記》時，對《禮記》稱名不一，大體上有四種情況：稱名爲《禮記》，稱名爲《禮》，稱名爲《記》，直接標注《禮記》中的具體篇名①。其中稱名爲《禮》的情況最多，至少五百九十三條以上；以《記》稱的條目僅四十條左右，或因《禮記》地位的提升，中唐時更習慣簡稱其爲《禮》而非《記》；稱《禮記》的條目也僅三十條左右，或因編纂求便而更青睞於簡稱。《白帖》引《禮記》的體例不甚嚴格，許多條目中《禮記》經文和各類注文相互混雜。僅引經文的情況下，或先於經文中摘字，大字刻寫，再以雙行小字呈現完整經文；或大字摘録完整經文，小字標出處，如“《禮記》云”“《禮》”之類。引經文時常旁及鄭注且有一定區分經注的意識，或大字刻寫經文、小字刻寫注文以區分，或在鄭注前標一“注”字。但也有不少經注於小字中混同的條目，須讀者自行分辨。另外，除經文和鄭注外，引文中還有部分文字來源暫不可考，或單獨綴於經文之後，或與鄭注同時出現，亦是爲經文釋義或釋音。這些文字或源於漢魏以來亡佚的《禮記》注疏文獻，在本文中我們稱爲“逸注”。引逸注時，逸注前常有一“言”或“謂”字，似是區分經、逸注的標志，也可能是引用所據文獻的語言特色；也有没有任何標志，逸注與經、鄭注混同的情況。這些逸注材料提供了與鄭注、《禮記釋文》不同的意見和注音，或從不同的角度闡釋經文、補充經義，可與鄭注、《禮記釋文》對比研究。

　　目前關於《白帖》的研究多集中於其著作本身，諸如其成書與編纂，或是探討此書與白居易文學創作的關係，對具體的引文情況關注較少。而圍繞《禮記》的研究，多是基於其刻本時代的文本面貌展開討論。本文通過對《白帖》中《禮記》引文的梳理，探討其中留存的《禮記》異文情況，搜輯整理其所保留的亡佚注説，兼談引文所見《禮記·月令》與《唐月令》的流傳情況，以期呈現中唐時期《禮記》經注面貌之一隅，展示中唐《禮記》接受與傳播的一個斷面。

---

　　①　《白帖》引《禮記》的條目中共出現了十一個《禮記》篇名，分别是：《曲禮》《檀弓》《王制》《月令》《文王世子》《郊特牲》《内則》《明堂位》《喪服小記》《樂記》《雜記》。又卷十三有“投壺第三十五”一門，其內容絕大部分是抄纂《禮記·投壺》一篇，引用前標“禮記”。

一、《白氏六帖事類集》引《禮記》異文考

(一) 因文字通用而產生異文

寫本中不乏文字通用現象,"在寫本時代,一些音近字可以通用,如'謂'與'爲'、'亡'與'忘'、'由'與'猶'等,這本是當時的書寫特點,並非訛誤"①。而《白帖》所引《禮記》文本中的許多異文與《禮記》刻本文字之間恰爲通假字、古今字的關係,這些異文或因引用所據寫本使用通用文字而產生,非是訛誤或編者改動。茲舉例如下:

1. 邮勿驅 《禮記》:"國中以策篲,邮勿驅,塵不出軌。"注謂不馳也。(卷三,車第三十)②

按:《禮記・曲禮上》:"國中以策彗,恤勿驅,塵不出軌。"下鄭注云:"入國不馳。"③"彗",《白帖》引作"篲"。"篲"同"彗",《説文解字注》:"彗或從竹。"④《禮記》各本均作"彗",《群經音辨》引此句作"國中以策篲邮勿"⑤,《附釋文互注禮部韻略》"篲"字下有"《曲禮》:'以策篲邮勿',帚也,亦作彗"⑥。

2. 衽席 衽席,卧席也。《禮》曰:"請席何向? 請衽何趾?"坐問向,卧問趾。(卷四,席第三十四)

按:《禮記・曲禮上》:"請席何鄉? 請衽何趾?"下鄭注有:"衽,卧席

---

① 邰同麟:《淺談寫本文獻學在傳世文獻校勘中的作用——以〈禮記正義〉爲例》,《中國經學》,2017年第2輯,第132頁。

② 黑體字爲《白帖》引文,仿宋體字爲雙行小字,以示區別,下同。校勘所用《白氏六帖事類集》主要參考文物出版社1987年版《白氏六帖事類集》(下簡稱"南宋本"),且以静嘉堂所藏影印本《白氏六帖事類集》(下簡稱"北宋本")參校。下文所涉《禮記》文本以國家圖書館出版社2017年出版的《宋本禮記》爲據,且參以王鍔《禮記鄭注彙校》;涉《禮記釋文》部分亦以上《宋本禮記》爲據,並以宋淳熙中撫州公使庫刊開禧咸淳間修本《禮記釋文》四卷參校。

③ 〔漢〕鄭玄注,〔唐〕陸德明釋文:《宋本禮記》(第一冊),北京:國家圖書館出版社影印宋余仁仲萬卷堂家塾刻本,2017年,第38頁。

④ 〔漢〕許慎撰,〔清〕段玉裁注,許惟賢整理:《説文解字注》,南京:鳳凰出版社,2007年,第208頁。

⑤ 〔宋〕賈昌朝:《群經音辨》,北京:商務印書館,1939年,第45頁。

⑥ 〔宋〕丁度等撰:《附釋文互注禮部韻略》卷四,《四部叢刊續編》影印清光緒二年川東官舍重刊本,上海:商務印書館,1934年。

也。坐問鄉，卧問趾，因於陰陽。"①"請席何鄉"，《白帖》作"請席何向"。
"鄉"與"向"爲古今字關係，《曲禮上》"則必鄉長者所視"條阮元校勘記有
言："'鄉''向'古今字。'嚮'，俗'鄉'字。"②

3. 櫃、楚二物，收其威也。 二者荆類，扑撻也。收者，斂也。《禮記》
（卷十三，鞭扑第三十九）

按：《禮記·學記》："夏、楚二物，收其威也。"③"夏"，《白帖》引作
"櫃"。《文選》卷五十七《馬汧督誄》"以櫃楚之辭連之"，李善注曰："夏與
櫃古今字通"④。

（二）反映寫本時代的版本異文

《白帖》引《禮記》文本中的部分異文非因文字通用而產生，但多能與
《禮記釋文》等記錄的版本異文相合，因而這部分異文或爲寫本中的版本
異文。完整的《禮記》寫本今已不可得，敦煌殘卷中所保留的也不過寥寥，
因而更顯《白帖》所保留的寫本異文彌足珍貴。舉例如下：

1. 鳶鳴　《禮記》曰："前有塵埃，則戴鳴鳶。"鳶鳴則風生。（卷一，風
十三）

按：《禮記·曲禮上》："前有塵埃，則載鳴鳶。"下鄭注有："鳶鳴則將
風。"⑤"則載"，《白帖》引作"則戴"。《釋文》"則載"出注云"音戴，本亦作
戴"，與《白帖》合。

2. 天窮　《禮》曰："老而無夫曰寡，老而無妻曰鰥，老而無子曰獨，少
而無父曰孤。此四者天人之窮而無告者，皆有常餼。"（卷七，貧第十一）

按：此文當出於《禮記·王制》："少而無父者謂之孤，老而無子者謂之
獨，老而無妻者謂之矜，老而無夫者謂之寡。此四者，天民之窮而無告者
也，皆有常餼。"⑥《白帖》引時略有刪改，且"矜"作"鰥"。"矜""鰥"同，《釋
文》"矜"下出注云"本又作'鰥'"，與《白帖》合。

① 〔漢〕鄭玄注，〔唐〕陸德明釋文：《宋本禮記》（第一冊），第16頁。
② 〔清〕阮元校刻：《十三經注疏附校勘記》，北京：中華書局影印世界書局本，
1980年，第1245頁上欄。
③ 〔漢〕鄭玄注，〔唐〕陸德明釋文：《宋本禮記》（第三冊），第41頁。
④ 〔南朝梁〕蕭統編，〔唐〕李善注：《文選》（下冊），北京：中華書局影印清胡克家
重刻宋淳熙本，1977年，第786頁下欄a。
⑤ 〔漢〕鄭玄注，〔唐〕陸德明釋文：《宋本禮記》（第一冊），第33頁。
⑥ 〔漢〕鄭玄注，〔唐〕陸德明釋文：《宋本禮記》（第一冊），第171頁。

3. 《郊特牲》曰："三獻之介,君專席而酢焉。此降尊以就卑也。"三獻,卿大夫來聘,主君享宴之。以介爲賓,賓爲苟敬,則徹重席而受酢酒也。(卷十七,酬酢十七)

按:《禮記·郊特牲》:"三獻之介,君專席而酢焉。此降尊以就卑也。"下鄭注云:"三獻,卿大夫來聘,主君饗燕之。以介爲賓,賓爲苟敬,則徹重席而受酢。專,猶單也。"①"則徹重席而受酢",《白帖》"酢"下有"酒"字。《七經孟子考文補遺》謂古本、活字本"酢"下有"酒"字②,與《白帖》合。

4. 内言不出於閨,外言不入於閨。《曲禮》(卷二十八,別嫌疑第二十七)

按:《禮記·曲禮上》:"外言不入於梱,内言不出於梱。"③《白帖》"梱"作"閨"。《釋文》"梱"出注云"梱,本又作閫",《白帖》與之合。

5. 在郊藪 《禮》曰："鳳皇麒麟在郊藪"云云。(卷二十九,麟第四十八)

按:《禮記·禮運》:"鳳皇麒麟,皆在郊棷。"④"郊棷",《白帖》作"郊藪"。《釋文》"棷"下出注:"本或作'藪'",與《白帖》合。

(三)因吸收鄭注意見產生的異文

《白帖》引《禮記》經文時常旁及鄭注,偶爾也據鄭注意見調整經文,這更反映了編者對鄭注的充分認可與接受。茲舉例如下:

1. 聲歌各有宜 《禮記》:"子貢問於師乙,師乙曰:'乙,賤工也,何足以問所宜? 請誦其所聞,而吾子自執焉。夫歌者,直己而陳德者也。故寬而靜,柔而正者宜歌《頌》;廣大而靜,疏達而信者宜歌《大雅》;恭儉而好禮者宜歌《小雅》;正直而靜宜歌《風》;肆直而慈愛,廉而讓者宜歌《商》;溫良而能斷者宜歌《齊》。言歌與性相近者也。(卷十八,歌第十二)

按:此段引文與現所見《禮記》文本出入較大,文句似上下錯亂。《禮記·樂記》作:"子贛見師乙而問焉,曰:'賜聞聲歌各有宜也。如賜者宜何歌也?'師乙曰:'乙,賤工也,何足以問所宜? 請誦其所聞,而吾子自執焉。愛者宜歌《商》。溫良而能斷者宜歌《齊》。夫歌者,直己而陳德也。動己

---

① 〔漢〕鄭玄注,〔唐〕陸德明釋文:《宋本禮記》(第二册),第140頁。
② 參王鍔彙校:《禮記鄭注彙校》(上册),北京:中華書局,2020年,第366頁。
③ 〔漢〕鄭玄注,〔唐〕陸德明釋文:《宋本禮記》(第一册),第20頁。
④ 〔漢〕鄭玄注,〔唐〕陸德明釋文:《宋本禮記》(第二册),第118頁。

而天地應焉，四時和焉，星辰理焉，萬物育焉。故《商》者，五帝之遺聲也。寬而靜、柔而正者，宜歌《頌》。廣大而靜、疏達而信者，宜歌《大雅》。恭儉而好禮者，宜歌《小雅》。正直而靜、廉而謙者，宜歌《風》。肆直而慈愛。'"下鄭注云："此文換簡失其次。'寬而靜'宜在上，'愛者宜歌商'宜承此下行，讀云'肆直而慈愛者，宜歌《商》'。"①據鄭注意見，此段經文當調整如下②：

子贛見師乙而問焉，曰："賜聞聲歌各有宜也，如賜者宜何歌也？"師乙曰："乙，賤工也，何足以問所宜？ 請誦其所聞，而吾子自執焉。寬而靜，柔而正直者宜歌《頌》；廣大而靜，疏達而信者宜歌《大雅》；恭儉而好禮者宜歌《小雅》；正直而靜，廉而謙者宜歌《風》；肆直而慈愛者宜歌《商》；溫良而能斷者宜歌《齊》。夫歌者，直己而陳德也，動己而天地應焉，四時和焉，星辰理焉，萬物育焉。故《商》者，五帝之遺聲也，商人識之，故謂之《商》。

對比可知，《白帖》引文更近據鄭注意見調整後的經文，蓋引用時欲據鄭注調整經文，而錯"夫歌者，直己而陳德者也"於"寬而靜"上。

2. (1) 老婦之祭　《禮》曰：竈者，老婦之祭也。盛於盆，尊於瓶。注：老婦，先炊器也。祭竈以祭先炊也。（卷三，竈第二十九）

(2) 燔柴於爨，非禮也　時多失禮。燔於竈祀火神，失祀竈之義。（卷三，竈第二十九）

按：此二條引文出於《禮記·禮器》："孔子曰：臧文仲安知禮？ 夏父弗綦逆祀而弗止也。燔柴於奧。夫奧者，老婦之祭也，盛於盆，尊於瓶。""燔柴於奧"下有鄭注："'奧'當爲'爨'，字之誤也，或作'竈'。禮，尸卒食而祭饎爨、饔爨也。時人以爲祭火神，乃燔柴。""尊於瓶"下有鄭注："老婦，先炊者也。盆，瓶，炊器也。明此祭先炊，非祭火神，燔柴似失之。"③

"夫奧者，老婦之祭也"，《白帖》引"奧"作"竈"；"燔柴於奧"，《白帖》引"奧"作"爨"。依鄭玄之見，"夫奧者，老婦之祭也"與"燔柴於奧"之"奧"應爲"爨"或"竈"。而《白帖》引此二句時，一"奧"作"爨"，一"奧"作"竈"。鄭

---

①　〔漢〕鄭玄注，〔唐〕陸德明釋文：《宋本禮記》（第三冊），第 85—86 頁。

②　宋紹興三年兩浙東路茶鹽司刻宋元遞修本《禮記正義》中此段經文與《白帖》引文幾乎相同，且鄭注中無"此文換簡失其次"一段。據學者們考察，應當是此本據鄭注意見調整了經文且刪除了相應注文。參王鍔：《〈禮記〉版本研究》，北京：中華書局，2018 年，第 340—344 頁。

③　〔漢〕鄭玄注，〔唐〕陸德明釋文：《宋本禮記》（第二冊），第 125—126 頁。

注與《釋文》均未記録有本"奥"作"爨"或"竈"，《白帖》所存異文或有别本可依，抑或據鄭注徑改，且特意將兩"奥"字改爲"爨"與"竈"，以存鄭注之意。

3.《禮》曰："日省月試，餼廩稱事，所以勸百工也。"日省月試，考校成功也。餼廩，稍食。（卷二十四，百工第五）

按：《禮記·中庸》："日省月試，既廩稱事，所以勸百工也。"下有鄭注："日省月試，考校其成功也。既，讀爲'餼'。餼廩，稍食也。"①"既廩稱事"，《白帖》作"餼廩稱事"，《禮記》各本無異文，《釋文》亦無版本異文記録。《白帖》或從鄭注意見破"既"爲"餼"。

4. 身翦　《禮》曰："凡有血氣之類，不身翦。"翦，殺也。（卷二十五，畋獵第一）

按：此文出於《禮記·玉藻》："君子遠庖厨，凡有血氣之類，弗身踐也。"②"踐"，《白帖》引作"翦"。鄭玄注曰："踐，當爲'翦'，聲之誤也"。《白帖》改"踐"作"翦"，合於鄭注意見。

綜上，《白帖》所引《禮記》中出現的異文，可歸爲較爲典型的三類：一是因保留寫本中的通用文字而産生的異文，二是源於寫本《禮記》的版本異文，三是編者據鄭注意見調整經文而産生的異文。這些異文反映了寫本《禮記》的面貌，同時反映出編者對鄭玄校勘意見的重視，體現了《白帖》的編纂特點。

二、《白氏六帖事類集》引《禮記》逸注考

《白帖》引《禮記》時涉及一些不見於現可考文獻的逸注。三國魏時，《禮記》已立博士，南北朝學人於《禮記》的研究也十分活躍，據王鍔《三禮研究論著提要》統計，南北朝時期研究《禮記》的著作至少有三十二部。唐代頒布《五經正義》統一南北朝經學之後，前代私家著述的《禮記》義疏文獻便被淘汰而漸失傳，《白帖》中的逸注很可能源於漢魏以來亡佚的《禮記》注疏文獻。這些涉及逸注的條目，有時也混雜鄭注，呈現出經、鄭注、

---

① 〔漢〕鄭玄注，〔唐〕陸德明釋文：《宋本禮記》（第四册），第 55 頁。
② 〔漢〕鄭玄注，〔唐〕陸德明釋文：《宋本禮記》（第二册），第 197 頁。

逸注混排的體例,例如,卷二十四利二十二門下"《禮》曰:君子不盡利以遺人"條,下有小字"不與人爭利,不兼人之利"。其中"不與人爭利"爲鄭注,"不兼人之利"爲逸注,逸注之意似是爲鄭注延伸,類似情況的條目至少有七條。如此體例恰合於南北朝義疏古鈔本的面貌,現存於日本早稻田大學的《禮記子本疏義》殘卷就呈現出經、鄭注、疏混排的體例①。這也側面證明,逸注或源於與《禮記》相關的義疏文獻。

　　將《白帖》所保留的逸注與鄭注對讀可觀二者異同,亦能爲《禮記》注家諸説聊作補苴。下舉數例,以明《白帖》所見《禮記》逸注材料之價值。

　　1. 和灰請漱　　《禮》:"子事父母,冠帶垢,和灰請漱。"洗也,音思侯反。"衣裳垢,和灰請澣。"和灰,灰汁也。(卷四,衣服第一)

　　按:此條出自《禮記·内則》,"和灰請澣"下有鄭注"和,潰也"②,《白帖》"和灰,灰汁也"於鄭注不同。鄭注"和"爲"潰",是以"和"爲動詞,《説文》"潰,漚也",段注"潰,謂浸潰也"③。而《白帖》之注連"和灰"爲一名詞,釋爲"灰汁",與鄭注不同。"灰汁"是"植物灰浸泡過濾後所得之汁",古時多用於浣洗,《海内十洲記·炎洲》:"國人衣服垢污,以灰汁浣之,終無潔净。"④明人郝敬《禮記通解》"和灰,灰湯也"⑤,"灰湯"即"灰汁",此解同《白帖》之注。

　　2. 不通問　　《禮》:"嫂叔不通問。"問,遺也。(卷六,嫂叔第二十六)

　　按:此條出自《禮記·曲禮上》。鄭注有"通問,謂相稱謝也"⑥,而《白帖》所録注文釋"問"爲"遺",與鄭注意見不同。"通問"何解,後世諸家多

---

　　① 華喆先生指出:"從日本所發現的義疏古鈔本來看,南朝義疏合經注於疏的情況也比較多見。比如在日本流傳的皇侃《論語集解義疏》鈔本,大多都采用了經、注、疏混排的方式,與傳統認爲六朝單疏的形式不同。也有人懷疑日藏鈔本在流傳過程中,有學者依據《論語集解》纂改了其原本的編排結構,但發現於19世紀末年,現藏於早稻田大學圖書館的《禮記子本疏義》殘卷也是經、注、疏合併混排。"華喆:《禮是鄭學:漢唐間經典詮釋變遷史論稿》,北京:生活·讀書·新知三聯書店,2018年,第283—284頁。

　　② 〔漢〕鄭玄注,〔唐〕陸德明釋文:《宋本禮記》(第二册),第168頁。

　　③ 〔漢〕許慎撰,〔清〕段玉裁注、許惟賢整理:《説文解字注》,第971頁。

　　④ 羅竹風主編:《漢語大詞典》(第七卷),上海:上海辭書出版社,2008年,第9627頁。

　　⑤ 〔明〕郝敬:《禮記通解》卷十,明萬曆四十四年(1616)郝氏刻《九經解》本,第6葉a。

　　⑥ 〔漢〕鄭玄注,〔唐〕陸德明釋文:《宋本禮記》(第一册),第20頁。

爭論,從鄭注之意者多,如戴溪以爲"叔嫂不通問,必於不授受,則尤嚴矣"①。亦有釋"問"爲"問遺"者,如陳澔"不通問,無問遺之往來也"②,郝敬"問,贈貽也,《詩》云'雜佩以問'"③,等等。《白帖》所保留的注釋材料證明,有關"通問"之解有別於鄭注的爭辯,至少唐代已發端。

3. 絕地 《禮》曰:"姑、姊妹之大功,踊絕於地。如知是者,由文矣哉!"注:降服,恩重也。(卷六,姑第二十七)

按:此條出於《禮記·雜記下》,鄭注曰:"由,用也。言知此踊絕地、不絕地之情者,能用禮文哉。能用禮文哉,美之也。伯母、叔母,義也。姑、姊妹,骨肉也。"④鄭注與《白帖》之注不同。此經文上又有"伯母、叔母,疏衰,踊不絕地",《白帖》之注當是解釋何以姑、姊妹喪服輕於伯母、叔母而踊離地,伯母、叔母服重而踊不絕地,即雖爲姑、姊妹服大功,服輕而恩重,故當踊絕地。鄭注言"伯母、叔母,義也""姑、姊妹,骨肉也"雖有此意,不如《白帖》之注直白。陳澔《禮記集説》曰:"伯叔母之齊衰,服重而踊不離地者,其情輕也。姑姊妹之大功,服輕而踊必離地者,其情重也。"⑤陳澔之意與《白帖》之注近。

4.《王制》:天子曰辟雍 圓如璧,環之以水,内如覆盆,外如偃蓋。

諸侯曰頖 半無水。下,天子重屋,諸侯宗廟;殷,天子廟,諸侯世室。(卷十一,辟雍第十三)

按:此二條出自《禮記·王制》,鄭注此經文云:"尊卑學異名。辟,明也。雍,和也。所以明和天下。頖之言班也,所以班政教也。"⑥《白帖》所錄注解與鄭注不同。孔疏引《詩》"築土雝水之外,圓如璧"釋頖之形制⑦,《後漢書注》有"璧雍者,環之以水,圓而如璧也"⑧,此説最似《白帖》引注

---

① 王鍔編纂:《曲禮注疏長編》(第二册),揚州:廣陵書社,2019年,第581頁。

② 王鍔編纂:《曲禮注疏長編》(第二册),第592頁。

③ 王鍔編纂:《曲禮注疏長編》(第二册),第593頁。

④ 〔漢〕鄭玄注,〔唐〕陸德明釋文:《宋本禮記》(第三册),第120頁。

⑤ 〔元〕陳澔著,萬久富整理:《禮記集説》,南京:鳳凰出版社,2010年,第337頁。

⑥ 〔漢〕鄭玄注,〔唐〕陸德明釋文:《宋本禮記》(第一册),第151頁。

⑦ 〔漢〕鄭玄注,〔唐〕孔穎達疏,呂友仁校點:《禮記正義》,《儒藏·精華編》第49册,北京大學出版社,2016年,第372頁。

⑧ 〔南朝宋〕范曄撰,〔唐〕李賢等注:《後漢書》卷五二《崔駰列傳》,北京:中華書局,1965年,第1701頁。

中"圓如璧,環之以水"。辟雍形制圓如璧且環之以水,或是一種共識,時人注辟雍之制多如此描述,故二者相似度極高。"内如覆盆,外如偃蓋"雖不知所據,其描述的辟雍形制與其他文獻所記載的辟雍亦相近。如《大戴禮記·明堂》言明堂(明堂亦謂之辟雍)"以茅蓋屋,上圓下方"①,據此知辟雍頂部应是圓形,故由内觀之似覆盆便可通;以茅蓋屋且爲圓形,由外觀之當如偃蓋。故"内如覆盆,外如偃蓋"亦有理據,且以内、外之角度説辟雍之制也可備爲一説。《白帖》"諸侯曰頖"下注"半無水",不見鄭注,然《禮記釋文》有"泮,半也,半有水,半無水也",二者或相關。

又,"下,天子重屋,諸侯宗廟;殷,天子廟,諸侯世室",不見於鄭注、孔疏。"下"當爲"夏"之誤,解釋夏商兩代明堂之制。明堂之制爲千古聚訟,《考工記》"夏后氏世室""殷人重屋""周人明堂"②,似與《白帖》所存逸注之説有關聯。《公羊傳》:"世室者何? 魯公之廟也。周公稱大廟,魯公稱世室,群公稱宮。"③此説正對應"天子廟,諸侯世室",然《公羊傳》所言非殷商一代明堂制,與《白帖》引注有異。且《白帖》引注以"重屋"與"宗廟","廟"與"世室"爲天子、諸侯明堂之制區別所在,未見有如此申發者。

5. 《禮》曰:"《清廟》之瑟,朱絃而疏越,一唱而三歎,有遺音者矣。"此雅淡之樂也,言至和不在音也。越,瑟底孔。(卷十八,瑟第十五)

按:此條出自《禮記·樂記》,經文下鄭注云:"《清廟》,謂作樂歌《清廟》也。朱弦,練朱弦,練則聲濁。越,瑟底孔也,畫疏之,使聲遲也。倡,發歌句也。三歎,三人從歎之耳。"④《白帖》所引"越,瑟底孔"見於鄭注,然"此雅淡之樂也,言至和不在音也"不見。《太平御覽》亦引《禮記》"《清廟》之瑟,朱絃而疏越,一唱而三歎,有遺音者也",下有"此雅淡之樂也,言至和不在於音,故不須組絃促柱,以惱人心也。"⑤《學齋占畢》亦有"《禮記》曰:'《清廟》之瑟,朱絃疏越,一倡而三歎有遺音也。'注謂此雅淡之

---

① 方向東譯注:《大戴禮記》,南京:江蘇人民出版社,2019年,第252頁。

② 楊天宇譯注:《周禮譯注》,上海:上海古籍出版社,2016年,第872—874頁。

③ 〔漢〕何休注,〔唐〕徐彦疏,浦衛忠校點:《春秋公羊傳注疏》,《儒藏·精華編》第84册,北京大學出版社,2014年,第359頁。

④ 〔漢〕鄭玄注,〔唐〕陸德明釋文:《宋本禮記》(第三册),第53頁。

⑤ 〔宋〕李昉等:《太平御覽》第五百七十六卷樂部十四,《四部叢刊三編》影印静嘉堂文庫藏宋刊本。

樂。"①《太平御覽》較《白帖》多"故不須緄絃促柱,以惱人心也",然此句來源亦不可考。《白帖》《御覽》《學齋占畢》中相關的三條引文雖出處不明,應是有所憑依,甚至可能原就是鄭注的一部分。

鄭注此句經文,由字詞訓詁出發闡述經意,言《清廟》之樂,以練朱弦彈奏,琴瑟兩端開小孔,故而發出的聲音遲緩,有一唱三嘆、餘音不絕的效果。孔疏就"遺音"進一步引申,云"以其貴在於德,所以有遺餘之音,念之不忘也"②。《白帖》所引之注,言此音爲"雅淡之樂",又"至和不在於音",脫離經文字面含義,進一步闡發經意。《樂記》有言,"地氣上齊,天氣下降,陰陽相摩,天地相蕩,鼓之以雷霆,奮之以風雨,動之以四時,煖之以日月,而百化興焉。如此,則樂者天地之和也"③,孔疏釋曰"作樂者,法象天地之和氣,若作樂和,則天地亦和"④,評價樂和的標準在於是否法於天地。逸注中"至和不在於音"似是就《樂記》一篇的整體思想而做出闡釋。結合《御覽》"故不須緄絃促柱,以惱人心也"一句,又可見注者贊揚廟堂之樂遲緩、莊重的審美傾向。較之後世通行的鄭注,逸注更超脫出經文的字面意思而對"樂"的相關內容進一步申發。

上所舉各例逸注,或訓詁字詞,或申講經義,其闡釋或有啓發之處,也可反映時人於《禮記》的理解與接受。此外,通過梳理《白帖》引《禮記》時涉逸注的條目,或可管窺《白帖》的編纂特點一二。涉逸注的條目數量於引用《禮記》條目總數而言較少,且涉鄭注的條目比涉逸注的條目更常見。既有更權威的鄭注存在,爲何這些逸注仍被錄入《白帖》,爲何某些條目裏摘錄的是逸注而非鄭注? 這或與注文的闡釋傾向有關,編者根據注文所關注的重點而決定將對應的經文錄入合適的門類。如卷十三寬刑第三門"父子君臣"條,涉《禮記·王制》"凡聽五刑之訟,必原父子之親、立君臣之義以權之"⑤一句,此條小字部分有逸注云:"謂父子君臣之間可以情恕

---

① 〔宋〕史繩祖:《學齋占畢》卷二,《景印文淵閣四庫全書》(第 854 册),臺北:商務印書館,第 19 頁下欄 a。

② 〔漢〕鄭玄注,〔唐〕孔穎達疏,呂友仁校點:《禮記正義》,《儒藏·精華編》第 50 册,第 1049 頁。

③ 〔漢〕鄭玄注,〔唐〕陸德明釋文:《宋本禮記》(第三册),第 60 頁。

④ 〔漢〕鄭玄注,〔唐〕孔穎達疏,呂友仁校點:《禮記正義》,《儒藏·精華編》第 50 册,第 1062 頁。

⑤ 〔漢〕鄭玄注,〔唐〕陸德明釋文:《宋本禮記》(第一册),第 159 頁。

也。"此條所涉經文之鄭注僅有"權,平也",訓詁詞義而未對經義作解,而逸注説明"可以情恕",符合"寬刑"門類主題。又如卷十一諫諍第三十六門"《禮》曰:子諫,父母不悦,與其得罪於鄉黨州閭,寧孰諫"條,下小字有逸注"言使父母得罪,寧不悦而孰諫"。此條經文所對應的鄭注爲"子從父之令,不可謂孝也"①,闡釋的重點轉向"孝",而逸注的内容則圍繞"諫諍",與門類主題更密切相關。上二例説明,相對同一條經文而言,逸注的内容比起鄭注更貼合《白帖》編纂的門類主題,闡釋傾向的偏差或許是逸注進入《白帖》的原因。

　　《白帖》中偶爾會出現相同的條目重複編録於不同門類的情況,引《禮記》時也有此情況,且出現了同一經文在不同門類中附帶不同注文的情況。如"三刺"條,涉《禮記·王制》"司寇正刑明辟,以聽獄訟,必三刺"②一句,於卷十三慎刑第十五門下與卷二十一司寇第十三門下均可見。司寇門下所附注文爲鄭注:"一曰訊群臣,二曰訊群吏,三曰訊萬人。辟,罪也。"慎刑門下所附注文爲逸注:"其有罪,方殺之,以示不枉濫者。"逸注點明經文"慎刑"之意,相較鄭注,與所屬門類主題更相關。此例或更能體現注文與門類主題的關係,説明注文的闡述傾向是編者決定摘録的重要影響因素。

　　另外,《白帖》保留的逸注中也不乏釋音的内容,就《禮記釋文》的注音與逸注的釋音相比,雖有差異亦有聯繫,如卷七貴第十門下"不慊"條,注"慊"爲"口斂反",《釋文》注音爲"口簟反"③,二者反切下字有不同;卷四衣服第一門下"和灰請漱"條,注"漱"爲"思侯反",《釋文》爲"素侯反"④,二者反切上字有不同;卷四珮第十一門"朝結"條下有注"綪音争",《釋文》注爲"綪,側耕反"⑤,然《五經文字》"綪"下注"音争"⑥,徐廣《史記音義》中亦有"綪,縈也,音争"⑦一條。因而,這些注音或亦是據中古時期的《禮

　①　〔漢〕鄭玄注,〔唐〕陸德明釋文:《宋本禮記》(第二册),第 170 頁。

　②　〔漢〕鄭玄注,〔唐〕陸德明釋文:《宋本禮記》(第一册),第 158 頁。

　③　〔漢〕鄭玄注,〔唐〕陸德明釋文:《宋本禮記》(第四册),第 26 頁。

　④　〔漢〕鄭玄注,〔唐〕陸德明釋文:《宋本禮記》(第二册),第 168 頁。

　⑤　〔漢〕鄭玄注,〔唐〕陸德明釋文:《宋本禮記》(第二册),第 211 頁。

　⑥　〔唐〕張參:《五經文字》(下卷),美國國會圖書館藏馬氏叢書樓影刻石經原本,第 9 葉。

　⑦　〔漢〕司馬遷撰,〔南朝宋〕裴駰集解,〔唐〕司馬貞索隱,〔唐〕張守節正義,趙生群等修訂:《史記》卷四十《楚世家》,北京:中華書局,2014 年,第 2086 頁。

記》音注文獻而來,可作爲中古音韻材料的補充,考見古音。

三、《白氏六帖事類集》引《月令》考

(一)《白帖》所引《月令》中有《唐月令》

《白帖》引《禮記》時有稱以篇名的情況,而引《月令》篇時稱以篇名的情況尤多,且引文與《禮記·月令》相比常有出入。《月令》在唐代的流傳有特殊之處,唐玄宗認爲《禮記·月令》的内容與唐代曆法不合,於是"黜《月令》舊文,更附益時事,名《御刊定禮記月令》,改置第一"①。被改寫後的《御刊定禮記月令》(下稱"《唐月令》")一度成爲國家郊社時令並沿用至宋代。《唐月令》另有李林甫等人爲之作注,然《唐月令注》已佚,清人對《唐月令注》有所輯佚。以茆泮林輯《唐月令注》《唐月令注補遺》與《白帖》中注出處爲"月令"的引文相比②,發現《白帖》所引《月令》應與《唐月令》關係較大。這部分引文或與《唐月令》《禮記·月令》均相合,或僅與《唐月令》相合,因此無法判斷稱名爲"月令"的引文是否參考了《禮記·月令》,但可以肯定有部分引文來源於《唐月令》,且存在稱名爲"月令"的全部引文均來源於《唐月令》的可能性。下列表舉例説明:

表一 《白帖》稱"月令"條目文字與《唐月令》《禮記·月令》對比

序號	卷次	《白帖》	《唐月令》	《禮記·月令》
1	卷三,舟第三十一,"五覆始乘"條下	命有司覆舟	命有司覆舟	命舟牧覆舟
2	卷五,酤榷第二	酒官監之	酒官監之	大酉監之
3	卷五,薪柴第三十一,"收秩"條下	命有司收秩薪柴	命有司收秩薪柴	命四監收秩薪柴

① 〔清〕王鳴盛:《蛾術編》,北京:中華書局,2010 年,第 143 頁。
② 《唐月令注》的輯佚成果僅有清茆泮林《唐月令注》《唐月令注補遺》及黄奭《唐明皇月令注釋》。茆、黄二人輯佚成果有較多重複内容,王天然在《〈唐月令〉小史》一文中指出,黄本與茆本一致,當是襲取茆氏《唐月令注》《唐月令注補遺》二書而成。(王天然:《〈唐月令〉小史》,《唐研究》卷二十八,北京:北京大學出版社,第 188—189頁。)故下涉《白帖》所見《月令》逸注問題以茆氏《唐月令注》《唐月令注補遺》爲據進行討論。

續　表

序號	卷次	《白帖》	《唐月令》	《禮記·月令》
4	卷十七，儺第九，"月令季春命國儺九門磔攘以畢春氣"條	命國儺	命國儺①	命國難②

　　上表所示《白帖》引文當出於《唐月令》。此外，部分條目所引《月令》經文雖與《唐月令》《禮記·月令》均相同，無法判斷來源，然又涉《月令》注文，且注文與鄭注不同而與茆泮林所輯《唐月令注》文字相同，茲列表舉例如下：

表二　《白帖》稱《月令》條目文字與茆泮林輯《唐月令注》、《禮記·月令》鄭注對比

序號	卷次	《白帖》	《唐月令》茆泮林輯注③	《禮記·月令》鄭注
1	卷十三，獄囚第八	<u>梃重囚，出輕繫</u> 《月令》四月。注云："<u>梃，寬也。至秋</u>乃決也。"	<u>梃，猶寬也。重囚寬之，至秋方決，輕繫出而捨之</u>。（《太平御覽》）	梃，猶寬也。
2	卷十三，緩獄第三十二	出輕繫　<u>出而捨之</u>	梃，猶寬也。重囚寬之，至秋方決，<u>輕繫出而捨之</u>。（《太平御覽》）	梃，猶寬也。
3	卷十七，儺第九	《月令》：季春，命國儺，九門磔攘，以畢春氣　<u>犬屬金也，磔之所以抑金扶木，畢成春氣。</u>	《洪範傳》曰：言之不從，則有犬禍，<u>犬屬金也，故磔之於九門，所以抑金扶木，畢成春功</u>。東方三門不磔，春位不殺，且盛德所在，無所攘。（《太平御覽》《通典》）	此難，難陰氣也。陰寒至此不止，害將及人。所以及人者，陰氣右行，此月之中，日行歷昴，昴有大陵積尸之氣，氣佚則厲鬼隨而出行。命方相氏帥百隸，索室毆疫以逐之。又磔牲以攘於四方之神，所以畢止其災也。《王居明堂禮》曰："季春，出疫于郊，以攘春氣。"

---

①　此列引文出自中華書局編輯部編：《景刊唐開成石經》（第二冊），第914頁下欄b、第927頁上欄b、第930頁下欄b、第916頁上欄a。

②　此列引文出自〔漢〕鄭玄注，〔唐〕陸德明釋文：《宋本禮記》（第二冊），第12、45、48、15頁。

③　表內括注爲茆泮林輯《唐月令注》所用文獻，下同。爲便於比較，將《唐月令》輯注中可與《白帖》所錄注文對應者加注下劃線。《禮記·月令》鄭注中有部分文句與《唐月令》注相同，而與《白帖》所錄注文亦同，但不再標下劃線。

續　表

序號	卷次	《白帖》	《唐月令》茆泮林輯注	《禮記·月令》鄭注
4	卷十七，儺第九	**仲秋，天子乃儺，以達秋氣** 此儺，恐陽暑至此不衰而害於人，故儺之以通秋氣。	此儺儺陽氣，恐傷暑至此不衰害，亦將及人，故儺以通秋氣，方欲助秋，故不磔犬。(《太平御覽》《通典》)	此儺，難陽氣也。陽暑至此不衰，害亦將及人。所以及人者，陽氣左行，此月宿直昴、畢，昴、畢亦得大陵積尸之氣，氣伏則屬，鬼亦隨而出行，於是亦命方相氏帥百隸而難之。《王居明堂禮》曰：“仲秋，九門磔攘，以發陳氣，禦止疾疫。”
5	卷十七，儺第九	**季冬，命有司大儺旁磔，以送寒氣** 大儺謂歲終遂除陰疫，以送寒氣也。旁謂城十二門也。磔犬，扶陽抑陰之義也。春，木也，殺金以助木氣。	大儺爲歲終逐除陰疫，以送寒氣，故《周官》“命方相氏率百隸，索室驅疫以逐之”。旁謂王城四旁十二門也，磔謂磔犬於門也。春磔九門，冬禮大，故徧磔城十二門，所以扶陽抑陰之義。犬屬金，冬盡春興，春爲木，故殺金以助木氣。(《太平御覽》《通典》)①	此難，難陰氣也。難陰始於此者，陰氣右行，此月之中，日歷虛、危、虛、危有墳墓四司之氣，爲屬鬼，將隨強陰出害人也。旁磔，於四方之門磔攘也。出，猶作也。作土牛者，丑爲牛，牛可牽止也。送，猶畢也。②

　　據上表，《白帖》所録注文與茆氏輯《唐月令注》相合而與鄭注不同，且茆氏所用的輯佚材料非是《白帖》，故足可證《白帖》之注爲《唐月令注》的可能性較大，且補證茆泮林《唐月令注》所輯注文的可靠性。

　　除了《白帖》中稱《月令》的引文條目外，標注出處爲“禮”的引文，也有明顯出自《唐月令》的痕迹，列表説明見下：

表三　《白帖》稱“禮”條目文字與《唐月令》《禮記·月令》對比

序號	卷次	《白帖》	《唐月令》	《禮記·月令》
1	卷一，霜二十，“豺祭”條下	霜降之日，豺乃祭兽	霜降之日，豺乃祭兽	無

---

　　①　此列引文出自〔唐〕唐玄宗敕撰，〔清〕茆泮林輯：《唐月令注》，第16、13、29、43頁。

　　②　此列引文出自〔漢〕鄭玄注，〔唐〕陸德明釋文：《宋本禮記》(第二册)，第23、15、33、47頁。

續　表

序號	卷次	《白帖》	《唐月令》	《禮記·月令》
2	卷四，冠弁冕第三，"有常"條下	冠帶有常，必循其故	冠帶有常，必循其故	必循其故，冠帶有常
3	卷十一，藉田第十一，"三推"條下	天子三推，公五推，卿、諸侯九推也	天子三推，公五推，卿、諸侯九推	天子三推，三公五推，卿、諸侯九推
4	卷二十九，鳥第一，"鷹祭"條下	處暑之日，鷹乃祭鳥	處暑之日，鷹乃祭鳥①	鷹乃祭鳥，用始行戮②

上示各例，《白帖》引文明顯與《唐月令》相合，説明其文獻來源應爲《唐月令》。在所有涉《月令》、引用時稱"禮"或"禮記"的條目中，除了引文明顯與《唐月令》同而與《禮記·月令》異的條目外，絶大多數則不能找到説明引文出處的確證③。綜上，《白帖》涉《月令》部分，不論稱名爲何，其文獻來源中都可能有《唐月令》。

（二）《白帖》所見《月令》流傳情况管窺

據學界較爲統一的觀點及敦煌文獻的發現，《唐月令》在當時應以單行本流傳④，茆泮林《〈唐月令〉考》也提到《唐月令》"別行"。《白帖》引用《唐月令》時多單稱《月令》，或與《唐月令》單獨別行的情况相關，即稱名爲《月令》的引文即是出自單行的《唐月令》。而《唐月令》的"御删定"完成之後，官方曾下令"《禮·月令》篇宜冠衆篇之首"⑤，唐石經便置《唐月令》爲首篇且不再刻原本的《月令》。敦煌遺書中也有以《月令》爲首的《禮

---

① 此列引文出自中華書局編輯部編：《景刊唐開成石經》（第二册），第924頁上欄b、第924頁下欄a、第912頁上欄b、第921頁下欄b。

② 此列引文出自〔漢〕鄭玄注，〔唐〕陸德明釋文：《宋本禮記》（第二册），第32、4、29頁。

③ 稱名爲"禮"、涉《月令》條目中有一條引文可能來源於《禮記·月令》而非《唐月令》，見下討論。而稱名爲"禮記"、涉《月令》的條目則均無法判斷文獻來源爲《禮記·月令》還是《唐月令》。另外，稱名爲"記"的條目中也有一條涉《月令》，引文中有"天子乃獻羔開冰"，與《唐月令》相同，《禮記·月令》則作"天子乃鮮羔開冰"，然鄭注此條經文曰"鮮，當爲獻，聲之誤也"。因而此條引文可能源於《禮記·月令》且編者據鄭注意見更改"鮮"字，而非來源於《唐月令》，故暫不討論。

④ 余欣：《敦煌的博物學世界》，蘭州：甘肅教育出版社，2013年，第183頁。

⑤ 〔宋〕王溥：《唐會要》卷七五，北京：中華書局，1960年，第1374頁。

記目録》①,然未能找到以《唐月令》替換原《禮記·月令》的《禮記》全本或
殘本,因而《唐月令》是否在社會現實中依托《禮記》全本流傳的情況仍缺
乏實證。但《白帖》引《唐月令》時中偶爾稱"禮",結合敦煌遺書《禮記目
録》或可進一步推測,《唐月令》雖以單行爲主,也通過替換原本《月令》而
依托《禮記》全本流傳的情況。

　　僅就《白帖》所見《月令》而言,《唐月令》在當時或已代替原《禮記·月
令》取得經典地位,但未必在實際傳播的過程中完全取代《禮記·月令》。
茆氏指出,儘管官方認定了《唐月令》的地位,然"私家用鄭注"②,即原本
的《月令》及其鄭注仍在民間流傳。敦煌見一中唐寫本《禮記注·月
令》③,其經注皆爲舊《月令》及鄭注,也證明《唐月令》在頒布後並没有全
面取代原《禮記·月令》。《白帖》中似也仍留有《禮記·月令》的痕迹,卷
十八第二十四下有"仲夏之月,樂師均簫管,參差之音"一條,此句不見於
《唐月令》,而《禮記·月令》中有"命樂師修鞀鞞鼓,均琴瑟管簫,執干戚戈
羽,調竽笙竾簧,飭鐘磬柷敔"④,或是該引文的來源。

　　而茆泮林以爲,《白帖》所引《月令》應均爲《唐月令》,因而將《白帖》作
爲《唐月令注》的重要輯佚材料。他還指出,後人有據《禮記·月令》竄改
《白帖》文字的情況,但目前可見的宋刊本《白帖》中均未見到明顯的"竄
改"痕迹⑤。茆氏有如此判斷或因其所見到的《白帖》版本有限,其輯佚時

---

　　①　此《禮記目録》爲北殷 43 號寫本,該目録以《月令》爲章首。對此,余欣指出,
由於學界認爲《唐月令》別行,因此這一目録只能證明唐玄宗時代《禮記》的篇目順序
有所調整,"因此,不存在所謂御刊删定'月令'本《禮記》,即便存在,《月令》以外篇章
也與通行本《禮記》出入不大"。(余欣《敦煌的博物學世界》,第 183 頁。)而結合《白
帖》引文及其稱名情況,或可印證存在"御刊删定'月令'本《禮記》"。且應當如余欣所
言,假如存在這一版本的《禮記》,除《月令》篇之外,其餘篇章應當與通行本《禮記》差
異不大。

　　②　〔清〕茆泮林:《〈唐月令〉考》,〔唐〕唐玄宗敕撰,茆泮林輯:《唐月令注》,第 1—
2 頁。

　　③　此《禮記注·月令》指英藏敦煌寫本 S. 2590 號,爲一殘卷,僅存十九行,經文
大字,注文小字雙行,上有鄭注"凡此車馬衣服皆所取於殷時而有變焉"十六字。參許
建平:《敦煌經籍叙録》,北京:中華書局,2006 年,第 204—205 頁。

　　④　〔漢〕鄭玄注,〔唐〕陸德明釋文:《宋本禮記》(第二册),第 20 頁。

　　⑤　茆氏所認爲的纂改情況是指將李林甫等人爲《唐月令》所作注釋改爲鄭注,
未説明後人是否竄改經文。(參茆泮林:《〈唐月令注〉再識》,見唐玄宗敕撰、茆泮林輯
《唐月令注》書前。)故上所提及"仲夏之月,樂師均簫管,參差之音"一條,或本就不屬
於茆氏所指的"竄改",或是茆氏未注意到。

所用的《白帖》蓋宋人所補續的《白孔六帖》，且很可能不是善本①。茆氏所輯《唐月令注》中的一些條目，雖亦見於《白帖》，然茆氏所標出處並沒有《白帖》，不知是茆氏失察還是簡省文獻來源標注，抑或是其所見的《白帖》缺失部分文本。另外，茆氏輯佚時也曾單據《白帖》進行輯佚，如卷三道路第五門下有"端徑術"一條，所録注文與鄭注不同，爲"端，正也；徑，步道也；術，車道也"，此注雖不見於其他文獻，但茆氏僅據此輯佚似乎也過於武斷②。筆者以爲，有鑒於《白帖》引文的複雜性，判斷其中引文是否屬於《唐月令注》當慎之又慎，需要與其他文獻相互印證而不能僅憑《白帖》而輯佚《唐月令注》。且今日我們能獲得比茆氏更可靠的《白帖》版本，利用《白帖》輯佚《唐月令注》的工作亦可進一步完善。

四、結　語

《白帖》作爲流傳至今且保存良好的一部唐代類書，其引《禮記》的内容能反映出白居易本人及中唐時人對《禮記》的接受與傳播情況，有重要的文獻價值。《白帖》引《禮記》時不但引經，且旁及各類注文，足見編者重視。引文中所見異文，許多恰好能反映寫本時代文本特徵，如因文字通用產生的異文和可與《禮記釋文》等文獻互證的寫本版本異文。另有一些異文乃編者據鄭注意見調整經文而產生，這也反映出《白帖》對鄭注充分接受的態度。而《白帖》所引《禮記》諸本中或包含漢魏以來失傳的《禮記》注疏文獻，從而保留了一些可供參考的逸注。這些逸注中兼有釋義和釋音的内容，或提供不同於鄭注、《禮記釋文》的闡釋意見與注音，或提供解讀經文的不同闡釋角度和補充材料，其中諸多闡釋仍能在後世學人於《禮記》注說的紛爭中找到相似的意見，足見《白帖》所保留逸注之可貴。另外，《白帖》引《月令》時或多據《唐月令》，從側面證明了《唐月令》在當時的權威地位，且結合引文稱名或可推測《唐月令》不但單行也依托全本《禮

① 王天然：《〈唐月令〉小史》，《唐研究》第二十八卷，第 189—190 頁。
② 法藏敦煌文書 P. 3306 號《百行章》，背面録有題名爲《月令節義》二十行，"考其内容，乃是對李林甫注釋的《御刊定禮記月令》所作的注"（許建平：《敦煌經籍叙録》，北京：中華書局，2006 年，第 215 頁。）這說明《唐月令》除李林甫注之外，還有一些其他與《唐月令》相關的注釋材料存在。考慮到《白帖》編纂中所選取文獻的複雜性，這一類非官方的《唐月令》注釋材料也有進入《白帖》的可能性。

記》流傳。總之,《白帖》所徵引的《禮記》文本十分可貴,反映出寫本《禮記》面貌的同時也呈現出中唐時人如何看待、理解、處理《禮記》文本的信息,但對這些材料的使用也應當根據其編纂特點謹慎對待。

(作者:南京師範大學文學院碩士研究生)

《臨川先生文集》"杭州本"説獻疑
——兼論宋代蘇州刻書業的發展

孫中旺

摘要:紹興二十一年(1151),王安石曾孫王珏在提舉兩浙西路常平茶鹽司任上,刻成了《臨川先生文集》一百卷。此本歷來頗受關注,被認爲是現在流行的《臨川先生文集》的祖本。包括趙萬里在內的不少學者均認爲此書刻於杭州,將此本稱爲"杭州本"或"杭本",沿襲至今。王國維在《兩浙古刊本考》中也將此書收入"杭州府刊板"。本文依據《吳郡志》、洪武《蘇州府志》等相關史料,考證出此本應刻於蘇州(時稱平江府),故不應稱爲"杭州本"或"杭本"。同時論述了宋代蘇州刻書業的發展和貢獻。

關鍵詞:《臨川先生文集》 提舉兩浙西路常平茶鹽司 王珏 蘇州刻書

關於王安石文集的版本情況,學界的研究已相當深入。《文史》2021年第3輯發表了劉成國的《王安石文集在宋代的編撰、刊刻及流傳再探——以"臨川本"與"杭州本"關係爲核心的考察》①,運用新發現的史料,重新梳理了王安石文集在宋代的編撰、刊刻及流傳情況。認爲紹興二十一年(1151)王安石曾孫王珏刻成的《臨川先生文集》一百卷爲現在流行的《臨川先生文集》的祖本,頗有創見。但其中沿襲成説,將此本稱爲"杭州本",却與史實不符。本文搜集相關資料,對此問題進行簡單探討。

一

王珏刻成的《臨川先生文集》被稱爲"杭州本"或"杭本"由來已久。如趙萬里認爲王安石的詩文集"流傳到現在的,只有杭州和龍舒兩個刻本",

---

① 劉成國:《王安石文集在宋代的編撰、刊刻及流傳再探——以"臨川本"與"杭州本"關係爲核心的考察》,《文史》第 136 輯,北京:中華書局,2021 年,第 147—172 頁。

"應(雲鷺)、何(遷)兩本都在直接或間接據杭本重刻,以後各本和四庫全書本,一脉相承,也都源出杭本。因此,我們可以斷言,荆公詩文在過去八百年間,杭本實居獨占地位。"①王嵐也認爲,從元到明,王安石詩文"本本相沿,一百卷分卷編次全部祖宋紹興王珏杭州刊本而來,無一例外。可見宋以後'杭本'一統天下"。②

被稱爲"杭州本"的唯一原因,是以爲此書刻於杭州,以刊刻地命名版本,也是版本學中的通例,王安石文集的"臨川本""龍舒本"也均因此而來。劉成國在文中也認爲:"紹興二十一年(1151),王安石曾孫王珏據'臨川本'重刻於杭州,此即'杭州本'。"在其近年來所編撰整理的《王安石年譜長編》《宋本臨川先生文集》《王安石文集》諸書中亦多有王珏在杭州刻《臨川先生文集》的表述。③但檢諸史籍却找不到任何此書刻於杭州的記載,此書究竟刻於何地,有進一步考察的必要。

關於此書刊刻地的直接綫索,源於王珏的題識,其文不長,抄録如下:

　　曾大父之文,舊所刊行,率多舛誤。政和中門下侍郎薛公、宣和中先伯父大資,皆被旨編定,後罹兵火,是書不傳。比年臨川、龍舒刊行,尚循舊本。珏家藏不備,復求道(遺)稿於薛公家,是正精確,多以曾大父親筆、石刻爲據。其間參用衆本,取捨尤詳。至於斷缺,則以舊本補校足之。凡百卷,庶廣其傳云。

　　紹興辛未孟秋旦日,右朝散大夫、提舉兩浙西路常平茶鹽公事王珏謹題。

此題識爲紹興二十一年(1151)七月王珏所撰,時任"右朝散大夫、提

　　① 趙萬里:《宋龍舒本王文公文集題記》,《王文公文集》卷首,上海:中華書局上海編輯所,1962年,第1頁a。
　　② 王嵐:《宋人文集編刻流傳叢考》,南京:鳳凰出版社,2003年,第164頁。
　　③ 劉成國在其所撰《王安石年譜長編》卷八《譜餘》載:"紹興二十一年,曾孫王珏於杭州刻《臨川先生文集》。"見《王安石年譜長編》,北京:中華書局,2018年,第2225頁。在其所撰《宋本臨川先生文集·序言》中亦認爲"(王珏)於杭州刊刻《臨川先生文集》一百卷,世稱'杭本'"。見《宋本臨川先生文集》,北京:國家圖書館出版社,2018年,第7頁。在其所撰《王安石文集·整理前言》中亦云王珏"於杭州刊刻《臨川先生文集》一百卷,世稱'杭州本'"。見《王安石文集》,北京:中華書局,2021年,第15頁。

舉兩浙西路常平茶鹽公事"之職,即提舉兩浙西路常平茶鹽司的最高長官。因當時兩浙西路的治所在杭州,故提舉兩浙西路常平茶鹽司經常被誤認爲是設於杭州的官方機構,所以王珏此刻本,也一直被冠以"杭州本"或"杭本"之名。王國維在《兩浙古刊本考》中也誤將此書收入"杭州府刊板"中的"浙西轉運司本"①。但檢諸史料可知,提舉兩浙西路常平茶鹽司一直是位於蘇州(時稱平江府)的官方機構,與杭州無涉。

關於提舉兩浙西路常平茶鹽司,南宋范成大在《吳郡志》卷七《官宇》中記載云:

> 提舉常平茶鹽司,在子城之東。廳事東有小池,上有假山,旁(榜)曰"壺中林壑",米友仁書。池南北有亭,南曰揚清,北曰草堂。廳事之西,有宸翰閣,亦友仁書額。廳東北曰宣惠堂,廳後曰皇華堂,廳之東側曰頤齋。齋後圃中曰望雲堂,紹興三十年,楊和王子偰持節時作,爲思親也。池旁曰繡春堂,淳熙十五年,史彌正建。

後附有紹興十年(1140)七月十六日,時任提舉兩浙西路茶鹽公事之職的徐康所撰《記》,其中有云:

> 初,元豐、崇寧之間,嘗遣廷臣分行諸路,號提舉措置鹽事,除授繼踵,而屢經並省。政和之二年,始罷官鬻,行新鈔鹽法。於是兩河、二浙、荊湖、江淮復置提舉司以總之。宣和五年,又分淮、浙爲西路,則八州軍、三十八縣隸焉,治平江府。今在府治之東,廳事獨無記。②

---

① 王國維:《兩浙古刊本考》卷上,見《王國維全集》第七卷,杭州:浙江教育出版社、廣州:廣東教育出版社,2010年,第20—21頁。按:王國維將此書歸入"浙西轉運司本"亦誤,當時的轉運司又稱"漕司",而提舉常平茶鹽司又稱"倉司",是職能完全不同的兩個機構。浙西轉運司位於杭州,王國維將此本誤爲杭州刻本可能由此而來。另外《中國古籍善本書目》卷二十四《宋別集類》亦將此書誤記載爲"宋紹興二十一年兩浙西路轉運司王珏刻",見《中國古籍善本書目·集部上》,上海:上海古籍出版社,1998年,第237頁。王肇文《古籍宋元刊工姓名索引》也誤記爲"紹興二十一年兩浙西路轉運司王珏刻本",見《古籍宋元刊工姓名索引》,上海:上海古籍出版社,2012年,第382頁。

② 〔南宋〕范成大:《吳郡志》卷七《官宇》,南京:江蘇古籍出版社,1986年,第85—86頁。

由此可見,自兩浙西路成立以來,提舉常平茶鹽司就設治於蘇州。在紹定二年(1229)刻成的《平江圖》上,"提舉司"的官署也赫然在目,位於子城的東南角。而在《吳郡志》卷七《官宇》提舉常平茶鹽司的官員列表中就收錄有"右朝散大夫王玨,紹興十九年十一月十五日到任,紹興二十一年十二月十四日任滿"。① 與刻書題識中王玨落款的時間和官銜完全符合。王玨在任兩年多,而其刻書題識於紹興二十一年(1151)七月,距其離任不到半年。

關於王玨,洪武《蘇州府志》卷二十六《人物·名宦》"常平茶鹽提舉"中有記載云:

> 王玨,字德全,荊公安石之孫也。紹興二年起家鹽官丞,方年壯,累行令事,邑人安之。秀州歲以錢給亭民煮鹽,至十五年,積十九萬七千餘緡,不給,民訴於朝,除玨提舉浙西茶鹽。逾年,盡償亭民,且贏巨萬,開華亭海河二百餘里,鹽滋得流通,其溢以溉田。經界法行,甚害者三百六十餘事,其七千二百餘戶爲尤病,玨奏除之。兼提點刑獄,未閲月,正大辟,重而輕者三人,死而生者五人。移湖南提舉,官至直敷文閣、太府少卿。隆興二年,卒於吳縣橫山之私第。②

洪武《蘇州府志》中的此段記載,和王玨友人晁公遡在《新刊嵩山居士文集》卷五十四《王少卿墓誌銘》中的相關記載大體相同,僅在字句方面稍有差別,如洪武《蘇州府志》中的"隆興二年,卒於吳縣橫山之私第",《王少卿墓誌銘》中作"隆興二年閏十一月一日,卒於蘇州寶華山之私第"。③ 寶華山爲蘇州橫山支脉,今橫山東麓尚存有寶華塢、寶華寺之名。由此可見洪武《蘇州府志》關於王玨的記載是相當可靠的。

洪武《蘇州府志》卷八《官宇》還記載,紹興二十年,在提舉常平茶鹽司任上的王玨,還重修了官署廳事後的皇華堂。④ 另外,王玨兼任的"提點

① 〔南宋〕范成大:《吳郡志》卷七《官宇》,第 89 頁。
② 〔明〕盧熊:洪武《蘇州府志》卷二十六《人物·名宦》,揚州:廣陵書社,2020年,第 364 頁。
③ 〔南宋〕晁公遡:《新刊嵩山居士文集》卷五十四《王少卿墓誌銘》,見《宋集珍本叢刊》第 45 册,北京:綫裝書局,2004 年,第 800 頁。
④ 〔明〕盧熊:洪武《蘇州府志》卷八《官宇》,揚州:廣陵書社,2020 年,第 129 頁。

刑獄",即浙西提刑使司。據《吳郡志》卷七記載:"提點刑獄司,在烏雀橋西北,紹興元年建。廳事後曰明清堂,堂後小圃種竹,有亭曰'留客',曾逮創。逮父文清公幾命名,且作詩,徐蕆隸額。乾道九年,諸路添置武提刑一員。遂於舊司之東,撤去幹官廨宇,以其地作東廳。比年省罷,使者來,從其便而居焉。"①可見浙西提刑使司和提舉常平茶鹽司一樣,均設治於蘇州,②《平江圖》上也刊刻了"提刑司"的官署位置,和"提舉司"相距不遠,今實地直綫距離不到五百米,故王玨得以兼任。③

　　上述記載爲王玨在蘇州刻《臨川先生文集》增加了更爲直接的證據。一是他在浙西提舉常平茶鹽司任上時"贏巨萬",積累了巨大財富,爲其一次刊刻百卷之多的《臨川先生文集》奠定了經濟基礎。當時的提舉常平茶鹽司因主管茶鹽等事務,財力相對充裕,故常有刻書之舉,如兩浙東路茶鹽司就刻有《禮記正義》《資治通鑒》《周易注疏》《事類賦》等二十多種書籍,其中單紹興年間刊刻的《資治通鑒》正文加目録就達三百二十四卷之多。由此可見,王玨在蘇州任浙西提舉常平茶鹽司時,能够刊刻《臨川先生文集》一百卷,也是順理成章之事。二是從王玨在"隆興二年,卒於吳縣橫山之私第"的記載可以看出,在隆興二年(1164)前,王玨已安家於蘇州。雖然此時距刻《臨川先生文集》已過去十多年,但王玨有可能當時已經安家於蘇州了。

　　值得一提的是,雖然王安石沒有在蘇州正式爲官的記載,但却和蘇州淵源頗深。據《吳郡志》卷十九《水利》記載,皇祐年間,發運使許元鑒於"蘇之田膏腴而地下,嘗苦水患",建議宋廷"置官司,以畎泄之"。宋廷派時任舒州通判、殿中丞的王安石到蘇州先行考察,王安石到蘇州後,"從縣吏拿荒梗浮傾沮,訊其鄉人,盡得其利害。度長繩短,順其故道,施之圖繪"④。後來疏請朝廷按照許元的建議進行治理,雖然當時沒有得到實

　　① 〔南宋〕范成大:《吳郡志》卷七《官宇》,第76頁。
　　② 浙西提刑使司也曾有刻書之舉,如《四部叢刊續編》據鐵琴銅劍樓藏影宋鈔本影印的《作邑自箴》十卷,卷末就有"淳熙己亥中元浙西提刑司刊"題記,此書也應歸爲南宋蘇州刻本。
　　③ 檢《吳郡志》卷七《官宇》刊載的《浙西提刑題名》,在紹興十九年十一月趙令詪離任後,至紹興二十五年十二月謝邦彥上任前,提點刑獄司的主官空缺,和王玨兼任此職的時間一致。見〔南宋〕范成大:《吳郡志》卷七《官宇》,南京:江蘇古籍出版社,1986年,第78—79頁。
　　④ 〔南宋〕范成大:《吳郡志》卷十九《水利》,第261頁。

施，但對此後的蘇州治水起到了重要作用。除《吳郡志》外，淳祐年間的《玉峰志》卷上《水》也備載其事，可見此事在南宋時期的蘇州頗有影響。《續資治通鑒長編》卷二百四十五還記載了熙寧六年（1073）五月王安石自述云："臣嘗遍歷蘇州河，親掘試，皆可取土，土如墼，極可用。臣始議至和塘可作，蘇人皆以爲笑，是時朝廷亦不施行。後來修成，約七八十里，高岸在深水之中，何嘗以無土爲患？"①可見當時王安石還提出了修建昆山至蘇州的至和塘的建議。另外，王安石的故交及門生范仲淹、元絳、程師孟、郏亶、方惟深、張僅、顧棠等人均爲蘇州人或寓居蘇州。王安石還曾多次往來蘇州，其撰寫的《泊舟姑蘇》《蘇州道中順風》《垂虹亭》等相關蘇州的詩歌就達十餘首之多。這可能也是王珏在蘇州任上刊刻《臨川先生文集》，以及安家於蘇州的原因之一。

　　上述足以證明，王珏所刻的《臨川先生文集》應刻於蘇州，與杭州無涉，稱此刻爲"杭州本"或"杭本"完全不符合史實。從其刊刻地而言，應稱"平江本""蘇州本"或"蘇本"；從其刊刻官署而言，應稱"兩浙西路常平茶鹽司本"；從其刊刻人而言，應稱"王珏本"。

二

　　《臨川先生文集》能够刊刻於蘇州，是與蘇州當時發達的刻書業分不開的。

　　兩宋時期的蘇州，經濟發展很快。史載晚唐至北宋末年，蘇州局勢平穩，"自長慶訖宣和，更七代、三百年，吳人老死不見兵革，覆露生養，至四十三萬家"②。北宋時期的朱長文記載，蘇州"境無劇盜，里無奸凶，可謂天下之樂土也。顧其民，崇棟宇，豐庖厨，嫁娶喪葬，奢厚逾度"③。兩宋之際，平江府富甲天下，"時浙西七州，盜殘其五，惟蘇、湖獨存，群盜相傳，

---

　　① 〔南宋〕李燾：《續資治通鑒長編》卷二百四十五，北京：中華書局，2004年，第5960頁。

　　② 〔南宋〕范成大：《吳郡志》卷三十三《郭外寺》，第493頁。

　　③ 〔北宋〕朱長文：《吳郡圖經續記》卷上《物產》，南京：江蘇古籍出版社，1999年，第11頁。

號平江爲‘金撲滿’”①。南宋人范成大在《吳郡志》中記載當時已有“天上天堂，地下蘇杭”“蘇湖熟、天下足”的諺語，②蘇州的人間天堂之稱自此享譽海內外。

在經濟繁榮的基礎上，蘇州的文化事業也得到了長足的進步，單以刻書而論，兩宋時期蘇州可考的刻書有數十種，涵蓋官刻、私刻和寺院刻書。流傳至今的除了卷帙浩繁的《磧砂藏》在內的佛教典籍、《吳郡圖經續記》《吳郡志》《玉峰志》等方志外，在別集的刊刻方面尤爲突出，如世所公認的唐代三大詩人李白、杜甫、白居易的詩集均在蘇州所刻。李白詩文集的第一個刻本《李翰林集》是元豐三年（1080）蘇州知州晏知止所刊，世稱“蘇本”，是流傳最廣、影響最大的版本，南宋以後大多數刻本均以“蘇本”爲底本翻刻。杜甫詩集的第一個定本《杜工部集》是嘉祐四年（1059）蘇州知州王琪所刊，後來杜詩的編年、分體、分類、注釋、分韻、選評等名目繁多的版本都祖於此本。而宋代蘇州還多次刊刻白居易的《白氏長慶集》。另外，韋應物、張籍、陸龜蒙、蘇軾、日本中、范成大、魏了翁等人的詩文集都曾在蘇州刊刻，其中不少都是流傳至今的祖本，爲中華文化的傳承和發展作出了重大貢獻。

早在北宋時期，蘇州的刻書業以及圖書市場已經達到了相當規模。如上述嘉祐四年（1059）蘇州知州王琪刊刻《杜工部集》之事，范成大在《吳郡志》卷六《官宇》中記載云：

> 嘉祐中，王琪以知制誥守郡，始大修設廳，規模宏壯。假省庫錢數千緡，廳既成，漕司不肯除破。時方貴《杜集》，人間苦無全書。琪家藏本，讎校素精。即俾公使庫鏤版印萬本，每部爲直千錢。士人爭買之，富室或買十許部。既償省庫，羨餘以給公廚。③

當時的蘇州公使庫一次就能刊印《杜工部集》萬本之多，並且銷售情況良好，利潤豐厚，刻書業之繁榮由此可見一斑。

---

① 〔南宋〕李心傳：《建炎以來繫年要錄》卷二十二，《文淵閣四庫全書》第325册，上海：上海古籍出版社，1986—1990年，第366頁。
② 〔南宋〕范成大：《吳郡志》卷五十《雜誌》，第660頁。
③ 〔南宋〕范成大：《吳郡志》卷六《官宇》，第50—51頁。

南宋時期,蘇州的刻書業繼續向前發展。僅在王珏刻《臨川先生文集》的紹興二十一年(1151)前後,蘇州就有多部刻本傳世。此前的紹興四年(1134),知平江軍府事孫佑重新刊刻了《吳郡圖經續記》三卷;紹興十五年(1145),知平江軍府事王晓曾重刻《營造法式》,史稱紹興“平江本”或“蘇州本”。此後的紹興二十四年(1154),知平江軍府事李朝正刊刻了《備急總效方》四十卷;紹興二十七年(1157),姑蘇景德寺刊刻了《翻譯名義集》七卷。差不多同時在蘇州爲官的王珏,似無必要去杭州刊刻此書,這些也爲《臨川先生文集》刊刻於蘇州提供了有力的旁證。

當然,宋代蘇州刻書業的發展是和杭州分不開的,蘇杭相距不遠,又有大運河貫通,交通便利,故交流頻繁。南宋時期,杭州作爲帝都所在,刻書業發達,著名刻工眾多,這些刻工也經常往來於蘇州,參與蘇州的刻書事業。如《臨川先生文集》中的刻工陳忠,同時見於蘇州本《備急總效方》、明州本《文選》補版、紹興本《水經注》①,以及南宋初期的《五代史記》《白氏六帖事類集》諸本的刊刻或補版中。② 而國家圖書館現存源於紹興蘇州本《營造法式》的重刻本殘本三卷中,刻工有金榮、蔣宗、賈裕、蔣榮祖、馬良臣等。據李致忠的研究,金榮和蔣榮祖均爲杭州地區的刻工,他們在杭州參與過《經典釋文》《武經七書》《太玄經集注》《冲虛至德真經》等書的刊刻或補版,在蘇州又同時參與了《營造法式》《吳郡志》《磧砂藏》等書的刊刻,③金榮還和《臨川先生文集》中的刻工陳忠一起參與過明州本《文選》的補版,由此可見當時蘇杭一帶刻書業的緊密聯繫。如果因爲有杭州刻工的參與,而將上述這些刻本都定爲杭州刻本,顯然是不符合歷史事實的。

(作者:蘇州圖書館古籍保護中心主任、研究館員)

---

① 傅增湘:《藏園群書經眼録》,北京:中華書局,2009 年,第 590 頁。
② 〔日〕尾崎康著,喬秀岩、王鏗編譯:《正史宋元版之研究》,北京:中華書局,2018 年,第 227—228 頁。
③ 李致忠:《宋版書叙録》,北京:書目文獻出版社,1994 年,第 320—321 頁。

談談元十行本注疏的相關問題

張麗娟

摘要:元十行本注疏作爲明清以後通行《十三經注疏》的祖本,也是阮元本《十三經注疏》的刊刻底本、阮元《十三經注疏校勘記》的校勘底本,在經學文獻史中影響深遠。由於其書版經多次遞修,流傳印本紛繁複雜,又與宋十行本的關係糾纏不清,前人對此本的認識存在諸多模糊之處。本文對元十行本與宋十行本的關係、元十行本早期印本的傳存、元十行本的刊刻、遞修及印本分期、元十行本的鑒別與利用等相關問題略作梳理,以便學者對此本的認識與利用。

關鍵詞:元十行本　早期印本　遞修　配補

元十行本注疏作爲明清以後通行《十三經注疏》的祖本,也是阮元本《十三經注疏》的刊刻底本、阮元《十三經注疏校勘記》的校勘底本,在經學文獻史中具有超越其他經書版本的巨大影響力。同時,元十行本注疏又是前人認識非常混亂、面目很模糊的一個版本。一方面因爲它和宋十行本的關係糾纏不清,另一方面它本身經過歷次遞修,印本流傳很多,不同印本之間差異較大,讀者面對不同印本時往往會產生困惑。本文對元十行本與宋十行本的關係、元十行本早期印本的傳存、元十行本的刊刻、遞修及印本分期、元十行本的鑒別與利用等相關問題略作梳理,以便學者對元十行本注疏的瞭解與利用。

一、元十行本與宋十行本的關係

元十行本乃由宋十行本翻刻而來,兩者版式字體風格接近,文本體系有直接的繼承關係,元十行本還保留了很多宋代的避諱字,故清代學者、藏家大多把元十行本認做宋刻本。阮元《十三經注疏校勘記》以元十行本爲底本校勘群經,而稱"宋十行本";南昌府學以元十行本爲底本重刊《十三經注疏》，而稱"重刻宋本"。元十行本長期以來被誤認爲宋刻，前人書目著録中的所謂宋刻十行本注疏，實際上絶大多數是元代翻刻本，包括今日一些海外及國内館藏目録著録中，仍將元十行本著録作宋刻本。

　　清代藏書家、學者當中，真正見過宋十行本，並對宋、元刻十行本的區別有所認知的，當數黄丕烈，他曾藏過真正的宋十行本《穀梁》，故對宋十行本獨特的版面形式特徵有過描述。民國時期傅增湘先生收藏過宋十行本《左傳》(劉叔剛本)，他對宋、元十行本的區別也有認識。不過對絶大多數清代藏書家來説，他們所説的宋十行本，基本都是元十行本。直到日本學者長澤規矩也，才把宋、元十行本的問題説清楚。長澤規矩也在1934年的日本漢學大會上發表了《十行本注疏考》一文，刊載於當年出版的《書志學》第三卷第六號上。1937年修改後以《正德十行本注疏非宋本考》爲題，收入《書志學論考》。① 他主要是根據足利學校藏的兩部真宋本，和元十行本作比較，論證它們確實是不同的版刻，元十行本中全無與宋十行本相同版葉，這就排除了元十行本爲宋十行本修補後印的可能性。然後根據刻工姓名，以及版心刊刻紀年，確認元十行本的刊刻時代。長澤規矩也的這個論證可以説已非常充分，後來汪紹楹先生、阿部隆一先生也作了一些討論，在學界已成定論。不過"宋十行本"的説法自清代以來影響巨大，還有不少書目仍然保留著宋十行本的錯誤著録，很容易造成混淆。所以我們首先要對宋、元十行本的區別有一個清晰的認識。

　　真正的宋十行本今存只有有數的幾部，包括日本足利學校藏的《附釋音毛詩注疏》和《附釋音春秋左傳注疏》，國圖和台北故宮分藏的一部《附釋音春秋左傳注疏》，國圖藏的《監本附音春秋穀梁注疏》一全一殘，以及剛剛在古籍普查中發現的重慶圖書館藏《監本附音春秋公羊注疏》的幾葉殘葉。② 清代還流傳過一部宋十行本《附釋音禮記注疏》，也就是清乾隆間和珅刻本的翻刻底本，今已不存。目前所知宋十行本注疏傳世者只有如上幾部，通過這幾部今存宋十行本與元十行本的對比，我們可以大致總結出宋十行本區別於元十行本的幾個特徵：

　　1. 版心形式：宋十行本版心細黑口，無刻工，無大小字數；元十行本

----

① 〔日〕長澤規矩也：《書志學論考》，東京松雪堂書店、關書院，1937年。
② 張麗娟：《記新發現的宋十行本〈監本附音春秋公羊注疏〉零葉——兼記重慶圖書館藏元刻元印十行本〈公羊〉》，《中國典籍與文化》，2020年第4期。

版心白口,有刻工,有大小字數。

2. 疏文出文與疏文正文之間標識:宋十行本僅空一格;元十行本有小圓圈標識。

3. 字形:宋十行本多用正規繁體;元十行本多用簡體、俗體。

4. 避諱字:宋十行本多缺筆避諱;元十行本有沿襲避諱之處,也有不少補足缺筆之處。

5. 文字:與宋十行本相比,元十行本可見翻刻誤字,偶見校改。

以上是通過《毛詩》《左傳》《穀梁》的宋十行本與元十行本比較得出的結論,詳情可參筆者《關於宋元刻十行本注疏》一文。[①] 過去我們只知道這三部經的宋十行本有實物傳存,根據元十行本的情況,可以推測十三經中的其他各經,除了《儀禮》和《爾雅》外,應該也都有宋十行本曾經刊刻過。但是除了《毛詩》《左傳》《穀梁》這三經外,其他經並沒有實物證據。2019 年在國家珍貴古籍名錄申報當中我們發現了重慶館藏的幾葉宋十行本《公羊》的殘葉,應該説是很重要的發現,我們有了第四部經的宋十行本實物,可以驗證有關宋十行本經數的推測。

重慶館這幾葉宋十行本,配補在一部元十行本《公羊》中,《中國古籍善本書目》著錄作"元刻明修本",實際上是元刻元印本,沒有明修。重慶館申報的書影中包含了其中的幾葉,版心黑口。因爲元十行本的明前期補版也是版心黑口,如果不仔細辨別,可能會把這幾葉認作是明前期補版。但是我們從照片就可以看到,版心黑口的版葉,其字體風格和版刻特徵,不是一般明代補版的面貌,而是跟我們在宋十行本《毛詩》《左傳》《穀梁》中看到的情況非常相像。版心黑口,沒有字數、沒有刻工,疏文出文後是空格,沒有小圓圈,都符合宋十行本的特徵。字體也是這樣的傾向,宋十行本的字體,比元十行本更峭厲,刀法更尖利,元十行本無論字體刀法都更趨向於圓潤。而且可以明顯感覺到,版心黑口的這幾葉,紙張也和其他白口版葉不同,很有可能是配補進去的。再拿其他館藏的元十行本相同葉次做比較,繁簡字對比很明顯,文字上也找到了不同之處,元十行本有翻刻誤字,重慶館此本不誤。所以從書影來看,大概就能猜個八九不離十。再去目驗原本,最後得以確認,重慶館藏元十行本中的這幾葉黑口版

---

① 張麗娟:《關於宋元刻十行注疏本》,《文獻》2011 年第 4 期。

葉,確實是後人配補進去的,是真正的宋十行本。《國家珍貴古籍名録》最後也采用了這個結論。雖然只有七八葉,但它是一個以前没有見過也没人著録過的新版本,證明了宋十行本《公羊》的存在,也使我們對宋十行本注疏有了更深入的認識。

二、今存元十行本早印本

元十行本流傳下來的印本比較豐富,不同印本之間差異非常大。前人没有條件收集很多不同印本去作比較分析,對不同印本之間的差異並不是很清楚。對於清代學者來説,像單疏本、八行注疏本、包括宋十行本,這些我們今天能夠看到的經書注疏版本,清代學者中極少數人才有機會看到。能夠見到、用到元十行本,已經是很幸運的事情了,清人對元十行本是很重視的,在他們心目中元十行本就是宋本。所以阮元能夠收羅到元十行本各經的印本,做出《校勘記》,又以元十行本爲底本刻《十三經注疏》,在當時的條件下已經是做了最大努力。現在我們對元十行本的認識已經遠超前人,相關的研究也很活躍,我們在各圖書館網站上也能找到不少的元十行本全文影像,也有不少影印本,利用還是比較方便的。但是我們在面對一個元十行本的具體印本的時候,恐怕還是會有困惑。因爲各館對元十行本的著録,基本就是"元刻明修本",或者"元刻本",有的還是"宋刻元明遞修本",並没有對元十行本的不同時期印本做出區分。有非常好的元刻元印本,被當成"元刻明修本",和其他後印本混同在一起。而我們面對衆多所謂的"元刻明修本",如何選擇一個更符合元十行本原始面貌、更具校勘價值的早印本、較早印本;或者我們在研究清人的經籍校勘當中,需要知道他們利用的是哪一個階段的印本,這都需要我們對元十行本的印本系統做一個梳理。

筆者有《元十行本注疏今存印本略説》一文,對元十行本今存印本做了初步的調查梳理。[1] 具體方法是以經爲單位,就目前能夠搜羅到的元十行本網絡全文影像、已出版的影印本,包括個人經眼的印本,各類書志、

---

[1]　張麗娟:《元十行本〈監本附音春秋穀梁注疏〉印本考》,《中國典籍與文化》2017 年第 1 期。

圖録等資料，以及其他學者的調查成果，儘量搜集起來，比較分析，梳理元十行本各經的印本源流。元十行本各種印本傳世數量很多，個人力量有限，調查並非窮盡性的，肯定有疏漏，不過我想就現在能找到、能看到的印本，先理出一個初步的框架，今後有其他印本，可以納入這個框架，逐步精細化，也可以爲其他學者的研究作參照。從目前調查來看，今存元十行本傳本中，未經修補的早印本非常稀見，可確認的僅如下數種：

1.《周易兼義》（美國柏克萊東亞圖書館藏）

此本爲劉氏嘉業堂舊藏，今藏美國柏克萊加州大學東亞圖書館，見陳先行、郭立暄《柏克萊加州大學東亞圖書館中文古籍善本書志》著録，今有《柏克萊加州大學東亞圖書館藏宋元珍本叢刊》影印本可以利用。

2.《附釋音尚書注疏》（北大藏）

北京大學圖書館藏元十行本《附釋音尚書注疏》（索書號 LSB2659），原版初印，紙墨精好，字迹清晰，是難得的元刻元印十行本，與後印本的邋遢版面迥異，可見元十行本初始面貌。除卷五第 1—2 葉、卷十第 21—22 葉爲細黑口外，全書皆白口，上刻大小字數，下有刻工名，版式齊整。

3.《儀禮》《儀禮旁通圖》（原北平圖書館館藏本）

杜以恒《楊復〈儀禮圖〉元刊本考》指出阮元舊藏、原北平圖書館甲庫藏本《儀禮》《旁通圖》爲未經修補的早印本①，此本國圖"中華古籍資源庫"已有全文影像發布。

4.《附釋音禮記注疏》卷二十五殘葉（上圖藏）

井超《上圖藏〈附釋音禮記注疏〉卷二十五殘葉跋》記上海圖書館藏元十行本《附釋音尚書注疏》（索書號 758486），存卷二十五第 1—10 葉，爲原版早印本。②《禮記》十行本傳本不多，後印本保存原版的比例特別小，此數葉上圖藏本原版，雖然僅有殘葉，但也十分重要。

5.《附釋音春秋左傳注疏》（國圖藏）

中國國家圖書館藏元十行本《附釋音春秋左傳注疏》（索書號 3288）爲瞿氏鐵琴銅劍樓舊藏，國圖館藏目録和《中國古籍善本書目》都著録作元刻明修本，實際此本是一部難得的元十行本早印本，整體刻字清晰，版

---

①　杜以恒：《楊復〈儀禮圖〉元刊本考》，《中國典籍與文化》2022 年第 1 期。

②　井超：《上圖藏〈附釋音禮記注疏〉卷二十五殘葉跋》，2021 年 12 月 25 日"學禮堂"微信公衆號。

式齊整，沒有修補痕迹，詳情可參筆者《國圖藏元刻十行本〈附釋音春秋左傳注疏〉》一文。[①]

除國圖本外，北大藏本（索書號 LSB/171）部分卷次版面清晰，與國圖本類似。但中間若干卷次可見正德、嘉靖補版，或由不同印本配補而成。臺北"國家圖書館"藏一部殘本（存二十八卷），亦未經後代補版，印刷時間當在國圖本之後。阿部隆一《中國訪書志》著録香港大學馮平山圖書館藏本，卷中往往有缺葉及漫漶嚴重葉，但未經明代修補，當亦較早印本。

6.《監本附音春秋公羊注疏》（重慶圖書館藏）

重慶圖書館藏《監本附音春秋公羊注疏》也是難得的元刻元印十行本，過去也被著録作"元刻明修本"。卷八第 18 葉版心刻"致和元年"（1328），刻工"英玉"，爲判斷元十行本刊刻時間的重要證據，其中配補的數葉宋十行本《公羊》更是彌足珍貴。

南京圖書館藏本存十卷，《中國古籍善本書目》著録爲元刻本，從書影看確實印刷比較早，可能也是一個早印本。又臺北"國家圖書館"藏一部（索書號 106.22 00651），其版面較爲漫漶，但未見明前期補版，當亦早印本。

7.《孝經注疏》（國圖藏）

中國國家圖書館藏元泰定三年（1326）刻本，《中華再造善本》有影印。版心可見有"泰定三年""泰定丙寅"字樣。《孝經注疏》因爲部頭很小，在元十行本補版中都做了整體重刻，所以後印本中皆無原刻版葉。

以上是目前可以確認的元十行本早印本。除此之外，現存印本中或許還能找到其他的早印本。比如張學謙已經指出的，《舊京書影》收録內閣大庫舊藏《附釋音毛詩注疏》殘本卷二之二首葉原版清晰，似未經明修。以此葉書影與臺圖藏較早印本相比較，可見臺圖本雖同爲原版，而底部已漫漶殘損，刻工姓名亦不可辨別。而內閣大庫本版面無損，刻工"君"字清晰可見。此內閣大庫本應當是一部難得的元刻元印十行本，目前下落不明。相信今後對各館藏本做更全面的調查研究，應該會有新的發現。

---

① 張麗娟：《國圖藏元刻十行本〈附釋音春秋左傳注疏〉》，《國學茶座》第十一期，山東人民出版社，2018 年。

三、元十行本的刊刻時地

考察現存元十行本未經修補的早印本,我們可以發現,實際上元十行本的版刻形式非常規範統一,與後印本的參差混亂完全不同。其版心皆白口,上刻大小字數,下有刻工姓名。國圖本《孝經注疏》有"泰定三年"的刊刻紀年,重慶館藏《監本附音春秋公羊注疏》有"致和元年"(1328)紀年,這都是初印本上出現的紀年,是刊刻年代的鐵證。此外,《論語注疏解經》《附釋音周禮注疏》有"泰定四年"(1327)紀年,也都見於原版葉。各經的原版刻工,也都互相交叉,分工上沒有明顯差異,出自同一批工人。這説明元十行本各經刊刻時間相距不遠,是由同一批刻工分工協作,先後相接,完成的一套書版,刊刻時間應當就在泰定、致和前後。

關於元十行本是官刻還是坊刻的問題,最近張學謙老師有一篇文章做了討論,認爲元十行本就是福州府學的刻本①,筆者認同這個結論。過去我們見到的元十行本大多是後印本,印面邋遢,版式不齊整,錯誤也特別多,給人感覺好像不是官刻所爲。但是我們看這些初印本、早印本的情況,跟後印本差別相當大,版式規範統一,紙墨用的也不錯。通過對校可以看到,元十行本對宋十行本的文字也是非常忠實的翻刻,雖然説用了不少簡體字、俗體字,也有一些翻刻誤字,但整體翻刻還是嚴肅認真的,並不是後印本呈現出的錯誤連篇的情況。過去説元十行本有很多文字錯誤,其實很大原因是後印補版造成的。程蘇東、張學謙等考證元十行本書版一直貯藏在福州府學,補版校訂也出自福州府當地的官員②,其刊刻出自福州府官方組織,當無疑義。

四、關於元刻九行本《爾雅注疏》

筆者所列元十行本早印本中,不包括日本宮内廳書陵部藏元刻元印

---

① 張學謙:《元明時代的福州與十行本注疏之刊修》,《歷史文獻研究》總第四十五輯,廣陵書社,2020年。
② 程蘇東:《"元刻明刻本"〈十三經注疏〉修補匯印地點考辨》,《文獻》2013年第2期。

本《爾雅注疏》,此本"宮内廳書陵部收藏漢籍集覽"數據庫有全文影像發布,其性質還有待討論。此本半葉九行,版心黑口,不刻字數及刻工名,篇題上施以花魚尾,有宋諱缺筆。這部《爾雅注疏》和元刻明修《十三經注疏》中的《爾雅注疏》沒有相同的版葉,但是明顯有對應關係,葉面文字安排是一致的。日本學者阿部隆一認爲它就是"十行十三經注疏合刻本之一",沒有相同版葉是因爲在補版遞修時做了整體重刻。

按明前期補版遞修確實有整體重刻之經,就是《孝經注疏》,郭立暄先生有專門文章討論此問題。[①]《孝經注疏》在明前期經過了整體重刻,正德六年(1511)的時候又整體重刻了一次,後印本中沒有保留原刻版葉。但是正如我們前面説過的,《孝經注疏》的元刻元印本,它的刻工姓名與元十行本其他經是同一批人,版式、字體也都一致,確實是元十行本整套注疏中的一種。而宮内廳這部《爾雅注疏》,情況跟《孝經注疏》不同。它的半葉九行,可以理解爲是跟隨底本的行數,但版心黑口,不刻字數,完全沒有刻工姓名,就不是元十行本的特徵。此外,它的字體風格與元十行本也有相當的區別。我們更傾向認爲它是一個元代刊刻的單行本,而非泰定、致和間刻的那套注疏中的一部。

目前我們能找到最早的屬於《十三經注疏》整套系列中的《爾雅注疏》印本,是臺北"國家圖書館"藏的一部印本,這個印本整體版面已經非常漫漶。再後來的印本,都是在"臺圖"這個書版基礎上補版遞修的,補版遞修的層次與其他元十行本各經情況一致。但是"臺圖"的這個本子也不符合元十行本原版的特徵,它是黑口,沒有刻工姓名,字體也差,其刊刻時間恐怕也比較晚了。目前情況看,泰定、致和間所刻的整套注疏中是否有《爾雅注疏》,恐怕還是要打個問號。

五、元十行本的遞修層次與印本分期

元十行本明代遞修的情況,楊新勛老師已經有精深研究。[②] 通過對

---

① 郭立暄:《元刻〈孝經注疏〉及其翻刻本》,《版本目録學研究》第二輯,北京大學出版社,2010年。

② 楊新勛:《元十行本〈十三經注疏〉明修叢考——以〈論語注疏解經〉爲中心》,《南京師範大學文學院學報》2019年第1期。

現存印本的比較分析,可以將元十行本的遞修層次大致區分爲如下幾個階段:明前期補版、明正德六年(1511)補版、明正德十二年(1517)補版、明正德末嘉靖初補版〔包括正德十六年(1521)、嘉靖三年(1524)補版及無紀年補版、局部修補〕、明嘉靖大規模補版。目前除明正德六年補版階段的印本尚未找到外,其他各個階段的印本皆有實物留存,其中後兩期印本傳存較多。

(一)明前期補版印本

明前期補版印本指的是經過明前期補版、而未經正德六年補版的印本,前人也有用"明初"的説法。郭立暄先生將此次補版時間具體爲"不早於明永樂朝、不晚於明正德朝",是根據版刻字體風格所作判斷,應該説是比較穩妥的提法。李振聚博士指出明羅倫《一峰先生文集》《福州府學重正諸書序》提到"福州府學經、史、子、集梓在焉,御史涂公棐、僉憲游公明、太守吳公淵圖正其訛而傳之",涂棐任福建巡按監察御史在成化二年(1466),認爲明前期補版可能在這一時段。① 各經中《周禮》及《禮記》的明前期補版占比較大,時間亦似較早。

這一時期的印本雖然經過補版,但相對於後印本來説,整體保存原版葉比較多,而且原版的版面情況也比較好,幾乎没有局部的修整,也没有後人的妄改。特別是像《周禮》《毛詩》,現存元十行本中没有早印本傳世,明前期印本已經是最早的印本了,它的校勘價值就值得重視。此期印本也不多見,目前所知主要有如下數種:

1. 單行本《周易兼義》(日本静嘉堂文庫藏)

日本静嘉堂文庫藏有一套元十行本《十三經注疏》,爲正德十二年補版印本;此外還有一部單行本《周易兼義》,阿部隆一定爲"明前期修"。此本無正德時期補版,僅有若干葉明前期補刻版葉。與柏克萊藏元刻元印十行本比較可以看到,柏克萊本漫漶比較嚴重的幾葉,此本做了補刻,如卷一第21—22葉。

2.《尚書》《毛詩》《周禮》(臺北"國家圖書館"藏)

臺北"國家圖書館"藏《附釋音尚書注疏》(索書號102.2 00158),僅見少量明前期補版葉;《附釋音周禮注疏》(索書號104.12 00346),亦僅見明

① 李振聚:《〈毛詩注疏〉版本研究》,山東大學博士學位論文,濟南,2018年。

前期補版,無正德補版。該館藏《附釋音毛詩注疏》(索書號 103.200235),似是一個配補本,其中部分卷次(主要是卷首至卷三、卷十五至二十),僅見少量明前期補刻黑口版葉,無正德時期補版;卷四至十四的版面新舊程度明顯不同,其中可多見正德補版(部分卷次可能有兩個印本混雜之葉)。《尚書》今有元刻元印本存世,而《毛詩》《周禮》目前沒有找到元刻元印本,明前期印本的重要性就值得特別重視。

3.《儀禮圖》(中國國家圖書館藏)

鐵琴銅劍樓舊藏、今藏中國國家圖書館《儀禮圖》(06694 號),僅見少量明前期補版,無正德補版,屬此期印本。

4.《監本附音春秋穀梁注疏》(京都大學人文科學研究所藏)

此本僅卷九末葉爲明前期補版,其他皆原版。

5.《孝經注疏》(江西省樂平市圖書館藏)

郭立暄《元刻〈孝經注疏〉及其翻刻本》專門研究了樂平市圖書館所藏的明前期刻本《孝經注疏》。它是完全照國圖藏的元刻元印十行本《孝經注疏》翻刻的,包括版心的"泰定三年"同樣翻刻。但是它和國圖本完全沒有相同版葉,所以稱爲"翻刻本"。這是就《孝經注疏》本身來説的。就《十三經注疏》整體而言,我們也可以把它視作是整套元十行本注疏的一個補版。因爲《孝經注疏》本身篇幅較小,也有可能《孝經注疏》刷印量比較大,書版損壞更嚴重,所以在明前期對元十行本注疏做修補的時候,整個《孝經注疏》做了重刻,字體風格跟其他經的明前期補版是一致的。《第一批國家珍貴古籍名錄》裏著錄了一套軍事科學院圖書館藏的元刻明修十行本《十三經注疏》,它的整體情況如何,因爲沒有發布,目前還不是很清楚。但是它裏面的《孝經注疏》,跟樂平市圖書館藏的《孝經注疏》是同版,也是明前期的重刻版。所以我們可以確認樂平市藏的這一部《孝經注疏》本來也是元刻明修十行本《十三經注疏》中的一部。

6.《爾雅注疏》(臺北"國家圖書館"、中國國家圖書館藏)

目前可確認爲十行本《十三經注疏》系列之《爾雅注疏》印本,以臺北"國家圖書館"藏本(索書號 110.1100865,存卷六至十)印刷時間較早。此本版葉已頗漫漶,但各葉新舊程度基本一致,未見明顯修補痕迹,似爲一次性刻成。其版心黑口,無刻工名,僅見數葉版心刻有大小字數,字體不及元十行本諸經之圓熟,刊刻時間或在元末明初之間。

中國國家圖書館藏《爾雅注疏》（索書號03292）部分葉面與"臺圖"本同版，而更爲漫漶；部分葉面以明前期補版替換，如卷八第3—5葉，此本與"臺圖"本同，但漫漶更嚴重，許多字難以辨識。卷八第1—2葉，此本爲新補版，版心黑口，字體與元十行本常見的明前期補版一致。

除以上諸本外，各館所藏元十行本印本中應當還有其他一些明前期補版印本。如樂平市圖書館藏有多種元十行本注疏，除《孝經注疏》爲明前期翻刻本外，其他幾部經中或亦有明前期印本。軍事科學院《十三經注疏》全套印本也值得重視，根據書影看，它的《孝經注疏》是明前期印本，其他各經很可能也是較早印本，關鍵它是全套十三經，值得深入調查。

明前期補版的特徵是：版心黑口，左右雙邊，版心無字數及刻工，無書耳，字體刀法較生硬，多見墨丁，多見誤刻。

（二）明正德六年（1511）補版

正德六年補版一般爲黑口，四周雙邊，版心上有"正德六年"紀年，版心中多刻謄寫人名，包括王世珍、陳景淵、羅棟、李紅、葉廷芳、許成、詹積英等。字體也比較容易辨別，正德時期建陽慎獨齋等書坊刻書即此類字體。

我們只能在正德十二年（1517）以後印本中看到正德六年補版，包括全部爲正德六年重刻的《孝經注疏》亦如此。目前還沒有可以確認的經過正德六年補版，而在正德十二年以前印刷的元十行本印本。

（三）正德十二年补版印本

此期印本以日本静嘉堂藏《十三經注疏》爲代表。除《孝經注疏》外，各經都經歷過此次補版，且補版占比數量較大。

此期補版一般爲白口，四周單邊或四周雙邊，版心上多刻補版紀年，版面多見墨丁。《儀禮圖》正德十二年補版葉有謄寫人名"廷器""廷器寫"。

（四）明正德末嘉靖初补版印本

正德十二年補版之後，至嘉靖大規模補版校訂之前，十行本《十三經注疏》還曾經歷過不止一次修補。我們在《儀禮》《左傳》等經中可以看到正德十六年（1521）補版，如寧波天一閣藏元十行本《附釋音春秋左傳注疏》，就有正德十六年紀年，而未經嘉靖前期校訂補版，可知是正德十六年補版後很快印出來的。《禮記》中可以看到嘉靖三年（1524）補版紀年。

　　其他像《周易》《尚書》,我們通過印本比較,可以發現有正德十二年以後、嘉靖補版校訂之前的印本。如國圖藏有兩部《尚書》(06060 號,鈐"翁斌孫印";04180 號,鈐"鐵琴銅劍樓"印),其中明前期、正德六年(1511)、正德十二年(1517)補版,與靜嘉堂藏正德十二年補版印本一致,但是比靜嘉堂本多出一些新的補版,如卷十八第 15 葉,這些新補版版心不刻紀年及刻工,無從判斷其補版年月,但從印本比較可知其補版在正德十二年之後、嘉靖大規模補版之前。這期印本還有局部補刻及填補墨丁之處,如卷九第 8、9 葉靜嘉堂本補版留下大片墨丁,國圖兩部印本皆已補字。卷九第 14 葉左下角"乃心""不迪"等字,靜嘉堂本磨滅不清,國圖兩本皆已局部改刻。

　　(五)明嘉靖補版印本

　　北京市文物局藏《十三經注疏》本爲代表。此期印本不僅補刻新版,還對舊版(包括原版、明前期與明正德補版)做修整及局部補刻,有的版心字數、刻工被剜除,又多剜改校訂、補闕。版心多刻有校勘及重校人名,校勘人包括"懷浙胡校""閩何校""侯番劉校""侯吉劉校""府舒校""懷陳校"等,重校人包括"鄉林重校""運司蔡重校""張重校"等。今存元十行本諸經傳本,以此期印本最多見。

　　據李振聚、張學謙考證,這些校勘、重校人都是福州府或下屬各縣的官員。"懷浙胡"當爲懷安縣知縣浙江人胡道芳,嘉靖初任職;"運司蔡"即福建都轉運鹽使司副使蔡芳,嘉靖九年前後任職。"閩何"當爲閩縣儒學訓導何器,嘉靖七年前後任職。侯番劉,當爲廣東番禺人、侯官縣儒學訓導劉文翼。侯吉劉,當爲江西吉安人、侯官縣儒學訓導劉簪,等等。張學謙指出,此次大規模補版的時間在嘉靖七年(1528)至九年(1530)的可能性較大。

六、元十行本不同印本的鑒別與利用

　　元十行本印本中往往存在配補、抄配、版心剜紙、塗抹等現象,對印本的鑒別形成干擾。在鑒別與利用元十行本不同印本時尤需注意以下問題:

1. 不同印本的配補問題

印本的配補在古籍中應該説是一個常見現象。如果印本之間差別不大，這個問題可能影響不大，但是元十行本不同印本之間具有比較大的差異，不同印本的配補問題就需要特別注意。如果能够見到原本，根據紙墨情况比較容易發現配補情况，當無法見到原本時，僅據影印本或網絡圖像，往往會忽略不同印本的配補，可能會影響我們對印本分期的判斷。

比如臺北"國家圖書館"藏《附釋音毛詩注疏》（索書號 103.200235），阿部隆一《中國訪書志》定爲元刊明初修本，云其"明修葉較少，無正德補版"。所列原版刻工名有王君粹、國祐（或國右）、興宗、子明、子興、時中、七才、文仲、墊卿等。但阿部又列此本有明修刻工，包括榮郎、周同、佛員、余伯安等。

我們從今傳元十行本整體考察，明前期補版並無刻工姓名，余伯安、佛員等皆爲正德時期補版工人。顯然阿部所列補版刻工與"元刊明初修本"的鑒定有衝突。我們將臺圖所藏此部元十行本《毛詩》各卷全部檢核一遍，發現全書的印刷情况是有差異的，其中卷首至卷三、卷十五至卷二十，僅見少量明前期補刻黑口版葉，無正德補版，葉面字迹比較清晰。而卷四至十四的絶大部分葉面，印面較爲漫漶，且多見正德補版。雖然未見原本，但從版面情况初步判斷，這個本子應該是由不同印本配補而成。

在古籍印本印次鑒別中，配補是一個干擾項，遇到不合理、不好解釋的情况，要考慮到是否因配補造成。整卷的配補比較容易辨別，麻煩的是零星葉次的配補，不看原書很難判斷。

2. 塗抹、割補版心、描字改字等

還有一個干擾因素就是後人的作僞。元十行本過去是作爲宋板賣的，若版心有明代的補版紀年，必然會影響價值，所以很多印本的版心紀年都遭到破壞，有的是挖紙另補，有的是用墨塗黑，有的挖紙後還照原版樣式描寫大小字數。如静嘉堂所藏元十行本《十三經注疏》全部版心紀年都被割紙另補，從書影看就像是白口。有的印本則直接用墨筆塗抹版心紀年，看起來就像是黑口。中國國家圖書館藏《論語注疏解經》（索書號 09739 號）將明代補版紀年剜割後，又仿照原版樣式，描寫版心大小字數，此外還將一些明顯的補版誤字作描改，這是比較下功夫的作僞。如果不注意這些流傳中的人爲加工痕迹，就可能影響我們對印次的判斷，也會影

響對不同印本之間異文演變的認識。

3. 不同印本的文字差異

元十行本不同印本的文字差異，這裏舉兩個《左傳》的例子，以見一斑。《左傳》卷 39 第 16 葉，上半面第 4 行“自‘直而不倨’至‘行而不流’凡十四事”句，“凡”字在斷版處，國圖藏早印本已稍有損壞。到正德十二年(1517)此葉經補版，當時“凡”字或已無法辨認，補版中據上下文義臆補爲“之”字。此“之”字之誤，嘉靖校訂印本及後來的閩本、監本、毛本、殿本皆沿襲。阮元《春秋左傳注疏校勘記》據八行本出校，指出了十行本後印本之誤：“宋本‘之’作‘凡’，不誤。”阮元本正文已直接改作“之”，並删此條校記。下半葉第 7 行“但頌之大體”，“但”字亦在斷版處，正德補版時刻作“商”，嘉靖校訂印本及閩、監、毛本、殿本亦皆沿襲作“商”。此處阮元《校勘記》亦據八行本出校，指十行本後印本之誤。今檢國圖藏宋慶元刻八行本《春秋左傳正義》及日藏單疏本《春秋正義》，此二處皆與國圖早印本相合，可證元十行本原刻無誤，誤字始自元十行本的補版後印本，而爲明清諸本沿襲。

阮元《校勘記》指出的許多元十行本的訛誤，很多就是出自後印本的補版、修版，或臆改、妄改。明清各本又往往沿襲元十行本後印本的訛誤，或者又再校改，形成更複雜的異文。我們通過對元十行本不同時期印本的調查、分析，可以發現這些訛誤是在哪個時期形成的，厘清異文演變的軌迹，就能够有比較明確的是非判斷。

（作者：北京大學儒藏編纂中心研究員）

朝鮮燕行使團中的"下隸輩"群體研究*

漆永祥

摘要："燕行録"中記載的"下隸輩"，包括軍牢、書者、左牽、日傘、引路、各色馬頭（包括籠馬頭、轎馬頭、轎扶囑、乾糧馬頭、上判事馬頭等）、乾糧庫直與下處庫直、厨房（湯手、飯手與床手）、都卜馬主、奴子、驅人（驛馬、卜刷馬、私持馬驅人等）、梢工、格軍、炮手等。在諸多記録中，他們都是被鄙視、嘲諷與戲謔的群體，但他們的形象却最爲鮮活、生動而有趣。燕行下隸輩主要由朝鮮"兩西"驛卒與奴僕組成，在使團中起着運輸物貨、保障後勤等維持團隊運轉的重要作用。他們領取到的官方微薄盤費，遠不足以支撐在途的日常費用；但下隸輩仍願風餐露宿、饑迫寒凍地前往中國，是因爲可以做走私生意，以謀取暴利；他們在沿路蓬頭垢面，衣衫襤褸，偷竊拐騙，了無羞恥，由此在中國人心中形成"高麗人"髒污卑劣且無惡不作的樣貌，進而影響到在中國人心中朝鮮半島羸弱窮困的國家形象。這些歷史鏡像，對我們今天的國人走出國門時的個人素養與言談舉止，也應有一定的參考與借鑒意義。

關鍵詞：燕行録　燕行下隸輩　身份與職責　偷竊走私　國家形象

朝鮮半島自先秦以來，即與中國大陸發生着天然而有機的聯係。在元、明、清三代，半島遣往中國的使團，更是絡繹不絶，規模大者如冬至使團因隨有貿易商人，一般都在兩、三百人左右，有時甚至超過五百人；小者如賚咨使行，如不隨商團，則僅有十餘人或不到十人。如果將使團成員按官職與尊卑劃分的話，可以分成五個等級。即：正、副使與書狀官，爲使團最高長官，高居第一等；大通官、押物官、首譯等，各有職掌，屬第二等；使臣率帶兄弟子侄或相携好友，以及軍官、伴倘等，皆非賤隸，在第三等；軍

---

　　* 本文於 2020 年完成後曾投諸刊物，然迄今未能刊出，此期間内北京大學歷史系王元周教授《清代朝鮮貢使行中的下隸輩》一文，發表於北京大學朝鮮半島研究中心編：《北大朝鮮半島研究》第 1 輯，北京：外語教學與研究出版社，2022 年，第 139—153 頁。拙文與元周教授兄所論多合，然稍詳悉，亦有王文所未論及者，故仍有發表之必要，在此特爲説明如上。

牢、馬頭、厨房等服務人員,屬第四等;而刷馬驅人、奴子、格軍、梢工等,在最下層,屬第五等。本文要討論的即其中第四、五等使團成員,他們既無資格入闕謁聖,也不能自由自在地四處游覽,但使團能否圓滿地完成使命,順諧往返,他們才是最有力的後勤保障。在諸家"燕行録"五花八門的記載當中,只有他們的形象才是最鮮活而有趣的存在。

一、燕行使團下隸輩的角色與功能

朝鮮徐榮輔等編《萬機要覽》記載,在朝鮮使團報往中國禮部的使行人員報單中,除了正使、副使、書狀官各一員,大通官三員,押物官二十四員,共正官三十員外,隨行的其他人員有:

> 驛卒:咨文馬頭一名、方物馬頭二名、歲幣馬頭二名。○正使書者、馬頭、左牽、籠馬頭、乾糧馬頭、日傘奉持各一名,引路二名,轎子扶囑四名,厨子二名。副使書者、馬頭、左牽、籠馬頭、乾糧馬頭各一名,轎子扶囑四名,厨子二名。書狀官書者、馬頭、左牽、籠馬頭各一名。首堂上馬頭一名。以上並以兩西驛卒帶去。軍牢:安州、義州各一名。奴子:正使、副使各二名,書狀官一名,堂上譯官、上通事、掌務官、寫字官各一名。○軍官中堂上各一名。○御醫別啓請、別遣各一名。驅人:驛馬、卜刷馬、刷馬、自騎馬、私持馬,皆有驅人,而名數隨馬匹增減。○每行員人名數不同,而並計上下牽夫則假令爲三百一、二十人。[①]

這份名單中的使團隸員並非定員,每起使團人數皆根據需求而增減。又如純祖三年(嘉慶八年,1803),隨冬至等三節年貢行書狀官徐長輔出使清朝的李海應,記録一行員役名單中,正使所率有:

> 軍官四、伴倘、乾糧官、別陪行、中房、跟奴、書者、馬頭、左牽、籠

---

① 〔朝鮮〕徐榮輔等編:《萬機要覽・財用編五・燕使・員額》(第5册),哈佛燕京圖書館藏鈔本,第78—79頁。

馬頭、日傘、奉持、引路二、轎扶囑四、軍奴二、乾糧庫直、馬頭、厨
子二。①

此可知圍繞着正使一人，就有二十七人爲其服務。又如純祖三十一
年（道光十一年，1831）七月，隨謝恩行使團出使的韓弼教記録曰：

> 兩使俱乘雙轎，而撤去翼帳，以草席麻繩裹而結之，以備風雨之
> 患。其徒禦則各選驛奴，皆能作華語。所謂書者、司車、馬頭，主使領
> 引路，持傘而前導，軍牢吹角而先行。籠馬頭、乾糧馬頭，皆掌其事；
> 刷馬驅人，各牽其馬。書狀則乘太平車，上覆豹皮以別之。諸裨、諸
> 譯、伴倘皆笠戰笠軍服，而惟傔以下，不得懸雀羽，以表貴賤也。②

上述諸記録中所載各色馬頭、書者、司車、左牽、日傘、奉持、引路、扶
囑、厨子、軍牢、奴子、驅人等，即燕行使團中的“下隸輩”，亦通稱爲“下人”
“房下人”“下隸”“下人輩”“下輩”等，他們構成了燕行使團中龐大的服務
人員隊伍。③ 那麽，他們在使團中都充當什麽角色，起着什麽功能與作
用呢？

1. 軍牢

純祖二十二年（道光二年，1822），冬至等三節年貢兼謝恩行書狀官徐
有素，記録入清朝行中諸般事例時稱：

> 正使行，軍牢一雙，持角前導；副使行，引路一人前導。每入宿
> 站，軍牢一人，持軍令板詣正使，請明日發行軍令，則或雞鳴或平明或
> 日出，量宜出令，書於板，軍牢持板遍示一行，明曉持角遍吹于一行所
> 宿處，以警行。④

---

① 〔朝鮮〕李海應〔原題徐長輔〕：《薊山紀程》卷五，〔韓〕林基中編：《燕行録全
集》（第66册），首爾：東國大學校出版部，2001年，第476頁。

② 〔朝鮮〕韓弼教：《隨槎録》卷四《聞見雜識》，〔韓〕林基中編：《燕行録續集》（第
131册），首爾：尚書院，2008年，第163頁。

③ 本文爲行文方便，一般情況下通稱爲“下隸輩”，特此説明。

④ 〔朝鮮〕徐有素：《燕行録》卷一，《燕行録全集》（第79册），第46—47頁。

又純祖十一年(嘉慶十六年,1811)冬,隨冬至等三節年貢兼謝恩行書狀官韓用儀出使清朝的李鼎受一行,於十一月二十六日露宿九連城。其記翌日晨起之情形曰:

> 副使凌早先發,日出正使,書狀次第而發。凡三吹角:初吹一行皆起秣馬,二吹厨房進白粥,三吹遂行。午站亦三吹,而午站、夕站則進飯,例也。三使畫必同站,夜則分處。自過三江以後,義州前排並落後,只有軍牢一雙,輪行于三房,抵站則吹角迎接,哨軍領率十餘槍軍,各導三行。每站初發時,書者輒張傘,路中還卷,抵站時更張,一路皆是例也。①

在返程途中,軍牢還負有報平安家信的兼差。如英祖四十一年(乾隆三十年,1765),隨冬至等三節年貢兼謝恩行書狀官洪檍出使清朝的洪大容稱:"自栅門抵北京,十三山實爲半道,使還至此,先送軍牢,報安信於義州,一行因付家信,舊例也。"②由此可見,軍牢所做的是一件辛苦吃力的活計。故正祖四年(乾隆四十五年,1780)夏秋間,隨進賀兼謝恩使錦城尉朴明源出使中國的朴趾源記曰:

> 軍牢自灣府選待最健者,一行皁隷中,最多事而亦最多食云。其打扮令人絶倒,藍雲紋緞,着裏氈笠,鬃結高頂,雲月懸茜紅氊毛帽前,縷金着一個"勇"字。鴉青麻布,狹袖戰服,木紅綿布褙子,腰繫藍方紗紬纏帶,肩掛朱紅綿絲大絨,足穿多耳麻鞋。觀其身手,果然是一對健兒也。但所坐馬,所謂半馱擔,不鞍而馱,非騎而踞,背插着正藍色小令旗,一手持軍令版,一手執筆硯、蠅拂,及一條如腕大馬家木短鞭,口吹吶叭,坐下斜插十餘塗朱木棍。各房少有號令,則輒呼軍牢,軍牢陽若未聞,連呼十數次,則口中剌剌的誶責,始乃高聲應喏,若初聞呼聲然,一躍下馬,豕奔牛喘,而吶叭及軍令版筆硯等物,都掛

---

① 〔朝鮮〕李鼎受:《游燕録》卷六下《日記二　渡江上》,《燕行録續集》(第124冊),第476頁。
② 〔朝鮮〕洪大容:《湛軒燕記　十三山》,《燕行録全集》(第49冊),第143頁。

一肩,曳了一棍而去矣。①

此述軍牢打扮及其神態,惟妙惟肖,入木三分。不僅如此,徐有素還稱:"凡留館時,自彼中所支糧料饌需日供諸物,兩軍牢折銀代受,未知自何時有此例也。"②如哲宗十一年(咸豐十年,1860)春,聖節進賀兼謝恩行副使朴齊寅《燕行日記》所載軍牢事,更爲詳悉,並稱"自入彼境以後,彼境之所供于使行者,盡爲收食。留館幾日之内,餽供米肉百種之日給者頗不少,而或以代銀,或以羊猪等物,都輪爲所賴,以是之故,使行之多日留館,雖爲各人之所悶,而獨爲軍牢之所喜"。③

由此可見,軍牢在使行人員中,在保障一行按時出發與憩息,以及報平安家信等方面,起着掌握時間、宿站中火、警吹催行、支供糧饌等重要作用。因其多事苦任,故以身體健壯者擔當,也因爲如此,在途在館,他們沾漑侵貪,較他下隷輩爲多,也就可以理解了。

2. 書者

上、副、三房各有書者一人。朴齊寅記曰:

> 書者領率驛馬及驅夫諸下人,每站趁其軍令,領率人馬而等待,立於雙轎之後,董飭其勤慢者也。及到山海關内,三房書者同時先行,直抵玉河館中,掃灑諸炕,以待使行之入處。自使臣炕至裨將譯官炕,計其塗墐所入收直於所處各人,惟使臣炕所入,則自乾糧廳畫下,其餘則各員處均收,書者所賴在此。自山海關以後至玉河館,書者之任,左牽代之。④

書者"領率驛馬及驅夫諸下人",責亦不輕。在大多數情況下,使團行到山海關時,即遣書者提前入北京,以灑掃館舍。如英祖四十九年(乾隆

---

① 〔朝鮮〕朴趾源:《燕巖集》卷一一《熱河日記　渡江録》,《影印標點韓國文集叢刊》,首爾:民族文化推進會,2000年,第252册第148頁。

② 〔朝鮮〕徐有素:《燕行録》卷一,《燕行録全集》(第79册),第47頁。

③ 〔朝鮮〕朴齊寅〔原作朴齊仁〕:《燕行日記》卷三《附録》,《燕行録全集》(第76册),第349—350頁。

④ 〔朝鮮〕朴齊寅〔原作朴齊仁〕:《燕行日記》卷三《附録》,《燕行録全集》(第76册),第341頁。

三十八年,1773),謝恩兼冬至等三節年貢副使嚴璹稱:"入山海關後,三房各從書者一人,糊紙作壁户於炕上,俾西寝處之室。"①又哲宗六年(咸豐五年,1855)冬,隨陳慰進香兼謝恩副使趙秉恒入燕的李冕九亦謂:"自入山海關時,先送上副房書者,使之修理諸炕而待之。"②

因爲清朝在北京的會同館,並非時時有人居住,雖然在外國使團抵達前館方也會打掃迎客,但只不過是官樣公事,草草應付,而糊墙糊窗,搭簟燒炕諸事,需要朝鮮使團中書者率人提前到達,預爲準備,以迎接使團大隊人馬的到來。

3. 左牽

朴齊寅又記左牽所負職責曰:

> 左牽之左牽長轡,渡江後廢却之,惟使之立於雙轎之左,與馬頭同爲勒護而已。每到站頭,行收馬草於村間以給馬料,自渡江後所經諸站及留館時,自其處有馬草之例給者,而左牽主之。③

又英祖十年(雍正十二年,1734)秋冬間,陳奏行書狀官黄梓一行,到薊州後,"正副使各送馬頭,余則送左牽論世,使之先到館所,修理窗壁矣。果皆定炕修掃,無未盡處矣"。④ 此可知左牽原爲牽馬者,渡江後立於雙轎左右,與馬頭共同保護敕書,並充使臣驅遣,有時還充當書者的角色。

4. 日傘

使臣行時,儀仗所在,尚有日傘一員,又稱"日傘奉持"。"日傘惟於自站發行時及望站入去之時,張撑於前,而過站以後則韜斂而荷之背上,任自先行於前"。⑤ 看來日傘的工作相對簡單輕鬆得多。

---

① 〔朝鮮〕嚴璹:《燕行録》,《燕行録全集》(第40册),第216頁。
② 〔朝鮮〕李冕九:《隨槎録》,〔韓〕林基中編:《燕行録叢刊(增補版)》(網絡本)《龜巖公筆蹟》本,首爾:Nurimedia出版社,2016年,第43頁。
③ 〔朝鮮〕朴齊寅〔原作朴齊仁〕:《燕行日記》卷三《附録》,《燕行録全集》(第76册),第341—342頁。
④ 〔朝鮮〕黄梓:《甲寅燕行録》卷二《度關録》,《燕行録叢刊(增補版)》(網絡本),第71頁。
⑤ 〔朝鮮〕朴齊寅〔原作朴齊仁〕:《燕行日記》卷三《附録》,《燕行録全集》(第76册),第342頁。

5. 引路

朴齊寅曰：

引路則手提一短筇前行，審視道路之夷險，江水之淺深，以爲指路者也。最先提筇而前行，若到險塞地，回顧大聲曰："某邊險阻，某邊坦易。某水深不可渡，某梁危不可度。"旋去旋來，手口荒忙，舉措可觀。[①]

所謂引路，有時爲一雙，有時僅一人，亦即探路者，渡河攀山，臨淵過橋，負責爲一行尋找最安全的綫路，是一項苦辛而危險的工作。

6. 籠馬頭、籠馬頭使唤

"籠馬頭，領著衣籠卜駄及站頭所用寢具者也。朝起斂寢而受之，至夕馳駄而納之，日復如是而已。別有籠馬頭使唤一人，專掌煎藥煮茶之任"。[②]使行在路，有專門的馬匹駄三使等衣物、寢具而行，籠馬頭負責看護衣籠並供使唤伺候。

7. 轎馬頭

朴齊寅又記曰：

轎馬頭前期渡江，點檢雙轎之毀傷處，令灣府修改，另受釘錐等屬，以備中路之修改，至站後領受雙轎，安護看守，轎具如或毀傷，轎中所存如或閩失，則渠自擔當。渡江時除去翼帳，付之義州，韜以雨備，絡以繩索，已没瞻儀，而轎後所懸之物累累，是衆隸輩草扉衣封，所見愁痛，途傍觀者，應有遠途行色之可恕，而亦覺羞愧。[③]

由此可見，正、副使在途各乘轎而行，轎馬頭主要負責修理維護轎子，以保證使臣坐轎的安全與正常使用。

---

①② 〔朝鮮〕朴齊寅〔原作朴齊仁〕：《燕行日記》卷三《附錄》，《燕行録全集》（第76册），第342頁。

③ 〔朝鮮〕朴齊寅〔原作朴齊仁〕：《燕行日記》卷三《附錄》，《燕行録全集》（第76册），第343頁。

8. 轎扶囑

"轎扶囑四人,立於轎之四隅,攀援轎扛,護其傾仄,而用力甚多,故每以健實者擇定。"①因爲沿途盤山渡水,要讓轎子平穩而不傾仄,轎扶囑之辛苦呼喝,可以想見。

9. 乾糧馬頭

朴齊寅記乾糧馬頭的職責曰:

乾糧馬頭,專受往回盤纏銀幾百兩,準備糧饌,而使臣糧米,則來往及留館也,並以我境米用之,其他糧米則站站貿取而用之。饌需則脯【鱐】醢醬,自我境輸用,其他果菜肉種,亦隨站貿用。始自九連城站,還至九連城站,並與留館幾日三時支供,無或疏忽,比其回還,所受盤纏,猶有餘囊,則爲渠所賴。若或留館日久,盡用無餘,則徒費身勞而已。……【在沿途各站】乾糧馬頭,則但能先到站頭,有銀換錢,用錢換需而已。其餘凡務,各有所管,不費言辭,而無錯誤之弊。②

此可知乾糧馬頭,負責一行在途的伙食與糧饌等,是一個相當重要的角色。

10. 乾糧庫直

朴齊寅稱"乾糧庫直,以使臣家傔人中率往,俾之看檢厨房之事而已,別無所事"。③ 又純祖二十九年(道光九年,1829),進賀兼謝恩行書狀官兼司憲府掌令姜時永稱,其行前父率兄弟等來送別,並云"傔人金泰元,曾于家大人乙丑赴燕時,以乾糧庫直陪往,今番又以乾糧庫直隨往,再度此行,亦云奇矣,遂發行"。④ 此可知乾糧庫直,以使臣家傔爲之者,是用可靠之人,對乾糧馬頭及厨房人員進行有效監督,以保證一路飲食的足量與安全。

---

① 〔朝鮮〕朴齊寅〔原作朴齊仁〕:《燕行日記》卷三《附録》,《燕行録全集》(第76冊),第343頁。

② 〔朝鮮〕朴齊寅〔原作朴齊仁〕:《燕行日記》卷三《附録》,《燕行録全集》(第76冊),第345—346頁。

③ 〔朝鮮〕朴齊寅〔原作朴齊仁〕:《燕行日記》卷三《附録》,《燕行録全集》(第76冊),第346頁。

④ 〔朝鮮〕姜時永:《輶軒續録》卷一,《燕行録全集》(第73冊),第15頁。

11. 下處庫直

朴齊寅稱:“下處庫直,自灣府定送一人,亦受得銀價幾兩於灣府,自入彼境後,沿路諸站止宿處炕房之費,並皆擔當。”①又徐有素記曰:

> 放料軍官及下處庫直,自義州定行,此輩屢經此行,習道路店站,善漢語,又略解清語,沿路所到多彼人親熟者,我人與彼争詰鬥閧,輒使此輩居間解之。②

又哲宗二年(咸豐元年,1851),陳奏兼謝恩使判中樞府事金景善一行,二月二十日至幹者浦,因爲“所舍極危陋,不堪寢處,使下處庫直更爲擇定,則此外更無可舍,而聞副房下處頗精潔云,故更詰問,則對以上、副房各有原定處,不得變易云。其言可痛,略爲棍治”。③這是由於宿炕安排不周,下處庫直還遭到棍罰。

12. 上判事馬頭

朴齊寅記載上判事馬頭曰:

> 上判事馬頭,自灣府通事中擇送二人而能解官話者也。道中若有與彼相通之事,則使此人通之,報門報關之時,亦與任譯偕送,而例給禮單之時,多有紛紜,而皆使此人挽解。如有探聽之事,及往復禮部之事,則並使此人任之。且津渡涉險之時,則先站等候,覔人覓船,扶護一行,又於觀光處,有例給丸藥扇子等物,而皆使此人操縱而先後之,故凡於觀光,必聽此人之指揮,雖有壯觀而或不免爲此人所沮未果觀玩云。使臣若乘車出入,則並覔車而待。……諸般所用之費,自有所受於灣府,而以其餘囊爲己所賴者也。比至先來發送之時,先使一人偕送。④

　　①　〔朝鮮〕朴齊寅〔原作朴齊仁〕:《燕行日記》卷三《附録》,《燕行録全集》(第76冊),第348—349頁。
　　②　〔朝鮮〕徐有素:《燕行録》卷一,《燕行録全集》(第79冊),第48頁。
　　③　〔朝鮮〕金景善:《出疆録》,《燕行録全集》(第72冊),第438頁。
　　④　〔朝鮮〕朴齊寅〔原作朴齊仁〕:《燕行日記》卷三《附録》,《燕行録全集》(第76冊),第347—348頁。

此可見上判事馬頭的作用,就是首譯與譯員之下隸員中的翻譯與調解人員,因爲熟悉中國事體,並與沿路店主車夫,相混相熟,故無論在途在館,上判事馬頭都起着居間弄舌、處理糾紛等作用,同時還負責一路貰車等事,也是使行是較爲重要的人員。

13. 厨房湯手、飯手、床手等

朝鮮使團往返遼路,動輒二三百人甚至更多,規模龐大,一日三餐,需要的厨衛人員,數量亦自不小。正祖十四年(乾隆五十五年,1790),冬至兼謝恩使金箕性記曰:

> 凡入站食飯之後,所謂厨房下人者,急急結卜,策馬出前,艱到前站,即復炊飯,然每患有遲緩之歎,若載以雇車,則勢將每每落後,待其入來如可辦飧,冬天短晷,幾何而日暮乎? 如是則行役無路,自不得不依例持去刷馬之外,無他道矣。曾爲燕行者,誰不知此弊,而厘弊則誠難耳。①

又徐有素記曰:

> 上副房各設厨房,各有湯手、飯手、盤床手,及所謂刀尺者,爲飲食之事,自義州諸邑帶去,頗有所利,故多自願者云。兩房各有乾糧官(譯員中爲之)、乾糧庫直(傔從或奴子中爲之)、乾糧馬頭(自西路率去),凡行中貨財出入及厨政皆掌之。其人不善,則非但有害於乾糧,行中食政不成樣,凡日供貿貿,乾糧官役馬頭爲之,多有冒減之弊,或有乾没欠縮之事,故乾糧馬頭必擇勤實者。三房雖不設厨房,有乾糧官及庫直馬頭掌貨出入。三房一行,則上、副房各三日式輪供之,書狀官食床,則各其庫直領來進之,食畢乃退。②

厨房下人的工作,可謂使行重中之重,一日三餐,必須準時供給,不得耽延,一炊才畢,即速收拾餐具,策馬奔赴前站,復備餐飯,其辛勞可知。

---

① 〔朝鮮〕金箕性:《燕行日記》,〔韓〕林基中、〔日〕夫馬進編:《燕行録全集日本所藏編》(第1册),首爾:東國大學校韓國文學研究所,2001年,第355—357頁。
② 〔朝鮮〕徐有素:《燕行録》卷一(第79册),《燕行録全集》,第47—48頁。

而如果他們偷工減料,貪侵欠縮,則一行伙食品質下降,勢成必然,故乾糧馬頭與下處庫直監督的重要性也就顯現出來了。

14. 都卜馬主

朴齊寅記都卜馬主曰:

> 都卜馬主,亦自灣府定送一人,受得銀價幾兩於灣府運餉庫,盡將三行人馬,自渡江至還渡日,朝夕供給,故別設厨房供給人馬。①

又徐有素記曰:

> 行中有所謂都卜馬主,供一行馬食。自義州帶去,對植兩鐵脚於地上,列銅鼎以粟米少許和水煮粥,水多滓少,馬瘦欲死,每發行時,厨房及都卜馬主先發,爲具人馬食也。②

又純祖三十二年(道光十二年,1832),冬至等三節兼謝恩行書狀官金景善亦稱:

> 凡騎驛馬及私持馬,皆以自備銀十二兩,出付都卜俾喂之。騎刷馬、卜刷馬皆自義州出,而往還間喂養之費,每匹給銀八兩。若乘車不願馬,則每匹代錢二十兩。故並討喂銀,以補車貰。③

此可知都卜馬主,主要負責沿途餵養馬匹,而減省芻草,克扣銀兩,就是他們唯一竊利的手段了。

15. 奴子與驛馬、卜刷馬、私持馬驅人

奴子即在燕途中伺候正、副使、書狀官等正官之人,一般情況下凡正使,副使各帶二名,書狀官一名,堂上譯官、上通事、掌務官、寫字官各一

---

① 〔朝鮮〕朴齊寅〔原作朴齊仁〕:《燕行日記》卷三《附錄》,《燕行錄全集》(第76冊),第348頁。

② 〔朝鮮〕徐有素:《燕行錄》卷一,《燕行錄全集》(第79冊),第48頁。

③ 〔朝鮮〕金景善:《燕轅直指》卷一《出疆錄　一行人馬渡江數》後附,《燕行錄全集》(第70冊),第307頁。

名,或爲家奴,或爲雇來,相親相熟,常備身旁,以供驅遣。

燕行使團中,除正、副使(後來增入書狀官)外,其他人馬與所帶乾糧、衣籠、物貨等,皆用馬馱,馬分驛馬、卜刷馬、私持馬等,分別爲朝廷驛站馬、借雇來的馬與私商等所携馬匹,牽使驛馬者爲驛卒,其他馬匹牽率人,皆爲雇傭而來,通稱"驅人"。

案朝鮮半島習俗,無論國王貴臣,抑或草民百姓,凡人騎馬之行,或馱物載行,必有牽馬之人。故使團行中,有多少匹馬,就有多少驅人。如仁祖二十四年(順治三年,1646),冬至兼正朔聖節三節年貢使書狀官郭弘址一行,在義州點檢人馬,合馬四百一匹,員役以下至驅人合四百五十四名,隨點隨渡。[①] 這些卜刷馬、私持馬驅人,一路牽馬並照應馬匹物貨之安全,他們數量最多,地位最爲低下,也最難以管理。

16. 梢工、格軍、炮手等

燕行使在水路航行時,往往少則二、三隻船,多則五、六隻船發往中國。如仁祖元年(天啓三年,1623)四月,奏請使李慶全、副使尹暄、書狀官李民宬等一行,從宣沙浦下陸入海。李民宬記載一行船隻人數曰:

> 第一船,正使駕。……梢工金禾裹等五名,格軍吳龍等四十七名,炮手四名坐焉。第二船,副使駕。……梢工石乙屎等五名,格軍劉頁福等四十七六名,炮手金義傑等九名坐焉。第三船,余所駕。……梢工康禾裹……等五名,格軍龍山……等三十八名坐焉。【第四船團練使金鳳輝等】梢工韓莫金等二名,格軍金京日等三十名、炮手禹鶴卿等九名坐焉。【第五船團練使金希京等】格軍應南等三十七名、炮射手白男等七名坐焉。【第六船堂上譯官太德立等】梢工金福等二名,格軍權論金等三十六名、炮手韓武進等五名坐焉。……各船員役、格軍共通三百四十五人。[②]

此行正、副使、書狀官各一船,兩團練使各一船,譯官等一船,凡六船共三百四十五人。老病者除外,至登州上岸時,仍有三百二十五人之衆。

---

① 〔朝鮮〕郭弘址:《丙戌燕行日記》,《燕行錄續集》(第 107 册),第 435—436 頁。
② 〔朝鮮〕李民宬:《癸亥朝天錄》上,《燕行錄全集》(第 14 册),第 280—282 頁。

按梢工,即艄工,船上掌舵撐船的人。格軍與炮手,携帶軍器,武裝保護使行船隻的安全。從李民宬的記録看,一條船上只有 2—5 名梢工,顯然人手不够,他們應該只負責掌舵把船,而其他打下手的工作,應該由格軍來完成,所以格軍同時也肩負著水手的職能。格軍人數中,還應包含厨子及其他雜役人員,並非正規的海軍或兵丁。

以上十六類人員,構成了燕行使團中的下隸輩成員,他們分工明確,各司其職,爲使團在沿途順利行進,起着絶對的前導後驅、維持秩序與後勤保障等重要作用。

二、燕行使團下隸輩的選擇徵用與經費盤纏

前述《萬機要覽》謂馬頭、書者等"並以兩西驛卒帶去"。所謂"兩西"者,即海西(黄海道)與關西(平安道),這是因爲黄海道與平安道恰在使行經過的沿途,故就近招集使團下隸輩,既省時方便也節省經費的緣故。

1. 燕行使團下隸輩的徵用地區與選擇方式

肅宗三十八年(康熙五十一年,1712),隨謝恩兼冬至等三節年貢使金昌集入燕的金昌業稱,十一月初十日:

> 西路驛奴擇其可合赴京者,前期行關使之治行以待,故自瑞興以後,連有現身者,乞囑譯輩,亦有臨時抽換之事,故不入行關者,亦多隨來,黜陟無准,争奪紛紜,其中書者及乾糧馬頭尤稱好差云。順安驛奴善興,年少勤幹,余素聞其名,故欲借奴名率去,入於行關中,只是來謁。[1]

又英祖三十六年(乾隆二十五年,1760),隨其父冬至等三節年貢行書狀官李徽中入燕的李商鳳《北轅録》亦載,在黄州,"軍官員役皆以兩西驛子假奴子及驅人名稱,以馬頭帶去,例也"。[2] 又金景善《出疆録》稱,正月十三日留義州,"本房兵裨與副房兵裨,合坐龍灣館,擇定轎馬及行中人

---

① 〔朝鮮〕金昌業:《老稼齋燕行日記》卷一,《燕行録全集》(第 32 册),第 349 頁。
② 〔朝鮮〕李商鳳:《北轅録》卷一,《燕行録續集》(第 116 册),第 528 頁。

馬,例也"①。

又如正祖二十年(嘉慶元年,1796),隨謝恩兼冬至等三節年貢行入燕的洪致聞、趙文德等在記録"行中下人"時稱:"入燕下屬,以西土閑漢多年往來勤實著稱者,首譯所排定者也。渡江後始入把,而皆來待於平壤。"②又純祖二十五年(道光五年,1825),隨冬至等三節年貢兼謝恩使李勉昇入燕的佚名作者所撰《隨槎日録》載,自入栅前徵集下人,"俱是西關人,而使臣發行前,預爲入城,圖得三使臣陪行差備以爲隨去,而亦有厚薄寠,不得此寠,則雖軍官、伴倘自願隨去"。③

又哲宗元年(道光三十年,1850),隨進賀謝恩兼冬至等三節年貢行副使金德喜入燕的權時亨,記載渡江前人馬填咽,場面混亂曰:

> 所謂各房下人勸馬聲,一似啞者之學唱,耳不堪聽。蓋使行時各班下人,初不以官隸陪把,自前以來兩西沿邑游食之徒,或爲觀光,或爲買賣,左請右囑,圖此名色,故其生疏如此,不覺令人失笑。④

又高宗七年(同治九年,1870),冬至等三節年貢兼謝恩行副使徐相鼎,十一月初二日,在黄州。其曰:

> 下人之赴燕者,首譯例於此擇定,副房屬乾糧馬頭姜國龍(義州)、安仁楫(義州),書者金昌顯(定州),轎馬頭金五福(宣川),左牽曰再玉(義州),籠馬頭金寶同(龍川),日傘金仁學(郭山),引路金五鳳(平壤),軍牢高學山(平壤),馬頭使唤尹時亨(宣川),籠馬頭使唤桂福禄(宣川)。⑤

上述義州、定州、郭山、平壤、宣川諸地,皆屬於"西路"。又哲宗九年(咸豐八年,1858),冬至等三節年貢兼謝恩行書狀官金直淵,記十一月二

①　〔朝鮮〕金景善:《出疆録》,《燕行録全集》(第72册),第426頁。
②　〔朝鮮〕洪致聞、趙文德等〔原作洪致聞〕:《丙辰苦塊録》,《燕行録續集》(第121册),第63頁。
③　〔朝鮮〕佚名:《隨槎日録》,《燕行録全集日本所藏編》(第2册),第25頁。
④　〔朝鮮〕權時亨:《石湍燕記》卷一,《燕行録全集》(第90册),第334—335頁。
⑤　〔朝鮮〕徐相鼎:《燕槎筆記》,《燕行録續集》(第143册),第449—450頁。

十五日在義州搜檢曰:

> 西關入北者,蓋多無賴之輩,欺騙之徒,而課年此行者作貨寶,故百方圖囑,濫數入去,多少弊端,皆由於此輩,大可辱國,小則取侮。今行自首譯以下,所帶各有定數,各懸保主,上副廚房不緊名目,舉皆刊落,比前減百餘人云。①

由上舉諸例可知,燕行下隸輩多在兩西地區擇定,奴子等多爲使臣自選,而驛卒與驅人,則爲驛馬與卜刷馬等配定歸誰,則驛卒與驅人等自然隨馬歸之。如金昌業謂"是日,上副兵房軍官同點視驛馬,先擇駕轎馬,以其餘分把一行,余得襄陽驛奴業立馬"。② 另一種選擇法,就是使臣自己擇定下人,李商鳳對此有詳細記載。其曰:

> 余在京時,已以能不怙勢作弊之人至西路擇定事,申托吳正矣。至是以黃州奴終之,平壤奴惠文見……遂以惠文爲定,使之先到平壤治行追到。驛奴之赴京者,舉皆碎頭。而至於書者馬頭、乾糧馬頭、籠馬頭,尤稱好差。書者則已以世八爲定,而馬頭、籠馬頭姑未定,至是吳正又舉青丹驛奴五莊差馬頭,與惠文並成給草料。三房則籠馬頭兼乾糧,爲任尤緊,吳正、柳君尤難其人。順安奴德亨有邑宰申囑,故使之來現,眸似不良,姑使來待灣府事分付。③

這是在漢京時,已經爲選擇下人做準備。由此可知,燕行下人的徵用,主要來源於兩西地區,這主要是因爲這些地區在使團經行之處,且離中國邊境較近,便於徵用與招集。而選擇的方式,則或爲按需由使團分配,或爲使臣自擇別定而已。

2. 燕行使團下隸輩菲薄的資糧盤費

關於燕行使團中的下隸輩的盤纏費用,朝鮮官書記録甚少,而諸家

---

① 〔朝鮮〕金直淵:《燕槎日録》卷上,《燕行録全集日本所藏編》(第3册),第17頁。

② 〔朝鮮〕金昌業:《老稼齋燕行日記》卷一,《燕行録全集》(第32册),第362頁。

③ 〔朝鮮〕李商鳳:《北轅録》卷一,《燕行録續集》(第116册),第528—529頁。

《燕行録》中頗多有記載。如朴齊寅稱赴燕下人,"每名各有應下料銀,比到北京自放料所及乾糧廳畫給,又有自其所居邑,例給資裝米幾石焉"。①而徐有素所記,更爲詳悉,其曰:

> 　　上房乾糧馬頭銀八十兩,馬頭、書者各十五兩,左牽、籠馬頭、日傘、捧持、引路、轎扶囑合九名各四兩,轎馬驅人八名各二兩。副房乾糧馬頭十兩,馬頭十兩、書者五兩,籠馬頭、左牽各三兩,引路、日傘、捧持、轎扶囑各二兩,轎馬驅人六名各一兩。三房馬頭十兩,書者、籠馬頭各四兩,左牽、日傘、捧持各二兩。上房乾糧銀一千三百兩,副房乾糧銀一千二百兩,三房乾糧銀一百五十兩,以此供厨房所費,及此等帖下各用。②

又哲宗六年(咸豐五年,1855),隨陳慰進香兼謝恩使徐憙淳入燕的徐慶淳,記其一路風餐露宿之苦,謂馬頭輩更甚。其云:

> 　　謂馬頭曰:"汝輩真非人也。吾有使役,雇汝往還六千里,則酬直討索必也。十里十錢,而燕行所食,或有銀三四兩者,以銀計錢,錢不當雇,備經風雪,不言苦況,此非心術之病耶?"答曰:"此是小人等誤入也。往來盤費,不過小泉二十吊(謂兩曰吊,柵門以一百六十葉爲一吊,皇城以内以五百葉爲一吊。吊音子焉)。五朔支過,可謂空食,得邊賣(以譯院諸員物貨互爲交易,謂之邊賣)而橫財,則足以資生一年。轎夫囑引路等名色,最爲至薄,此亦縛頭而争圖得緊徑,畢竟納賄而得之,所食有定而賄隨而多,小人等此行亦將不廢而自廢矣。"③

馬頭輩一路盤纏如是之少,而刷馬驅人輩則是少得可憐。景宗即位年(康熙五十九年,1720),隨其父告訃兼請謚請承襲奏請使李頤命入燕的

---

①　〔朝鮮〕朴齊寅〔原作朴齊仁〕:《燕行日記》卷三《附録》,《燕行録全集》(第76册),第332頁。

②　〔朝鮮〕徐有素:《燕行録》卷二"房下人帖下"條,《燕行録全集》(第79册),第306—307頁。

③　〔朝鮮〕徐慶淳:《夢經堂日史》,《燕行録全集》(第94册),第196—197頁。

李器之,於九月初七日在東關驛記曰:

　　是日,刷馬驅人偷乾糧扇四十柄,又盜出醬瓶,仍破其瓶。此輩百惡俱備,雖日日杖之,亦不能禁。蓋自義州但給糧資白紙六十卷,或過瀋陽,而紙已盡,其後則日以偷竊乾糧及胡人家物而爲糧,其勢自不得不如是。①

又朴趾源亦記曰:

　　大抵義州刷驅輩,太半歹人,專以燕行資生,年年赴行,如履門庭。灣府所以給資者,不過人給六十卷白紙。百餘刷驅,除非沿道偷竊,無以往返。②

即便是如此微薄的盤費與紙卷,刷馬人輩也往往不隨身帶去,而是空手入中國。英祖十四年(乾隆三年,1738),進賀謝恩兼陳奏使金在魯,在行前辭闕時奏曰:

　　義州刷馬驅人,爲弊滋甚,此輩皆是無賴之類,自官家有例給之行資銀,而盡給其妻子,渠只以空手入去,在路衣食,專以偷竊爲事,故沿路胡人,如防盜賊,或不無執捉來訴于使行者,其爲貽羞,誠不細矣。官家雖以本銀,直爲資給,其弊猶且如此,況聞灣府或有以雜物計價充給者,或有以舊債計除不給者,此輩臨行,全無所得,則在路作弊,誠無足怪矣。今若使灣府另擇驅人,以其姓名年疤成册來報,俾無換易之弊,而行資銀兩,亦毋得如前苟充以給,使行到府後捧上分給,則似或有一分之益,故已爲行關申飭,而若有朝命,則事體尤重,故敢達。上曰:依爲之。③

------

① 〔朝鮮〕李器之:《一庵燕記》卷一,《燕行録續集》(第110册),第493頁。
② 〔朝鮮〕朴趾源:《燕巖集》卷一二《熱河日記　馹汛隨筆》,《影印標點韓國文集叢刊》(第252册),第184頁。
③ 〔朝鮮〕金在魯:《本末録》卷三七,《本末録》(第3册),第273頁。

驅人輩將盤費留給妻兒,或者因有逋欠而被扣留,故空手而渡江。另一種情況是如此微薄的盤費,也經常爲使行中有力者所剝蝕。英祖十年(雍正十二年,1734),陳奏行書狀官司僕正黃梓,記其於七月二十三日在義州所爲曰:

> 刷馬驅人,渡江之後,作弊多端。蓋刷價路資,不爲准給,萬里之行,空手而去,不察乎此,而欲杜其弊,雖一日千棍,烏可禁止。余自在京時,稔聞此事,故招來三庫別將,詳問刷價出給與否,對以五月已准給。使之備馬以待,而惟運餉庫所出路資,紙姑不給,例爲分俵於柵外云。即令取來見之,短狹粗薄,不直一文,不覺駭然。時與府尹同坐,余具道不可泛過之意,遂曳下別將,猛棍七度,憐其老而止之。①

燕行下人應得之六十卷紙,竟是極其低劣之品。黃梓采取了補救的辦法,七月二十五日,黃氏曰:

> 運餉別將監色並刑推懲罪,紙塊使之折定市中本價,然後無論餘數多少,即爲換銀直納云。則當刻米納銀子二十三兩矣。遂付之該庫別將,柵外分配時,無得喧囂,與白紙一時出給之意,著實知委。②

到了一行入柵後,黃氏即"招掌務官及三庫別將,取來三庫所貿白紙,分給刷馬驅人,人各六十束"。後來考慮到天銀不可破碎均分,黃氏令掌務官知委於驅人輩曰:"紙品甚薄,故銀子二十三兩別爲徵出以來,而今難均分,姑令掌務官賣去,前路當換錢以給,汝等知悉。驅人皆拜。"③故此行因黃梓公平處置,在人馬入柵檢驗時,整飭有序,各負其責,無有喧囂。八月二十四日,一行至寧遠城。黃氏曰:

> 掌務官韓斗賢、放料軍官崔重龜來言,柵外所授天銀二十三兩四

---

①　〔朝鮮〕黃梓:《燕行錄》卷一,《燕行錄叢刊(增補版)》(網絡本),第34—35頁。
②　〔朝鮮〕黃梓:《燕行錄》卷一,《燕行錄叢刊(增補版)》(網絡本),第36—37頁。
③　〔朝鮮〕黃梓:《燕行錄》卷一,《燕行錄叢刊(增補版)》(網絡本),第61—63頁。

分,作錢爲一百六者爲三百。所謂者爲,如我國兩數,而百如我國錢數(大錢一百六十三爲一者爲十六爲一百,小錢倍數),刷馬驅人都計八十一名,每名一者爲三百式分給云。此乃薄紙加欽之銀也。①

乾糧馬頭、馬頭、書者等按級給予銀兩或米糧爲盤費,刷馬驅人等僅得六十卷白紙,而此六十卷紙的薄劣盤費,也往往得不到實數與品質保證,畢竟像黃梓這樣體恤下人的書狀官少之又少,則下隸輩入中國境内後必然艱困饑寒,如不偷竊貪盜,則無以爲生矣。

三、燕行使團對私自越境的防嫌措施與下隸輩的赴燕次數

1. 木牌認證的防嫌舉措與冒替潛入的方式

燕行使團出入國門,雖無今日之護照可驗,但也有類似的身份證明的小牌爲憑據,若無牌出入,便形同私入他國,當負重罪。金景善《出疆録》記一行正月十六日在義州曰:

> 書狀刻署押印於木牌,分佩入北諸卒,例也。②

又佚名所撰《薊山紀程》亦稱:

> 凡赴燕人各有木牌,書某任某姓名一切,著書狀官手押,又録名成册,臨行考點,使無牌者不得混入。③

赴燕人員,人手一牌,在義州行前,烙印造册,以防奸人混入。同時,在渡江之前,按規定在義州還有嚴格的搜檢禁物程式。如憲宗二年(道光十六年,1836),隨至等三節年貢兼謝恩行使團入燕的任百淵,記一行十一月十八日,在義州:

---

① 〔朝鮮〕黃梓:《燕行録》卷一《過瀋録》,《燕行録叢刊(增補版)》(網絡本),第142頁。
② 〔朝鮮〕金景善:《出疆録》,《燕行録全集》(第72册),第428頁。
③ 〔朝鮮〕未詳:《薊山紀程》卷五,《燕行録全集》(第66册),第478頁。

　　飯後，三房點考入北下屬，各給烙印小牌，爲濫入防奸也。又列
印于方物封裏，又於所謂東別堂，閱紙包搜驗灣商私卜。所謂搜驗，
即如幹衣衾襪包等屬，有名無實，甚可笑。①

又哲宗九年（咸豐八年，1858），以冬至等三節年貢兼謝恩行書狀官身
份出使的金直淵，記一行於十一月二十六日在義州搜檢的情形曰：

　　書狀例與灣尹眼同搜檢校閱人馬卜馱，左右設搜檢所，立旗三
處，蓋有禁物現捉者，發于初旗，則棍罰而屬公，二旗則刑配，三旗則
梟首。設法雖嚴，實文具也。②

如果是水路朝天，也需要分發腰牌，以避濫冒。如宣祖三十五年（萬
曆三十年，1602），以奏請行書狀官身份水路出使的李民宬稱：

　　聞義州人冒屬格軍，蓋要財利於登州地方，故分給腰牌，圍束隊
伍，分屬於左右團練，使以防奸禍生事之弊。③

水路朝天，隨行格軍既保衛船隊安全，也兼水手之職，所以他們多携
帶軍器，到了登州則須收繳武器，方能登岸。故李民宬又記一行至登州水
城門外之情形曰：

　　有官人來見，其姓名李惟棟也。揖而就坐，查訪各船格軍軍器，
要開數書給，軍器則收貯船中，勿令帶去。蓋軍門分付也。④

但這種搜檢與發牌尤其是陸路入燕，向來也是例行公事，形同文具，
故濫帶人員，走私物貨，便是稀鬆平常之事。偶有無牌下人混入或因事護

---

① 〔朝鮮〕任百淵：《鏡浯游燕日録》卷一，《燕行録續集》（第 134 册），第 57 頁。
② 〔朝鮮〕金直淵：《燕槎日録》卷上，《燕行録全集日本所藏編》（第 3 册），第
17 頁。
③ 〔朝鮮〕李民宬：《癸亥朝天録》上，《燕行録全集》（第 14 册），第 280 頁。
④ 〔朝鮮〕李民宬：《癸亥朝天録》上，《燕行録全集》（第 14 册），第 317 頁。

送使行,則至通遠堡一帶即行遣歸。徐相鼎記一行至通遠堡後的情形曰:

> 仍不許灣校申之彥、文彥默,通事金麟圭,例爲譏詞赴燕者,無牌
> (凡下人之入北者,例自灣分牌,無者捕之),至此告歸。①

但出於走私謀利的誘惑,總有無牌之人冒潛於使團隊伍中。如趙鳳
夏記曰:

> 凡厨房所屬都卜馬主、放料軍官所屬其餘從人之馬頭及各邑所
> 屬,自前多有不緊之任,渡江時私相買賣,至有換面之事,而無牌之
> 人,亦多潛入,赴燕以後,每以偷竊負債等事,彼人輩呼訴於書狀,至
> 於遮路而訟,以若無賴之輩,空然見笑於異國,豈非大羞恥乎? 蓋赴
> 燕名色,上下所率,行台例爲主幹,故自余率去房下人減額原數,僅以
> 五名定去,各樣不緊名色,並皆減之,呼訴也懇囑也,一切不聽。入燕
> 者例以木牌書某任某姓名,各有烙印,著書狀之手署,而慮或有偽造
> 之弊,故別蹋套書分給,以爲日後辨真贋之資,換面貿入無牌輩之潛
> 越,亦係利寶,何望其一一精率。每年使行時,兩西人存問差任捧債
> 等囑,常所痛惜,發行以後,自高陽至義州,親疏之存問,吏鄉之權差,
> 一不開路,事近迫隘,而自顧何傷,便覺快活。②

使行中下人作弊入燕的方式一般有兩種:一是換人,即名册與木牌中
人,被實際入燕之人所替代,即所謂"換面";一是潛入,即事先即渡鴨綠
江,候在途中,在使團經過時潛入隊伍之中。趙鳳夏此行,自行痛治,故無
請托之煩,亦無作弊之患,然如此公允剛果的書狀官,真如鳳毛麟角,少之
又少矣。

2. 燕行下隸輩的赴燕次數例舉

前已論述,燕行使團中的下隸輩,來自兩西各地,借使團名色入燕,既
是他們從事的行當,更是他們賴以資生的手段,有些人可能是初次渡鴨綠

---

①　〔朝鮮〕徐相鼎:《燕槎筆記》卷上,《燕行録續集》(第 143 册),第 476 頁。
②　〔朝鮮〕趙鳳夏:《燕薊紀略》卷一,《燕行録全集日本所藏編》(第 2 册),第
115 頁。

江,有些人則是多次往返的慣熟老手。對於燕行三使臣而言,如果下人中都是初趨新手,則沿路觸手,事事不諧;若多用老手,則經驗豐富,却狡獪生事,難以管理。故肅宗二十三年(康熙三十六年,1697),隨奏請兼陳奏行一行出使的權喜學記載,四月二十日在義州,使臣招兵裨令之曰:

> 凡人初何嘗明達熟諳,參用生熟,則生者可學習而練熟,驛卒不必取曾行者,擇其年少者,參半而率去可也。①

生熟參半,則既能成事,亦便管理。對於燕行下隸輩而言,有不少人一生都頻繁行走在遼東薊水之間,依此養家謀生。我們在此以諸家燕行録中所記入燕趨數多寡爲次,列舉一些典型事例以明之。

有十餘次往返燕路者　如純祖三十二年(道光十二年,1832),冬至等三節兼謝恩行書狀官兼司憲府執義金景善稱,一行渡江後,將與提携於經歲異域,不容不假之色辭。故"招本房所率諸下人,賜顔問其居住及踐歷,則馬頭大元,居宣川,前後燕行凡十八,官話嫻熟,問以前程,其對如流,且其爲人頗醇勤"。②又如高宗二十四年(光緒十三年,1887),進賀兼謝恩使判中樞府事李承五記載,有崔琦諲者,"是灣人,能華語,爲通詞,前後入燕凡十四次,年今五十三,多子孫,且有曾孫中武舉加折衝階。今又以上判事馬頭隨行至瀋陽,因方物未及留待傳掌,追至中路,見其便面自書述懷,仍步其韻"。③

有二十餘次往返燕路者　如金昌業記其至嘉平館時,"此驛駐元建,前後赴京已二十餘次,屢行書者,而爲人疏脱,不爲驛輩所喜,中間久見廢棄"。④又正祖二十二年(嘉慶三年,1798),冬至等三節年貢兼謝恩行書狀官徐有聞,記其一行之"馬頭雲泰,二十八次出入於北京者也,今行共之以應對"⑤。又哲宗六年(咸豐五年,1855),隨陳慰進香兼謝恩使徐憙淳

---

① 〔朝鮮〕權喜學:《燕行日録》卷上,《燕行録續集》(第109册),第40頁。
② 〔朝鮮〕金景善:《燕轅直指》卷一《出疆録》,《燕行録全集》(第70册),第296頁。
③ 〔朝鮮〕李承五:《觀華誌》卷十《詩鈔　贈崔琦諲》,《燕行録續集》(第147册),第544頁。
④ 〔朝鮮〕金昌業:《老稼齋燕行日記》一,《燕行録全集》(第32册),第356頁。
⑤ 〔朝鮮〕徐有聞:《戊午燕録》,《燕行録全集》(第62册),第219—220頁。

入燕的徐慶淳,記行中有鄭太平者,"上房轎扶囑也。前後入燕凡爲廿餘次,其爲人善飲酒,善華語,質直無僞,故彼人無不情存而款曲"①。

有三十餘次往返燕路者　如英祖四十一年(乾隆三十年,1765),洪大容一行游覽桃花洞,其中書者有世八者,"老於是行,已三十餘次,凡沿途游觀,無不備諳"②。又正祖四年(乾隆四十五年,1780),朴趾源記其行中嘉山人得龍,"自十四歲出入燕中,今三十餘次,最善華語,行中大小事例,非得龍莫可當此任者"。③ 又後來入燕之金景善,在記康世爵事時,亦提到得龍,謂"世爵之初至,客於嘉山驛子,驛子父子皆學漢語,至其孫得龍,以最善華語,自十四歲出入燕中,凡三十餘次,行中大小事例,皆任之云"。④

有四十餘次往返燕路者　如英祖三十六年(乾隆二十五年,1760)出使的李商鳳一行,在平山時稱:"赴京書者世八、左牽禾裏同現身,皆金郊驛奴也。世八有善驅座車,名以三房書者,赴京幾四十餘次。"⑤此世八,即上文朴趾源所提到的世八。又純祖三十一年(道光十一年,1831)出使的韓弼教稱,"義州奴蔡允貴,即上使癸亥奉使時以馬頭從行者,今以上判事舉行,年方五十餘,前後赴燕凡四十餘遭,最善華語,每與彼人對坐酬酌,自外聞之,終不辨彼我之異矣"。⑥ 又朴思浩記一行在灣上所見,有崔去泰,宣川馬頭,"赴燕凡四十七次,彼中游覽處及風謠物情貨窟利竇,洞悉無餘,雖老譯莫能及焉"。⑦

有五十餘次往返燕路者　如肅宗十六年(康熙二十九年,1690),謝恩兼冬至等三節年貢行副使徐文重記:"肅川驛卒平立習于燕行,上使今又帶去,今年五十三,赴燕之數,亦與相當,今已衰老,無復舊時筋力矣。"⑧又純祖七年(嘉慶十二年,1807),隨謝恩兼冬至等三節年貢行出使的佚名

① 〔朝鮮〕徐慶淳:《夢經堂日史》卷二,《燕行錄全集》(第94冊),第174—175頁。
② 〔朝鮮〕洪大容:《湛軒燕記》,《燕行錄全集》(第49冊),第186頁。
③ 〔朝鮮〕朴趾源:《熱河日記》上,《燕行錄全集》(第55冊),第427頁。
④ 〔朝鮮〕金景善:《燕轅直指》卷一《出疆錄　金石山記》,《燕行錄全集》(第70冊),第317頁。
⑤ 〔朝鮮〕李商鳳:《北轅錄》卷一,《燕行錄續集》(第116冊),第516頁。
⑥ 〔朝鮮〕韓弼教:《隨槎錄》卷四《聞見雜識》,《燕行錄續集》(第131冊),第164頁。
⑦ 〔朝鮮〕朴思浩:《心田稿　燕薊紀程》,《燕行錄全集》(第85冊),第239—240頁。
⑧ 〔朝鮮〕徐文重:《燕行日錄》,《燕行錄全集》(第24冊),第168頁。

稱:"赴燕人馬,多在南北,每以今年八月離發,至明年四月還去,程途萬里,曾經數十餘行役者,十之六七。"①

這些下隸輩,常年往返遼路,如出入門庭。然而,對於他們來説,使行所發盤纏遠遠不夠一路的花費,那麼他們的行旅條件如何? 又以何面目進入中國呢?

四、燕行下隸輩之行旅條件與言動行貌

燕行使團入中國後,正、副使、書狀官、其他正官與軍官輩,皆有官服。至於下隸輩,則一路隨意穿着,加之極少洗漱,故風雨冰霜,蓬頭垢面,不成人形。英祖元年(雍正三年,1725)出使前,三使臣入侍時,書狀官趙文命啓曰:

> "衣冠制度重大,而員役輩嫌其添卜,冠服不爲持去,入彼中後,貰著戲子所用高麗樣子帽帶,所見駭然,故胡人亦指點侮笑。今天下中華制度,獨存於我國,彼人之尊敬我,以有華制也。今行小臣已爲申飭,而若無定奪,則似難遵行。請永久定式。"從之。又啓:"義州刷馬雇人等,入彼中後,以偷竊爲能事,衣胡衣、履胡履、食胡食以去,故若見高麗人,則如逢強盜。此非但辱使行,其爲貽羞於國家,莫此爲甚。古之識者,見一人而知其國。此蓋關係風俗之一端。臣意則其中無良者一人,使臣回還時,爲先梟示,似合懲勵之道。但不教之民,猝然行法,亦涉輕遽,預先知委,三令五申之後,猶復如前,則梟示之律,不可不施矣。"上曰:"所奏好矣。第不教之民,不可一時行法。今番申飭後,如有尤甚者,渡江後狀聞處置。日後使行時,則如此之類,先梟示後啓聞。"②

趙文命行前向英祖請示尚方寶劍,但未獲支持,其實朝鮮君臣都清楚,這種做法是行不通的,因爲"衣胡衣、履胡履"不是個別現象,而是普遍

---

① 〔朝鮮〕佚名:《中州偶録》,《燕行録全集日本所藏編》(第1冊),第449頁。

② 〔朝鮮〕《朝鮮英祖實録》卷五,英祖元年(雍正三年,1725)四月二十五日壬辰條。

存在於使行中，法不責衆，斬殺一兩個"無良者"，並不能徹底扭轉這種現象。

燕行使團往返一趟，正常情況下，需要五個月至半年的時間。如冬至使團一般在頭年十月底或十一月初出發，至翌年三月底至四月初返回王京，來往路途，正是冱寒時節。使團渡過鴨江，到了九連城，需要露宿。如肅宗九年（康熙三十二年，1693），冬至等三節年貢使柳命天一行抵九連城露宿。柳氏記曰：

> 十一月二十四日，晴。日氣極寒，雨夜露宿於蒙古帳，比副使、書狀毛帳依幕，頗似廣密，而寒氣透入，一身寒栗，頻以暖鐵替鋪，而猶不得入睡。夜半後……帳外員譯褊袢，環坐呼寒，雨夜寒苦，不可盡言。[1]

又如英祖三十一年（乾隆二十年，1755），冬至等三節年貢兼謝恩行副使鄭光忠，記一行于臘月二十九日抵九連城曰：

> 一行員役，只設帳幕，聚會經夜。至於下卒輩，則或沿溪炊飯，依草爲幕，或伐木放火，屯聚圍坐，以禦夜寒，想其情事，彼亦以官事來者，不勝湣憐。至夜半，恐有虎患，吹角吶喊，以爲逐虎之計，而塞上寒夜，邊聲甚苦，戀君思鄉之懷，無異從軍，而與渡江時，不啻倍蓰矣。[2]

翌日即爲臘月三十日，是日大雪。除夕之夜，本是家人團聚温馨歡快的日子，但使團下人仍需露宿。鄭氏稱"一行諸人，雪裏露宿，顔色皆凍，全失人形，未有怨聲，王事之重，從可知矣"。[3]

當一行長途奔波，抵北京後，住宿的情況也不容樂觀。如金昌業記一行于臘月二十七日，入玉河館。二十八日，風少止而寒甚於昨日，然"一行

---

① 〔朝鮮〕柳命天：《燕行日記》，《燕行録全集》（第 23 册），第 430 頁。
② 〔朝鮮〕鄭光忠〔原題未詳〕：《燕行録》，《燕行録全集》（第 39 册），第 13 頁。
③ 〔朝鮮〕鄭光忠〔原題未詳〕：《燕行日録》，《燕行録全集》（第 39 册），第 14 頁。

人馬,露處經夜,僅免凍死,諸裨亦坐而經夜,其艱苦甚於栅外露宿"。①
又正祖元年(乾隆四十二年,1777),進賀謝恩陳奏兼三節年貢行副使李
坤,記臘月二十七日一行抵南小館,"驅人輩以簟爲假家而入接,馬則雖在
雨雪之中,晝夜皆露立庭中矣"。② 又正祖十五年(乾隆五十六年,1791),
以冬至等三節年貢兼謝恩行正使軍官身份入燕的金正中,記一行于臘月
二十三日到館後,"從奴及驅人輩,皆露宿于庭,皇帝軫其寒凛,別造新炕
於城隅,使驅人處焉,此亦大庇之惠也"。③

又純祖十一年(嘉慶十六年,1811),以冬至等三節年貢兼謝恩行書
狀伴倘身份入燕的李鼎受,記一行到館後,十二月二十七日所見的情形
是"下輩皆不免露屯",然"風氣比我國色温暖,而所以許多下輩,得免凍
死也"。④

冬至使入北京,正值隆冬時節。即便夏秋間出使,也不免於雨淋風
侵。如正祖四年(乾隆四十五年,1780),以進賀兼謝恩行正使記室身份入
燕的盧以漸,記一行於八月初一日抵南館。"初三日,請得工人,給價掘
灶,買糖竹蓺火炕,始澂温,今夜才免寒冷。而後園所繫之馬,相號而亂
驤,驅人輩亦多醉酒相鬨,甲軍擊木柝,亂相叫唤,無以穩睡。而聞譯之
言,每夜如是云。"⑤

由上述諸例便可知悉,燕行使團無論在途在館,下隸輩總是處在露宿
經夜而雨雪寒凍的惡劣環境中,這對他們外在形象與精神面貌都產生了
最直接的影響。如朴趾源記曰:

　　　　自渡江以後,不洗面不裹巾。頭髮鬊鬆,塵汗相凝,櫛風沐雨,衣
　　笠破壞,非鬼非人,魓魕可笑。此輩中有十五歲童子,已三次出入,初
　　至九連城,頗愛其妍好,未到半程,烈日焦面,緇塵銹肌,只有兩孔白

　　① 〔朝鮮〕金昌業:《老稼齋燕行日記》二,《燕行録全集》(第 32 册),第 559—
561 頁。
　　② 〔朝鮮〕李坤〔原題李押〕:《燕行記事》,《燕行録全集》(第 52 册),第 407 頁。
　　③ 〔朝鮮〕金正中:《燕行録》,《燕行録全集》(第 74 册),第 172 頁。
　　④ 〔朝鮮〕李鼎受:《游燕録》卷八《日記四　留館上》,《燕行録續集》(第 125
册),第 160—161 頁。
　　⑤ 〔朝鮮〕盧以漸:《隨槎録》,《燕行録全集》(第 41 册),第 85 頁。

眼,單袴弊落,兩臀全露,此童如此,則他又無足道也。^①

又李商鳳記其在往九連城的路上,所騎之馬受驚。其曰:

　　余之所騎,忽驚却,鞭而不前,視左右輪城驛子,披玄狗衣,戴白
氈笠,執鞭而立。余顧謂惠文曰:"此馬見這樣人,尚有驚氣,若入栅
後,日見胡人,驚必倍矣,將奈何?"吴正曰:"雖家丁賤胡,無如此凶怪
之輩,無異乎馬之驚也。"左右皆笑。^②

又李器之記曰:

　　刷馬驅人,自渡江後,皆不洗面,塵垢滿面,且皆露頭而行,其狀
若神鬼。大人使之梳頭盥面,著網巾氈笠,朝朝拜見。^③

又純祖三十一年(道光十一年,1831),以謝恩行正使打角身份入燕的
韓弼教記曰:

　　我國驛卒,一渡灣河,專以竊盗逃債爲能事,不洗面,不著巾,頭
髮鬤鬆,衣笠破壞,塵汗相凝,非鬼非人,而所經鋪店,或窺窺市肆,或
欺取寶玩,雖敝屣破器,必偷乃已。奉使者固不能悉其奸狀,雖或禁
之,而全没着羞耻,亦不悛習,故徒手而往,無一錢之資,及其還也,無
不被裘而擔貨,皆此術也。是以彼人若遇我行,則畏如虎豹,避如蛇
蠍,必交警防守,號以槍盗焉。^④

李器之謂其父李頤命强制刷馬驅人輩,梳頭盥面,着網巾氈笠,以注
意形象。但絶大多數使團中的下隸輩,由於一路風餐露宿,衣衫破敗,又

　　① 〔朝鮮〕朴趾源:《燕巖集》卷一二《熱河日記　馹汛隨筆》,《影印標點韓國文
集叢刊》(第252冊),第184頁。
　　② 〔朝鮮〕李商鳳:《北轅録》卷一,《燕行録續集》(第116冊),第582頁。
　　③ 〔朝鮮〕李器之:《一庵燕記》卷二,《燕行録續集》(第111冊),第162頁。
　　④ 〔朝鮮〕韓弼教:《隨槎録》卷四《聞見雜識》,《燕行録續集》(第131冊),第
186頁。

無條件梳洗打扮,所以人形如鬼,能使馬驚,再加上沿路搶劫,無惡不作,因此他們在中國人眼中的形象,就是"强盜"而已。那麽,他們何必如此風霜雨霖、忍饑受凍而又心甘情願地無數次奔赴異域呢?

五、燕行下隸輩作奸犯科之種種

燕行下隸輩之入中國,既無足够的盤纏費用,又無優裕的行旅環境,其在途在店,作奸犯科之種種劣迹,可謂五花八門,無惡不作。試分述之如下:

1. 在途在店,既搶又偷

燕行使團中下隸輩,從朝鮮境内開始,就從馬匹、銀兩、扇子到食品與日用百物,偷盜成風,無物不竊。如:

有偷盜馬匹銀兩者　顯宗五年(康熙三年,1664)二月十七日,謝恩兼陳奏行正使洪命夏一行,在朝鮮金川驛。"方物載馬十三匹,驅人持馬逃走,不得已,仍留。"十八日,洪氏等"構狀啓草,刷馬驅人糧絶,或賣食器,或賣衣以食,所見衿惻,令本官除出管餉穀,分給若干糧料"。① 又如顯宗四年(康熙二年,1663),陳慰兼進香使朗善君李俁一行,七月二十五日,在禮部受下馬宴,"撤床之際,副使軍官鄭夢得奴子,銀楪偷竊,見捉於彼人。故書狀歸館後,捉入其漢,決棍十五度"。②

有偷盜行中方物、乾糧、衣物與飼料者　如肅宗三十八年(康熙五十一年,1712),以謝恩兼冬至等三節年貢行副使尹趾仁軍官身份入燕的崔德中,記一行至狼子山站,"點檢卜馱,輸入院所,則一人偷食艮醬後,破其盛器,欲掩其迹,極可痛惋,決棍三度。一人則去其皮裹,任其所之,不肯入院,又決棍三度,使之換馬後退出其人,此後則乾糧載馬皆入院之意,嚴飭領將後退宿於私家"。③ 又記翌年正月初五日,留玉河館。"一行同是一國之人,人心不淑,夜則脱去馬勒,亦偷衣服,而無計搜捕,極可痛駭"!④ 又景宗四年(雍正二年,1724)夏秋間,以進賀兼謝恩行副使出使

---

① 〔朝鮮〕洪命夏:《燕行録》,《燕行録全集》(第 20 册),第 250—251 頁。
② 〔朝鮮〕李俁:《朗善君癸卯燕行録》,《燕行録全集》(第 24 册),第 417 頁。
③ 〔朝鮮〕崔德中:《燕行録》,《燕行録全集》(第 39 册),第 455 頁。
④ 〔朝鮮〕崔德中:《燕行録》,《燕行録全集》(第 40 册),第 30—31 頁。

的議政府左參贊權以鎮，記一行在北京，四月"丁酉，瀋陽人持方物始到。己亥，改裹方物，四十六束紙，爲刷馬人所偷去云"。① 又李器之記，一行於九月初七日在東關驛，"刷馬驅人偷乾糧扇四十柄，又盜出醬瓶，仍破其瓶。此輩百惡俱備，雖日日杖之，亦不能禁"。②

又肅宗九年（康熙三十二年，1693），冬至等三節年貢使柳命天一行，二月初十日，宿永平府。稱昨日在沙河驛站，"刷馬驅人輩，以主家草麻子爛擣者，誤認爲黑豆擣口者，偷取而來，和馬粥而饋之"。結果，馬匹中毒，四匹相繼而斃。③ 所幸人員無恙而已。

又如英祖三十六年（乾隆二十五年，1760）入燕的李商鳳，記一行在小黑山時，"聞有毆人聲出自上厨房，詰其由，伴倘柳聖宅察乾糧，而民魚及馬鐵爲驅人所偷，不耐其憤，曳其髮而拳之"。④

有偷盜沿路餅餌、餳糖等物者　燕行使團中的下隷輩，行走在遼東半島上，沿途腸饑，往往乞食爲計。如李器之計一行到瀋陽西門，"始入去，見酒食鋪中一驅人入去，指口指腹乞食，店主以餅給之。蓋此輩皆能漢語，故作此態以爲乞憐之計，極可痛駭"。⑤ 乞討所得，往往無多，不能果腹，則繼之以偷。

又如姜浩溥記一行到太子河前時，"見一胡荷丈餘，橫杠兩端，懸巨筐垂之而來，問之即賣餳者也"。結果使行中驛卒數十餘人齊出，人人攫奪，俄頃而兩筐罄，"賣餳者收拾空筐而去"。⑥ 有時，這些人還有預謀地結夥搶劫。如朴齊寅記曰：

　　　　下隷輩之生弊於彼境，非徒此類，又有一段可憎之事。衆漢輩結隊登途，行逢果實餅餌之坐賣者，一漢先到鋪前拿取果餌，不償一文，白地取去，鋪主忿不勝，踉踉追去，那漢另力趄走，鋪主亦趄追而去，鋪空無主，果餌擺列，後來衆漢，次次追到，恣意攫取，東走了，西走了，這一個鋪主那得抵當，無奈趄不得喝不得，噓唏還鋪，詬罵不已。

①　〔朝鮮〕權以鎮：《癸巳燕行日記》，《燕行録全集》（第35册），第132頁。
②　〔朝鮮〕李器之：《一庵燕記》卷一，《燕行録續集》（第110册），第493頁。
③　〔朝鮮〕柳命天：《燕行日記》，《燕行録全集》（第23册），第500頁。
④　〔朝鮮〕李商鳳：《北轅録》卷二，《燕行録續集》（第117册），第97頁。
⑤　〔朝鮮〕李器之：《一庵燕記》卷五，《燕行録續集》（第112册），第115頁。
⑥　〔朝鮮〕姜浩溥：《桑蓬録》卷二，《燕行録續集》（第112册），第492頁。

　　今則彼人輩明知我隷輩心曲，若逢掠攫之患，則初不趕追，佯若不知，自以爲與其失於衆漢，寧失於一漢，恬然坐失，認以例套，良是羞愧。①

　　這種相聚搶劫，爲下隷輩認爲例套，沿路頻繁偷竊，遼東人遇到者，餳屬餅餌之類，被搶劫一盡，只能自認倒楣矣。

　　有偷盗瓜果梨桃等水果者　如李器之記一行入山海關，出蓮花莊時。"路邊有賣梨人，持筐來訴於兩轎前，言朝鮮房子們盡奪食筐中之梨云。大人使馬頭輩傳言當治罪，而終不得究核。"②又金賢根記一行至盤山，見"城外人家，朱李丹杏方熟，有桃擔而賣者，從人争買啖之。樹在路旁，下輩或有偷摘者，禁之不得，被覺於明女，叫嚷不休，亦可笑也"③。

　　有搶奪宴席酒菜者　如正祖十五年（乾隆五十六年，1791），冬至兼謝恩使光恩副尉金箕性一行在北京，正月二十二日，禮部下馬宴訖，金氏記當時情形稱："我國下卒之弊，一口難説，而至於今日宴席，尤有所萬萬可駭者。下卒輩屯聚以立於庭傍，將退床之際，使我行下卒退床云，則十百爲群，争先攫取，行中諸人之床盡覆，廳事喧聒塞耳，已成年年例套，禁戢無路，此豈不貽笑於異國耶？"④這種搶奪上、下馬宴酒菜，有時還會夾進來北京的下隷輩，也一起哄搶，互相笑話對方，成爲一種風氣。

　　有公行剽掠甚至殺人越貨者　高宗十六年（光緒五年，1879），以謝恩兼冬至等三節年貢行副使身份出使的南一祐，記一行十二月二十三日在豐潤的情形曰：

　　　　兩家店五里，見戴破笠穿麻屨三五作行者，問是騙賣驅人，此即清北游食不恒之徒，渡鴨水則不怕彼人，不畏國禁，酗駡毆鬥，欺人偷竊，易致生釁，今番自灣府痛禁，至有捉囚，此輩不由鴨水，迂路潛渡，匿影私迹，及至皇城近地，如是橫行，不覺痛惋！⑤

　　① 〔朝鮮〕朴齊寅〔原作朴齊仁〕：《燕行日記》卷三《附録》，《燕行録全集》（第76册），第337—338頁。
　　② 〔朝鮮〕李器之：《一庵燕記》卷二，《燕行録續集》（第111册），第33頁。
　　③ 〔朝鮮〕金賢根：《玉河日記》，《燕行録全集日本所藏編》（第2册），第80頁。
　　④ 〔朝鮮〕金箕性：《燕行日記》，《燕行録全集日本所藏編》（第1册），第336頁。
　　⑤ 〔朝鮮〕南一佑：《燕記·盛京隨筆》，《燕行録全集日本所藏編》（第3册），第385頁。

　　這批人基本上就是三五成群騙賣作奸的職業騙子。又如景宗元年(康熙六十年,1721)謝恩行副使議政府左參贊李正臣,記一行於四月初十日在瀋陽時,"刷馬驅人李命男,到遼東十里堡偷出上乾糧物件,爲同伴驅人所發覺,恐被罪責,至於縊死"①。

　　又朴趾源謂大抵義州刷驅輩,"全没羞恥,公行剽掠,每夕入店,百計穿窬,故店主所以防警之術,亦無所不至。去年冬至使行時,有一灣賈,潛越銀貨,爲刷驅所殺,兩馬皆縱輊還渡,各入其家,則以馬爲驗,乃得抵法云,其凶險若此"②。

　　這些人附着在使行隊伍當中,若即若離,他們不僅沿路偷搶中國物貨,也順手偷盜使團的乾糧銀貨,以至發覺之後又自縊者,又以馬爲驗才緝得真凶,其沿途欺人偷竊,甚至傷人性命,其行爲已經是有組織有預謀的犯罪了。

2. 沿路生梗,哄鬧打鬥

　　燕行使團隊伍龐大,散漫無章,刷驅下隸輩,行來無聊,即生梗惹事,打架鬥毆。如金直淵記一行十月二十九日至平山,見"驛卒毆打邑隸,吏奴輩皆逃躲,蓋有宿嫌,每于使行時,尋事起鬧,拳踢交加云。捉入驛吏嚴飭,始得止鬧,然驛卒都是悖類,到處徵索,多少作弊,可痛也"③。

　　這是在朝鮮境内,驛卒到處徵索,率性毆打吏奴輩,到了中國境内,依然如此。如韓德厚記一行於十一月十四日,抵東關驛後:

> 　　刷馬驅人姜世英,酗酒相鬥,遂拔劍刺胡人或至死境,群胡鬧至欲發千于知縣,不免生事,於使行極爲驚駭。姑先嚴刑,以緩其怒,仍令譯輩,多般彌縫,僅得無事。而義州驅人輩,本來暴悍,一入彼地,偷竊爭鬥,靡所不有,輒生事端,爲弊不一。④

　　這是刷馬驅人酗酒鬧事,刺傷清人幾至於死地。他們在遼東半島沿

---

　　① 〔朝鮮〕李正臣:《燕行録》,《燕行録全集》(第 34 册),第 230 頁。
　　② 〔朝鮮〕朴趾源:《燕巖集》卷一二《熱河日記　馹汛隨筆》,《影印標點韓國文集叢刊》(第 252 册),第 184 頁。
　　③ 〔朝鮮〕金直淵:《燕槎日録》卷上,《燕行録全集日本所藏編》(第 3 册),第 14 頁。
　　④ 〔朝鮮〕韓德厚:《燕行日録》,《燕行録全集》(第 49 册),第 389—390 頁。

路,尋釁啟鬥,靡所不有。即使在無事時,他們也會生梗惹事,以爲樂趣。"到站又與店保輩爭閧,以致擾聒"。"乃以爲不如是,長途疲勞,無以寓心做行云云"①。這些純粹是無故起釁,以求圖樂。下隸輩常常還無賴訛詐,以省盤費。如金正中記一行至沙陵河,橋圮水長,人皆病涉,河邊清人以大車濟衆,凡一人收車税五分錢。一行中驅人輩,乘車渡河後皆不出錢,疾步逃走,金氏稱"此輩之惡習,極可痛也"②。

而在大多數情況下,往往是因細碎之事,即起糾紛,然後生事鬥啟。如權以鎮記一行從沙河所至寧遠衛道途中,"上使刷馬人與清人在路相鬥,佯若垂死,首譯爲辨訟,入知州所,知州李增惠欵待之"③。刷馬驅人裝死鬧事,一直告到公堂。

又李恒福記稱:"四月十五日,欲過宿沙嶺,驛人不肯發車馬,因致相詰,譯官李雲祥頭顱擊破,流血被面,我人因毆唐人一名,鞭瘡滿背,遂成戰場,不得發行。"④這是因驛人不肯發車馬,導致一通亂打,以致耽誤行程。

又金景善記一行於四月二十六日,行至大淩河堡。"日出後,飯罷欲發,書者轎馬夫輩與店主相鬥,店主稱以被打,關門不許一行發行,上判事馬頭萬端開喻,不可挽回云,言于三房查治其首犯者,以謝店主,而饋二丸,使之開門,始離發。"⑤又金氏記回還途中,一行於二月二十九日,宿迎水寺。"早發,店主以上房之不給房錢,鎖門不開,正使拿入乾糧、馬頭決棍後,出付店主,使之捧錢,而即令開門,店主不聽,乃令打破門扇,則店主始懼而開門,日已晚矣。"⑥

使團下隸輩與沿途房東發生糾紛,多半是因爲少給房錢,或者與店主鬥啟,或者打破店門,導致行程延誤。又金昌業一行在玉河館,其正月三十日記曰:

---

① 〔朝鮮〕朴齊寅〔原作朴齊仁〕:《燕行日記》卷三《附録》,《燕行録全集》(第76册),第338—340頁。
② 〔朝鮮〕金正中:《燕行録》,《燕行録全集》(第74册),第298—299頁。
③ 〔朝鮮〕權以鎮:《癸巳燕行日記》,《燕行録全集》(第35册),第145頁。
④ 〔朝鮮〕李恒福:《朝天日乘》,《燕行録全集》(第8册),第501頁。
⑤ 〔朝鮮〕金景善:《出疆録》,《燕行録全集》(第72册),第530頁。
⑥ 〔朝鮮〕金景善:《燕轅直指》卷五《回程録》,《燕行録全集》(第72册),第188頁。

　　穩城驛卒李貴,今月初一日被毆于刷馬夫金洛乞者,傷左眼廢明,今日始告,門閉後,三使臣出坐前堦,捉入洛乞,刑訊一次,同鬥刷馬夫崔可仁決棍十度,杖時諸驛卒列立,一時發聲叫打,蒙古據墻而見之,有驚駭之色。①

　　這是使團中的驛卒與刷馬夫之間的鬥毆,以致打瞎了左眼。此類事件在燕行使團中屢屢出現,以致處爲常事而見怪不怪了。

3. 欺瞞行中,克扣行資

　　燕行使團中的下隸輩,雖然不掌握行中不預備銀之類的大宗銀兩與貢品等,但他們也能够通過克扣盤纏費用、柴糧米麵、馬匹飼料等,來填充私囊,或貪口食之欲。如金昌業稱:

　　　　崔德中偶入來,言昨日同金中和受馬蒭,上房書者例執其權,孝石受略于胡人,以輕爲重,次通官金元厚覺之,謂吾輩曰:"朝鮮人用奸如此,而每以馬蒭蒭之不足咎我,何也?"吾輩相顧無言。一馬所給七斤蒭,而常以五斤受之,計前後所縮,幾至數萬斤,元厚使供草者盡充其數。以此見之,凡館中用奸之事,可知皆我國人所爲云。

　　　　又謂厨房饌物,皆乾糧馬頭買入,而無不倍其直,耗失不貲,雖逐事嚴察,而見欺者猶多,且爭價之際,此輩輒言上房所買亦如此,援以爲證,此又難處云,其微意可見。蓋上房乾糧馬頭名大直,龍川驛奴也,以利媚譯輩,連差此任,遂得事知名,而爲人陰匈多慾,此輩所爲,有不可詳。②

　　諸家燕行録中,的確有不少記載稱,中國方面館所或驛站克扣草料者,通過金昌業的記載可知,其中多爲朝鮮下吏輩從中作梗,以謀私利而已。厨房所需柴油米麵之類,乾糧馬頭在購買時,也往往倍直以報,而稱中國物價昂貴,以欺殆行中。又金正中記一行在范家莊:

---

　　①　〔朝鮮〕金昌業:《老稼齋燕行日記》四,《燕行録全集》(第33册),第154頁。
　　②　〔朝鮮〕金昌業:《老稼齋燕行日記》四,《燕行録全集》(第33册),第154—155頁。

是夕,使家問刷馬成册凡馬死者七八,提入驅人輩四名,各決棍七度,領將又決棍十三度。蓋領將執其柄,任其幻弄,使買賣居間討食,其馬死云者,佯死也,故受棍倍於他人。①

驅人與領將合謀作弊,假報刷馬死者七八。一行到沙河所朝炊畢,金氏記曰:

將臨發,見一馬自店中踴躍出來,與一行諸馬聳起相磨,似有不捨之意。余怪而問之際,店豎出門牽而入,僕夫告余此是朝鮮之馬也,義州某驅人初來時賣此馬於此店,主人因誣告行中曰馬病死,行中皆信不疑,孰知是馬之生在,驢騾同槽,日夜嘶風,有丘狐東首之思乎!②

原來這些謊報已死的馬匹,實際上被賣給中國人以謀利取。又如李器之記一行於十二月初四日,返二里店至中前所時,“刷馬皆病疲,驅人輩個個獰悍巧惡,但買酒食而自吃,終日不喂馬,是以馬多顛僕,決難作行”③。對於這些酒鬼,不鬧事已經算是正常了。

4. 買賣行貸,謀取暴利

燕行下隸輩,雖無雄厚資財,但他們赴燕期間,也私帶物貨,從中漁利,或者是稱貸買賣,以謀錢物。如書狀官韓德厚,記其於九月初七日,同灣府出往鴨綠江頭搜撿一行人馬卜物,分排軍校列江心門,以禁雜人。搜查的結果是:

上副使寢籠衣籠則不搜,其餘乾糧雜卜譯輩私馬諸卜,一一撿看之際,上使乾糧馬頭郭山館奴萬中,潛藏天銀一百十二兩於餅擔裏,放料譯官劉聖錫雇人世俊,亦藏天銀二百兩于私卜中,首先見捉,並嚴刑一次,初欲梟首江上,以少警邊關,倉卒難以詳覆,囚禁灣府以依

---

① 〔朝鮮〕金正中:《燕行録》,《燕行録全集》(第 74 册),第 287—288 頁。
② 〔朝鮮〕金正中:《燕行録》,《燕行録全集》(第 74 册),第 295—296 頁。
③ 〔朝鮮〕李器之:《一庵燕記》卷五,《燕行録續集》(第 112 册),第 69 頁。

律勘斷之意,附陳于渡江狀啓。①

　　這是携帶銀兩,以圖走私牟利。又如英祖十六年(乾隆五年,1740),以謝恩兼冬至等三節年貢行書狀官身份入燕的洪昌漢,記一行在館期間,於翌年正月"十八日,副房馬徒俊元以丁銀五十兩,買來禦乘馬于二王家,色白而絕大"。② 二十四日,又記"上使使俊元輩連買胡馬而來,價至賤,步好之馬,不過數十兩銀,騾驢之價極高,中下品之騾價,不下三四十兩,稍大之驢,亦不數十兩可異,以此行中買馬者甚多云"。③ 此可見使團中私買馬匹,從正使至刷馬徒都有參與,上梁不正,則下梁之歪也必矣。

　　正因爲可以謀取暴利,所以有人不惜重賄使臣,希冀被選中,携帶入燕。如仁祖十四年(明崇禎九年,清崇德元年,1636),以冬至聖節千秋兼謝恩行書狀官身份出使的李晚榮稱,按例赴京書狀官帶率軍官奴子各一人,而家無壯奴,又無相知人可合帶去者,於是請托賂遺者,極其紛遝。一日,李氏罷衙還家,幾案上有一裹物,乃朱姓人,欲代奴子赴京者所納,計白金一百二十兩,色段二十匹,并稱此未准二百金例價,當復畢納。④ 以"二百金"賄賂使臣,則其赴燕走私謀利所得,必當遠高於此,否則決不可爲。

　　大多數的下隸輩,並沒有銀兩可持以購燕貨,所以到北京後,就到處稱貨,蒙混拐騙,以爲日常。如趙鳳夏記曰:

　　　　自前驅人馬頭驛卒輩,皆裹足入燕,赤手空拳,留館月餘,亦不無浮費之處,自相推貸于同行諸人,而不料渠力,先執彼人之物貨,遷延挨過,回期隔日,則或隱避,或逃走,或以再行充報之說欺之,給貸者督報,買賣者索價,紛拿不息,徹宵崇朝,至有挬曳詬辱,奪衣奪物之境,爭訟于三房,遮車而呼訴,光景極駭,大爲我國之羞恥云。⑤

----

① 〔朝鮮〕韓德厚:《燕行日録》,《燕行録全集》(第49册),第342頁。
② 〔朝鮮〕洪昌漢:《燕行日記》,《燕行録全集》(第39册),第104頁。
③ 〔朝鮮〕洪昌漢:《燕行日記》,《燕行録全集》(第39册),第107頁。
④ 〔朝鮮〕李晚榮:《雪海遺稿》卷三《崇禎丙子朝天録序》,《韓國文集叢刊續》(第30册),第71頁。
⑤ 〔朝鮮〕趙鳳夏:《燕薊紀略》卷三,《燕行録全集日本所藏編》(第2册),第149頁。

爲了避免這種現象的出現，趙鳳夏此番入燕，嚴禁濫人之入館中，故無此光景。然大多數情況下，開市之後，往往彼我濫入，物貨出入而無禁。如尹程記曰：

> 蓋外藩人之赴京者，皆不許任其所之，而至於我東人，則自譯官至馬頭私商輩近數百人，遍行城内外，馬頭輩則或爲賣蔘，納交於士夫家，其中慣熟者，或持如干土産，往謁所親某某宅，甚者或間候内庭，其欣欣欽無異出家奴之還歸，及其發行也，又往告歸，則其内外俱有如干贐物必饋饌云。今以吾儕言之，交結朝士，竟日會穩有如是焉，可謂中外一家也。昔日明世宗令朝鮮使臣出會同館游覽，謁太學，朝鮮奏求律管，許遣樂官赴京教習，以導聖朝禮樂。其後大清立國，出館任行之節依舊不革，但經夜出宿則禁之。①

門禁如同虚設，下隸輩隨意出入，遍行城中，私相買賣。有的則貸款於人，而到期又無法償還。如金景善記稱：“下輩以赤手空拳裹足入燕，留館月餘，亦不無浮費需用，或相推貸于同行，又多債負於彼人，率以還延挨過爲上策，今焉行期此迫，賒賣者求償，或不勝憤恨過醉者，有放聲而哭争訟者，至入庭而下。”②此是在館期間，二月初八日，返程至棗林莊宿。初九日晨起，金氏又記曰：

> 曉聞上房有喧嘩聲，問其故，則乾糧馬頭多逋彼人債，暗自發還，故其債主追及於此，入訴正使，正使棍治該馬頭云。③

借貸物貨，債臺高築，臨行之時，一逃了之。又哲宗四年(咸豐三年，1853)夏，進賀兼謝恩使判中樞府事姜時永書一行在館中，時朝鮮廚房下人鄭文奎，於六月二十三日辰時，差遣出城買菜，酉時聞自縊于天橋南堆

① 〔朝鮮〕尹程：《西行錄》卷二，《燕行錄續集》(第 137 册)，第 142—143 頁。
② 〔朝鮮〕金景善：《燕轅直指》卷五《留館錄下》，《燕行錄全集》(第 72 册)，第105—107 頁。
③ 〔朝鮮〕金景善：《燕轅直指》卷五《回程錄》，《燕行錄全集》(第 72 册)，第121 頁。

撥房内，驗尸交于伊甥收殮。姜氏稱：

> 　　鄭文奎即戊申從行者，今亦因乾糧官差出隨來者，而近年連爲入燕，灣府公逋已多，燕市宿欠又積，如昨年北京皷戯塵之銀債三百兩，今行裨傔隷從之銀貨數百兩，皆無以彌縫，竟至於斯云。[①]

鄭文奎因虧損巨大，公私逋欠，竟積銀近千兩，無以彌縫，終至自縊，雖然這是極端的個案，但從中可以窺知燕行下吏輩，雖不如隨團商賈與使臣、譯官等漁利巨大，但也是動輒數百兩銀的生意與積債，則燕行使團與走私團伙，幾無區別矣。

5. 公然行騙，販賣藥丸

燕行使團中的下吏輩，在入中國境内後，行騙的另一種方式，就是販賣清心丸，這種情形在明代少有，入清後逐漸增多，以至後來之泛濫成災。朴齊寅稱西路下人：

> 　　此人輩之期欲從行，非但爲是應下銀兩，始于越江之時，賣取清心丸於義州等處。每丸直文不過一文半，塗染銀箔，强曰清心丸，而其實不知爲何物陳根腐草也。緊裝若個丸藥，始自渡江之初，投入市鋪及閭里中放賣，每一丸討直二三吊小錢，比其還也，皆能牽致一匹騨馬而來，此可謂白吃。究其利竇，寧不願赴。以是之故，原額之外，多有冒入者，每行洽計四五十人。……此輩行賣物件，不過是扇子、丸藥、紙屬等物，至於黄金、人蔘，則別無輸致者，而清心丸最多焉。[②]

這些人在沿路通衢村鎮，有人裝死在地，氣絶抽搐，有人大呼小叫，灌入藥丸，其人遂漸轉陽復蘇，無復病態，中國人見了好奇，稱爲聖藥，莫不有願買之意。"一傳再傳，轉相求買，須臾之頃，衆彙俱舉，而莫不以高價

---

① 〔朝鮮〕姜時永：《輶軒三録》，《燕行録全集》（第 73 册），第 453 頁。
② 〔朝鮮〕朴齊寅〔原作朴齊仁〕：《燕行日記》卷三《附録》，《燕行録全集》（第 6 册），第 332—334 頁。

放賣,以是之故,藥名轉播於彼境,彼人若逢我人,則必索高麗清心丸。"①

清心丸經此夸張的作秀表演後,沿途中國人遂争相購買,真假難辨,假多真少,然直到清季,使團中下人仍在販賣清心丸。實際在燕行使的記載中,筆者從未遇到過一例中國人用了清心丸而治癒重病的例子。②

六、燕行使團對下隸輩違法行爲的懲治措施

朝鮮使團中的下吏輩在中國境内的偷盗行竊、公然詐騙等行爲,嚴重影響到了中國人對朝鮮人形象的認識,朝鮮君臣也充分認識到了這一點並深惡痛絕,但又莫可如何。如仁祖二年(天啓四年,1624),申達道(1576—1631)曾上疏痛陳時弊,其論使行下隸輩曰:

> 大小使行,既有各官騶率,而羽笠丘從,雙雙其間。書者馬頭,又隨其後。雖在太平無事之時,不過盛使客之威儀,而美閭里之觀瞻,真所謂虚文而無益於實事者也,況今公私蕩竭之日,尤豈可以書者馬頭等不緊名色,一一責立,徒費列邑之供億,而益添殘驛之痼弊乎!自今以後,雖監兵使及奉命重臣,雙牽馬外,勿許濫帶,如有濫帶者,與濫騎同勘事。③

這種説法,向來有之,但使團下人,已成例規,故仍是年年如故,歲歲濫增。搜檢禁物,也是例行公事,形同虚設,走私物貨,極其猖獗。

在中國方面,對於入境的朝鮮使團成員,也有嚴格的管理措施。如黄晸記一行在瀋陽,看到"守城將揭一張通諭文於院門略曰:朝鮮人許宿札院,而不許入民家,且禁私相買賣及民人輩,或恃强侵虐之弊。而辭語極

---

① 〔朝鮮〕朴齊寅〔原作朴齊仁〕:《燕行日記》卷三,《燕行録全集》(第 76 册),第334—335 頁。

② 關於燕行下吏輩在中國境内販賣清心丸之詳細情况,可參拙文《朝鮮燕行使筆下的"神丹"清心丸》,載李安東主編:《漢語教學與研究》第 9 輯,韓國:首爾出版社,2008 年,第 65—81 頁。

③ 〔朝鮮〕申達道:《晚悟先生文集》卷三《成歡驛復設時陳弊疏》,《影印標點韓國文集叢刊續》(第 18 册),首爾:民族文化推進會,2006 年,第 356 頁。

嚴截矣”。①

到了玉河館，更是門禁森嚴。但因爲對下吏輩把控不嚴，浮浪惹禍之輩，一入中國，便胡作非爲，無惡不作。如前述姜浩溥在太子河前親眼看到下吏輩偷搶清人錫糖的事情，他到了新遼東後，譯官告訴他“驛卒及西路下隸輩入燕中，本來如此，故彼人稱朝鮮人之狡詐强惡，皆搖首云”②。

爲此，使團中有諸多懲罰的措施，以制止此類現象發生，最常見的就是懲杖。如孝宗七年（順治十三年，1656），謝恩使麟坪大君李㴭一行在返程途中，於十一月初七日，投榆關店，館於店舍。其曰：

> 飽聞行路刷馬人等攘奪市肆餅麵，每欲治之，而罪人未得矣。午後，途中有一漢人跪訴，迺刷馬人奪食飴糖，事駭甚，查出所犯人，倍償其直，重杖八十回示行中。③

又如洪大容記一行在玉河館時曰：

> 正月二十日，刷馬軍二人，往隆福寺中，偷貨物現促，反毆貨主至流血，貨主訴于提督，提督大怒，來坐衙門，禁門極嚴。使通官言於使行曰：如不欲猛杖，當移送刑部治之。季父即椅坐於前階，捉兩人入，一時棍打，列立驛隸數十人，高聲檢杖，館中皆震，至十度，皮肉破裂，血流滿地。時衙門隸卒及諸商聚觀者數百人，皆嚬蹙不忍正視，或有涕泣者。徐宗孟倉皇排衆而入，招堂譯傳提督之言曰：兩漢足懲其罪，亟放之。④

此二人被決棍至十五度而赦之。又李器之記在玉河館時，“義州驅人盜上房簏子二軸，賣胡人，副房書者竹南適見告之，故推還其簏，大人使棍五度，此輩所爲多無狀，不可勝杖，且以遠路難行爲怙，亦難猛杖，可痛

① 〔朝鮮〕黃晸：《癸卯燕行録》，《燕行録全集》（第 37 册），第 268 頁。
② 〔朝鮮〕姜浩溥：《桑蓬録》卷二，《燕行録續集》（第 112 册），第 493—494 頁。
③ 〔朝鮮〕李㴭：《松溪集》卷七《燕途紀行下》，《燕行録全集》（第 22 册），第 179 頁。
④ 〔朝鮮〕洪大容：《湛軒燕記》，《燕行録全集》（第 49 册），第 57—58 頁。

愧”。① 又金景善記曰：

> 上房軍官一人，自柵門乘車，故驛馬許其下人騎之，其牽夫昨朝
> 在瀋陽醉倒不省，遂棄之而來云。醉倒誠可痛也，棄而來者，亦不可
> 無懲，往復於正使，捉致其騎之者決三棍，夜深後牽夫始來云。②

在多數情況下，使團對於偷竊違法人員的處罰方式就是現場決棍，如果遇到更爲嚴重的事件，則需上報中國有關方面。如高宗十八年（光緒七年，1881），進賀兼冬至謝恩使判中樞府事任應準，於正月二十一日記曰：

> 留館灣人李德弘，年前潛入洋館，薙髮胡服，多有作奸，與看門人
> 爭閧，捉送禮部，轉付朝鮮館，執繫館内。③

李德弘“剃髮胡服”，有目的有計劃地犯罪，所以使團執其交送禮部，禮部轉付朝鮮館，以便使團回程時押來，在朝鮮判處其罪。又如李民宬記一行水路燕行，於八月二十日，到登州。“二十一日，格軍義男、重立等逃走，緝訪事呈文於軍門，批下海防道。”④朝鮮格軍逃走，事體重大，故只能報請登州軍門，請協助緝拿，繩之以法。

燕行下隸輩作惡多端，還與中國方面的輕罰與縱容有關。如哲宗元年（道光三十年，1850），隨進賀謝恩兼冬至等三節年貢行使團入燕的權時亨，記一行到北京後，十二月二十九日在館，副房轎馬夫兩漢，以馬草不足毆打放料的清朝人，然後稱“蓋彼我人相鬥，則彼人必見打於我隸，而及其告官懲治，則彼俗必扶我而抑彼，故我隸輩行惡尤甚，其綏遠字小之俗亦佳”。⑤ 中國官方本着“綏遠字小”的原則，在處理時往往又偏護朝鮮人，而嚴懲中國人，所以導致此輩“行惡尤甚”。在沿途遇到中國人告狀時，行臣在杖責犯罪人員時，中國百姓也往往替其求情，希望從輕發落。如黃晸記曰：

---

① 〔朝鮮〕李器之：《一庵燕記》卷五，《燕行録續集》（第 112 册），第 29—30 頁。
② 〔朝鮮〕金景善：《燕轅直指》卷二《出疆録》，《燕行録全集》（第 71 册），第 24 頁。
③ 〔朝鮮〕任應準：《未信録》，《燕行録續集》（第 147 册），第 104 頁。
④ 〔朝鮮〕李民宬：《癸亥朝天録》下，《燕行録全集》（第 14 册），第 503 頁。
⑤ 〔朝鮮〕權時亨：《石湍燕記》卷二，《燕行録全集》（第 91 册），第 79 頁。

> 行中刷馬驅人有作罪者，欲施訊杖，則群胡擁前，或合掌而侏傭，或叩頭而喧聒，多少辭意，皆是矜其人挩刑之意，而厥罪不可全赦，故略施數三杖，則胡人輩奔走驚遑，至挩執杖者之手而奪其杖。胡人亦有仁心耶？可笑！①

中國人看到後，就會替犯罪者求情，甚至不忍再打，手奪其杖，因此使臣也經常故作張惶，喊打聲高，而杖打則輕，見到中國人求情，即收杖放人，此類記載很多。也正因爲如此，下吏輩更是得到縱容，愈發偷竊鬥毆，惹是生非，無所不爲。

七、燕行使團下隸輩的積極作用與負面影響

如上所述，燕行使團中的下隸輩，人數衆多，良莠不齊，他們的行爲所産生的作用與影響，大概有如下幾個方面：

其一，燕行下隸輩承擔着使團後勤保障的重要作用。使團中正官所帶傔從外，行中所携帶的貢品、物貨、乾糧、衣服、日用什物等，尤其如冬至使團等還伴有大宗的貿易商團，所有這些都要馬馱車載，需大批隨員照料。而一行沿途的宿眠飯食，也需要大量人員供應。如果没有下隸輩一路的辛勞，則使團失却依托，寸步難行，他們承擔着使團後勤保障的重要工作，是使團的重要組成部分，不可或缺，在燕行史上做出了重大的貢獻。

其二，在近千種"燕行録"中，記載了大量社會百態、山川景致、歷史事件與各色人物，但唯有下隸輩的記載，最爲真切真實，活靈活現，反映出了他們求生謀利的原始狀貌，是"燕行録"中最爲鮮活生動、意趣橫生的記載，也是世態人性斑斕多彩的真實寫照。

其三，連番燕行是下隸輩謀利資生的主要生存方式。燕行下隸輩通過克扣公帑、走私貿易與販賣藥丸等手段，獲取暴利，去時兩手空空，來時牽一匹"轎馬"，幾乎是無本净利，無怪乎他們不避艱辛，以圖燕行。如韓弼教謂"此輩爲利所驅，其言如此，殆不近人情矣"。② 其實也是一種無奈

① 〔朝鮮〕黄晸：《癸卯燕行録》，《燕行録全集》（第37冊），第264—265頁。
② 〔朝鮮〕韓弼教：《隨槎録》卷四《聞見雜識》，《燕行録續集》（第131冊），第200—201頁。

的選擇,對於西路貧迫之地的百姓來説,別無他法以生存,故情願年年頂風冒雪,往返遼東,不過是謀生活口的生存方式而已。

其四,燕行使臣除西路下人外,無其他良民可選。使臣所選下人,本著就近選拔的原則,多從西路擇定。這些下人祖祖輩輩,相承此業,並且漢語流利,可以臨事處理,有利使行運轉。但此輩又多"浮浪不安業之類","不可不另擇",金景善稱爲"此亦赴燕之行一大政"。① 故雖然屢屢有大臣奏請减省員役,但收效甚微。如正祖二十三年(嘉慶四年,1799),正祖召見回還冬至正使李祖源、副使金勉柱。祖源啓奏"行中譯員,多不緊額數,使臣從者及乾糧馬駄太多,有來頭難支之慮,下詢大臣變通宜矣"。正祖從之。② 但實際情况是無他人可擇,只能選擇他們,且无得從减省。故年年歲歲,冒替溢濫,狼狽顛頓,别無良圖。

其五,缺少盤纏與管理失控,導致使團下隸輩在中國境内作奸犯科,無所不爲。下隸輩往返半年只有"六十卷白紙"之類的小小盤費,根本不能支撑他們一路基本生活所需,所以他們在沿途偷吃搶喝,以爲果腹。由於使團人員龐大,貢物與物貨馬隊與車輛,往往拖後數天甚至半月以上,纔能到達北京。下隸輩一路幾乎處於無人管理的失控狀態,恣意偷盗,甚至殺人越貨,而且往往得不到應有的懲罰。

其六,燕行下隸輩的猖狂行爲,也與中國方面的舉措失當有關。每當遇到下隸輩犯罪時,中國方面無論官方還是民間,對他們的偷竊搶奪行爲,也往往礙於情面,體恤屬國,從輕發落,起到了縱容的作用。

其七,使團下吏輩的衣着打扮與犯罪行爲,嚴重影響到使團的聲譽與朝鮮人形象。前已述之,這些下吏輩,蓬頭垢面,不沐不冠,"不巾復不襪,弊葛僅掩膚"。③ 又私販物貨,肆意鬧事,"入市恣醉酗,過店積欠逋"。④ 由於使團下吏輩的諸種惡行,使沿路無論宿站還是村莊,中國人皆視他們爲惡人匪類,白晝夜晚,造成"若見高麗人,則如逢强盗。此非但辱使行,其爲貽羞於國家,莫此爲甚"的惡果。明清時期中國人對"高麗"人的認

① 〔朝鮮〕金景善:《燕轅直指》卷一《出疆録》,《燕行録全集》(第70册),第270—271頁。
② 〔朝鮮〕《朝鮮正祖實録》卷五一,正祖二十三年(嘉慶四年,1799)四月二日庚寅條。
③ 〔朝鮮〕李晚秀:《輶車集》,《燕行録全集》(第60册),第474頁。
④ 〔朝鮮〕李晚秀:《輶車集》,《燕行録全集》(第60册),第475—476頁。

識,即是髒污不堪、窮迫無賴、偷竊搶奪而無惡不爲的形象,"高麗棒子"即是對他們的歧視與蔑稱(關於這一詞語,我們將另文討論)。直到民國初期仍未改變。而在日本侵略中國的十四年抗戰期間,由於日本派遣很多朝鮮人到中國爲戰爭服務,他們窮凶極惡,成爲日本侵略者的幫凶,中國民衆對其恨之入骨,"高麗棒子"這一蔑稱廣泛流傳,成爲輕謾朝鮮半島的代名詞。

總前所論,本文對燕行使團中的下隸輩角色進行了全面的討論。在諸家"燕行録"中,儘管記録者幾乎都是以蔑視戲謔的筆調來描述下隸輩群體,但他們的形象卻最爲鮮活、生動而有趣,是有血有肉的個體。燕行下隸輩主要由朝鮮"兩西"者,即海西(黃海道)與關西(平安道)驛卒與平民組成,他們在使團中起着保障後勤、維持團隊沿途運轉的重要作用。這些下隸輩只領取官方支付的微薄盤費,遠不足以支撐他們在途的日常花銷;而他們寧願風餐露宿、饑迫寒凍地前往中國,是因爲可以攜帶私貨,做走私生意,以謀取暴利,養家糊口;由於行旅條件極差,他們沿路都是蓬頭垢面、衣衫襤褸的醜陋面貌;極度缺少旅費,導致他們沿路偷竊搶奪,坑蒙拐騙,甚至殺人越貨,無惡不作,無所不爲,由此而在中國人心中形成"高麗人"髒污不堪、窮迫無賴、偷竊搶奪而無惡不爲的負面形象,進而影響到在中國人心中存在的朝鮮半島國家形象即羸弱窮困而不堪一擊,人文素養與修爲極其低劣,這種印象一直到二十世紀五十年代,甚至到今日的朝鮮半島國家形象。

在經濟建議取得相當成就的今天,不少中國公民出國旅游,但他們給全世界的印象,就是大肆揮霍,大聲喧嘩,衣履不整,禮貌欠缺,與中國的大國形象極其不符。通過考察朝鮮燕行使團下隸輩在中國境内的言動行貌,照照這些歷史畫面折射出來的有趣鏡像,對我們今天的國人走出國門時的言談舉止,也應有一定的參考與借鑒意義。

(作者:北京大學中文系教授)

論《四庫全書》本《經典釋文》的得失

方向東

摘要：陸德明《經典釋文》今日所存版本有南宋刊宋元遞修本、明葉林宗據宋本影鈔本、清徐乾學通志堂刊本、《四庫全書》本鈔本、盧文弨抱經堂刊本五種。據宋元遞修本點校者，有上海古籍出版社張一弓點校本、儒藏精華編張旭輝點校本；據通志堂本整理者，有黃焯《經典釋文彙校》；皆未涉及《四庫全書》本。本文通過《四庫全書》本與諸本校勘，揭示其得失與參考價值，供研習《經典釋文》者參考。

關鍵詞：《經典釋文》 葉鈔本 通志堂本 《四庫》本 抱經堂本 校勘 得失

唐陸德明《經典釋文》，今有南宋刊宋元遞修本見存，藏國家圖書館，1985 年上海古籍出版社據此影印；明代葉林宗據錢謙益絳雲樓所藏宋本影鈔本，清代據葉氏鈔本，徐乾學有通志堂刊本，盧文弨有抱經堂刊本。對《經典釋文》的整理，黃焯據通志堂刊本撰《經典釋文彙校》，中華書局 2006 年 7 月出版；據宋元遞修本施加點校者，有張一弓點校的《經典釋文》，據《四部叢刊》影印通志堂刊本出校，上海古籍出版社 2012 年 12 月出版；張旭輝點校的《經典釋文》，據《四部叢刊》影印通志堂刊本出校，載北大儒藏精華編，北京大學出版社 2017 年 1 月出版；皆爲《經典釋文》的整理付出了諸多的勞動，有益於學界。筆者在校勘諸種《經典釋文》發現，都未顧及《四庫全書》本《經典釋文》，大概因爲《四庫全書》本因屬轉鈔，沒有校勘價值。其實《四庫全書》本《經典釋文》（簡稱"《四庫》本"）有四庫館臣訂補之功，且早於盧文弨抱經堂本（《四庫全書》成於乾隆四十七年，抱經堂本《經典釋文》刊印於乾隆五十六年），可供研習《經典釋文》者參考，今試論之。

一、對宋元遞修本《經典釋文》的改動與補正

宋元遞修本《經典釋文》因年代久遠版刻脫落之故，有多處墨釘，通志

堂本和抱經堂本已經有所補正，比較諸本，有與《四庫》本補正相異者。例如：

1.《序録》"次第"《三禮》："又記二禮闕遺■■相從。""■■"，通志堂本、抱經堂本皆同。葉鈔《釋文》空白。張一弓、張旭輝二本未出校。黄焯《彙校》云："或補'甚多'二字。"《四庫》本補作"依類"二字。

2.《序録》"次第"《爾雅》："又非■■■次故殿末焉。""■■■"，通志堂本、抱經堂本皆同。葉鈔《釋文》空白。張一弓、張旭輝二本未出校。黄焯《彙校》云："或補'老莊比'二字。"《四庫》本補作"記傳之"三字。

3.《序録》"注解傳述人"："孔子作象辭象辭文言繫辭説卦序卦雜卦■■十翼。""■■"，通志堂本同。葉鈔《釋文》空白。張一弓本未出校。張旭輝本出盧校。黄焯《彙校》云："盧補作'是爲'二字，或作'共爲'。"《四庫》本補作"共成"。

4.《序録》"注解傳述人"注文："先儒説重卦及爻辭爲十翼不同解見余所撰■■。""■■"，通志堂本、抱經堂本同。葉鈔《釋文》空白。張一弓、張旭輝二本未出校。黄焯《彙校》云："或補'説内'二字，恐非。盧云《隋志》'《周易大義》二卷，陸德明撰，當即指此書，所脱蓋不止二字'。"《四庫》本補作"注疏"二字。據宋元遞修本和葉鈔《釋文》的版刻僅二字空闕。《四庫》本可從。

5.《序録》"注解傳述人"《詩》注文："或曰毛公作序解見■。""■"，通志堂本、抱經堂本同。張一弓本未出校。張旭輝本作"□□"，誤。黄焯《彙校》云："盧補作'是爲'二字，或作'共爲'。"《四庫》本補作"前"。

6.《序録》"注解傳述人"《禮》："所餘三十九篇■付書館。""■"，通志堂本同。葉鈔《釋文》空白。張一弓本未出校。張旭輝本據盧本出校。黄焯《彙校》云："盧本補'以'字。"《四庫》本補作"宣"。

7.《周易》需卦："於難，乃旦反，下及文皆同。"葉鈔本、通志堂本作"下及文"，抱經堂本增作"下文及注"。《四庫》本作"下文注"，似更合理。張一弓本出校："'下'作'下及'。"張旭輝本作"及下文"，皆與宋元遞修本不合。黄焯《彙校》云"宋本、葉鈔、朱鈔作'及下文'"，亦與今存宋元遞修本、葉鈔本不合，誤。中華書局 1980 年 9 月版出版的《經典釋文彙校》作"下及文"，不誤。

8.《周易》賁卦："解天，音蟹，下同。"宋元遞修本、葉鈔本、抱經堂本皆同。經注疏解未見"解天"之文,是陸氏所據本與今本不同。《四庫》本訂正作"觀天,音官,下同",與注文"觀天之文"相應。

9.《周易》離卦:"牝,頻忍反,徐又扶死反。""死",宋元遞修本、葉鈔本、抱經堂本皆同。《四庫》本改作"允"。

10.《周易》漸卦:"于陸,陸,高之頂也。""之",宋元遞修本、葉鈔本、抱經堂本皆同。《四庫》本改作"山"。盧文弨《考證》云:"此與注同。監本、雅雨本俱作'高山頂也',則與馬説無異,非也。"

11.《尚書·武成》:"華,胡化、胡瓜二反。華山在恒農。""恒",宋元遞修本、葉鈔本、抱經堂本皆同。黄焯《彙校》云:"段云:弘,宋人改作'恒'。"《四庫》本改作"宏"。

12.《毛詩·終風》:"劫也,居業反。本又作'跲',音同。又渠業反,孫毓同。崔云毛訓疌爲欸,今俗人云欠欠故欸是也。""故",宋元遞修本、葉鈔本同。《四庫》本作"欸"。抱經堂本作"政",是。

13.《毛詩·碩鼠》:"貫女,古亂反,徐音宮,事也。""宮",宋元遞修本、葉鈔本、通志堂本同。《四庫》本、抱經堂本作"官",是。黄焯《彙校》云:"葉鈔作'宦',盧本同。"今檢二本葉鈔作"宮",盧本作"官"。

14.《毛詩·采薇》:"象弭,彌氏反,弭弓反,末弰也,以象爲之。"宋元遞修本、葉鈔本、通志堂本皆同。《四庫》本、抱經堂本"象"下增"骨"字。

15.《毛詩·大明》:"倪,牽遍反,磬也,徐又下顯反。《説文》云:'譬,諭也。'""譬",宋元遞修本、葉鈔本、通志堂本皆同。《四庫》本、抱經堂本作"諭",是。

16.《毛詩·靈臺》:"眸子,莫佳反。""佳",宋元遞修本、葉鈔本、通志堂本皆同。《四庫》本、抱經堂本作"諭",是。

17.《周禮·司市》:"成賈,音嫁,注下不音者皆同,聶氏及沈云'成賈''定賈''奠物賈''其賈''平賈''大賈''小賈''賈賤''恒賈''而故賈'凡十二音嫁,餘音古。""奠物賈""而故賈",宋元遞修本、葉鈔本皆同,《四庫》本、抱經堂本"奠""而"下有"賈"字,是。

18.《毛詩·大東》:"契,芳計反,徐苦結反,憂苦也。""芳",宋元遞修本、葉鈔本皆作"苦",是。《四庫》本、抱經堂本作"苦"。黄焯《彙校》云:"'芳'字蓋承葉鈔之誤。"今檢葉鈔本作"苦",不誤。

19.《周禮·司市》:"射剗,以冉反,或囚冉反。""囚",宋元遞修本、葉鈔本、通志堂本皆同。《四庫》本、抱經堂本作"因"，是。

20.《周禮·司弓矢》："庚弓，師儒相傳讀庚，本或作'庚'。"下"庚"字，宋元遞修本、葉鈔本同，抱經堂本作"庚"。《四庫》本此條作"奧弓，師儒相傳讀庚，本或作'庚'。"

21.《儀禮·士冠禮》："禮第一，鄭云童子任職居士位，年二十而冠，主人玄冠朝服，則是仕於天子諸侯之士朝服皮弁素積。""仕"，宋元遞修本、葉鈔本無。"天子諸侯"，宋元遞修本、葉鈔本、通志堂本同，《四庫》本、抱經堂本作"諸侯天子"。

22.《禮記》："禮記，此記二禮之遺闕，故名'禮記'。"此條音義，宋元遞修本、葉鈔本、通志堂本、抱經堂本皆在"曲禮第一"條下，《四庫》本移在上。

23.《禮記·曲禮上》："車綏，耳佳反。""佳"，宋元遞修本、葉鈔本、抱經堂本同，通志堂本誤作"佳"。《四庫》本改作"崔"。

24.《禮記·檀弓上》："不綏，本又作'綏'，同，耳佳反。""佳"，宋元遞修本、葉鈔本誤作"佳"，通志堂本、抱經堂本作"佳"。《四庫》本改作"崔"。

25.《禮記·檀弓上》："綏，息佳反。""佳"，宋元遞修本、葉鈔本、通志堂本、抱經堂本皆同。《四庫》本改作"崔"。

26.《禮記·禮運》："以治政，皇如字，徐直吏反，下文注'以治政'同。"下"政"字，宋元遞修本、葉鈔本、通志堂本皆同。《四庫》本、抱經堂本改作"事"。下文既有注文"以治事"，又有經文和注文"以治政"，當以"以治政"爲是。

27.《禮記·禮器》："熏【字又作'纁'，許云反。】裳。"宋元遞修本、葉鈔本、通志堂本、抱經堂本皆同。《四庫》本"熏裳"連寫，則所指不明。

28.《禮記·郊特牲》："表畷，丁劣反，田畯所以督的牛閒處也。""的牛"，宋元遞修本、葉鈔本皆同。通志堂本、抱經堂本作"約井"。《四庫》本作"約田"。

29.《禮記·內則》："蜉，本又作'桴'，音浮。"宋元遞修本、葉鈔本皆同。通志堂本墨釘。《四庫》本作"蠹"，抱經堂本改作"蚨"。

30.《禮記·玉藻》："綏，本又作'蕤'，耳佳反，注及下皆同。""佳"，宋元遞修本、葉鈔本、通志堂本皆同。《四庫》本、抱經堂本改作"佳"。

31.《禮記·明堂位》："之綏，依注爲'綏'，耳佳反。""佳"，宋元遞修本、通志堂本皆同。葉鈔本作"佳",《四庫》本、抱經堂本同。

32.《禮記·學記》:"頓者,徒困反。""頓",宋元遞修本、葉鈔本、通志堂本、抱經堂本皆同。《四庫》本改作"鈍",與注文合。

《禮記·樂記》:"鎗,七羊反,又士衡反。""士",宋元遞修本同。葉鈔本、通志堂本作"吐"。《四庫》本、抱經堂本改作"七"。

33.《禮記·樂記》:"封黃帝之後於薊,音計,今涿郡薊縣是也,即燕國之都也。孔安國、司馬遷及鄭皆云燕國郡邵公與周同姓,案黃帝姓姬,君奭蓋其後也,或黃帝之後封薊者滅絶而更封燕郡乎? 疑不能明也。""郡邵公",宋元遞修本、葉鈔本、通志堂本皆同。《四庫》本作"祖召公",抱經堂本作"祖邵公"。

34.《禮記·雜記上》:"其綏,依注作'緌',耳佳反,下及注同。""佳",宋元遞修本、葉鈔本、通志堂本皆同。《四庫》本、抱經堂本改作"佳"。

35.《禮記·雜記下》:"珥,如至反。""至",宋元遞修本、葉鈔本、通志堂本、抱經堂本皆同。《四庫》本作"志"。

36.《禮記·喪大記》:"戴綏,依注爲'緌',音蕤,耳佳反。""佳",宋元遞修本、葉鈔本、通志堂本皆同。《四庫》本、抱經堂本改作"佳"。

37.《禮記·祭統》:"乃齊,側皆反,本又作'齋',下不出者同。""出",宋元遞修本、葉鈔本、通志堂本、抱經堂本皆同。《四庫》本作"音"。

38.《禮記·三年問》:"焉使,徐如字,一音於乾反。焉由然也。""由",宋元遞修本、葉鈔本、通志堂本、抱經堂本皆同。《四庫》本改作"猶"。

39.《左傳》隱公三年:"子狐,音胡。"此條音義,宋元遞修本、葉鈔本、通志堂本皆在"交質"條上,《四庫》本、抱經堂移在"交質"條下。

40.《左傳》隱公四年:"毫矣,至報反。""至",宋元遞修本、葉鈔本、通志堂本皆同。《四庫》本、抱經堂本改作"莫"。黃焯《彙校》云葉鈔本作"毛",今見葉鈔本圖版仍作"至"。

41.《左傳》隱公六年:"實難,乃旦反,注同。""注",宋元遞修本、葉鈔本、通志堂本、抱經堂本皆同。《四庫》本作"下"。

42.《左傳》僖公二十八年:"靭,以刃反,在胷曰靭。《説文》云:'軸也。'""軸也",宋元遞修本、葉鈔本、通志堂本皆同。《四庫》本作"引軸",抱經堂本作"引軸也"。

43.《左傳》文公二年:"不忒,他得反,差二也。""差二也",宋元遞修本、葉鈔本、通志堂本、抱經堂本皆同。《四庫》本作"忒差也"。

44.《左傳》文公十六年："冒，莫報反。杜云：'蚡冒，楚武王父也。'《史記·楚世家》云：'蚡冒卒，弟熊達殺蚡冒子而代立，是爲楚武王。'與杜異。""熊達"，宋元遞修本、葉鈔本、通志堂本、抱經堂本皆同。《四庫》本作"熊通"。

45.《左傳》昭公三年："道殣，音覲。餓死爲殣。《説文》云：'道中死者人所覆也。'《毛詩》作'墐'，傳云：'墐，路冢也。'""墐"，宋元遞修本、葉鈔本、通志堂本皆同，《四庫》本、抱經堂本作"墐"。

46.《左傳》昭公十二年："有酒如淮，舊如字，四瀆水也。學者皆以淮坻之韻不切。""切"，宋元遞修本、葉鈔本、通志堂本、抱經堂本皆同。《四庫》本改作"叶"。

47.《左傳》昭公十三年："請藩，方元反，注同，離也。""離"，宋元遞修本、葉鈔本、通志堂本、抱經堂本皆同。《四庫》本作"籬"。

48.《左傳》昭公十九年："瘥，于河反，小疫也。""于"，宋元遞修本同，誤。葉鈔本作"千"，通志堂本作"干"。《四庫》本、抱經堂本作"才"。

49.《公羊傳》莊公十年："滅譚，人南反。""人"，宋元遞修本、葉鈔本、通志堂本皆同，誤。《四庫》本、抱經堂本作"徒"。

50.《公羊傳》莊公二十四年："斷脩，一亂反。""一"，宋元遞修本、葉鈔本、通志堂本皆同，誤。《四庫》本、抱經堂本作"丁"。

51.《公羊傳》宣公十五年："儳矣，皮誠反。""誠"，宋元遞修本、葉鈔本、通志堂本、抱經堂本皆同。《四庫》本作"械"。

《穀梁傳》莊公二十七年："寧母，如字，又音甯，下音毋。""毋"，宋元遞修本、葉鈔本、通志堂本皆同。《四庫》本、抱經堂本作"無"。

52.《穀梁傳》昭公三十一年："黑肱，古弘反。""弘"，宋元遞修本、葉鈔本、通志堂本皆同。《四庫》本避諱作"宏"，抱經堂本闕末筆。

53.《孝經·開宗明義章》："仲尼，女持反。仲尼取象尼丘山，又音夷，字作'尼'，古'夷'字也。""字作尼"，宋元遞修本、葉鈔本、通志堂本皆同。《四庫》本、抱經堂本作"尸"，是。

54.《論語·公冶長》："賦，孔云兵賦也，鄭云軍賦，梁武云《魯論》作'傳'。""傳"，宋元遞修本、葉鈔本、通志堂本皆同。《四庫》本、抱經堂本作"傅"，是。

55.《老子·道經》:"淵旮,河上作'乎'。""旮",宋元遞修本、葉鈔本、通志堂本、抱經堂本皆同,《四庫》本改作"兮"。

56.《老子·道經》:"掘,求物反,又■月反,河上■作'屈',屈,竭也。"宋元遞修本、葉鈔本、通志堂本皆同。《四庫》本、抱經堂本墨釘處補"求"字、"本"字。

57.《老子·道經》:"■■■囊乃■反",宋元遞修本、通志堂本皆同。葉鈔本"乃"下墨釘作"各"。《四庫》本補作"湃莫敗反又囊乃反",非是。抱經堂本補作"橐無底囊乃各反",是。

58.《老子·道經》:"足以共"條上,宋元遞修本、葉鈔本、通志堂本、抱經堂本皆作墨釘,《四庫》本補"不如守中中要也"七字。

59.《老子·道經》:"以知乎,音智,河上本又直作'智'。""直作智",宋元遞修本、葉鈔本、通志堂本、抱經堂本皆同。《四庫》本改作"直竹反",非。

60.《老子·德經》:"毒之,徒篤反。今作'育',■熟反。""■",宋元遞修本、葉鈔本、通志堂本皆同。《四庫》本、抱經堂本作"余"。

61.《老子·德經》:"坦,尺善反,又上單反也。"宋元遞修本、葉鈔本、通志堂本、抱經堂本皆同。《四庫》本無"也"字。

62.《莊子·大宗師》:"容家,本亦作'寂',崔本作'宗'。"宋元遞修本、葉鈔本、通志堂本皆同。《四庫》本、抱經堂本"家"作"冡",與日藏天理本《莊子音義》合。《四庫》本、抱經堂本"宗"作"宋",是。張一弓本、張旭輝本未出校。

63.《莊子·大宗師》:"數子,所主反。""主",宋元遞修本、葉鈔本、通志堂本、抱經堂本皆同。《四庫》本作"注"。

64.《莊子·駢拇》:"煌煌,音皇,《廣雅》云光光也。""光光",宋元遞修本、葉鈔本、通志堂本皆同。《四庫》本作"火光",抱經堂本作"光"。據《廣雅》,抱經堂本是。

65.《莊子·馬蹄》:"棧,士板反,徐在簡反,又士諫反。編木作靈似床曰棧,以禦濕也。""靈",宋元遞修本、葉鈔本、通志堂本、抱經堂本皆同。《四庫》本作"櫨",當從日藏天理本作"櫺"。

66.《莊子·馬蹄》:"衡扼,於革反,衡轅前橫木縛軛者也。扼,又馬頸者也。""又",宋元遞修本、葉鈔本、通志堂本皆同。《四庫》本、抱經堂本作"又"。

67.《莊子·在宥》："噶矢，崔本作'蒿'，云蕭蒿可以爲箭。或作'矯'，矯，梟也。""梟"，宋元遞修本、葉鈔本、通志堂本、抱經堂本皆同。《四庫》本作"揉"。日藏天理本作"操"。

68.《莊子·天地》："儻然，本亦作'黨'，司馬本作'儻'，同，勑蕩反，郭吐更反。""更"，宋元遞修本、葉鈔本（缺頁）、通志堂本、抱經堂本皆同。《四庫》本作"朗"。

69.《莊子·秋水》："河伯，姓馮名夷，一名冰夷，一名已見大宗馮遲師篇。"宋元遞修本、葉鈔本、通志堂本皆同。《四庫》本、抱經堂本"馮遲"二字在"已"字上，是。

70.《莊子·至樂》："深矉，音頻。蹙，本又作'顰'，又作'蹴'，同，子六反。頻，於葛反，李云矉顰者，愁貌。"宋元遞修本、葉鈔本、通志堂本、抱經堂本皆同。《四庫》本"李云矉顰者愁貌"在"本又作顰"下。

71.《莊子·山木》："犂然，力兮反，又力牛反。""牛"，宋元遞修本、葉鈔本、通志堂本皆同。《四庫》本、抱經堂本作"之"，是。張一弓本、張旭輝本未出校。

72.《莊子·徐無鬼》："郢人，以井反，楚都也。《漢書音義》作'㘝人'，服虔云：㘝人，古之善塗墍者。"兩"㘝"字，宋元遞修本、葉鈔本、通志堂本皆同。《四庫》本、抱經堂本作"擭"。下"㘝音混"，《四庫》本作"擭"，是；抱經堂本作"擾"，非。

73.《莊子·寓言》："寓言十九，寓，寄也，以人不信己，故托之他人，十言而九見言也。""見言"，宋元遞修本、葉鈔本、通志堂本皆同。《四庫》本、抱經堂本作"見信"。

74.《莊子·讓王》："愀，七小反，徐在九反，又七了反、子了反，又資西反；李音秋，又遥反。"宋元遞修本、葉鈔本、通志堂本皆同。《四庫》本、抱經堂本作"又遥反"作"又七遥反"。

75.《爾雅序》："會，古外反。《周禮注》云計也。本又作'檜'，音同。《廣雅》云：'檜，收也。'"二"檜"字，宋元遞修本、葉鈔本、通志堂本皆同。《四庫》本、抱經堂本作"擔"，與《廣雅·釋詁》合。

76.《爾雅序》："剟，丁悦反。《説文》云利也，《廣雅》云削也。""利"，宋元遞修本、葉鈔本、通志堂本皆同。《四庫》本、抱經堂本作"刊"，與《説文》合。

77.《爾雅序》:"礫,力的反。《説文》云小礓石。""小礓石",宋元遞修本、葉鈔本、通志堂本、抱經堂本皆同。《四庫》本作"小石也",與《説文》合。

78.《爾雅·釋言》:"饙,方云反。字又作'餴',同。《説文》作'饛'云脩飯也。""脩",宋元遞修本、葉鈔本、通志堂本皆同。《四庫》本、抱經堂本作"滫"。

79.《爾雅·釋言》:"佻,他雕反,郭唐了反。""唐",宋元遞修本作"唐",葉鈔本、通志堂本、抱經堂本皆作"唐",與"佻"音切不合。《四庫》本作"度"。

80.《爾雅·釋言》:"粻,音張,《字林》又文庚反。""文",宋元遞修本、通志堂本皆同。葉鈔本、《四庫》本、抱經堂本作"丈"。

81.《爾雅·釋言》:"跆,其業反,又居業反,郭又音甲。《廣雅》云:'跆,我也。'""我",宋元遞修本、葉鈔本、通志堂本皆同。《四庫》本、抱經堂本作"代",與《廣雅·釋詁》合。

82.《爾雅·釋訓》:"竭,本又作'愒',巨列反。"下"竭"字,宋元遞修本、葉鈔本皆同。通志堂本、抱經堂本空缺。《四庫》本作"竭"。

83.《爾雅·釋訓》:"苦,如字,又立故反。""立",宋元遞修本、葉鈔本、通志堂本、抱經堂本皆同,當是"丘"字之誤。《四庫》本作"枯"。

84.《爾雅·釋訓》:"殿屎,丁練反,下虛伊反。或作'㪣吹',又作'慇脲',《説文》作'唸吚'。""吚",宋元遞修本、葉鈔本、通志堂本皆同。《四庫》本、抱經堂本作"吚"。

85.《爾雅·釋宮》:"簃,文知反。厨,本或作'蹰',文誅反。"兩"文"字,宋元遞修本、葉鈔本、通志堂本皆同。《四庫》本、抱經堂本作"丈"。

86.《爾雅·釋器》:"罦,工胡反。""工",宋元遞修本、葉鈔本、通志堂本、抱經堂本皆同。《四庫》本作"江"。

87.《爾雅·釋器》:"尊,本又作'鐏',酒器也;又作'樽',同。案曹獻《文字指歸》檢字無此從缶、從木者。""曹獻",宋元遞修本、葉鈔本、通志堂本皆同。《四庫》本、抱經堂本作"曹憲"。

88.《爾雅·釋樂》:"棧,郭側簡反,李云淺也。東晉興元年,會稽剡縣人家井中得一鍾,長三寸,口徑四寸,上有銘古文云'棧'。""東晉興",宋元遞修本、葉鈔本、通志堂本皆同。《四庫》本作"晉太興",抱經堂本作"東晉太興"。

89.《爾雅·釋山》:"岡,又作'峯',皆古郎反。""峯",宋元遞修本、葉鈔本作"峯"。通志堂本、抱經堂本作"峯"。《四庫》本作"峯"。

90.《爾雅·釋草》:"菖,方服反。《説文》云亦名舜,楚謂之菖,秦謂之蔓,蔓地生而連花。""蔓",宋元遞修本、葉鈔本、通志堂本皆同。《四庫》本、抱經堂本作"蔓"。

91.《爾雅·釋木》:"栺,地刀反,郭又他皓反。""地",宋元遞修本、葉鈔本、通志堂本皆同。《四庫》本、抱經堂本作"他"。黄焯《彙校》云"地"字誤,宋本作"他"。所據宋本即宋元遞修本(見"前言"),宋元遞修本作"地"。

92.《爾雅·釋木》:"皮厚,尸豆反,又如字。""尸",宋元遞修本、葉鈔本、通志堂本皆同。《四庫》本、抱經堂本作"戸"。黄焯《彙校》云"尸"字誤,宋本作"戸"。宋元遞修本作"尸"。

93.《爾雅·釋木》:"楡,音倫,又致的反。""的",宋元遞修本、葉鈔本、通志堂本皆同。《四庫》本、抱經堂本作"均"。黄焯《彙校》云"的"宋本作"的"。宋元遞修本作"的"。

94.《爾雅·釋蟲》:"蚍,謝音弗,沈符結反,《字林》大替反。""大",宋元遞修本、葉鈔本、通志堂本、抱經堂本皆同。《四庫》本改作"夫"。

95.《爾雅·釋蟲》:"果,本又作'蜾',又作'蝸',同,工大反。""大",宋元遞修本、葉鈔本、通志堂本、抱經堂本皆同。《四庫》本改作"火"。"大"應是"火"字之誤。

96.《爾雅·釋蟲》:"蝛,立勿反。""立",宋元遞修本、葉鈔本、通志堂本皆同。《四庫》本、抱經堂本作"丘"。

97.《爾雅·釋魚》:"珧,《字書》云:玉珧,肉不可食,唯杮可食耳。""杮",宋元遞修本、葉鈔本、通志堂本皆同。《四庫》本、抱經堂本作"柱"。

98.《爾雅·釋鳥》:"鳳,《毛詩草木疏》云:或曰鳳一名鸑鷟,其形鴻前、鹿後、蛇頸、魚尾、龍文、龜身、燕頷、雞喙,首戴德,頸揭義,背角仁,翼挾信,心抱忠,足履正,尾繫武。""角",宋元遞修本、葉鈔本、通志堂本皆同。《四庫》本、抱經堂本作"負"。

99.《爾雅·釋獸》:"䑛,音舐,本今作'舐'。""䑛",宋元遞修本、葉鈔本、通志堂本皆同。《四庫》本、抱經堂本作"䑛"。

100.《爾雅·釋獸》:"蹯,《説文》作'番',古文作'毋',竝音煩。""毋",宋元遞修本、葉鈔本、通志堂本皆同。《四庫》本、抱經堂本作"𤰙"。

101.《爾雅·釋獸》:"獺,勑鍇反,又勑末反。"兩"勑"字,宋元遞修本、葉鈔本、通志堂本、抱經堂本皆同。《四庫》本作"湯"。

102.《爾雅·釋畜》:"駽,《詩音》及吕忱、顏延之、苟楷並呼縣反。""苟",宋元遞修本、葉鈔本、通志堂本、抱經堂本皆同。《四庫》本作"荀",是。

103.《爾雅·釋畜》:"騅,音佳。""佳",宋元遞修本、通志堂本同。葉鈔本作"佳",《四庫》本、抱經堂本作"佳"。

104.《爾雅·釋畜》:"獥,許謁反。《字林》作'獨',大遏反。""大",宋元遞修本、葉鈔本、通志堂本、抱經堂本皆同。《四庫》本作"火"。黄焯《彙校》云"應作火遏反"。

二、對通志堂刊本《經典釋文》的改動與勘正

1.《序録》"注解傳述人""《易》":"後漢苑升。""苑",宋元遞修本作"范",葉鈔《釋文》同。抱經堂本據葉鈔《釋文》訂正作"范"。《四庫》本作"范"。

2.《序録》"注解傳述人""《書》"注文:謝沈"字行思會稽人東晉尚書□部郎領著作録一卷"。"□",宋元遞修本、葉鈔《釋文》作"𥅆"。黄焯《彙校》云:"盧本據《隋志》補作'祠'二字。"《四庫》本補作"祠"。

3.《周易》坤卦:"閉,心計反。""心",宋元遞修本、葉鈔本皆作"必",不誤。此通志堂本刊刻之誤。《四庫》本、抱經堂本皆訂正作"必"。

4.《周易》賁卦:"傅氏云:賁,古'孤'字,文章貌。"宋元遞修本、葉鈔本皆作"班"。黄焯《彙校》云:"'孤'乃'斑'字之譌。寫本作'斑',宋本誤作'班'"《四庫》本、抱經堂本皆訂正作"斑"。張一弓本出校:"'班'作'孤'。"張旭輝本出校:"'班',通志堂本作'孤'。"皆未訂正作"斑"。

5.《周易》賁卦:"朋來,如字,京作'萠'。""萠",宋元遞修本、葉鈔本、抱經堂本皆作"崩",《四庫》本同。黄焯《彙校》云:"寫本、宋本'萠'作'崩',十行本,閩、監本,雅雨本同。阮云作'崩'是也。"張一弓本出校:"'崩'作'萠'。"張旭輝本出校:"'崩',通志堂本作'萠'。""萠"字誤。

6.《周易》睽卦：通志堂本卦畫誤刻作"☲"，宋元遞修本作"☷"。《四庫》本、抱經堂本皆作"☷"。

7.《周易·繫辭上》："洛出，王肅作'雒'。漢家以火德王，故從各佳。""佳"，宋元遞修本、葉鈔本、抱經堂本皆作"佳"。《四庫》本作"佳"。黃焯《彙校》、張一弓本皆誤作"佳"。

8.《周易·繫辭下》："以要，一遥反，下又'要終'同。""又"，宋元遞修本、葉鈔本、抱經堂本皆作"文"。《四庫》本作"文"。"終"，抱經堂本誤作"中"。

9.《尚書·大禹謨》："號，亡高反。""亡"，宋元遞修本、葉鈔本、抱經堂本皆作"戶"。《四庫》本作"戶"。黃焯《彙校》云："'亡'字誤。"

10.《尚書·禹貢》："蠙，字又作比。""比"，宋元遞修本、葉鈔本作"批"，《四庫》本、抱經堂本皆作"妣"。黃焯《彙校》作"吡"，誤。

11.《尚書·禹貢》："張須无緣江圖云……。""无"，宋元遞修本、葉鈔本、抱經堂本皆作"元"，是。《四庫》本作"元"。

12.《尚書·盤庚中》："亶，丁但反，馬本作'單'，音同，誠也。""誠"，宋元遞修本、葉鈔本、抱經堂本皆作"誠"。黃焯《彙校》云："作'誠'爲允。"《四庫》本作"誠"。

13.《尚書·顧命》："吒，《説文》作'詫'，下故反，奠爵也。馬本作'詫'，與《説文》音義同。"上"詫"字，宋元遞修本、葉鈔本、抱經堂本皆作"冦"，是。《四庫》本作"冦"。黃焯《彙校》作"詫"未加區別。

14.《尚書·畢命》："施，始鋭反。""鋭"，宋元遞修本、葉鈔本、抱經堂本皆作"鼓"，是。《四庫》本作"鼓"。

15.《尚書·吕刑》："并，必致反。""致"，宋元遞修本、葉鈔本、抱經堂本皆作"政"，是。《四庫》本作"政"。

16.《毛詩·江有汜》："有渚，《韓詩》云一溢二否曰渚。""二"，宋元遞修本、葉鈔本皆作"一"，是。《四庫》本、抱經堂本作"一"。哈佛圖書館藏通志堂本作"一"。

17.《毛詩·七月》："饁，炎輒反，野饋也，《字林》手刲反。""手"，葉鈔本作"乎"。宋元遞修本作"于"，是。《四庫》本、抱經堂本作"于"。黃焯《彙校》1980年版校記作"于"不誤，2006年版誤作"於"。

18.《周禮·内宰》："醢，七靳反，劉侯咨反，又音胤。""七"，宋元遞修本、葉鈔本皆作"士",是。《四庫》本、抱經堂本作"士"。

19.《周禮·大司馬》:"萊沛,步未反。""未",宋元遞修本、葉鈔本、抱經堂本皆同。黄焯《彙校》云:"阮云余本'未'作'末',當據正。"《四庫》本作"末"。

20.《儀禮·鄉射禮》:"相工,息幹反。""幹",宋元遞修本、葉鈔本皆作"亮"。《四庫》本、抱經堂本作"亮"。

21.《禮記·明堂位》:"禿,上木反。""上",宋元遞修本、葉鈔本皆作"土"。《四庫》本、抱經堂本作"土"。

22.《禮記·明堂位》:"綏,耳佳反,注並同。""佳",宋元遞修本、葉鈔本皆作"佳"。《四庫》本、抱經堂本作"佳"。

23.《禮記·大學》:"爲題,徐徒兮反。"宋元遞修本、葉鈔本作"徒",通志堂本誤作"徙"。黄焯《彙校》作"徒",未出校。《四庫》本、抱經堂本作"徒"。

24.《左傳》桓公十年:"交綏,荀佳反。""佳",宋元遞修本、葉鈔本作"佳",通志堂本誤作"佳"。《四庫》本、抱經堂本作"佳"。

25.《左傳》莊公十年:"雛甥,音佳。"宋元遞修本、葉鈔本作"佳",通志堂本誤作"佳"。《四庫》本、抱經堂本作"佳"。

26.《左傳》桓公十年:"交綏,荀佳反。""佳",宋元遞修本、葉鈔本作"佳",通志堂本誤作"佳"。《四庫》本、抱經堂本作"佳"。

27.《左傳》僖公二十八年:"先蔑,立結反。""立",宋元遞修本、葉鈔本作"亡",通志堂本誤作"立",《四庫》本、抱經堂本皆作"亡"。

28.《左傳》文公十四年:"子燮,普協反。""普",宋元遞修本、葉鈔本作"昔",通志堂本、抱經堂本誤作"普",《四庫》本改作"悉"。此條音義,宋元遞修本、葉鈔本在下文"戢黎"條下,通志堂本、《四庫》本、抱經堂本移在此。

29.《左傳》宣公十五年:"也夫,音夫。""夫",宋元遞修本、葉鈔本作"扶",通志堂本誤作"夫",《四庫》本、抱經堂本作"扶"。

30.《左傳》昭公三年:"讒鼎,壬咸反,鼎名也。""壬",宋元遞修本、葉鈔本作"士",通志堂本誤作"壬"。《四庫》本作"士",抱經堂本作"仕"。

31.《左傳》哀公二年:"于鐵,尺結反。""尺",宋元遞修本、葉鈔本作"天",通志堂本誤作"尺"。《四庫》本、抱經堂本皆作"天"。

32.《公羊傳》襄公四年:"弋氏,以職反,莒女也。《左氏》作'姒氏'。""姒",宋元遞修本、葉鈔本皆同。通志堂本作"如"。哈佛圖書館藏抱經堂本作"姒"。《四庫》本、抱經堂本作"姒"。

33.《穀梁傳》序:"據理,音据,亦作'倨'。""倨",宋元遞修本、葉鈔本作"据",通志堂本作"倨"。《四庫》本、抱經堂本作"据"。黃焯《彙校》未出校。

34.《論語·子罕》:"之迂,音于。包云遠也。鄭本作'于',狂也。""狂",宋元遞修本、葉鈔本作"往",即"往"字。通志堂本誤作"狂"。作"于",《四庫》本作"往"。抱經堂本作"枉",亦誤。

35.《莊子·達生》:"拘,其俱反,郭音俱。李云:'厥,豎也。豎若株拘'。""株拘"下,宋元遞修本、葉鈔本有"也"字。通志堂本作墨釘。《四庫》本、抱經堂本有"也"字。

36.《爾雅·釋訓》:"馮河,字又作'憑',皮冰反,依字當作'■'。""■",宋元遞修本、葉鈔本作"溯",通志堂本作"■"。《四庫》本、抱經堂本作"溯"。

37.《爾雅·釋宮》:"闑,域、洫一音。""一",宋元遞修本作"二",葉鈔本、通志堂本皆誤作"一"。《四庫》本、抱經堂本作"二"。

38.《爾雅·釋器》:"縷,又作'樓',洛侯反。""樓",葉鈔本、通志堂本皆同。宋元遞修本作"褸",是。《四庫》本、抱經堂本作"褸"。

39.《爾雅·釋天》:"霿,亡弄反,又亡付反。《字林》作'霧',音司。""司",宋元遞修本、葉鈔本作"同",不誤。通志堂本誤作"司"。《四庫》本、抱經堂本作"同"。

40.《爾雅·釋天》:"磔,張洛反。""洛",宋元遞修本、葉鈔本作"格",通志堂本誤作"洛",哈佛圖書館藏抱經堂本作"格"。《四庫》本、抱經堂本作"格"。

41.《爾雅·釋水》:"闠,徒偏反。""偏",宋元遞修本、葉鈔本作"徧",通志堂本、抱經堂本作"偏"。《四庫》本作"徧"。

42.《爾雅·釋草》:"苢,字亦作'苡',音以,見《詩》。《說文》云:'芣苢,馬扁也。'""馬扁",宋元遞修本作"馬舄",葉鈔本、通志堂本作"扁",《四庫》本、抱經堂本作"馬舄"。

43.《爾雅·釋魚》:"魼,謝步佳反,郭毗支反。""佳",宋元遞修本、葉鈔本作"佳",通志堂本誤作"佳"。《四庫》本、抱經堂本作"佳"。

44.《爾雅·釋鳥》:"鴞,皮反反,郭北反反。""北反反",宋元遞修本、葉鈔本作"北及反",通志堂本誤作"北反反"。《四庫》本、抱經堂本作"北及反"。

45.《爾雅·釋鳥》:"寸,所主反。""寸",宋元遞修本、通志堂本皆同。葉鈔本上補"數"字。《四庫》本作"數",抱經堂本作"數寸"。

46.《爾雅·釋獸》:"獺,勑鎋反,反勑末反。"中"反"字,宋元遞修本、葉鈔本作"又",通志堂本誤作"反"。《四庫》本、抱經堂本作"又"。黃焯《彙校》未出校。

三、《四庫》本《經典釋文》脱誤

1.《周易》蒙卦:"閡山,五代反。"此條宋元遞修本、葉鈔本、抱經堂本皆有,《四庫》本脱。

2.《周易》坤卦:"之飾,申職反,本或作'餝',俗字。""餝",宋元遞修本、葉鈔本、抱經堂本皆同。《四庫》本誤作"飾"。

3.《周易》賁卦:"其須,如字,字從彡,水邊作,非。""水邊作",宋元遞修本、葉鈔本、抱經堂本皆同。《四庫》本誤作"作水邊",與文例不合,乃抄寫者改。

4.《周易》大畜卦:"童牛,無角牛也。《廣》《蒼》作'犝',劉云童妄也。"宋元遞修本、葉鈔本、抱經堂本皆同。《四庫》本誤作"撞"。

5.《周易》中孚卦:"乖爭,爭鬭之爭。"宋元遞修本、葉鈔本、抱經堂本皆同。《四庫》本脱"之爭"二字。

6.《周易·繫辭下》:"像此。"宋元遞修本、葉鈔本、抱經堂本皆同。《四庫》本"此"誤作"比"。

7.《周易·繫辭下》:"因貳,音二,鄭云:當爲'式'"。"式",宋元遞修本、葉鈔本、抱經堂本皆同。《四庫》本誤作"式"。

8.《周易·雜卦》:"雜糅,如又反。""又",宋元遞修本、葉鈔本、抱經堂本皆同。《四庫》本誤作"字"。

9.《尚書·堯典》:"九族,上自高祖,下至玄孫,几九族,馬、鄭同。""几",當"凡"之誤,宋元遞修本、葉鈔本、抱經堂本皆作"凡",不誤。《四庫》本亦誤作"几"。

10.《尚書·舜典》："徐仙民亦音此本，今依舊音之。""仙"，宋元遞修本、葉鈔本、抱經堂本皆同。《四庫》本誤作"先"。

11.《尚書·舜典》："藝，魚世反。馬、王云襒也。""也"宋元遞修本、葉鈔本、通志堂本、抱經堂本皆有，《四庫》本脫。

12.《尚書·益稷》："省，悉井反。""井"，宋元遞修本、葉鈔本、抱經堂本皆同。通志堂本誤作"并"，《四庫》本沿襲其誤。

13.《尚書·禹貢》："渾，音魂。""魂"，宋元遞修本、葉鈔本、抱經堂本皆同。《四庫》本誤作"渾"。

14.《尚書·盤庚上》："從，才容反。""才"，宋元遞修本、葉鈔本、抱經堂本皆同。《四庫》本誤作"寸"。

15.《尚書·洪範》："上，時掌反，又如字，下同。""字"，宋元遞修本、葉鈔本、抱經堂本皆同。《四庫》本誤作"時"。

16.《尚書·洪範》："辟，徐補亦反。"宋元遞修本、葉鈔本、抱經堂本皆同。《四庫》本作"辟，匹亦反"。"辟"下脫"玉食張晏注漢書云玉食珍食也韋昭云諸侯備珍異之食頗普多反僻"二十八字，抄寫跳行所致。

17.《尚書·洪範》："鴞，于驕反。""于"，宋元遞修本、葉鈔本、抱經堂本皆同。《四庫》本作"吁"。

18.《尚書·酒誥》："差，初佳反，又初賣反。""佳"，宋元遞修本、葉鈔本、抱經堂本皆同。通志堂本誤作"佳"，《四庫》本沿襲其誤。

19.《尚書·秦誓》："截截，才節反。馬云：'辭語截削省要也。'""辭"，宋元遞修本、葉鈔本、抱經堂本皆同。《四庫》本誤作"爲"。

20.《毛詩·關雎》："差，初宜反，又初佳反。""佳"，宋元遞修本、葉鈔本、抱經堂本皆作"佳"。通志堂本誤作"佳"，《四庫》本沿襲其誤。

21.《毛詩·桃夭》："蓁蓁，側巾反。""側"，宋元遞修本、葉鈔本、通志堂本、抱經堂本皆同。《四庫》本誤作"到"。

22.《毛詩·茉苢》："捋，力活反。"宋元遞修本、葉鈔本、通志堂本、抱經堂本皆同。《四庫》本誤作"刀"。

23.《毛詩·采蘋》："涯也，本亦作'厓'，五佳反。""佳"，宋元遞修本、葉鈔本、通志堂本、抱經堂本皆同。《四庫》本誤作"佳"。

24.《毛詩·甘棠》："拔，蒲八反。"宋元遞修本、葉鈔本、通志堂本、抱經堂本皆有。《四庫》本漏抄。

25.《毛詩·江有汜》:"江有汜,音祀,江水名。""祀",宋元遞修本、葉鈔本、通志堂本、抱經堂本皆同。《四庫》本誤作"杞"。

26.《毛詩·緑衣》:"過差,初賣反,又初佳反。""佳",宋元遞修本、葉鈔本、抱經堂本皆作"佳"。通志堂本誤作"佳",《四庫》本沿襲其誤。

27.《毛詩·緑衣》:"差,楚佳反,又楚宜反。""佳",宋元遞修本、葉鈔本、通志堂本、抱經堂本皆作"佳"。《四庫》本誤作"佳"。

28.《毛詩·干旄》:"孑孑,居熱反。""熱",宋元遞修本、葉鈔本、通志堂本、抱經堂本皆同。《四庫》本誤作"熟"。

29.《毛詩·丘中有麻》:"能遺,唯季反,下同。"此條七字,宋元遞修本、葉鈔本、通志堂本、抱經堂本皆有。《四庫》本漏抄。

30.《毛詩·伐木》:"湑我,本又作'醑',思叙反,茜之也。""茜",宋元遞修本、葉鈔本、通志堂本、抱經堂本皆同。《四庫》本誤作"酤"。

31.《毛詩·伐木》:"蹲蹲,《説文》云:'士舞也。從土尊。'""土",宋元遞修本、葉鈔本、通志堂本皆同。《四庫》本、抱經堂本誤作"士"。

32.《毛詩·天保》:"諸盩,直留反。""直",宋元遞修本、葉鈔本、通志堂本、抱經堂本皆同。《四庫》本誤作"真"。

33.《毛詩·南山有臺》:"保艾,五蓋反,養也。沈音別。""別",宋元遞修本、葉鈔本、通志堂本皆同。抱經堂本作"刈",是。《四庫》本脱。

34.《毛詩·節南山》:"大戾,音麗,乖也。""乖",宋元遞修本、葉鈔本、通志堂本、抱經堂本皆同。《四庫》本誤作"飛"。

35.《毛詩·節南山》:"反復,音服,本又作'覆',芳服反。""覆",宋元遞修本、葉鈔本、通志堂本、抱經堂本皆有。《四庫》本脱。

36.《毛詩·巷伯》:"作爲此詩,一本云'作爲作詩'。"上"詩"字,宋元遞修本、葉鈔本、通志堂本、抱經堂本皆有。《四庫》本脱。

37.《毛詩·縣》:"侮,亡甫反。""亡",宋元遞修本、葉鈔本、通志堂本、抱經堂本皆同。《四庫》本誤作"三"。

38.《毛詩·皇矣》:"式郭,苦霍反,大也;又如字,本又作'廓'。""郭""廓"二字,宋元遞修本、葉鈔本、通志堂本、抱經堂本皆同。《四庫》本二字互乙。

39.《毛詩·生民》:"卬,五郎反,我也。""郎",宋元遞修本、葉鈔本、通志堂本、抱經堂本皆同。《四庫》本誤作"朗"。

40.《毛詩·行葦》："函,《通俗文》云:'口上曰臄,口下曰函。'""俗",宋元遞修本、葉鈔本、通志堂本、抱經堂本皆同。《四庫》本誤作"谷"。

41.《毛詩·行葦》:"觀者,古亂反,又音官。""官",宋元遞修本、葉鈔本、通志堂本、抱經堂本皆同。《四庫》本誤作"觀"。

42.《毛詩·公劉》:"橐,他洛反。""他",宋元遞修本、葉鈔本、通志堂本、抱經堂本皆同。《四庫》本誤作"池"。

43.《毛詩·抑》:"告之話言,戸快反。話言,古之善言,《說文》作'詁'。""詁",宋元遞修本、葉鈔本、通志堂本、抱經堂本皆同。《四庫》本誤作"話"。

44.《毛詩·召旻》:"隊也,直類反,又作'墜'。""墜",宋元遞修本、葉鈔本、通志堂本、抱經堂本皆同。《四庫》本誤作"隊"。

45.《毛詩·清廟》:"雒邑,音洛,本亦作'洛',水名,字從水。後漢都洛陽,以火德為水尅火,故改為各傍佳。""佳",宋元遞修本、葉鈔本、抱經堂本皆作"佳"。通志堂本誤作"佳",《四庫》本沿襲其誤。

46.《毛詩·般》:"哀時,蒲侯反,毛聚也,鄭眾也。"下"也"字,宋元遞修本、葉鈔本、通志堂本、抱經堂本皆同。《四庫》本誤作"反"。

47.《周禮·鼓人》:"鼛,干歷反。""干",宋元遞修本、葉鈔本、《四庫》本皆同,誤。抱經堂本皆作"千",是。

48.《周禮·環人》:"搏,音博,又房布反。""反",宋元遞修本、葉鈔本、通志堂本、抱經堂本皆同。《四庫》本誤作"博"。

49.《周禮·布憲》:"好為,呼報反,下于偽反。下'則為'、注'皆為'同。""下于偽反"四字,宋元遞修本、葉鈔本無,通志堂本、抱經堂本有。《四庫》本"于"誤作"子"。張一弓本未出校。

50.《周禮·萍氏》:"波洋,音翔,又音羊。卒至,寸忽反。"宋元遞修本、葉鈔本、抱經堂本皆同。《四庫》本脫"又音羊卒至寸忽反"八字。

51.《周禮·大行人》:"柱地,張矩反。""矩",宋元遞修本、通志堂本、抱經堂本皆同。葉鈔本闕頁。《四庫》本誤作"短"。

52.《周禮·考工記·輪人》:"桑螵,戚毗昭反,劉平堯反。""平",宋元遞修本、葉鈔本、通志堂本、抱經堂本皆同。《四庫》本誤作"手"。

53.《周禮·考工記·輪人》:"深,尸鳩反,下放此。""此",宋元遞修本、葉鈔本、抱經堂本皆同。通志堂本誤作"反"。《四庫》本沿襲其誤。黃焯《彙校》作"此"，未出校。

54.《周禮·考工記·梓人》："決，如字，又烏穴反。"此條，宋元遞修本、葉鈔本、通志堂本、抱經堂本皆有。《四庫》本脫。

55.《周禮·考工記·梓人》："顑，苦顏反，又楷田反。""田"，宋元遞修本、葉鈔本、通志堂本、抱經堂本皆同。《四庫》本誤作"曰"。

56.《儀禮·既夕禮》："嬴，力禾反。"此條，宋元遞修本、葉鈔本、通志堂本、抱經堂本皆有。《四庫》本脫。

57.《儀禮·少牢饋食禮》："先諏，子須反。朝服，直遥反，後'朝服'皆放此。"宋元遞修本、葉鈔本、通志堂本、抱經堂本皆同。《四庫》本脫"先"以下十五字。

58.《禮記·曲禮上》："涖官，本亦作'莅'，徐音利。""音"，宋元遞修本、葉鈔本、通志堂本、抱經堂本皆同。《四庫》本誤作"普"。

59.《禮記·曲禮上》："汙，下半反，本或作'污'。""污"，葉鈔本、通志堂本、抱經堂本皆同。宋元遞修本作"汙"，《四庫》本沿襲其誤。

60.《禮記·曲禮上》："累之，力果反。""反"，宋元遞修本、葉鈔本、通志堂本、抱經堂本皆同。《四庫》本誤作"作"。

61.《禮記·曲禮上》："貔，婢支反，徐扶夷反。孔安國云：'貔，執夷，虎屬，皆猛健'。""執夷"，宋元遞修本、葉鈔本、通志堂本、抱經堂本皆同。《四庫》本下誤增"反"字。

62.《禮記·檀弓下》："爲其，于僞反，下注'爲父母''爲有凶''爲人甚'同。""甚"，宋元遞修本、葉鈔本、通志堂本、抱經堂本皆同。《四庫》本誤作"皆"。

63.《禮記·王制》："沮澤，將慮反。沮，沮洳也。""洳"，宋元遞修本、葉鈔本、通志堂本、抱經堂本皆同。《四庫》本誤作"汝"。

64.《禮記·曾子問》："大祝，《說文》云：'祝，祭主贊詞者。'""贊"，宋元遞修本、葉鈔本、抱經堂本皆同。通志堂本誤作"替"，《四庫》本沿襲其誤。

65.《禮記·坊記》："盤，步干反。""干"，宋元遞修本、葉鈔本、抱經堂本皆同。通志堂本作"于"，《四庫》本沿襲其誤。

66.《禮記·表記》："之行，下孟反，下至下文'行之浮於名也'文注皆同。"下"文"字,宋元遞修本、葉鈔本、通志堂本、抱經堂本皆同。《四庫》本誤作"又"。

67.《禮記·緇衣》:"辟,匹亦反。""匹",宋元遞修本、葉鈔本、通志堂本、抱經堂本皆同。《四庫》本誤作"四"。

68.《禮記·投壺》:"哨壺,七笑反,徐又以救反,枉哨不正貌。""枉",宋元遞修本、葉鈔本、通志堂本、抱經堂本皆同。《四庫》本誤作"杜"。

69.《禮記·儒行》:"難,乃旦反,注同,可畏難也。"此條音義,宋元遞修本、葉鈔本、通志堂本、抱經堂本皆有。《四庫》本脫。

70.《左傳》隱公元年:"鄒縣,側留反。"此條音義,宋元遞修本、葉鈔本、通志堂本、抱經堂本皆有。《四庫》本脫。

71.《左傳》隱公六年:"芟,所銜反,刈也。《說文》作'芟',匹末反。""末",宋元遞修本、葉鈔本、抱經堂本皆同。通志堂本作"未",《四庫》本沿襲其誤。

72.《左傳》"僖公上第五","上"字,宋元遞修本、葉鈔本、通志堂本、抱經堂本皆有。《四庫》本脫。

73.《左傳》僖公二十三年:"乃饋,其貴反,遺也。""遺",宋元遞修本、葉鈔本、通志堂本、抱經堂本皆同。《四庫》本誤作"遭"。

74.《左傳》宣公三年:"所厎,音旨,致也。""旨",宋元遞修本、葉鈔本、抱經堂本皆同。通志堂本誤分作"二日",《四庫》本沿襲其誤。

75.《左傳》成公二年:"夏氏,户雅反,下同。""反",宋元遞修本、葉鈔本、通志堂本、抱經堂本皆同。《四庫》本誤作"返"。

76.《左傳》襄公十九年:"甲守,手又反,下'問守備'同。"宋元遞修本、葉鈔本、通志堂本、抱經堂本皆同。《四庫》本"下"字誤在"反"字上。

77.《左傳》昭公十六年:"子蟜,才何反,《字林》才可、士知二反。《說文》作'齹',云齒差跌也,在河、干多二反。""干",宋元遞修本、通志堂本皆同,《四庫》本沿襲其誤。葉鈔本、抱經堂本作"千",不誤。

78.《左傳》昭公二十一年:"揚徽,許歸反,《說文》作'微',云識也。""微",宋元遞修本、葉鈔本、通志堂本、抱經堂本皆有。《四庫》本脫。

79.《左傳》昭公二十四年:"南宮囂,魚巾反。""巾",宋元遞修本、葉鈔本、通志堂本、抱經堂本皆同。《四庫》本誤作"市"。

80.《左傳》昭公二十四年:"爲梗,更猛反,病也。""也",宋元遞修本、葉鈔本、通志堂本、抱經堂本皆有。《四庫》本脫。

81.《左傳》昭公二十八年:"鄔臧,舊烏戶反,又音偃。案地名在周者,烏戶反,隱十一年'王取鄔留'是也。""鄔留",宋元遞修本、葉鈔本、通志堂本、抱經堂本皆同。《四庫》本作"鄔劉"。

82.《左傳》哀公元年:"誘獡,許器反。""許",宋元遞修本、葉鈔本、通志堂本、抱經堂本皆同。《四庫》本誤作"計"。

83.《公羊傳》隱公元年:"麤挩,才古反。""挩",宋元遞修本、葉鈔本、通志堂本、抱經堂本皆同。《四庫》本誤作"角"。

84.《公羊傳》莊公二十四年:"素餐,七干反。""干",宋元遞修本、葉鈔本、通志堂本、抱經堂本皆同。《四庫》本誤作"千"。

85.《公羊傳》襄公二十四年:"二十四年",宋元遞修本、葉鈔本、通志堂本、抱經堂本皆同。《四庫》本誤作"二十三年"。

86.《孝經·天子章》:"兆,知從八正,直表反。"宋元遞修本、葉鈔本、通志堂本、抱經堂本皆同。《四庫》本脫"知從八"三字。

87.《論語·子罕》:"韞,紆粉反。馬云藏也,鄭云裹也。""裹",宋元遞修本、抱經堂本作"裹",不誤。葉鈔本、通志堂本作"裏",《四庫》本沿襲其誤。

88.《論語·子路》:"易事,以豉反,下同。""難說,音悅,下同。"此兩條音義,宋元遞修本、葉鈔本、通志堂本、抱經堂本皆有。《四庫》本誤脫。

89.《老子·道經》:"滿以造實,七報反。""七",宋元遞修本、葉鈔本作"士",誤。《四庫》本沿襲其誤。通志堂本、抱經堂本作"七",不誤。

90.《老子·道經》:"恃,河上本作'侍'。""侍",宋元遞修本、葉鈔本、抱經堂本皆同。通志堂本墨釘,《四庫》本沿襲其誤作"闕"字。

91.《老子·道經》:"若亨,普庚反,殺煑也。""若亨",宋元遞修本、葉鈔本、通志堂本、抱經堂本皆同。《四庫》本作"如享"。

92.《老子·道經》:"策,初厄反。"宋元遞修本、葉鈔本、通志堂本、抱經堂本皆同。《四庫》本脫"厄"字。

93.《老子·德經》:"騁,勑領反。""領",宋元遞修本、葉鈔本、通志堂本、抱經堂本皆同。《四庫》本誤作"令"。

94.《老子·德經》:"羑牖,二同,由九反。""二",宋元遞修本、葉鈔本、通志堂本、抱經堂本皆同。《四庫》本誤作"一"。

95.《莊子·逍遥游》：“枋，徐音方，李云檀木也，崔云本也。”“本”，宋元遞修本、葉鈔本、通志堂本、抱經堂本皆同。《四庫》本誤作“木”。

96.《莊子·逍遥游》：“靈，李頤云：‘冥靈，木名也，江南生，以葉生爲春，葉落爲秋。此木以二千歲爲一年。’”“此木”，宋元遞修本、葉鈔本、通志堂本、抱經堂本皆同。《四庫》本誤作“此本”。

97.《莊子·逍遥游》：“彭祖，李云名鏗，堯臣，封於彭城，歷虞、夏至商，年七百歲，故以久壽見聞。《世本》云姓籛名鏗，在商爲守藏史，在周爲柱下史，年八百歲。籛音翦，一云即老子也。”“翦”，宋元遞修本、葉鈔本、通志堂本、抱經堂本皆同。《四庫》本誤作“箋”。

98.《莊子·養生主》：“技經，本或作‘猗’，其綺反，徐音技。”“技”，宋元遞修本、葉鈔本、通志堂本、抱經堂本皆有。《四庫》本脱。

99.《莊子·人間世》：“而鬭其捷，在接反。崔讀‘若唯無詺王公’絶句，‘必將乘人而鬭’絶句。”“必將乘人而鬭”，宋元遞修本、葉鈔本、通志堂本、抱經堂本皆有。《四庫》本脱。

100.《莊子·人間世》：“疵，士賣反，又齊計反。上若作‘疣’，此則才知反。”“若”，宋元遞修本、葉鈔本、通志堂本、抱經堂本皆同。《四庫》本誤作“苦”。

101.《莊子·德充符》：“而睡，垂臂反。”此條音義，宋元遞修本、葉鈔本、通志堂本、抱經堂本皆有。《四庫》本脱。

102.《莊子·應帝王》：“應帝王第七。”“應”下，宋元遞修本、葉鈔本有“應對之應下同”六字，通志堂本無，《四庫》本、抱經堂本沿襲其誤。

103.《莊子·應帝王》：“泰氏。”宋元遞修本、葉鈔本、通志堂本、抱經堂本皆同。《四庫》本誤作“秦氏”。

104.《莊子·應帝王》：“鯢桓，盤桓也。崔本作‘鯢拒’，云魚所處之方穴也。”“穴”，宋元遞修本、葉鈔本、通志堂本、抱經堂本皆同。《四庫》本誤作“也”。

105.《莊子·應帝王》：“槃夷，並如字，謂創傷也，依字應作‘瘢痍’。殉，辭俊反，徐辭倫反，司馬云營也，崔云殺身從之曰殉。鶉，音純，又音敦。”宋元遞修本、葉鈔本、通志堂本、抱經堂本皆同。《四庫》本脱“並如字”至“音純”三十七字。

106.《莊子·應帝王》：“與穀，如字，《爾雅》云善也。崔本作‘穀’，云孺子曰穀。"宋元遞修本、葉鈔本、通志堂本、抱經堂本皆同。《四庫》本脱"曰"下"穀"字。

107.《莊子·胠篋》:"鐍,古穴反,李云紐也,崔云環舌也。""舌",宋元遞修本、葉鈔本、通志堂本、抱經堂本皆同。《四庫》本誤作"古"。

108.《莊子·胠篋》:"弘脆,本又作'肔',徐勑紙反,郭詩氏反。崔云讀若拖,或作'施'字。""施",宋元遞修本、葉鈔本、通志堂本、抱經堂本皆同。《四庫》本誤作"脆"。

109.《莊子·胠篋》:"符璽,音徙。""徙",宋元遞修本、葉鈔本、通志堂本、抱經堂本皆同。《四庫》本誤作"越"。

110.《莊子·天道》:"繇,音遥。"宋元遞修本、葉鈔本、通志堂本、抱經堂本皆同。《四庫》本脱"音遥"二字。

111.《莊子·田子方》:"蘄,音祈。""祈",宋元遞修本、葉鈔本、通志堂本、抱經堂本皆同。《四庫》本誤作"所"。

112.《莊子·外物》:"娍,本亦作'搣',音滅,又武齊反。《字林》云枙也。枙音千未反。""千未",宋元遞修本、葉鈔本、通志堂本作"千米",是抱經堂本作"千未"。《四庫》本誤作"于未"。

113.《莊子·説劍》:"王脱,一本作'説',同,士活反。""士",宋元遞修本、葉鈔本、抱經堂本作"土",不誤。通志堂本誤作"士",《四庫》沿襲其誤。

114.《爾雅·釋言》:"愧惄,九位反,本亦作'媿'。《小爾雅》云不直失節謂之惄。""直",宋元遞修本、葉鈔本、通志堂本、抱經堂本皆同。《四庫》本誤作"真"。

115.《爾雅·釋言》:"袟也,音拱。郭云今人呼袟衣爲齘。""齘",宋元遞修本、葉鈔本、通志堂本、抱經堂本皆同。《四庫》本誤作"业"。

116.《爾雅·釋訓》:"烰烰,吕、郭並音浮,又符彪反。""反",宋元遞修本、葉鈔本、通志堂本、抱經堂本皆同。《四庫》本誤作"又"。

117.《爾雅·釋訓》:"引,余忍、余慎二反。引,長多也。""多",宋元遞修本、葉鈔本、通志堂本、抱經堂本皆同。《四庫》本誤作"短"。

118.《爾雅·釋宫》:"釋宫第五,《世本》云禹作宫室,《吕氏春秋》云高元作宫室,《尚書》云王徂同宫。""同",宋元遞修本作"挏",葉鈔本、通志堂本作"同",抱經堂本作"桐",《四庫》本脱。

119.《爾雅·釋器》:"襜,本或作'襘',《方言》作'裑',郭同,昌占反。""反",宋元遞修本、葉鈔本、通志堂本、抱經堂本皆同。《四庫》本誤作"方"。

120.《爾雅·釋樂》:"錘,直危、直僞二反。""反",宋元遞修本、葉鈔本、通志堂本、抱經堂本皆同。《四庫》本誤作"尺"。

121.《爾雅·釋天》:"庬,徒衮、徒昆二反。本或作'炖'字,同。""炖",宋元遞修本、葉鈔本、通志堂本、抱經堂本皆同。《四庫》本誤作"妵"。

122.《爾雅·釋山》:"坯,或作'伾',備悲反,又備美反,沈五窟反,韋昭音輊,《説文》作'坏'。""坏",宋元遞修本、葉鈔本、通志堂本、抱經堂本皆同。《四庫》本誤作"坯"。

123.《爾雅·釋水》:"鹽澤,一名蒲昌海,去玉門、陽關三百餘里,輪廣三四百里。""三百",宋元遞修本、葉鈔本、通志堂本、抱經堂本皆同。《四庫》本誤作"二百"。

124.《爾雅·釋水》:"所渠并千七百一川色黄,李云水流而分,交錯相穿,故曰川也。孫云所受渠多,轉流溷濁,故色黄。""渠多",宋元遞修本、葉鈔本、通志堂本、抱經堂本皆同。《四庫》本誤作"巨多"。

125.《爾雅·釋草》:"棘,居力反,字或作'蕀',同。""蕀",宋元遞修本、葉鈔本、通志堂本、抱經堂本皆同。《四庫》本誤作"苑"。

126.《爾雅·釋草》:"莞,於袁反,又於阮反。《廣雅》云:'棘莞,遠志也。其上謂之小草。'""莞",宋元遞修本、葉鈔本、通志堂本皆同,抱經堂本作"菀",《四庫》本脱。

127.《爾雅·釋木》:"茮,音焦,本今作'椒'。""焦",宋元遞修本、葉鈔本、通志堂本、抱經堂本皆同。《四庫》本作"椒"。

128.《爾雅·釋魚》:"蜎,郭狂充反。""狂",宋元遞修本、葉鈔本、通志堂本、抱經堂本皆同。《四庫》本誤作"任"。

129.《爾雅·釋鳥》:"鳳,非梧桐不棲,非竹實不食,朝鳴曰發明,晝鳴曰上翔,夕鳴曰滿昌,昏鳴曰固常,夜鳴曰保長。得其屢象之一則過之,二則翔之,三則集之,四則春秋居之,五則爲身居之。""滿昌",宋元遞修本、葉鈔本、通志堂本、抱經堂本皆同。《四庫》本誤作"歸昌""屢",宋元遞修本作"鳳",葉鈔本、通志堂本誤作"屢"。《四庫》本、抱經堂本沿襲其誤。

130.《爾雅·釋獸》:"鼮,郭云形大如鼠,頭似兔,尾有毛,青黄色,好在田中食粟豆,關西呼爲鼩鼠。""兔",宋元遞修本、葉鈔本、通志堂本、抱經堂本皆同。《四庫》本誤作"鼠"。

131.《爾雅·釋獸》:"貁,音終。""貁",宋元遞修本、葉鈔本、通志堂本、抱經堂本皆同。《四庫》本誤作"貖"。

　　從上面幾個方面可以看出,《四庫》本《釋文》的鈔寫,並非簡單地鈔録通志堂本,而是進行了一些訂補,但由於沿襲了前面版本的錯誤未加訂正,也增加了不少鈔寫的錯誤,使其價值大打折扣。從《經典釋文》的幾個版本看,各有優劣,皆非完璧,《四庫》本《釋文》的參考價值依然存在。

（作者:南京師範大學文學院教授）

《四庫全書總目》標點遺留問題條辨
——以天津圖書館藏《總目》殘稿本爲參照

張鑫龍

摘要：自中華書局縮印浙本《四庫全書總目》，加入王伯祥斷句，風行學界，至今日，標点本也有數種，以《四庫全書總目彙訂》薈萃百家，博采衆長，爲當前最佳標點本。但其中仍有訛誤之處，始終未得到糾正。天津圖書館藏《總目》殘稿，有當時館臣所加句讀，水平極高，學界一直未曾加以注意和使用。筆者參照此書，考訂當前《總目》整理本破句或標點不明處十二條。這對進一步認識殘稿的價值，對推出更高質量的《總目》整理本，皆不無裨益。

關鍵詞：《四庫全書總目》 句讀 古籍整理 四庫學

唐人諺語云："學識何如觀點書。"①清代著名學者方苞在《奏重刻十三經廿一史事宜札子》中説道："舊刻經史，俱無句讀。蓋以諸經注疏及《史記》、前、後《漢書》辭義古奧，疑似難定故也。因此纂輯引用者，多有破句。臣等伏念，必熟思詳考，務期句讀分明，使學者開卷了然，乃有裨益。"②清代學者如段玉裁、王念孫、錢大昕、盧文弨等皆極重視句讀，尤其以王念孫爲代表。因爲句讀不明，則文義全失，所以王念孫在刊刻自己的著作時都一一加上句讀。以上諸多的言論和事迹，都是在説明句讀（標點）對閱讀典籍的重要性。

一、當前《四庫全書總目》的標點情況

中華書局在縮印浙本《四庫全書總目》時，加入王伯祥先生斷句。王先生斷句水平極高，故中華書局影印本至今仍是學者廣泛使用的版本。

---

① 〔唐〕李匡乂：《資暇集》，北京：中華書局，2012 年，第 167 頁。
② 〔清〕方苞：《方望溪全集》，北京：中國書店，1991 年，第 280 頁。

但誠如魏小虎在《影印浙本〈四庫全書總目〉斷句疏誤十二例》一文中所指出的:"限于當時條件,王先生未曾得見《四庫全書》原文,存目諸書更無從覓得……偶見其斷句有百密一疏之處,致生歧義。"①另外,《四庫全書總目》全文整理本較有影響的還有中華書局簡體橫排、署名"《四庫全書》研究所"整理的《欽定四庫全書總目(整理本)》②和魏小虎編撰的《四庫全書總目彙訂》③二種。尤其《四庫全書總目彙訂》一書,在斷句上着力很大。魏小虎薈萃百家,博采衆長,加以自己的考證,對王伯祥以及"《四庫全書》研究所"整理本斷句訛誤之處一一訂正,並將成果體現在全書各條之中,它也是目前《總目》的最佳整理本。

但是各本標點仍有疏失之處,今人亦多有訂補,如任莉莉、楊大忠、王美偉、孫利政、王勇等人,皆撰有專文,考辨各家標點本之誤。④ 這些成果,對《總目》本身的標點校理都是極有用處的。但《總目》卷帙龐大,故諸家仍多有未及之處。

二、天津圖書館藏《四庫全書總目》殘稿本情形

在纂修《總目》的過程中,不同的階段有不同的纂修稿本,其中有幾部流傳至今,藏於北京、上海、臺北等地圖書館。2011 年出版的《天津圖書館藏紀曉嵐刪定〈四庫全書總目〉稿本》⑤是這幾種稿本中最先影印問世的資料。

天津圖書館藏殘稿存《四庫全書總目》正文七十卷,另有卷首聖諭與

① 魏小虎:《影印浙本〈四庫全書總目〉斷句疏誤十二例》,王政、周有斌:《古典文獻學術論叢》第 3 輯,黃山:黃山書社,2013 年,第 156 頁。

② 〔清〕永瑢等:《欽定四庫全書總目》,北京:中華書局,1997 年。

③ 魏小虎:《四庫全書總目彙訂》,上海:上海古籍出版社,2012 年。

④ 任莉莉:《中華書局點校本〈四庫全書總目提要〉標點正誤 13 則》,《古籍整理研究學刊》2012 年第 1 期,第 48—49 頁。楊大忠《中華書局整理本〈欽定四庫全書總目〉標點糾謬十一則》,《圖書館工作與研究》2015 年第 11 期,第 76—78、87 頁。王美偉《〈欽定四庫全書總目〉標點訂誤十則》,《圖書館工作與研究》2016 年第 11 期,第 81—83 頁。孫利政《整理本〈欽定四庫全書總目〉子部儒家類標點志誤》,《天一閣文叢》2019 年第 17 輯,第 124—130 頁。王勇《〈四庫全書總目〉標點訂誤 28 則》,《山東圖書館學刊》2020 年第 05 期,第 117—122 頁。

⑤ 〔清〕永瑢等:《天津圖書館藏紀曉嵐刪定〈四庫全書總目〉稿本》,北京:國家圖書館出版社,2011 年。

御制詩文七卷、凡例一卷、目録一卷,共計七十九卷。據李國慶在《影印前言》中所言,這部殘稿有兩個明顯的特點:一是書頁裁割貼補;二是正文校改删削。① 除此之外,這部殘稿提要正文有紅圈斷句。其中卷七七《史部三十三·地理類存目六》、卷一三六《子部四十六·類書類一》、卷一三七《子部四十七·類書類存目一》、卷一五一《集部四·别集類四》這四卷,根據劉浦江和夏長樸的研究,乃是由其他抄本闌入,不知什麼原因被摻到天津圖書館的稿本之中。

筆者通閱全書,發現如果從紅圈斷句這一項來看,殘稿中也唯有上述卷七七、卷一三六、卷一三七、卷一五一没有斷句。可以推測,全稿二百卷應該都是有紅圈斷句的。而且紀曉嵐等人在審閱《總目》時,不僅僅對提要内容進行删改,對其中的斷句也時有訂正。如卷一一九《子部二十九·雜家類三》所載徐𤊻《筆精》一書提要云:"謂一東二冬爲沈約所分。不知約之詩賦二韵。實皆同用。"②這是《總目》稿本原本的紅圈斷句情況。在後來的校改中,原來"韵"字後面的紅圈被删,並在"賦"字後面加圈,將"二韵"兩字移到下一句,也就是斷爲"不知約之詩賦,二韵實皆通用",是説在沈約的詩賦中,"東""冬"兩個韵部是通用的,後面的斷句顯然是正確的。這類情況在這部《總目》稿本中有很多,不煩一一列舉。可推測這些斷句的紅圈應該是由專門負責的館臣所加,再將稿本交給紀曉嵐等人進行删改校正的。

對天津圖書館所藏這部殘稿,學界已有不少研究。③ 這些研究主要着眼于殘稿的編纂時間、幾部稿本之間的關係以及它們對認識《四庫全書總目》一書編纂及修訂的重要意義等,但目前尚無學者利用稿本中館臣所

---

① 〔清〕永瑢等:《天津圖書館藏紀曉嵐删定〈四庫全書總目〉稿本》(第1册)《前言》,第1頁。

② 〔清〕永瑢等:《天津圖書館藏紀曉嵐删定〈四庫全書總目〉稿本》第11册,第583頁。

③ 丁芬、李國慶:《〈四庫全書總目〉殘稿及其文獻價值》,《圖書館工作與研究》2008年第8期,第54—55頁。孫連青《天津圖書館藏〈四庫全書總目〉殘稿文獻價值探討》,《圖書館工作與研究》2013年第1期,第96—98頁。劉浦江《天津圖書館藏〈四庫全書總目〉殘稿研究》,《文史》2014年第4期,第163—184頁。夏長樸《重論〈天津圖書館藏紀曉嵐删定《四庫全書總目》稿本〉的編纂時間》,《湖南大學學報:社會科學版》2016年第6期,第8—20頁。夏長樸《試論國家圖書館藏〈四庫全書總目〉稿本殘卷的編纂時間——兼論與天津圖書館藏〈總目〉稿本殘卷的關係》,《中國四庫學》2019年第1輯,第56—79頁。

加的紅圈句讀。筆者在通讀《四庫全書總目彙訂》的過程中，發現它的標點至今仍有多處久不見學者考訂指摘之處。今即以《彙訂》本作爲標點文字的底本，參照《天津圖書館藏紀曉嵐刪定〈四庫全書總目〉稿本》一書的紅圈標點，一一考核原委，發現多數訛誤其實都可用這部兩百多年前的稿本訂正。

三、以殘稿本爲參照訂正標點遺留問題

以下按標點致誤之由分類，而各條之中，則先列《四庫全書總目彙訂》一書斷句，若稿本中所加紅圈（句讀）與之不同，則次列稿本句讀情況，最後加筆者按語，一一條辨。其中方框亦爲筆者所加，揭示句讀有誤之所在，以便觀覽。

（一）不識書名、篇名等致誤

1　其子目有混沌譜、中化邌、氣穴、孫孫 等三十六名，無一非吊詭之詞，于經義絲毫無當也。①

此爲《總目·經部八·易類存目二》所載朱天麟《易鼎三然》一書提要。若依此斷句，則是指《總目》舉例時，提及《易鼎三然》一書中"混沌譜""中化邌""氣穴"和"孫孫"四個子目。然《紀曉嵐刪定〈四庫全書總目〉稿本》僅在"混沌譜"和"中化邌"兩子目後施加紅圈，"氣穴"後並無紅圈②，則是將"氣穴孫孫"作爲一個子目。

按：檢《四庫存目標注》一書可知，臺灣"中央圖書館"藏有明崇禎三年（1630）刻本《易鼎三然》一書③。臺灣"中央圖書館"的"古籍與特藏文獻資源"網站載有此書全文圖像。經核對，《總目》所云實爲"混沌譜""中化邌"及"氣穴孫孫"三子目（見圖一），故"氣穴"與"孫孫"不應斷開，斷句當如下：

　　其子目有混沌譜、中化邌、氣穴孫孫等三十六名，無一非吊詭之詞，于經義絲毫無當也。

---

① 魏小虎：《四庫全書總目彙訂》，第 253 頁。
② 〔清〕永瑢等：《天津圖書館藏紀曉嵐刪定〈四庫全書總目〉稿本》（第 2 冊），第 70 頁。
③ 杜澤遜：《四庫存目標注》，上海：上海古籍出版社，2007 年，第 56 頁。

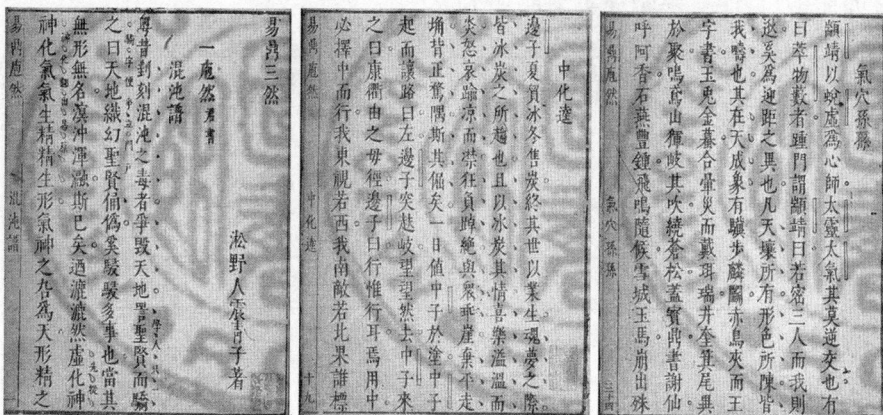

圖一　臺灣"中央圖書館"藏明崇禎三年刊《易鼎三然》

2　其書卷首備列《四代譜系圖》及 ⟨《定時成歲》《七政五辰》《璇璣玉衡》《河洛九疇》《聲音律吕》《五服九州島島》⟩ 等圖。[①]

此爲《總目·經部十三·書類存目一》所載彭勛《書傳通釋》一書提要。若依此斷句,則是指《書傳通釋》一書卷首載有《四代譜系》《定時成歲》《七政五辰》等七圖。然《紀曉嵐删定〈四庫全書總目〉稿本》加紅圈斷句爲:

> 及定時成歲。七政。五辰。璇璣玉衡。河洛九疇。聲音。律吕。五服。九州島島等圖。[②]

斷句不同,代表所指卷首所載各圖不同。如前者以《七政五辰》爲一圖,而後者以《七政》爲一圖,《五辰》另爲一圖。然同一書所載圖,不應有所不同,故知斷句必有訛誤。

按:《書傳通釋》一書,臺灣"中央圖書館"藏有明宣德十年(1435)守中書堂刻本,題作《書傳大全通釋》。此書爲"原北平圖書館"藏書,《原國立北平圖書館甲庫善本叢書》第六册據以影印[③],今將此書卷首所載諸圖與

---

① 魏小虎:《四庫全書總目彙訂》,第 408 頁。

② 〔清〕永瑢等:《天津圖書館藏紀曉嵐删定〈四庫全書總目〉稿本》(第 2 册),第 365 頁。

③ 中國國家圖書館編:《原國立北平圖書館甲庫善本叢書》,北京:國家圖書館出版社,2013 年。

《四庫總目》所言諸圖列表對照如下：

《書傳大全》原書卷首所載諸圖	《四庫總目》所言諸圖
《唐虞夏商周譜系圖》①	《四代譜系圖》
《閏月定時成歲之圖》②	《定時成歲》
《七政之圖》③	《七政》
《五辰之圖》④	《五辰》
《璇璣玉衡圖》⑤	《璇璣玉衡》
《河圖之圖》⑥	《河》
《洛書之圖》⑦	《洛》
《九疇本洛書數圖》《九疇相乘得數圖》《箕子洪範九疇之圖》等圖⑧	《九疇》
《五聲八音圖》⑨	《聲音》
《六律六呂圖》⑩	《律呂》
《堯制五服圖》《禹弼五服圖》⑪	《五服》
《〈禹貢〉所載隨山浚川之圖》《〈禹貢〉九州島島及今州郡之圖》⑫	《九州島島》

　　另據《總目》所言，《書傳通釋》一書“蓋節録永樂中《書經大全》爲之”。《書經大全》一書亦載有《書傳通釋》卷首諸圖，圖名與之全同，雖然《書傳通釋》一書不易見，但《書經大全》一書却收在《四庫全書》內，《彙訂》斷句時未曾核查，遂直接依照王伯祥先生的斷句。

　　據此，稿本《總目》紅圈斷句所示極爲明白，故知不可依《彙訂》一書斷句，唯稿本將“河洛九疇”列爲一個小單元，稍與《書傳大全》原書所載圖名不符。故此句當斷爲：

---

　　①　中國國家圖書館編：《國立北平圖書館甲庫善本叢書》(第6册)，第2頁。
　　②　中國國家圖書館編：《國立北平圖書館甲庫善本叢書》(第6册)，第4頁。
　　③④⑤⑦　中國國家圖書館編：《國立北平圖書館甲庫善本叢書》(第6册)，第5頁。
　　⑥　中國國家圖書館編：《國立北平圖書館甲庫善本叢書》(第6册)，第7頁。
　　⑧　中國國家圖書館編：《國立北平圖書館甲庫善本叢書》(第6册)，第6—8頁。
　　⑨⑩　中國國家圖書館編：《國立北平圖書館甲庫善本叢書》(第6册)，第6頁。
　　⑪　中國國家圖書館編：《國立北平圖書館甲庫善本叢書》(第6册)，第14頁。
　　⑫　中國國家圖書館編：《國立北平圖書館甲庫善本叢書》(第6册)，第15頁。

其書卷首備列《四代譜系圖》及《定時成歲》《七政》《五辰》《璇璣玉衡》《河》《洛》《九疇》《聲音》《律吕》《五服》《九州島島》等圖。

3　惟《拾遺》記商均暴天下之類，辨別誣妄，《路史》帝杼遷老王之類，考訂訛謬，間有數處可取耳。①

此爲《總目·史部四·編年類存目》所載孫之騄《考定竹書》一書提要，若依此斷句，則是將"記"字作爲"記録""記載"之義。而《紀曉嵐删定〈四庫全書總目〉稿本》在"記"字後施加小圈②，表示"記"字處應該斷開。

按："記"字當在書名號之内，所指乃晋人王嘉所著《拾遺記》一書。以上提要數句，以文法而言，實爲對仗之文。"商均暴天下"與"帝杼遷老王"爲對仗，"辨別誣妄"與"考訂訛謬"也是對仗，而《拾遺記》與《路史》也是書名對書名。故前一句中，不應單獨多一"記"字。

另外，所謂"商均暴天下"，見《考定竹書》卷五"帝少康元年"條末尾小注：

《拾遺記》謂商均暴天下，巨魚吸日，蛟繞于天，故誣妄也。③

考《拾遺記》卷一"虞舜"條下云："及帝之商均，暴亂天下，則巨魚吸日，蛟繞于天。"④知孫之騄《考訂竹書》小注所引，確實出自《拾遺記》一書，而《總目》此處肯定孫之騄能辨別《拾遺記》記載"商均暴天下"之"誣妄"。故"記"字當移入書名號之内，斷句如下：

惟《拾遺記》"商均暴天下"之類，辨別誣妄，《路史》"帝杼遷老王"之類，考訂訛謬，間有數處可取耳。

---

① 魏小虎：《四庫全書總目彙訂》，第1572頁。
② 〔清〕永瑢等：《天津圖書館藏紀曉嵐删定〈四庫全書總目〉稿本》（第3册），第465頁。
③ 孫之騄：《考訂竹書》，《四庫全書存目叢書·史部》（第2册），濟南：齊魯書社，1995年，第24頁。
④ 王嘉、蕭綺、齊治平：《拾遺記校注》，北京：中華書局，1981年，第25頁。

4　蓋樞所綴集,雖不出《通鑑》原文,而去取剪裁,義例極爲精密,非《通鑑》總類諸書割裂扯撏者可比。①

此爲《總目·史部五·紀事本末類》所載袁樞《通鑑紀事本末》一書提要。然斷句有誤,"總類"二字當在書名號之内。

按:《總目·史部二十一·史抄類》有《通鑑總類》一書,其提要云:

> 取司馬光《資治通鑑》事迹,仿《册府元龜》之例,分爲二百七十一門。每門各以事標題,略依時代前後爲次,亦間采光議論附之。所分門目,頗有繁碎。……則配隷不確……則疏漏太甚……區分事類,使考古者易於檢録。其書雖陋,亦不妨過而存之也。②

"區分事類""所分門目,頗有繁碎""疏漏太甚"等語,即《通鑑紀事本末》提要中所謂"割裂扯撏"。所以《通鑑紀事本末》提要中所言正是《通鑑總類》一書。"《通鑑總類》諸書"一語,是拿《通鑑總類》舉例,以概括其他分門繁碎、"割裂扯撏"等類似的書。故當斷句如下:

> 蓋樞所綴集,雖不出《通鑑》原文,而去取剪裁,義例極爲精密,非《通鑑總類》諸書割裂扯撏者可比。

5　其中如《慶成宴》《代巡》《贈别》諸作,本五言長律,而雜之古體中;《題鹿鳴宴圖》,本七言古詩,而列之詞内。③

按:此爲《總目·集部三十一·别集類存目五》所載張鹵《張滸東集》一書提要,若依此斷句,則《總目》所舉五言長律詩爲三首。

按:以上標點有誤,《總目》所舉實際僅爲兩首五言長律。其中《代巡贈别》爲一詩,非《代巡》與《贈别》兩詩。《滸東先生文集目録》"五言古詩"類中有《代巡方湖按汴,届期瓜代北上。予時冒有江防之命久,約期夷門

---

①　魏小虎:《四庫全書總目彙訂》,第 1592 頁。
②　魏小虎:《四庫全書總目彙訂》,第 2101—2102 頁。
③　魏小虎:《四庫全書總目彙訂》,第 5976 頁。

不果,賦此贈別》①一詩。因該詩題過長,四庫館臣在撰寫提要時,便將其省略爲《代巡贈別》。②

其實此書提要列舉之詩,題目皆有所省略。《慶成宴》一詩,書中原題爲《慶成宴二十四韵》;而《題鹿鳴宴圖》一詩,書中原題爲《題戴進士明庵鹿鳴宴圖》。《紀曉嵐删定〈四庫全書總目〉稿本》僅在"諸作"下加圈③。此處未能據之對照參考,然殘稿各卷所加圈點,細密程度不同。如果若干文章或書名連稱,有些地方加小圈分別,也有不加小圈分別的,當是因負責加圈的館員不同所致,此處長句之内並未細緻分別小單元。此條提要當斷句如下:

> 其中如《慶成宴》《代巡贈別》諸作,本五言長律,而雜之古體中;《題鹿鳴宴圖》,本七言古詩,而列之詞内。

6　懼有湮没,檄取其家,得 《餘冬序録》《古今謡諺》《詞品》《謝華啓秀》《韵寶》《古雋》 各種,合爲一集,付之梓云云。則此其所刻之一種,而冠以七種之序也。④

按:此爲《總目·集部四十五·總集類存目二》所載楊慎《古雋》一書提要。此段標點初看似無問題,然提要末尾明言"冠以七種之序",而據標點,所列《餘冬序録》至《古雋》,僅有六個書名號,即六種書,則不能不啓人疑竇。

實則"古今謡諺"所指爲二書,即《古今風謡》與《古今諺》。《總目·子部五十四·小説家類存目二》將此二書作爲一個條目著録,題名爲"古今諺二卷古今風謡二卷"。古人在多書並稱之時,如書名有相同字眼,則往往會略去各書皆有之字,如《宋書》《齊書》《梁書》《陳書》往往連稱爲"宋齊

---

① 張鹵:《滸東先生文集》,《四庫全書存目叢書·集部》(第132册),第307頁。此詩題爲目録中詩題,"屆期瓜代",正文詩題作"屆瓜期"三字。"贈別",正文詩題作"以别"。

② 從《總目》中"贈別"二字可知,館臣撰寫提要時,所據詩題爲目録中詩題,非正文之詩題。

③ 〔清〕永瑢等:《天津圖書館藏紀曉嵐删定〈四庫全書總目〉稿本》(第7册),第503頁。

④ 魏小虎:《四庫全書總目彙訂》,第6508頁。

梁陳書”，《新唐書》《舊唐書》連稱爲“新舊唐書”之類。這種情況極其普遍，雖然理解上一般不會有問題，但在正式標點之時，却給今人帶來一些麻煩。如“宋齊梁陳書”不妨標點爲《宋》《齊》《梁》《陳書》，“新舊唐書”標點爲《新》《舊唐書》。即如上例，明言“七種”，則自然不能用六個書名號。此段不妨標點爲：

> 懼有湮没，檄取其家，得《餘冬序録》、《古今謡》《諺》、《詞品》、《謝華啓秀》、《韵寶》、《古雋》各種，合爲一集，付之梓云云。則此其所刻之一種，而冠以七種之序也。

（二）不知史實致誤

7　此本爲咸淳乙丑九江吴革所刊……前有革序。每卷之末題“敷原後學劉宏校正 文字 ”，行款及《象傳》履、夬二卦不載程《傳》，一一與炎武所言合。[①]

此爲《總目·經部三·易類三》所載朱熹《原本周易本義十二卷附重刻周易本義四卷》一書提要。若依上述斷句，則《周易本義》咸淳乙丑年（咸淳元年，1265 年）刻本卷末題名爲“敷原後學劉宏校正文字”十字。然《紀曉嵐删定〈四庫全書總目〉稿本》一書在“校正”二字後加圈[②]，表示在“校正”二字處斷句。

按：吴革咸淳元年刊《周易本義》一書，《中華再造善本》已影印，查其卷末所題，實爲“敷原後學劉宏校正”八字（見圖二）。“文字”二字當屬下讀。所謂“文字、行款”，所指爲提要前半段所引顧炎武《日知録》中所述《周易本義》一書删削文字以及記録行款的情況，如“今乃削去‘象上傳’三字”“今乃削去‘象上傳’三字”之類，以及“今《四書》坊本每張十八行，每行十七字……惟《易》每張二十二行，每行二十三字，而《本義》皆作大字，與各經不同”等。故當斷句如下：

> 此本爲咸淳乙丑九江吴革所刊……前有革序。每卷之末題“敷

---

①　魏小虎：《四庫全書總目彙訂》，第 46 頁。

②　〔清〕永瑢等：《天津圖書館藏紀曉嵐删定〈四庫全書總目〉稿本》（第 1 册），第398 頁。

原後學劉公校正",文字、行款及《象傳》履、夬二卦不載程《傳》,一一與炎武所言合。

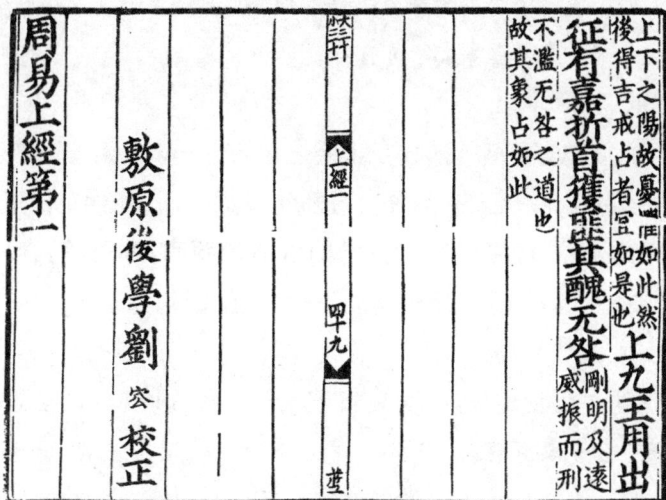

圖二　《中華再造善本》影印吳革咸淳元年刊《周易本義》

8　觀晉史之書趙盾,齊史之書崔杼 及寧殖 ,所謂載在諸侯之籍者,其文體皆與經合。[①]

此爲《總目·經部二十六·春秋類一》所載孔穎達《春秋左傳正義》一書提要,若依此斷句,則是言齊史中記載崔杼及寧殖之事。然《紀曉嵐删定〈四庫全書總目〉稿本》在"崔杼"二字後加圈,表明應在此處斷句。[②]

按:寧殖爲春秋時衛國人,不應載之于齊史。考《左傳·襄公二十年》云:

　　衛寧惠子疾,召悼子曰:"吾得罪于君,悔而無及也。名藏在諸侯之策,曰'孫林父、寧殖出其君'。"[③]

寧惠子即寧殖,《左傳》此文所説"名藏在諸侯之策",即《總目》所説"載在諸侯之籍",此語出于寧殖之口。

---

① 魏小虎:《四庫全書總目彙訂》,第 775 頁。
② 〔清〕永瑢等:《天津圖書館藏紀曉嵐删定〈四庫全書總目〉稿本》(第 3 册),第 6 頁。
③ 楊伯峻:《春秋左傳注》,北京:中華書局,2009 年,第 1055 頁。

又,《總目·經部三十·春秋類存目》中《春秋説》一書提要云:

> 《坊記》所引《魯春秋》《公羊傳》所引《不修春秋》及寧殖所稱載在
> 諸侯之策者,揆之聖經,有同有异。①

《總目》此處"及寧殖所稱載在諸侯之策者"一句,"寧殖"與"載在諸侯
之策"顯然是要放在一起的,不會出現斷句訛誤。而《春秋左傳正義》提要
中的情況與此全同,可見《總目》自身即可前後照應,亦可證《春秋左傳正
義》一書提要中"及寧殖"三字確當屬下讀,故應斷句如下:

> 觀晋史之書趙盾,齊史之書崔杼,及寧殖所謂"載在諸侯之籍"
> 者,其文體皆與經合。

(三) 不諳體例、文法等致誤

9　惠洪乃稱庭堅曾與共宿湘江舟中 親話,有夢與道士游蓬萊事。②

此爲《總目·子部三十·雜家類四》所載惠洪《冷齋夜話》一書提要,
而《紀曉嵐删定〈四庫全書總目〉稿本》在"中"字後加圈③,二者不同。

按:若將"親話"屬上讀斷句,看似可通,然細按文意,則有不妥。既云
"共宿",其後自當接所宿之處所,即"湘江舟中";後又有"游蓬萊事"等字,
則前面自當有"言""道"或"話"之類動詞。

考《冷齋夜話》卷八"夢游蓬萊"一條云:

> 黄魯直,元祐中晝卧蒲池寺。時新秋雨過,凉甚,夢與一道士褰
> 衣升空而去,望見云濤際天。夢中問道士:"無舟不可濟,且公安之?"
> 道士曰:"與公游蓬萊。"……見仙官執玉麈尾,仙女擁侍之,中有一
> 女,方整琵琶。魯直極愛其風韵,顧之,忘揖主者,主者色莊,故其詩
> 曰:"試問琵琶可聞否,靈君色莊妓摇手。"頃與予同宿湘江舟中,親爲

---

① 魏小虎:《四庫全書總目彙訂》,第 918 頁。
② 魏小虎《四庫全書總目彙訂》,第 3820 頁。
③ 〔清〕永瑢等:《天津圖書館藏紀曉嵐删定〈四庫全書總目〉稿本》(第 4 册),第
694 頁。

言之,與今《山谷集》語不同,蓋後更易之耳。①

兩相對照,可知《總目》所謂"親話",即《冷齋夜話》中"親爲言"三字,而"親爲言之"的"之"字,就是《總目》所言"夢與道士游蓬萊事"。所不同者,《冷齋夜話》先述黃庭堅夢游事,結以"親爲言之"四字。而《總目》則用"夢與道士游蓬萊事"一語概括夢游事,而以"親話"二字啓之,意思是:惠洪在書中提到黃庭堅曾經和自己一起住在湘江的舟中,並且黃庭堅"親自對自己説"他夢見和道士一起游蓬萊的事情。雖然《冷齋夜話》與《總目》敘述順序有異,而兩者一一對應之處顯然可見。故"同宿湘江舟中"自當與"親話"二字斷開,故"親話"二字不當屬上,當斷句如下:

惠洪乃稱庭堅曾與共宿湘江舟中,親話有夢與道士游蓬萊事。

10 而分天、地、人、鬼、鳥、獸、草、木、竹、蟲、魚、寶器十二門 隸事 ,全似類書,名實乖舛,尤徵其妄也。②

此爲《總目·子部四十·雜家類存目七》所載舊題蘇軾《物類相感志十七卷》一書提要,而《紀曉嵐删定〈四庫全書總目〉稿本》在"十二門"三字後加圈③,二者不同。

按:"隸事"二字屬上讀,似亦可通,細審之則不然。考察《總目》全書行文體例,對于著録之書,如果言及書中分門別類,常用"分……門""定爲……門"之類句式,"門"字後無其他內容。如:

《經部七·易類存目一》所載《石潭易傳撮要》提要云:

分類排纂,定爲本性道、精公私、正身心、施政治四門。④

《經部二十三·禮類存目一》所載《周官辨》提要云:

① 〔宋〕惠洪:《冷齋夜話》,北京:中華書局,1988年,第63頁。
② 魏小虎:《四庫全書總目彙訂》,第4098—4099頁。
③ 〔清〕永瑢等:《天津圖書館藏紀曉嵐删定〈四庫全書總目〉稿本》(第5冊),第312頁。
④ 魏小虎:《四庫全書總目彙訂》,第196頁。

分別僞、辨惑二門。①

《子部二十八·雜家類二》所載《演繁露》提要云：

其書正編不分類，續編分制度、文類、詩事、談助四門。②

此處所討論的《物類相感志十七卷》後一書《物類相感志一卷》提要云：

凡分身體、衣服、飲食、器用、藥品、疾病、文房、果子、蔬菜、花竹、禽魚、雜著十二門。③

兩相比較，尤可窺見《總目》行文體例。如此類者在在而有，不煩多舉。此外，隸事之書、纂言之書，皆可謂之類書。但分別言之，二者尚有區別。隸事則主要是搜羅典故，纂言則主要是采擇警句。此以"隸事全似類書"作一句讀，指明《物類相感志》編纂形式爲"隸事"，如同搜羅典故的類書一樣，讀之怡然理順，故當斷句如下：

而分天、地、人、鬼、鳥、獸、草、木、竹、蟲、魚、寶器十二門，隸事全似類書，名實乖舛，尤徵其妄也。

11　至于 鳥獸、花草 諸門，每類之首或括以偶語一聯，或括以律詩二句，乃從而釋之，尤弇陋之甚矣。④

此爲《總目·子部四十八·類書類存目二》所載徐炬《古今事物原始》一書提要，若依此斷句，則"鳥獸"與"花草"是《古今事物原始》一書所分諸門中的兩門。

按：此處"鳥獸"及"花草"皆不應相連而稱。若是一般文章的語句，自

---

① 魏小虎：《四庫全書總目彙訂》，第 696 頁。
② 魏小虎：《四庫全書總目彙訂》，第 3750 頁。
③ 魏小虎：《四庫全書總目彙訂》，第 4099 頁。
④ 魏小虎：《四庫全書總目彙訂》，第 4342 頁。

然可以將"鳥獸"和"花草"各自並稱。但《總目》既然説"諸門",則當考核此書是否單獨以"鳥獸"及"花草"連稱而列爲門類。檢《新鎸古今事物原始》一書目録,乃作"花部卷二十四""草部卷二十五""鳥部卷二十六""獸部卷二十七"①。"鳥""獸""花""草"四字,實爲書中所分四門,每門皆爲一卷。觀其正文,確實如《總目》所言:"每類之首,或括以偶語一聯,或括以律詩二句。"《紀曉嵐删定〈四庫全書總目〉稿本》僅在"諸門"下加圈②,雖此處不可以之爲佐證,但是古人點書,以不破句爲上,勢必不能如今日施以標點之精確。此正待後人字校句核,既循名而責實,又宜尋而便覽也。故當斷句如下:

> 至于鳥、獸、花、草諸門,每類之首或括以偶語一聯,或括以律詩二句,乃從而釋之,尤弇陋之甚矣。

12　集首第一篇爲《送黃宗夏序》,後有題曰:"此王昆繩改本也。恕谷初學八大家,昆繩言當宗 秦、漢,章法訂此 。恕谷後謂唐、宋不如秦、漢,秦、漢不如《六經》,于文法一宗聖經,題曰《後集》。"云云。③

此爲《總目·集部三十七·別集類存目十一》所載李塨《恕谷後集十卷續刻三卷》一書提要,中華書局《欽定四庫全書總目(整理本)》④則將"昆繩言當宗秦、漢"和"章法訂此"連爲一句讀,而《紀曉嵐删定〈四庫全書總目〉稿本》在"章法"和"訂此"後皆施紅圈⑤,表示"章法"二字後斷句,"訂此"後亦斷句。

按:"章法訂此"語意欠通順。考《恕谷後集》第一篇《送黃宗夏序》末尾題跋云:

---

①　〔明〕徐炬:《新鎸古今事物原始》,《四庫全書存目叢書·子部》(第 224 册),第 539—540 頁。

②　〔清〕永瑢等《天津圖書館藏紀曉嵐删定〈四庫全書總目〉稿本》(第 6 册),第 209 頁。

③　魏小虎:《四庫全書總目彙訂》,第 6217—6218 頁。

④　〔清〕永瑢等:《欽定四庫全書總目》,第 2569 頁。

⑤　〔清〕永瑢等:《天津圖書館藏紀曉嵐删定〈四庫全書總目〉稿本》(第 8 册),第 311 頁。

此王昆繩先生改本也。先生初學八大家,昆繩過會學,言當宗秦、漢章法,訂此。先生後謂唐、宋不如秦、漢,秦、漢不如六經,于是文法一宗聖經,題曰"後集"。①

所謂"章法",即提要中"于文法一宗聖經"一句中之"文法"二字。"文法""章法",二者意同。李塨"初學八大家",即是學唐宋八大家作文之法,即所謂"文法""章法"。後來王昆繩告訴李塨應該用秦漢時期作文之法。並且王昆繩根據自己認可的秦漢時期的"章法",來替李塨"訂"正這一篇《送黃宗夏序》。後來李塨自己覺得六經之文法更好,又改學六經之法。並將用六經之法所作文章彙爲一集,題曰"後集"。故《提要》"文法"二字後用了"宗"字,則"宗秦、漢"之"宗"後自應有"章法"二字作賓語,"章法"二字不能屬下讀。且"宗秦、漢章法"爲文學主張,自屬一事,"訂此"指王昆生替李塨訂改文章,乃爲另一事,分屬二事,自宜斷開,使語意顯豁。稿本所斷爲確,故應標點如下:

集首第一篇爲《送黃宗夏序》,後有題曰:"此王昆繩改本也。恕谷初學八大家,昆繩言當宗秦、漢章法,訂此。恕谷後謂唐、宋不如秦、漢,秦、漢不如《六經》,于文法一宗聖經,題曰《後集》。"云云。

四、結　語

《四庫全書總目》煌煌二百卷,標點這樣一部卷帙浩繁的古籍,工作本身就極爲繁難紛雜。而要做到準確地標點,則更是難上加難,並非簡單一蹴可就。自王伯祥先生斷句以來,中華書局的影印本風行學界,標點本如今也有幾種。其中仍有破句或者標點不甚明瞭之處,却始終未得到糾正。

天津圖書館所藏《四庫全書總目》殘稿本上,有當時館臣們所加的句

---

①　〔清〕李塨:《恕谷後集》,《四庫全書存目叢書補編》(第 6 册),濟南:齊魯書社,2001 年,第 7 頁。

讀，水平極高，以之爲綫索，通過探索史源、文法、館臣行文體例等手段，適
可補正前人所未及之《總目》標點訛誤，已詳細闡述如上。這對于進一步
認識這部殘稿的價值，以及對今後推出更高質量的《四庫全書總目》標點
本，都不無裨益。

（作者：南京師範大學文學院講師）

《清代〈詩經〉論著匯考輯評》序言

劉立志

摘要：《清代〈詩經〉著述匯考輯評》爬梳鉤稽清人所撰《詩經》著作兩千多種，設列書名（或連及卷數）、作者小傳、版本館藏信息（或存佚綫索）、考論輯列等欄目，内中有一些深入的個人考論和探索，意在便利學人查核使用，推進《詩經》研究。

關鍵詞：清代　詩經　輯評

　　三百篇結集成書以後，迅速完成了經典化的歷程，春秋士人聘問之際頻繁徵引，漢代傳《詩》形成齊、魯、韓、毛四個學派，六朝時期《詩》與騷並列，被譽爲華夏文學之淵藪，唐宋以來入列科考科目，更是備受社會萬衆之矚目。古今學人對於三百篇的關注持續居高不下，綿延兩千多年的《詩經》學術發展史上，成果豐碩，名家輩出，佳構如林，今時學界公認漢代和清代是兩個高峰期，尤其是有清不足三百年時間，經學大興，著作頗夥，承前啓後，兼具總結性和開拓性。一言以蔽，清代治《詩》，學人之多，著述之富，成就之高，足以令人訝異驚歎。

一

　　民國以來，清人的《詩經》研究開始進入學者的視野，迄今已有百餘年，取得了一些研究成果，《詩經》通代學術史著作，如林葉連《中國歷代詩經學》、夏傳才《〈詩經〉研究史概要》、洪湛侯《詩經學史》、戴維《詩經研究史》等，均爲清代《詩經》研究辟立專章予以述論。

　　迄今爲止，全面系統論析清人《詩經》研究的專著已經出版有六部，分別是朱孟庭《清代詩經的文學闡釋》（臺北文津出版社 2007 年）、郭全芝《清代〈詩經〉新疏研究》（安徽大學出版社 2010 年）、何海燕《清代詩經學研究》（人民出版社 2011 年）、黄忠慎《清代詩經學論稿》（臺北文津出版社

2011年)、寧宇《清代詩經學》(吉林大學出版社2015年)、陳國安《清代詩經學研究》(臺北花木蘭出版社2016年),述論評議,各有特色,享譽學林。

而於清代《詩》學名家,如王夫之、陳奂、方玉潤、魏源等,皆已有專門研究著作問世,聲名較著者,有袁愈宗《王夫之〈詩廣傳〉詩學思想研究》(中央編譯出版社2012年)、納秀豔《王夫之〈詩經〉學研究》(中國社會科學出版社2016年)、岑溢成《詩補傳與戴震解經方法》(臺北文津出版社1992年)、王安碩《馬瑞辰〈毛詩傳箋通釋〉通假字研究》(臺北花木蘭文化出版社2011年)、林惠修《陳奂之〈詩經〉訓詁研究》(臺北花木蘭文化出版社2008年)、曹志敏《學術探求與春秋大義:魏源〈詩古微〉研究》(社會科學文獻出版社2011年)、黃忠慎《清代獨立治〈詩〉三大家研究——姚際恒、崔述、方玉潤》(臺北五南圖書出版股份有限公司2012年)等,諸書秉持小題大做之原則,論析深入,勝義頗多。

此外還有大量的清人《詩》學專題研究論文和學位論文發表,林慶彰主編的《經學研究論著目録(1912—1987)》《經學研究論著目録(1988—1992)》《經學研究論著目録(1993—1997)》《中國經學相關研究博碩士論文目録(1978—2007)》及寇淑慧編著的《二十世紀詩經研究文獻目録》《中國香港、臺灣地區詩經研究文獻目録(1950—2010)》等書中著録的信息比較詳盡,查閲便利,兹不贅述。

綜觀學界百餘年來對於清代《詩》學之研究,考論爭鳴,百花齊放,著述不可謂不豐富,但整體來說,體量有限,關注的僅是少數名家名著,與清代《詩經》成果之數量、研究達致的學術高度不相匹配。

全面梳理清人《詩》學成就,首要的任務是爬梳材料,詳細統計清代學者撰著的相關文獻成果,即俗語所謂"清理家底"。這方面已有學者著鞭在先,慧眼獨具。

民國時期,學者鈎稽綫索編撰成文,爲數極少,篇幅皆是有限,未能貫通詳考。如金受申《清代詩經書目提要叙目》(《國藝》三卷第一、第二期,1941年2月至3月)、張壽林《清代詩經著述考略》(《燕京大學圖書館報》50、51、52、54、55、56期,1933年5月15日與30日、6月15日、9月1日與16日、10月1日;又重刊於《女師學院期刊》三卷一期,1935年1月)、公方苓《清代詩經著述考略》(《中央日報》1948年11月17日、18日、20日、22日)。但篳路藍縷,啓悟後學,功不可没。

　　後人繼踵而上,後出轉精。王紹增主編《清史稿藝文志拾遺》,中華書局 2000 年 9 月出版,載録 370 部《詩經》著述,因其體例所限,提供的綫索較少。蔣秋華、王清信編著《清代詩經著述現存版本目録初稿》,附録於吴宏一主編《清代詩話知見録》書後,臺灣"中央研究院"中國文哲研究所 2002 年出版,載録 528 種清人《詩》學著作。蔣秋華撰著《清代詩經學考述》,附録於吴宏一主編《清代詩話考述》書後,臺灣"中央研究院"中國文哲研究所 2006 年 12 月出版,考録傳世清代《詩經》研究著作 108 種,每書條目設列"版本館藏""作者小傳""成書年代及寫作動機""内容提要"諸欄目,有些條目下還增設有"研究資料彙編"一欄,匯列關涉其人其書之研究著作與論文目録,足資借鑒。牟玉亭《中國歷代詩經著述存佚書目》,香港天馬出版有限公司 2009 年 12 月出版,考録清代《詩經》研究著作 444 種,又有清末民初《詩經》著作 46 種(現存 36 種)。牟氏書後來又全文收入夏傳才主編的《詩經學大辭典》之中,河北教育出版社 2014 年 3 月出版。甯宇《清代詩經學》書後附録有《清代〈詩經〉論著匯考輯評》,包含大陸、香港、日本、韓國、美國等藏書,總計載録 794 種。由於主觀或客觀條件的限制,前修時彦的統計或設列欄目過於簡略,不便查找,或彙集綫索時有疏漏,未臻賅備。如美國加州柏克萊大學東亞圖書館藏有清人項珍卿《詩經摘豔》一書,美國獨此一家,中國大陸圖書館或收藏單位未見有收藏,筆者撰有《〈詩經摘豔〉略説》一文,刊發在《光明日報》2020 年 1 月 21 日第 13 版,進行了簡單紹介。甯宇曾經評價《清代詩經著述現存版本目録初稿》,説:"其中重複有 5 種,錯誤有 1 種,民國 5 種,實爲 516 種。"①凡此,皆可見出有清一代之《詩經》論著的爬梳輯集尚待全面鈎稽、深入開掘。

二

　　筆者關注《詩經》研究多年,跟進把握相關研究動態,漢唐至於明代《詩經》著述皆有匯考之專著或專篇資料行世,如陳文采《兩宋詩經著述考》,原爲臺北東吴大學中國文學系 1988 年碩士論文,後收入《古典文獻研究輯刊》初編第十九册,臺北花木蘭文化工作坊 2005 年 12 月出版,考

────────────

① 　甯宇:《清代詩經學》,長春:吉林大學出版社,2015 年,第 245 頁。

得 207 種兩宋《詩經》著述,多出《經義考》24 種;郝桂敏著有《宋代〈詩經〉著述目録》,附録於所著《宋代〈詩經〉文獻研究》書後,中國社會科學出版社 2006 年 2 月出版;崔志博撰有《元代〈詩經〉著述目録》,附録於所著《元代〈詩經〉學研究》書後,人民出版社 2016 年 9 月出版;傅麗英著有《明代〈詩經〉研究專著編目》,附録於所著《明代詩經學》書後,語文出版社 1996 年 8 月出版;劉毓慶撰有《明代〈詩經〉著述考目》,附録於所著《從經學到文學——明代詩經學史論》書後,商務印書館 2001 年 6 月出版,諸書皆是彙集考録,功力殊深。尤其是以下三種著作:周何編著《詩經著述考》,臺北“國立”編譯館 2004 年 3 月出版,上、下兩册,2523 頁,輯録歷代有關《詩經》之著述資料,設立 9115 條目,上起先秦,下訖近代,每書下述列作者簡介、序跋例言、提要解題、考證論評等信息,於期刊論文則注明著録出處、傳本信息,皇皇巨著,令人目眩;劉毓慶撰著《歷代詩經著述考(先秦—元代)》,中華書局 2002 年 5 月出版,共計 398 頁,鈎稽輯録先秦至於元代的《詩經》研究著作資料,每一書先録書名、卷數、作者、存佚,或標注資料出處,或引徵序語,其下以按語對其書或作者進行考論;劉毓慶、賈培俊撰著《歷代詩經著述考(明代)》,中華書局 2008 年 6 月出版,共計 35 萬字,517 頁,著録明代《詩經》研究著作七百四十餘種,每書先録書名、卷數、作者、存佚,次述列著録綫索,或徵引序語,後以按語考論其作者生平行事或書籍版本,二書體例良善,影響深遠。周氏書内地罕見,劉氏書廣泛流通於大陸地區,有功學術。而全面梳理考述清代《詩經》文獻之作,迄今尚付闕如,有鑑於此,筆者執着探研此領域,爬梳二十載,撰編完成《清代〈詩經〉論著彙考輯評》書稿,著録凡傳世者 1111 種、散佚者 1276 種,輯集其作者、版本、館藏及内容價值之信息,求教于方家。

三

　　書中稽考清代《詩經》著述,述列書名(或連及卷數)、作者小傳、版本館藏信息(或存佚綫索)、考論輯列等内容,主要依據的是刊本、序跋、文集、方志、目録、筆記、日記以及近年出版的近百種古籍普查登記書目等資料,有幾個問題在此需要交待一番。

　　第一個問題是書名條目的設立,須是關涉《詩經》研究,包括《詩經》訓詁、闡釋或韻律等内容,寬泛言詩而非密切扣合《詩經》者不予載録;其書撰成時間當是介於 1644—1912 年間。可以明確爲撰成於明代或民國者,抑或篇幅有限而未曾單獨刊行者,一概不予立目。如民國時期所編《續修四庫全書總目提要》收録林義光《詩經通解》三十卷、徐天璋《詩經集解辨正》不分卷、劉承幹《毛詩單疏校勘記》三卷,黄節《詩序非衛宏所作説》一卷與《詩旨纂辭》三卷、《毛詩説習傳》一卷(簡朝亮授,簡菉盈、簡菉持同録)、《毛詩評注》三十卷(李九華撰,張斌、張國棣輯),皆可確考成書於民國時期,故不予著録。又如《詩經學大辭典》中牟玉亭《中國歷代詩經著述存佚書目》之第七部分清代(577 種)(包括現存 444 種,亡佚、未見 133 種),辨析不够精確,收録多種非屬清代、清人之論著,查核剔除,未予立目者有如下諸書:

> 《詩經解》,姚亢宗撰。稿本一至四卷存復旦大學。
>
> 《種芭蕉館詩經述》不分卷,黄漣撰。稿本現存中國科學院文學所。
>
> 《東山淫詞論》一卷,郭翹楚撰。《中研目録》著録存《郭廣文遺篇》本。
>
> 《詩經講章》,曹學倫撰。康熙抄本,存首都圖書館本部。
>
> 《毛詩品物圖考》七卷,岡元鳳撰。
>
> 《陸氏草木鳥獸蟲魚疏圖解》五卷,淵在寬撰。
>
> 《經義述聞·毛詩》,王引之撰。
>
> 《古今圖書集成·詩經部藝文目》,陳夢雷等輯纂。
>
> 《毛詩》三十卷附《尚書後案駁正》二卷,王劼撰。有咸豐四年自序刊本,存日本京都人文科學圖書館。
>
> 《韓詩外傳旁注評林》十卷,原題黄從誠撰注。壽縣張氏寶詩籛藏明刊本。
>
> 《韓詩外傳補正》十卷《佚文考》二卷,趙善詒撰。此書現有 1938 年長沙商務印書館排印本,存日本京都人文科學圖書館。
>
> 《詩緯集成》,安居香山、中村璋八合輯。
>
> 《詩經類疏》六卷,蔣之麟撰。《經義考》著録"未見"。
>
> 《斷章别義》三卷,蔣之麟撰。《經義考》著録"未見"。
>
> 《詩經淺義》,謝韋紳撰。《經義考》曰"未見",引唐文恪公序云:

"是書苦心十年,薈諸家之粹而折衷。"

《詩義纂》,安履吉撰。《經義考》曰"未見"。

《十五國風論》一卷,林國華撰。《經義考》著録曰"未見"。

《詩國風小雅説》,黄祖舜撰。《經義考》曰"佚"。

《風雅比興義》十五卷,許懋撰。《經義考》曰"佚"。

這些著作,或爲明儒所撰,或爲民國乃至現當代學者所著,或出於日本學者之手,或僅爲單篇文字,編者未予詳考,兹辨明是非,概行黜落。

　　還有三部著作多被世人認定爲清季《詩》學成果,在此特予説明。王樹枏(1852—1936)所撰《焦易説詩》四卷,國家圖書館藏有民國二十四年(1935)抄本,此書成於 1935 年,王氏時爲八十五歲。馬其昶(1855—1930)所撰《詩毛氏學》一書,又名《毛詩學》,三十卷,成書於 1916 年,最早有民國五年(1916)北京京師第一監獄鉛印本,之後有民國七年(1918)上海聚珍仿宋印書局鉛印本、民國十三年(1924)桐城張氏適廬鉛印本等。吴闓生(1879—1950)所著《詩義會通》,大約成書於 1927 年。此三書完成時間確鑿可考,已經入於民國,故而不予載録。

　　根據文獻記載,學人治《詩》,撰著成書,綫索明晰、歷歷可考者,甚或後來遺失散佚,概予收録登載。如毛奇齡《聞詩説辭》一書,《經義考》卷一一九"《國風省篇》一卷"條下,引毛奇齡自述云"著《聞詩説辭》,合如干篇,而惜乎亡之"。四川巴縣學者王劼撰有《詩》學著作多種,傳世僅有晚年所著《毛詩讀》三十卷,李慈銘《越縵堂讀書記》云:"閲近人巴郡王劼《毛詩讀》,凡三十卷,咸豐乙卯刻于成都。《自序》謂初爲《毛詩述義》,與包慎伯、陳碩甫相商榷,道光戊申於南昌舟次失去,歸田後重輯此書。"王氏被盜之《毛詩述聞》二十卷、《毛詩篇名解》二卷、《毛詩經傳考異》一卷諸書,皆單獨列爲條目。陳奂《讀詩餘志》一書,陳奂《師友淵源記》"王引之"條云:"其時奂治《毛詩》語助發聲之例。"自注云:"余作《詩虚字義》三十卷,江子蘭師點定,此稿及《詩傳》底稿、《讀詩餘志》底稿,俱遺棄潘氏館中。"[①]陳氏此書稿在庚申之亂中遺失于潘曾瑋公館,綫索確鑿,亦設列爲條目。

---

① 〔清〕陳奂:《師友淵源記》,黄金榜輯:《遼雅齋叢書》本,北京:朝華出版社,2020 年,第 345 頁。

同一種著述或有不同的稱名，無論有無使用其異稱行世的具體可考的刊刻版本，皆不單獨設列爲條目，如賀貽孫所撰《詩觸》，又名《詩經觸義》；三國吳人陸璣所撰《毛詩陸疏校正》二卷，丁晏校，又稱《毛詩草木鳥獸蟲魚疏》《毛詩草木鳥獸蟲魚疏校正》；王鴻緒、陳萬策等奉敕所撰《詩經傳說匯纂》一書，或稱《欽定詩經傳說匯纂》，重慶市北碚圖書館藏有清初刻本，僅存二十三卷，分別是：一至十二、十四至二十，首二卷，序二卷，題名爲《詩經傳說》①；孫嘉淦、傅恒、陳兆倫等奉敕所撰《詩義折中》二十卷，又或稱爲《欽定詩義折中》《御纂詩義折中》。這屬於同書異名現象，本應合并述列考論。對於尚未發現刊刻使用異稱之版本的論著，僅於該著述常用書名所設條目之下"考論輯列"欄目中對其書名情形予以簡要之説明；對於傳世有刊刻使用異稱之版本的論著，只要能够確定二者爲一書，則亦不單獨設列條目，僅於該著述常用書名所設條目之下"版本館藏"欄目中一并述列。

如若刊刻行世使用異稱之版本，與該著述常用稱名有所差別，無論是微有出入還是迥然有異，只要不能考明二者實乃同一著述，則視爲不同之著作，分別設列爲不同條目，進行鈎稽考述。如程晉芳所撰《毛鄭異同考》十卷，又上海圖書館藏有其所撰《讀詩疏箋鈔》手稿本，不分卷，分裝四册，乃其讀《毛詩正義》之筆記，黄曙輝解題以爲"或即其所著《毛鄭異同考》之初稿也"，但未爲定論，因故《毛鄭異同考》《讀詩疏箋鈔》分列爲兩個條目。再如陳奐撰有《毛詩考證》，見於王引之《王文簡公文集》卷四《與陳碩甫》第八通，文云："大著《毛詩考證》不日成編，即當付梓，以示來學。"②柳向春《陳奐交游研究》以爲"此或即《詩毛氏傳疏》初稿"，亦爲疑而未定之辭，因此兩書遵例分列條目，不能混合爲一。再如黄啓興撰有《詩考》五卷，《婺源縣誌》《（光緒）安徽通志·藝文志》《安徽藝文考》又著録其撰著有《毛詩集古箋注》四十卷，王欣夫《蛾術軒篋存善本書録》於"《詩考》存二卷

　　① 詳見本書編委會編：《重慶市北碚圖書館等八家收藏單位古籍普查登記目録》，國家圖書館出版社，2016 年，第 218 頁。此書此處之著録信息或爲疏漏，俟後考訂，相關情況可參閱《圖書館報》第 652 期（總第 774 期，2023 年 6 月 30 日）第 7 版趙嫄《〈全國古籍普查登記目録〉稿件中常見錯誤類型、成因淺析及解決方法初探》一文。

　　② 王念孫、王引之撰，舒懷、李旭東、魯一帆輯校：《高郵二王合集》，上海：上海古籍出版社，2019 年，第 1596 頁。

附録"條論云："是書輯録舊説爲多，意即欲爲《毛詩集古箋注》之初稿歟？"①兩書亦不可合併爲一個條目。最爲典型者，莫過於"體注大全"系列書籍，范翔撰《詩經體注大全》八卷，范翔撰、沈世楷輯《詩經體注大全合參》八卷，范翔評選《增補詩經衍義體注大全合參》，黃維章撰、范翔重訂《初刻黃維章先生詩經娜嬛體注》，范翔審訂《詩經娜嬛體注》八卷，黃維章纂輯、范紫登重訂《鴻文堂詩經娜嬛體注》八卷，黃維章撰、范翔重訂《三刻黃維章先生詩經娜嬛體注》八卷，黃文焕輯、范翔重訂《詩經娜嬛體注大全》八卷，黃維章輯、范翔訂《詩經娜嬛體注大全合參》八卷，這九種論著，前人目録著作交待作者情況參差，輾轉稗販而來，未獲親睹諸書原本，查核其内容異同，無法確認其是否同書異名，只能存疑於心，每條單列。

即使設爲條目的具體書名，由於古人的行文習慣，也難免存在理解上的偏差。如清代廣東東莞人劉輔元的《詩》學著作，《（宣統）東莞縣志》卷六九、《東莞詩録》卷四二著録作《詩經書經疏解》，而廣州圖書館編《廣東歷代著者要録·廣州府部》依據《（嘉慶）東莞縣志》卷二五、《（光緒）廣州府志》卷九〇、《（民國）東莞縣志》卷六九等，于"劉輔元"條下言其著有《詩經疏解》《書經疏解》②，顯然是把它當作兩本著作處理的。清代廣東從化人曾鳳舉，清《從化縣志》言其著有《四書易經詩經講義綱鑒纂》，而廣州圖書館編《廣東歷代著者要録》則載録其"著有《周易講義》《詩經講義》《四書講義》《綱鑒纂》《四樂山房文稿》《四樂山房詩稿》《京山政略》《德蔚堂雜著》"③，亦有合稱與分列之差別。同書記載增城人胡庭蘭，"嘉靖二十二年（1543）舉人。二十九年（1550）進士。著有《詩易講義》（《（光緒）廣州府志》將此書分爲《易講義》《詩講義》兩種）"④，以自注形式揭示了因爲對於方志行文句讀不同而造成的書名歧異。對於這種書名之差異，只能斟酌取捨，標明具體出處，提示詳細綫索，以俟他日查核探研，考論確定。

除確定撰著完成、詳明可考之論著外，還有未完稿或未成稿之著述尚需特別説明。未完稿或未成稿之著述大體可以分爲兩種情形，一是傳世

① 王欣夫撰，鮑正鵠、徐鵬標點整理：《蛾術軒篋存善本書録》，上海：上海古籍出版社，2002年，第375頁。

② 詳見廣州圖書館編：《廣東歷代著者要録·廣州府部》，廣州：廣州出版社，2012年，第92頁。

③ 廣州圖書館編：《廣東歷代著者要録》，第408頁。

④ 廣州圖書館編：《廣東歷代著者要録·廣州府部》，第305頁。

史料闕如,不能排除僅爲初步之撰著設想而後未及著筆成文者,如《日講詩經解義》,《清朝文獻通考·經籍考》載録,謂康熙皇帝命儒臣纂輯而成。《四庫全書》本《聖祖皇帝御制文集》亦載録清聖祖所撰《日講詩經解義序》。實際此書根本没有完成,是否僅爲殘存散亂之資料而未及梳理纂定,亦難探論,張宗祥《鐵如意館隨筆》有"四庫有目無書者兩種"條,言及《日講詩經解義》《老學庵續筆記》二書,云:"《詩經解義》初疑爲書成在後,目録中則早列入,至是書是否編成,尚不可知。其後侍朱艾卿先生,偶道及。先生入宫之暇,留意訪察,則此書凡鈔成二十餘部,皆在内廷,乃知書成在後之説不虚。蓋寫成已在乾隆崩後,竟未發閣也。"①認爲此書已經成稿,只是時間遲至乾隆皇帝駕崩之後,抄本收藏在皇宫之中。但此書不見録於後出之任何一部書目,版本信息全無,著實蹊蹺,張氏説僅爲一家言。此類著作設爲單獨條目,相關考辨信息述於"考論輯列"欄目之中。

　　另有一種情形是,早期史料記載學人撰述有相關治《詩》文字,篇卷不一,未及成書,甚或没有擬定書名,而後世傳記、方志資料輾轉沿襲,漸生衍誤,遂致爲其代擬書名而成專門之著述。如江蘇六合人徐鼒(1810—1862),《(光緒)六合縣志》卷五《人物志·儒林》中《徐石麟徐鼒傳》記述徐鼒"又嘗補《毛詩爾雅注疏》,參以陳起源、段玉裁、王念孫、臧琳、邵晉涵、郝懿行、阮文達諸家之説"。之後的《清史列傳》卷七三《文苑傳四》有《徐鼒傳》,云:"又有《未灰齋文集》一卷、《周易舊注》十二卷、《禮記匯解》、《月令異同疏解》、《四書廣義補》、《毛詩爾雅注疏》、《説文引經考》。"據此,似可認定徐氏對《毛詩爾雅注疏》的著作權。但是,《續修江寧府志》卷一四之七《人物·儒行》有《徐鼒傳》,文云:"其《禮記匯解》《小腆紀傳》《説文引經考》,惜未卒業。又嘗補毛詩爾雅注疏,別參以陳啓源、段玉裁、王念孫、臧琳、邵晉涵、郝懿行、阮文達之書。"故《毛詩爾雅注疏》可能非著述,而是出於前人誤讀。而陳詒紱《金陵藝文志》據《金陵通傳》著録徐鼒撰有《毛詩注疏補》,此書名是否爲對《毛詩爾雅注疏》書名句讀不同所致,今日已經無法考實,只能列爲單獨條目。

　　又如晚清鹽城學者李建寅(? —1886),《鹽城縣志》未記載其著述。

―――――――――

① 張宗祥著,浙江省文史研究館編:《鐵如意館隨筆　鐵如意館手鈔書目》,上海:上海古籍出版社,2015 年,第 15 頁。

陳玉樹《毛詩異文箋》之《凡例》中曾提及："先師李筵賓先生（陳氏自注：先生諱建寅，鹽城人，癸酉科舉人）稱李先生，不名。"①書中雙行小字注中多次出現"李先生曰"字樣，稱引李氏之說，如卷五"交交黃鳥"條下注釋下云："先生立節底行，一芥不苟取。玉樹弱冠失怙，賴先生以道義相助，有所不爲。光緒丙戌，先生由海道入都，卒於登州。偶檢舊簏，得先生說《詩》十數紙，擇其合于毛詩異文者，錄而存之。"②李建寅闡釋《詩經》的十數紙到底是筆記文字，還是體例完善的著作手稿，陳玉樹沒有細加說明，但爲了保留研究綫索，仍是以設列爲一個條目爲佳。

　　陳玉樹父親陳蔚林的著作，陳中凡《先叔父惕庵府君行述》云："先叔父諱玉樹，字惕庵，後更名玉澍，以清咸豐癸丑年生於江蘇之鹽城，距九一公由蘇遷鹽以來十五世矣。陳氏自黃道公遭明世國變，抗節高蹈後，世有隱德。先大父以善治《毛詩》名，著《詩說》二卷，長沙王祭酒先謙志其墓，稱其精思絕詣，與高郵王念孫父子相翕應。"《續碑傳集》卷七十五收錄李詳《大挑教諭揀選知縣陳君墓誌銘》，文云："惕庵先生既没之三月，餘爲哭者再。念君所識海內諸子，零落泰半，其存者又相距絕遠。遺孤僅五歲，不克奉其先人行狀，乞文當世。今葬有日矣，自諗與先生交二十年，情好款密，共歷夷險，疇昔之雅，不異昆弟，其幽情摯行有獨爲餘所窺者，若以閔默不著其烈，負我知己，爲庆益顯，乃敬撫其門人姚君所爲狀而書之曰：君姓陳氏，諱玉樹，字惕庵。後更名玉澍，自詭以時雨潤物，有濟於世。考諱蔚林，縣學生，以善治《毛詩》名，有《詩說》二卷，長沙王祭酒先生爲誌其墓，謂能與高郵大師王氏父子相翕應者也。"兩書著錄相同。而支偉成《清代朴學大師列傳·陳玉樹》則謂："陳玉樹，字惕庵，後更名玉澍，江蘇鹽城人。以優貢生中光緒戊子科舉人，揀選知縣。弱齡授章句，輒兀坐一室，據案凝思以爲常，十年遂盡通經史大誼。父蔚林，以善治《毛詩》名，曾擬續王述曾《詩異字考》未就。"持論與陳玉澍所言一致。陳氏在《毛詩異文箋自叙》云："先君博覽群籍，尤深於《詩》，嘗病嚴氏《經義叢鈔》所載王述曾《毛詩異字考》疏脫謭陋，所舉僅百之一二，思作續考以補其闕。昊天不

　　① 〔清〕陳玉樹：《毛詩異文箋·自叙》，《續修四庫全書》（第74冊），上海：上海古籍出版社，2002年，第166頁下欄。

　　② 〔清〕陳玉樹：《毛詩異文箋·自叙》，《續修四庫全書》（第74冊），第227頁上欄。

吊,齎志以殁。"是陳蔚林此書乃是後人沿襲致誤,但並非無根之說,亦設列爲專門條目,在"考論輯列"欄目中予以相應之說明。

　　稽考古人著述資料,方志中的藝文志是不能忽視的重要信息來源。清人《詩經》論著名目資料的輯集亦不例外,參考爬梳了大量地方誌材料。但是因爲編纂水準不一,古代方志體例與行文存在諸多不足,馬春暉《中國傳統方志藝文志研究》一書曾經指出其弊病有五:濫收、多收、誤收、虛而未核、與正史記載不符。① 杜澤遜《史志目録的編纂方法及其面臨的困惑——以〈清人著述總目〉爲例》一文也曾指出:"封建社會有些知識份子要面子,身後子女請人寫墓誌,作者根據家人的要求,說死者'有詩一卷',這樣說心裏又有些發虛,因爲誰也没見,所以又加上'稿藏於家'四字。也許死者作過幾首詩,而不曾結集,也許根本没做過詩。後來修縣志或省志、府志的人,又根據墓誌把'某某人詩集一卷'列入'藝文志',也就把若有若無的一部分落實了。……各地方誌中藝文志所著録的書,恐怕都含有這種虛擬的著述。可是,它們夾雜在真實的著述當中,猶如濫竽充數,我們既無法取書來逐一驗看,又如何把濫竽剔除呢? 清人著述,像章學誠《史籍考》那樣失傳的,着實不少,我們對那些見於記載而今天又無傳本的著述,是不能不收的。因此,某些虛構的清人著述的濫入,就成了難以避免的麻煩。"② 洵爲有得之言。古代藝文志所録著作或出於虛擬,或出誤說,未可盡信,有鑑於此,利用方志,必須謹慎,須有尋源溯流的意識,以免被人誤導。不過本書匯考清人《詩》學論著,意在勾勒全貌,示人概觀,書中述列著録綫索,淵源明晰,有心者自可按圖索驥,探研糾補,方志的弊病缺失問題姑且置之不議不論之列。

四

　　第二個問題是版本信息的輯集。本書查考諸多學人年譜、公私藏書目録、普查登記書目,匯輯清人《詩經》論著傳世版本信息,依照時間次序

---

① 詳參馬春暉:《中國傳統方志藝文志研究》,北京:國家圖書館,2015 年,第192—195 頁。

② 杜澤遜:《史志目録的編纂方法及其面臨的困惑——以〈清人著述總目〉爲例》,《圖書與情報》2006 年第 6 期。

予以述列。基於版本著録者擬寫的文字未必盡皆規範，對同一種書的前後鑒定用語時有出入，甚或率爾操觚，持論有誤，本書盡一己之所能，予以核驗糾謬或統一術語，但力量綿薄，所見殊爲有限，對於大量至今尚未獲睹書籍之版本信息則沿襲前人舊説，不作任何改動。如復旦大學圖書館曾經獲贈金山高燮吹萬樓藏《詩經》類圖書 750 種，約 3000 册，其中多有罕見珍惜刻本，亦有高氏手抄匯録之本，相關藏書目録介紹其版本信息，或謂"民國間金山高氏食古書庫傳抄本"，或云"金山高氏吹萬樓抄本"，本書統一使用前者。高燮所藏抄本或系摘録前賢如姚鼐、汪中之著作而成，並非其人有此《詩》學專著，版本徑稱爲"民國間金山高氏食古書庫傳抄本"，不能詳明反映其內容來源，有所欠缺，本書但過録前人鑒定文字，不作個人評論。《中國古籍總目·經部》著録丁晏補注《詩考補注》一卷，言藏於國家圖書館（卷上），實爲二卷，只存卷上，後出目録已經更正，本書採納新説。刻本與刊本，鈔本與抄本，前賢人時或混用，本書統一使用"刻本""抄本"。至如不分卷與一卷本、排印本與鉛印本，本書則照録前人之説。收入叢書之版本，只列出叢書名稱，不再述列叢書的不同刊刻版本，如若使用相同的叢書總名，而前後刊刻選收之書有所變化，則在其叢書名稱前進行文字標注予以説明。如《昭代叢書》，清代張潮輯，原編分爲甲、乙兩集，甲集收書 50 種，乙集收書 40 種，刊於康熙三十九年（1700）。乾隆年間楊復吉續輯，道光時期沈懋德重輯，遞相增益，收録書籍前後有所增删，至道光中由沈氏世楷堂刊行，收書 561 種，分爲甲、乙、丙、丁、戊、己、庚、辛、壬、癸十集。本書對於《昭代叢書》收録書籍的版本信息標注了確切編者或刊刻時間以便區分。

　　《中國古籍總目·經部》很可能把合刻之書分別著録，不能完整客觀呈現古籍版本之狀況。如陳抒孝的《詩經繹撰》和《詩經啫鳳詳解》，目下所録五個版本全部相同；周疆的《重刻徐筆峒先生遵注參訂詩經》八卷和《棣鄂堂詩義纂要》八卷及《詩經人物考》一卷，目下皆只著録"康熙十九年刻本"，標注中國社會科學院文學研究所藏（清盛百二批校）。戚學標《毛詩證讀》五卷與《讀詩或問》一卷，目下著録之惟一版本及其收藏單位亦皆相同，亦應爲分開著録所致。書中著録莊有可《毛詩説》與《詩蘊》、夏味堂《詩疑筆記》與《詩疑後説》、陳奂《詩毛氏傳疏》與《毛詩説》及《鄭氏箋考徵》，皆有此類似情形。其他如姚際恒《詩經通論》與《詩經論旨》、顧廣譽

《學詩詳說》與《學詩正詁》、宋綿初《韓詩內傳徵》與《韓詩內傳叙錄》《韓詩內傳補遺》及《韓詩內傳疑義》、趙懷玉《韓詩外傳》《序說》及《補逸》、周延寀《韓詩外傳校注》與周宗杬《韓詩外傳校注拾遺》、陳喬樅《韓詩遺說考》與《韓詩叙錄》及《韓詩內外傳補遺》、丁晏《詩考補注》與《詩考補遺》、吳騫《詩譜補亡後訂》與《詩譜補亡拾遺》，王筠《毛詩重言》與《毛詩雙聲疊韻說》，程大鏞《讀書考字》與《讀詩考字補編》，吳樹聲《詩小學》和《詩小學補》，亦複如此，但因尚未親睹原書進行查核，故此一仍其舊，將諸書分別單列，逐一鈎稽考論。該書著錄丁晏《毛鄭詩釋》三卷，言有《頤志齋叢書》本、《六藝堂詩禮七編》本和《花雨樓叢鈔》本，但據筆者目前搜集的資料，前兩種叢書所收版本實乃三卷續錄一卷，一般目錄書載錄作四卷，《中國古籍總目》所錄當是有誤，故徑自訂正其謬誤，不在文中說明。

　　版本信息述列之時，儘量全備，以便檢核，對諸書版本系統、源流未加措意。如《詩聲衍》，劉逢禄撰，陳潮編，"版本館藏"欄目包含三條：

　　　　一卷，光緒二十二年(1896)思賢書局刻本，復旦大學、湖北省圖書館。

　　　　一卷，光緒間思賢講舍刊本，復旦大學。

　　　　不分卷，《江蘇文庫·文獻編》本(據復旦大學圖書館藏清思賢講舍刻本影印)。

第二種是否即涵蓋在第一種之內，因未見原書，無法判斷，但第三種必然不出前二種之籠罩，必居二者之一，這是可以斷然肯定的。此三種刻本很大可能就屬於同一種版本系統，本書僅是客觀鋪陳，至於版刻之深入梳理與探研尚俟諸來日。

　　再如黃中松《詩疑辨證》六卷，本書著錄版本館藏信息如下：

　　　　謄清稿本，復旦大學。

　　　　清抄本，南京圖書館。

　　　　《四庫全書》本。

　　　　《四庫全書珍本初集》本，京都大學人文科學研究所。

　　　　《詩經要籍集成初編》本。

《詩經要籍集成(修訂版)》本。

陳丕武、劉海珊點校本,廣西師範大學出版社 2018 年。

陳丕武、劉海珊點校《詩疑辨證》之《凡例》云:"《詩疑辨證》有三種版本,即謄清稿本(藏於復旦大學圖書館)、《四庫全書》本、清抄本(藏于南京圖書館),但均爲同一版本系統。"是爲有見之言,但本書將三種版本各自單列,不予合并。

　　諸書目載録圖書版本信息正誤摻雜,是非頗難明晰。如陳啓源所撰《毛詩稽古編》,本書并列三十餘種版本,林林總總。而南昌大學國學研究所于浩先生提交中國歷史文獻研究會第 44 屆年會論文《〈毛詩稽古編〉的傳抄、批校與清代學術》,校核考論,認爲陳氏書初稿完成於康熙二十三年(1684),定稿完成於康熙二十六年(1687),至於嘉慶二十年(1815)才有第一個刻本,在此期間,學人傳抄、批校《毛詩稽古編》,除官方所抄四庫諸本外,尚有八種私家抄本存世,包括趙嘉稷康熙四十年(1701)抄本、張尚瑗序本、孔繼涵抄本、王昶跋本、山東省圖書館藏清抄本、錢坫批校本、張敦仁校本、天津圖書館藏清抄本,比勘爬梳,擬定了其書版本系列圖如下:

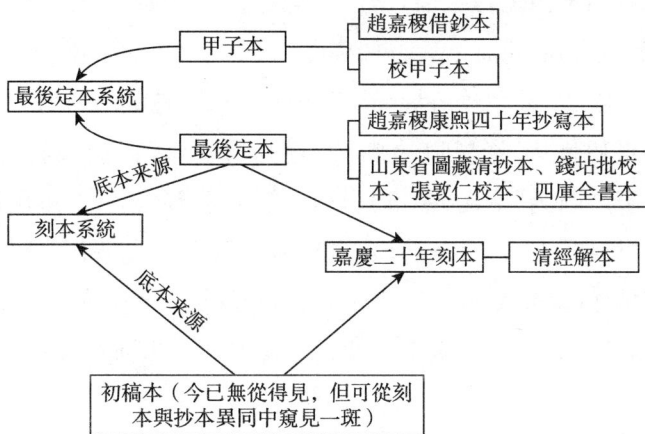

此文校核諸多存世版本,爬梳其淵源綫索,證據確鑿,邏輯嚴謹,結論詳實可信。個人目力所及,聞見不廣,本書僅是排列版本館藏信息,未能置喙其先後與是非,諸抄本、刻本之信息皆有堅實的文獻依據,原文轉録,絕無杜撰妄言,至於深入之校核探研,尚待來日。

五

第三個問題是考論資料的輯列。本書擇要輯列學界相關的評述文字，涵蓋《四庫全書總目》、《續修四庫全書總目提要》、周中孚《鄭堂讀書記》、李慈銘《越縵堂讀書記》、王欣夫《蛾術軒篋存善本書錄》、夏傳才與董治安主編《詩經要籍提要》等著作。對於前人的叙錄提要文字，并未全文過錄，而是選擇摘抄，删棄了諸多例證文字，而後人襲用前人字句、陳陳相因者亦不再擇取之列。此外，還跟進學界研究動態，吸收了學人公開發表的學術論文的一些觀點，但未徵引及于碩士和博士學位論文，在此也要説明。

徵引諸家的評論文字，改正了其中明顯的訛誤文字與句讀錯誤，異體字、俗字直接改爲常用字，不予出注。如中國科學院整理的《續修四庫全書總目提要》中，江瀚所撰葉裕仁《詩考箋釋》提要“或誤仞婦字爲娣，致生此謬”，“仞”當作“認”；倫明所撰張漴《詩傳題辭故》提要“王、鄭、唐俱有《楊之水》”，“楊”當作“揚”；張壽林所撰張一鵬《讀毛詩日記》提要“惟于鄭氏易傳之例，臚采猶未乃該備，是則不免白璧之微瑕”，“乃”字當爲衍文；張壽林所撰方宗誠《説詩章義》提要“爲兒子説《詩》一部，隋筆記之”，“隋”字後世多作“隨”。張壽林所撰《讀詩知柄》提要“是編必執詩中一二語以爲解，故多纖巧佻仄，影響臆之斷詞，且其所言，皆詳於議論，而疏於考證”，“影響臆之斷詞”不文，顯爲“影響臆斷之詞”之誤。王重民所撰張澍《詩小序翼》提要，文云：“按《詩序》自唐韓愈疑非子夏所作，聚訟紛紜，駁論鵲起，鄭樵作《詩辨妄》，遂竟廢之，朱熹以後，益揚其波，説《詩》者遂莫不以意志矣。”末句“意志”兩字之間當脱“逆”字。其他類似誤文較多，兹不贅述。

書稿字數達百萬以上，雖然勉力完成，但因個人水準和各種條件所限，很難做到盡善盡美，不留遺憾。其一是很多著述刊本未獲親睹，僅是查閲目錄書籍，輾轉稗販，於其書之内容與價值雖有揭示，但畢竟有所隔膜，難以深入論定。尤其是著述版本方面，僅僅依據圖書館藏書目或普查登記目錄，前後記載未盡一致，只能大體斟酌歸類，不免草率粗陋。其二是編纂過程中雖然查閲了浩繁的文獻資料，但由於諸多方面的限制，所見終究不廣，未能窮盡，遺漏著者、著述之處肯定尚有不少。特別是書稿依據學者生卒時間排序述列，而生平未能明確者則斟酌議定其先後，個中實在是隱含一點欲借此粗略勾勒有清一代《詩》學之發展歷程的野心，思慮難免疏陋，僅爲權宜之計，未必妥當。

差可自慰者，本書是迄今爲止海内外第一部全面梳理、考述清代學者《詩經》著述的專書，書中載録清人《詩經》著作之傳世版本，詳細注明館藏；述列作者生平史料，包括傳記、墓誌銘、年譜等，綫索比較詳明；輯録相關的序跋考論資料，不限於《四庫全書總目提要》與《續修四庫全書總目提要》，能够省却學者些許翻檢之勞。又注意吸收學界既有成果，對一些學者的生平及著作版權方面的糾紛，或予以客觀述列，或判明是非，少有浮詞。

廿年辛苦，心得無多，幸得付梓，希望能够些微助益《詩經》乃至中國傳統文化的研究，駑馬之資，學殖荒疏，書中疏陋當復不少，敬祈博雅君子指正。

（作者：南京師範大學文學院教授）

金陵圖書館藏地方文獻十一種提要

紀景超

摘要:金陵圖書館所藏地方文獻極爲豐富,本文選介十一種,包括《上元劉氏家乘》《湯山陶廬別業志》《冶山建祀顧祠始末》《雨花山莊題咏集》《金陵賦》《秣陵集》《秦淮詩鈔》等,撰爲提要,述列其版本特徵,揭櫫其内容特色與文化價值。

關鍵詞:金陵圖書館　地方文獻　文化價值

金陵圖書館爲南京市公共圖書館,向來重視地方文獻之搜集。其於1997年設立地方文獻專藏書庫,隨之設立地方文獻閲覽室。所收藏文獻,涉及政治、經濟、文化、教育、軍事、歷史等。其中不乏有價值珍貴者,或未曾經刊布者,今選擇十數種,略作簡單提要。

一、《上元劉氏家乘》

《上元劉氏家乘》不分卷,劉啓琳纂,清光緒三十一年(1905)刻本。一册。

該書半葉11行24字,白口,四周雙邊,單魚尾。版心上鐫"上元劉氏家乘",中鐫葉次。唯劉啓琳自序一葉版心下鐫"三樂堂",餘皆空白。題名頁爲篆書"上元劉氏家乘",分雙行,每行三字。題名頁後爲牌記,篆書"光緒己巳秋九月七世孫啓琳纂並書首"雙行十六字。

上元,唐時所設縣名,即今江蘇南京。唐代韋莊有《上元縣》一詩:"南朝三十六英雄,角逐興亡盡此中。有國有家皆是夢,爲龍爲虎亦成空。殘花舊宅悲江令,落日青山吊謝公。止竟霸圖何物在,石麟無主卧秋風。"①家乘,即家譜别稱,或稱作宗譜、族譜。是由譜牒發展而來的私家之譜,以

---

① 〔清〕彭定求等奉敕編:《御定全唐詩》卷六百七十九,上海:上海古籍出版社《文淵閣四庫全書》(第1430册),第73頁上欄。

宗法爲核心,體現敬宗修族的精神。明方孝孺《族譜序》:"譜者,普也,普載祖宗遠近姓名諱字年號。"①三樂堂,該書《先墓圖》所載始祖君美碑石:"三樂堂劉宅先高祖之墓 道光九年春月吉日。"知其或爲其家族祠堂名。

劉啓琳,《家乘》中載其爲"大烈公子,字少儀,一字石宜。縣學附生,同治元年九月初八日亥時生",原籍江寧,咸豐間避洪楊之亂,徙家至合肥。啓琳而立後,赴長沙出任嶽麓書院閱卷,光緒二十四年(1898)返回合肥,設館授徒爲生。1938年,日軍攻陷合肥,劉啓琳夫婦投塘自盡。劉啓琳生於合肥,終於合肥,然其一直自認是南京人,所作《皖北鎮守使倪君家傳》,自署"江寧劉啓琳"。該書自序亦言:"啓琳忽忽四十四年,百無一就。又南北役食,久滯合肥,東望松揪,曾不得一酹漿酒。每發斯帙,未嘗不泫焉感涕!"其渴望回到原籍的心情可見一斑!

劉啓琳所屬上元劉氏家族,始遷祖君美,清初遷至漢西門望仙橋,其子瀚,字鳴遠,生於康熙三十二年(1693),是爲第二世,至劉啓琳爲第七世。

是書内容由世系圖、世系表、先墓圖、裕後表和命名字派引五個部分組成。劉啓琳於《命名字派引》補充其家族字派至十六字:"五世以上特未立字派,至於吾王父始取《詩·魯頌》《商頌》語爲字派凡八言,曰:大啓而宇,長髮其祥。……啓琳不敏,纂家乘,復剌《詩》辭綴其後,曰:孝思維則,載錫之光。"其希冀家族綿延之心,亦可見矣。

國家圖書館藏有民國間竹絲欄稿本《上元劉氏家譜六卷》,是爲劉文耀所纂,其始遷祖明之,字文鑒,明代人。故與劉啓琳不屬同一劉姓家族。

該書流傳甚少,僅見于金陵圖書館。《中國家譜總目》未收。

二、《湯山陶廬別業志》

《湯山陶廬別業志》一卷,江寧陶保晉編纂,民國活字印本。一册。

該書半葉10行23字,白口,四周雙邊,單魚尾。版心下鎸葉次。該書爲活字印本,印刷時間不詳,書中有"民國九年九月"字樣,據此斷爲民

---

① 方孝孺:《族譜序》,《遜志齋集》卷十三,寧波:寧波出版社,2000年1月第二版,第425頁。

國時期鉛印本。該書無書名頁,正文僅七筒子葉,卷端上題"湯山陶廬別業志",下題"江寧陶保晉識",編者據此定此書名爲《湯山陶廬別業志》,江寧陶保晉編纂。

是書收文四篇,分別爲江寧陶保晉所撰《(南京)湯山陶廬別業志》《江寧陶隆儁所撰《(南京)湯山陶廬別業記》《農業部工業化驗所分析南京湯山温泉成績表》《醫學士王若儼先生鑒定書》。其後收録《江寧府志》中"湯山在上元城東六十里,其東有湯泉"段。此段文字出自《嘉慶江寧府志》,並且校正了原文中的一處錯誤。《江寧府志》所引南宋劉義恭《湯泉銘》一詩時,人名誤作"劉義",而陶保晉在收録該處文字時,將其改正爲"劉義恭",其學問功底及爲學之認真由此可見一斑。其後又録《袁才子詩集》中有關湯泉的詩三題,共七首。

陶保晉,又名席三,或作錫三。陶隆儁《湯山陶廬別業記》中稱之爲"宗兄席三",民國陳迺勛所編《新京備乘》中"湯泉"條稱其爲"邑紳陶錫三君"。其于清末赴日本法政大學留學,1907年回國後創辦江寧附屬中學堂,先後擔任江寧律師工會會長、江蘇省諮議局議員、金陵法政專門學校校長。1919年,與著名報人史量才合辦南湯山建業公司,其後即開設陶廬温泉。陶保晉此時爲此事編成《湯山陶廬別業志》,其後又在此書基礎上輯録掌故及名流投贈文翰,邀請嚴偉于丁丑長夏編成《南湯山志》一書。1922年,又在江寧創立道院,對外稱爲紅卍字會,其號道開。

陶保晉其人,於鄉人所做貢獻頗多。無論是創辦學堂,還是建築陶廬後"請諸當道撥款修馬路",抑或是後來設立紅卍字會,從事慈善救濟等工作,都當爲世人所銘記。然,因爲歷史的原因,"(民國)二十六年十二月,首都淪陷後,受敵人之指使出而組織自治會,自認會長,惟爲時僅十餘日,即因病辭會長之職,並推薦副會長孫叔榮任該會會長。二十七年八月,又經大民會總本部高翔迫充該會副會長。二十八年秋,復受温宗堯之慫恿任僞維新政府立法委員。二十九年三月,汪逆兆銘等合組僞國民政府于南京,陶保晉即蟬聯原職,出席立法院會議執行立法委員之職務。"

三、《冶山建祀顧祠始末》

《冶山建祀顧祠始末》不分卷,抄本,毛裝。一册。

　　該書爲抄本，書名據封面題。封面上題"冶山建祀顧祠始末"，下有兩行小字"光緒庚辰從共父處假鈔"，鈐有"劍侯"方形陽文紅印一枚。"劍侯"爲甘元煥之字，庚辰爲光緒六年（1880），據此判斷此書爲光緒六年甘元煥抄本。全書共二十四個筒子葉，前十四葉爲藍格静安草堂稿紙，後十葉爲素紙，半葉十二行，行二十五字，小字雙行。

　　冶山，位於南京城内，傳吳王夫差曾於此鑄劍，因此得名。明洪武十七年（1384），明太祖朱元璋改建此地道館爲"朝天宫"。清同治五年（1866），兩江總督曾國藩改其爲文廟，並遷江寧府學於此。

　　南京所建顧炎武祠一事，今多不詳。考《光緒續纂江寧府志》卷四："顧亭林祠在府學東南山陬府學，爲朝天宫舊址。亭林三至江寧，曾寓居其中。同治十三年，教授趙彥修、教諭吳紹伊因餘屋改建。以江寧先正翁荃、程廷祚、嚴長明、談泰、胡鎬、金鰲、陳宗彝、楊大堉、車持謙、朱緒曾、陳立、寓賢儀征劉毓崧、德清戴望附祀其樓龕。祀明侍郎顧章志、贊善、顧紹芳、國子生顧紹苐、官蔭生顧同蔭、處士顧同吉，歲以五月二十八日亭林生日由府學教授教諭率紳士致祭（原注：光緒三年，江寧布政使孫公衣言議准劄行府學）。"[1]南京顧祠興建始末由此可一睹大略。陳作霖《炳燭里談》卷下亦有記載："昔顧亭林征士來謁孝陵，皆寓居朝天官。同治中，洪琴西觀察、汪梅村孝廉於飛霞閣樓建一祠，仿京師慈仁寺之例，府學教官率學中名流歲一祀之，至於今不廢。"[2]

　　此書所記，爲顧祠興建始末中來往函牘。兹將各函牘順序略記如下：（汪士鐸、孫文川、朱桂模、甘元煥、朱紹頤、陳作霖、黄宗彦、陳汝恭、尚兆山）爲改建先儒祠堂呈請、（汪士鐸、孫文川、朱桂模、甘元煥、朱紹頤、陳作霖、黄宗彦、陳汝恭、尚兆山）爲祔祀呈請、祔祀十三人傳略、上元縣知縣江寧縣知縣爲會議顧祠祔祀一案詳請核准事、爲詳請江寧先正流寓名賢祔祀顧祠以昭觀感事，最後録汪士鐸所撰顧亭林先生祠告文及顧亭林先生祠祔祀諸賢安位文。

　　汪士鐸二文見於《汪梅村先生集外集》中，唯顧亭林先生祠告文前較

　　① 《光緒續纂江寧府志》卷四，《金陵全書》本，南京：南京出版社，2011年，第160頁。
　　② 陳作霖：《炳燭里談》卷下，《金陵瑣志九種》，南京：南京出版社，2008年，第348頁。

《續修四庫全書》中所載文字較多，兹録所多文字於下："維光緒元年夏五月丁酉朔越二十八日甲子宜祭之辰，江寧府學教授趙彦修，江寧府學教諭吴韶生，江寧舉人揀選知縣汪士鐸、沈啓，上元拔貢生候選訓導朱桂模，溧水附貢生試用訓導朱紹頤，海甯州學生員唐仁壽，江寧舉人候選知縣秦際唐，儀征副榜貢生候選知縣劉壽曾，江寧優貢生録用教職甘元焕，江寧縣學廪生員陳作霖，謹以果脯清酌香帛之奠致祭於。"

　　細研數篇函牘，所有呈請皆爲汪士鐸所擬。汪士鐸，字恭甫。已有學者指出，清人字號不嫌同音假借，如王念孫字石臞，或作石渠；張惠言字皋文，或作皋聞；汪潤之字雨園，或作雨原。[①] 則甘元焕封面所謂"從共父處假鈔"之"共父"，當爲汪士鐸。

　　冶山顧祠建造雖始自同治十三年（1874），而早在道光年間，江南鄉賢車持謙即有建祠之心。他在《顧亭林先生年譜》如是記載："昔先生嘗僑居吾鄉神烈山下，擬買山前鄺地，爲構一祠，歲時展祀，且題楹帖云：'一代高明承母志，千秋孤詣正人心。'神而有靈，庶其歆格歟！"其爲顧炎武建祠的心願雖終未能成，而其《年譜》刊行，却可視爲顧亭林先生的紙上祠堂矣！

　　日寇入侵後，北京故宫文物被迫南遷。1934 年，選址今朝天宫東側的尊經閣、名宦祠、鄉賢祠和顧炎武祠建成故宫博物院南京古物保存庫，顧祠至此乃不存矣。

四、《雨花山莊題咏集》

　　《雨花山莊題咏集》四卷首一卷，劉文陶輯，楊長年評定。光緒十八年（1892）湯林明活字印本。四册。

　　該書半葉 10 行，行 21 字，小字雙行同，白口，左右雙邊，單魚尾。版心上鎸"雨花山莊題咏集"，中鎸卷次，下鎸頁碼。題名頁爲篆書"雨花山莊題咏集"，分左右雙行，每行四字，右行第四字處爲行書"壬辰九秋既望小舟題眉"，鈐兩方黑印，一方圓形"張"印，一方方形"小舟"印。查《翁同龢集》所載光緒十六年（1890）十一月初十日致鹿卿函中有"前信欲刻圖章數方，今知小舟乃妄人，不可交刻。"不知與此題眉小舟是否一人？

---

①　详参張琦：《高郵二王友朋來往書劄繫年釋例》，《文獻》2023 年第 3 期。

　　題名頁後爲牌記,篆書"秣陵南城外又來堂開雕",雙行十字。卷末有"金陵城内坊口大街湯林明活字排印書局不取刻價"字樣,南京坊口大街有湯明林書莊,想來此"湯林明"應該是排印時顛倒了。

　　該書爲劉文陶所輯,共四卷,首一卷。卷首收序言等九篇,分別爲光緒十八年劉文陶自序、光緒十八年楊長年序、光緒十六年翟伯恒序、光緒十七年葉鳳藻序、光緒十七年端木治序、光緒十年葉鳳藻前記、光緒十八年葉鳳藻後記、光緒九年劉文陶又來堂記、劉文陶重修劉公墩碑記。前三卷彙集 28 位文人墨客吟咏詩作 711 首,卷四收録劉文陶《雨花山房初稿》古近體詩 155 首,附劉文陶《隨庵餞別詩話》一則。

　　劉文陶,江寧人。該書楊長年序中稱其爲"友人劉君書亭",劉文陶在其《重修劉公墩碑記》署名"江寧劉文陶",而自序中署名"舒亭劉文陶"。可知其字舒亭,又作書亭。

　　雨花山莊爲劉文陶所建之園,人稱之爲劉園。該書所載葉鳳藻《雨花山莊後記》曰:"雨花山自天闕而來……山產瑪瑙,故名聚寶山……向有名園……其迹已不可考。惟地名劉公墩者,爲宋末元初劉叔亮先生高隱處。……予友劉子書亭敬仰宗徽,慮其淹没,乃即其地以祠先生,並建劉氏宗祠其中。而修其遺迹,相其林泉,擴爲亭榭樓館。目營心畫,朝損夕益,迄十餘年。且與騷人墨客往往觴咏嘯歌於其間,又名之曰雨花山莊。"園内有"劉公墩、菡萏居、虚名室、縈青閣、擁翠堂、豆花棚、訪林橋、罷釣灣、緑尖閣、多竹居、小桃源諸勝"(朱偰《金陵古迹圖考》)[1]。該園又名"又來園",劉文陶《隨庵餞別詩話》中説"主人買山,何爲名又來? 以山有劉公墩,爲元初劉叔亮先生棲隱地。主人買山,適得之而有感於'前度劉郎'之句也。"

　　劉園建成之後,劉文陶退隱其間,時常以文會友,以詩會客。四方往游之人甚多,多有題贈咏歎之作。劉文陶乃輯成是書,並邀名宿楊長年爲之評點。題贈之作,固非名篇,然該書所保留之時人小傳,許多資料他處已不可見,此書價值獨具。

　　1929 年,劉園尚存。國民政府内政部刊印的《南京市名勝古迹古物調查表》記載,劉園"全部均欠修理"。1934 年,朱偰考察南京古迹時説:

――――――――
　　① 朱偰:《金陵古迹圖考》,南京:南京出版社,2019 年,第 127 頁。

"(劉園)今諸景皆廢,園墻已圮,惟疏柳數株,掩映小橋之上,猶有昔日風
光。自京蕪鐵路成,地經徵收,園已無存矣(《金陵古迹名勝影集》)。"①
1937 年,日軍侵占南京,在炮火攻擊之下,劉園之蹤迹蕩然無存。

五、《金陵賦》

　　《金陵賦》一卷,江寧程先甲撰,同縣傅春官校刊,光緒二十三年
(1897)刻本。一册。

　　該書半葉 11 行,行 21 字,小字雙行同,白口,左右雙邊,單魚尾。版
心上鎸"金陵賦",下鎸頁次。卷端題名即爲"金陵賦一卷並序",次行上爲
"江寧程先甲一夔著",下爲"同縣傅春官校刊"。該書封面有毛筆墨書"是
册乃一夔所贈於二十三年孟夏　履□手識"字樣。

　　考《金陵賦》一書常見版本有三:傅春官《金陵叢刻》本、程氏千一齋刻
本、《叢書集成初編》本。該書版式與《金陵叢刻》本完全一致,惟墨色更爲
烏黑,字口更爲清晰,而欄框略高。《金陵叢刻》本欄高 16.4 厘米,本書欄
高 17.1 厘米。《金陵叢刻》本前有傅春官序,版心鎸刻"金陵賦後序";又
有魏家驊序,版心鎸刻"金陵賦題語";書名頁爲隸書"金陵賦"三字,署名
爲行書"光緒丁酉六月　世珩署端",背面牌記爲"晦齋校刊"。該書無題名
頁,前無序言,僅置傅春官序於卷末。則此書刊刻時間必當早于《金陵叢
刻》本。

　　程先甲,江蘇江寧人,1871 年生,卒於 1932 年。冒廣生所撰《程君一
夔傳》有詳細記載:"生同治十年十二月二十五日,卒民國二十一年七月二
十六日,年六十有二。"其字號均見於《江南鄉試朱卷·辛卯科》:"(程先
甲)號鼎丞,字一夔,行二。同治癸酉年十二月二十五日吉時生,江蘇江寧
府江寧縣附生,民籍。"②其字又作"鼎臣",《鄭孝胥日記·丁酉日記》載:
"座有程先甲者,字鼎臣,江寧人,辛卯鄉榜。禮卿云甚賢,有文。"

　　程氏爲江寧世家,據《江南鄉試朱卷》記載,其本生祖程雲,爲歲貢生,
有《曆學拾遺》十四卷、《立雪書屋詩草》三十卷、《立雪書屋筆記》九卷、《洛

---

①　朱偰:《金陵古迹名勝影集》,第 263 頁。
② 　《江南鄉試硃卷光緒辛卯科》不分卷,清光十七年(1891)湯明林活字本。

陽壯游録》四卷等。其嫡堂伯（叔）祖程兆洛，庠生，有《三禮薈義》一百卷、《山海經辨疑》二卷、《金元文抄》六十卷、《文選擷華》四卷、《蝯翁枕譚》八卷。其堂伯（叔）程金詔，有《愛梅軒詩稿》。而先甲本人爲光緒十七年（1891）舉人，清末任南京江南高等學堂教習，又任簡字學堂總辦、國專館館長等。精訓詁、音韻之學。民國時組織"霞社"，任社長，每月聚會，詩詞唱和。因居住南京城南大百花巷，"友人詒號百花仙子"。其書齋名"千一齋"，取《史記·淮陰侯列傳》"智者千慮，必有一失；愚者千慮，必有一得"之意。

《金陵賦》一文，初稿於光緒壬辰，賦中有提及壬辰之後諸事，爲陸續增補。定本有二，即前文所謂《金陵叢刻》本及《千一齋全書》本。該賦《千一齋全書》本文後有先甲跋語，記述該賦寫作過程甚詳。"《金陵賦》以光緒十有八年著……然恒有增損。二十三年，傅君苕生刊行之，是爲第一次定本。然自是猶數數乙竄……今授木，冀稍休其心焉。於是命之曰第二次定本。"是書當時影響極廣，"傳抄殆遍……同人呼之爲程江寧"。該文以賦體記録金陵風土人情，所記或得諸親見，或聞諸父老。于風土人情，賦文有所未盡，則加自注，以備考鏡。風俗與古相符者，亦附注之。魏家驊序中評價此文"凡歲時風物、禮俗典故、方言里語、人情物狀，纖屑畢載，條流無紊"。

京都賦之撰著，東漢班固《兩都》、張衡《二京》開其端，左氏《三都》踵其後。後世不乏賡續者，唐有李庚《兩都賦》，宋有周邦彦《汴都賦》，元有黃文仲《大都賦》，明有《大明一統賦》《皇都大一統賦》《北京賦》《帝京賦》，至清而有程氏《金陵賦》，逐流揚波，遂成洋洋大觀。

六、《秣陵集》

《秣陵集》六卷，附《金陵歷代紀年事表》一卷《秣陵集圖考》一卷，清陳文述撰。

該書刻本有二：道光三年（1823）刻本和光緒十年（1884）淮南書局刻本，本館皆有藏。兩本版式完全相同，皆半葉 11 行，行 22 字，黑口，左右雙邊，單魚尾。版心上鐫卷名卷次，下鐫葉次。書前有序四：嘉慶己卯李裕均序、道光二年錢杜序、道光三年王嘉福序、道光二年王嘉禄序。序後有作者嘉慶己卯自叙,卷末有嘉慶己卯徐尚之跋。兩本除四序順序不同外,另有板框大小不同。道光本板框高 17.3 厘米,闊 13.5 厘米。光緒本板框高 17.3 厘米,闊 12.5 厘米。兩本相較,道光本爲善。光緒本中字體多有訛誤,如《天界寺吊王忠文公禪並題遺集後》:"正統中,改謚忠文。成化中,建祠祀之。""成化"二字光緒本誤作"人化"。

館藏光緒本,書名頁鈐有長形陰文紅印"邵陽魏氏收/藏金石文字記",此書當爲魏源之孫魏縣藏書。魏縣字季詞,號復初,別號文斤山民。曾長期居住于金陵,與陳三立、繆荃孫等多有交往。

此書爲清陳文述所撰。文述爲浙江錢塘人,字退盦,號雲伯。嘉慶舉人,官全椒知縣。生於清乾隆三十六年(1771)辛卯,卒于清道光二十二年(1842)癸卯,年七十三歲。《清史列傳》有傳。

文述該集又名《金陵歷代名勝志》,見於《販書偶記續編》。此書收録陳文述所作題咏金陵歷代名勝古迹之詩作三百餘首,並附有相關考證文字。書首附有《金陵歷代紀年事表》《秣陵集圖考》各一卷。《紀年事表》録自《(嘉慶)江寧府志》卷五之《紀年事表》,文字略有省缺。南京出版社整理本《秣陵集》將其標題誤作《紀事年表》。而《秣陵集圖考》,直録陳沂的《金陵古今圖考》,却不言出處。陳沂《金陵古今圖考》有圖十六,文述採録十三,僅于文末略加考訂而已。所録者爲吳越楚地圖、秦秣陵縣地圖、漢丹陽郡地圖、孫吳都建鄴圖、東晉都建康圖、南朝都建康圖、隋蔣州圖、唐昇州圖、南唐江寧府圖、宋建康府圖、元集慶路圖、明都城圖、歷代互見圖,未録者爲應天府境方括圖、境内諸山圖、境内諸水圖。

名《秣陵集》者除陳文述該書外,另有數焉。明嘉靖間歐大任有詩集《秣陵集》八卷,爲其官南京時所作,《北京圖書館古籍珍本叢刊》收録。清初康雍間陳鵬年所著《陳滄洲詩集》十一種三十九卷内有《秣陵集》四卷,收入四庫存目。明末清初轂起鳳亦有《秣陵集》六卷,爲其族孫谷矩受乾隆間所刻,南京圖書館藏。雍正嘉慶間沈初自編《蘭韻堂詩集》十二卷,其卷三名《秣陵集》,有乾隆五十九年(1794)刻本,國家圖書館藏。生於同治年間的安徽人汪韜所撰《鬱葱葱齋詩詞稿》二十二卷中,亦有詩集《秣陵集》。

文述好名。《顧太清集》集中載:"錢塘陳叟字雲伯者,以仙人自居,著有《碧城仙館詞鈔》,中多綺語。更有碧城女弟子十餘人,代爲吹嘘。去秋曾托雲林以蓮花箋一卷、墨二錠見贈，予因鄙其爲人，避而不受。今見彼寄雲林信中有‘西林太清’題其《春明新咏》一律，並自和原韻一律。此事殊屬荒唐，尤覺可笑。”①其好名如此。錄他文而不言所自，緣由或可一見。

文述好詩，工西昆體。著有《碧城仙館詩鈔》《頤道堂集》《秣陵集》《西泠懷古集》《仙咏閨咏》《碧城詩髓》。曾於《頤道堂詩集自序》中自詡阮元稱其詩“可及高岑王李”，然實常爲人所譏。《顧太清集》載冒廣生注《天游閣集》云：“雲伯處處摹仿隨園，裝腔作調，到老不脱脂粉之氣，實實可詆。”②錢鍾書《容安館劄記》中謂其“自負五、七律、七古，然塗澤鮮明，詞意不真切，筆致欠頓挫。五律枵而襲，七言古、近體庸而靡，一無足觀。”

“游金陵者，多嗜讀雲伯《秣陵集》”③，柳詒徵如是説。此書影響之巨，亦可知矣。

七、《江南好詞》

《江南好詞》一卷，清張汝南撰，清光緒二十四年（1898）上海著易堂排印本。一册。

該書半葉9行，行25字，小字雙行，四周雙邊，單魚尾。版心上鐫“江南好詞”，下鐫葉次。全書共24葉，序1葉，題識4葉，正文18葉，跋1葉。題名頁爲篆書“江南好詞”，牌記爲“光緒戊戌仲春月上海著易堂排印”。序爲光緒二十三年（1897）袁祖志所撰，題識爲王孝治等20人，卷末跋文爲光緒二十三年其子張元方所撰。卷端題名“江南好詞一百首”，次行題“朱湖大生洞天老樵上元子和張汝南撰”。正文卷末題“受業汪祖培恭校”，“男元熙/英/燮/方　孫男僧禧/福/麟/麒/壽/鑒同校”。

張汝南，《同治上江兩縣志》有載：“字子和，上元廩生。工書，得晉人法。”④該書卷端署名“朱湖大生洞天老樵”，此其自號也。朱湖大生洞天，

---

①② 顧太清撰，金啓孮、金適校箋：《顧太清集校箋》第五卷，北京：中華書局，2012年，第257頁。

③ 柳詒徵著，楊共樂、張昭軍主編：《柳詒徵文集·劬堂序跋集》第八卷，北京：商務印書館，2018年，第283頁。

④ 《同治上江兩縣志》卷二十四中《耆舊傳》，《金陵全書》（甲編第21册），南京：南京出版社，2013年，第270頁。

即紫金山。馬士圖《莫愁湖志》云:"鍾山在府治東北……名曰蔣山……又名金陵山,道書所謂朱湖大生洞天。"後人或以"朱湖大生""洞天老樵"爲兩號,誤。汝南又號往知生,于《金陵省難紀略》中署該號。其著作頗多,今存有《金陵省難紀略》《鄉音正訛》《浙游日記》《江南好詞》,其他如《詩臆説》《爇餘賦草》《夜江集》皆佚。

該書版本有三:光緒上海著易堂刻本,《清代詩文集彙編》據以影印收入;1943年《中國史迹風土叢書》排印本,上海書店《叢書集成續編》據以影印收入;1948年《南京文獻》排印本。三個版本以刻本爲最佳。兩排印本未收題識、序跋,且訛誤較多。

《南京文獻》本,百詞編排順序與刻本一致,當是據刻本排印。然未用大小字區分正文和注文,亦未作符號標識區分,混雜一體,閱讀甚是不便。更甚者,書名誤作"江南好辭",以至後人襲之。《江蘇藝文志》修訂本所録此書名即誤作《江南好辭》,所據當是此本。刻本卷末有注"蒙嘗謂江南有三絶:報恩塔、大脚仙、瓢兒菜,皆天下所無玆,故同咏於末。"《南京文獻》排印本缺。

《中國史迹風土叢書》本所收録詞編排順序與刻本不一,中間又有誤字。如"江南好,第一是行宫。輦路草長含晚碧……"與"江南好,古寺廟到香林。花鳥春閑禪院静……"兩詞相鄰,在排印中"長""閑"二字顛倒,排作了"輦路草閑"和"花鳥春長"。該本卷末有民國二十九年(1940)張江裁識語:"上元張子和先生著《江南好》百首,余求其書久,比來金陵,始獲手稿。詞成于咸豐六年,避地申江所作,該正值洪軍劫持南都之際,然則是作去今八十又四年矣。幾經亂離,風物全非,昔時景光,依稀可見。"據此則其所據或爲未定稿本。

《清詞序跋彙編》所引該書王永年題識中小字注"上元楊柳門先生城陷後撰有《望江南》一篇"與作者自序首句"或作望江南"中"望江南"刻本皆作"哀江南",不知《清詞序跋彙編》所據爲何本。楊柳門,即楊後,原名楊得春,字師山,號柳門,江蘇上元人。著有《柳門遺稿》及散曲《哀江南曲》,則刻本"哀江南"當正確無誤明矣。

該書共收録張汝南以《江南好》爲詞牌所作詞100首,皆咏唱南京風物,或古寺花木,或園林行宫,或風土習俗。有古有今,有自然有人文。對於此書目的,作者于自序中言:"或作《哀江南》,傷今也。蒙作《江南好》,

憶昔也。……兹乃撮成百端，咏成一集。庶幾名藍古刹，俾空中現曇花；舊市新塵，似海山幻成蜃氣。若謂有道待補，還盼好事如蒙。"每首詞各有注解，或解說歷史，或解說習俗，價值最高。如古雞鳴寺一詞注解："府學西有雞籠山，山左爲雞鳴寺，即梁之同泰寺，寺後乃古台城觀音樓。……觀音樓有'問大士如何倒坐，恨世人不肯回頭'一聯。"今古寺猶在，樓已不存，留此記載，史迹可循矣。若此者，書中比比皆是，是其書價值所在。

八、《金陵百四十八景》

《金陵四十八景》一卷附《金陵百咏》一卷，清湯濂撰，清光緒間《湯氏叢書》刻本。一册。

該書半葉 6 行，行 13 字，小字雙行，左右雙邊，單魚尾。版心下鐫"更"字，此書爲《湯氏叢書》更字型大小。"更"字上鐫葉次。《金陵四十八景》前有熊境心所撰《題金陵四十八景詩序》和端木瑶所撰《序》。卷端題名《金陵四十八景》，次行下題"湯蠡仙著"。《金陵百咏》前有作者自撰《金陵百咏題詞》，署名"甲戌仲冬山水饞客自識百八石山房之南窗"。

湯濂，南京湯山白鶴村人。《湯蠡仙先生家傳》載："先生諱濂，字厚民，號蠡仙，又號販雲翁、詩風子、雲鶴山人，別號山水饞客。"[1]據龐瑞垠先生考證，湯氏生於道光三年九月十五日，卒於光緒三十年八月二十七日。[2]

其"詩風子"一號，多被誤作"詩瘋子"。此"子"當是對男子的稱呼，《小隱園詩鈔》署名"金陵詩風子湯蠡仙"。《待園瑣語》前熊境心所撰《待園氏捕風書屋瑣語小序》云："詩有之曰'詩風又起浣花村'，此'詩風子'之稱所由來。""詩風又起浣花村"，爲杜甫《蜀中贈廣上人》詩中一句。《蠡仙詩集》前熊境心所撰《序》："咸豐三年，粤寇下金陵，挈家避亂，歷游江湘河漢，悉寫之以詩。……杜詩寓精微於景物之中，所以妙有千古。蠡仙以爲然，乃董擇之而付之梓人。"[3]

其"販雲翁"一號，湯濂自己解釋："雲何用販？笑問此翁。販則思售，

---

① 引自龐瑞垠：《湯濂文叢前言》，南京：南京出版社，2020 年。
② 文見龐瑞垠：《湯濂文叢前言》。
③ 熊鏡心：《蠡仙詩集序》，《湯濂文叢》（第四册），南京：南京出版社，2020 年。

售於士而道欠通，售于農而饑不可充，售於工而匠心無比玲瓏，售于商而金銀塞於其胸。翁曰：'我實而雲空，雲奇而我庸，我有心而雲不同，自販而自享之，亦聊以醫我之詩窮，世有好奇者請來視我葫蘆中'。"①于此中可見詩人超脱無爲之心境。

湯濂還有"石居士"一號，《待園瑣語》《石交録》等署名皆作"金陵石居士湯蠱仙"，《蠱仙石品》書中有"余性好石"一語。

《泉譜》一書署名"山水饞客湯蠱仙"，可知其又有山水饞客一號。

湯濂一生著述頗多，其隨作隨刊，後彙集爲《湯氏叢書》，亦稱《蠱仙雜著》，收録詩、文、詞、楹聯、尺牘、題畫、瑣語等著作共 26 種，共 42 卷。其中《金陵百咏》和《金陵四十八景》合爲一卷，在該叢書的目録中作"《金陵百四十八景》"。

以《金陵百咏》爲題，始自宋代曾極，而後蘇洞《金陵雜興》、清代王友亮《金陵雜咏》、陳述《江南好詞》，皆以金陵名勝古迹爲條目，題下或記地理位置，或記古今沿革，或記歷史故實，皆可供考證史實之資。而湯濂之作，端木瑶序中感慨："其咏懷古迹，藻繪湖山，其名作膾炙人口者，多出於橐筆名流、觀光遠客，而生長是邦者，反往往數典忘之焉。其當境而不覺，而遠則慕思也乎？"與曾極《百咏》相較，于湯濂《百咏》中可見衆多新生之名勝，如明中山王墓、閲江樓、功臣廟、景公祠、鐵公祠等。湯濂所作《金陵四十八景》，熊境心於序中稱其"詩才清妙，出入蘇黃李杜之席。此特徇俗之作，如龍一鱗，如豹一斑而已。"諸詩全篇點染議論，頗有發人深省者。

九、《寄漚遺集》

《寄漚遺集》八卷，清何延慶撰，清宣統二年(1910)刻本。四册。

該書半葉 9 行，行 21 字，白口，四周雙邊，單魚尾。欄寬 11.8 厘米，高 16.9 厘米。版心上鎸"寄漚遺集"，中鎸卷次，下鎸葉次。題名頁爲楷書"寄漚遺集"四字。牌記爲行書"宣統庚戌/九月刊成"，八字兩行。卷端題名爲"寄漚遺集卷一"，次行上爲"江寧何延慶善伯著"，下爲"男允孝/恕/讓孫壽嵩/衡校刊"。

---

① 湯濂：《自題販雲圖》，《湯濂文叢·蠱仙雜組》。

　　何延慶，清江寧人，字善伯，號寄漚。《〈何延慶〉鄉試朱卷》："〈何延慶〉字善伯，行一，道光壬寅年九月十三日吉時生。江蘇江寧府縣增生。民籍。"①同治十二年（1873）鄉試中舉，入天津站總兵周盛傳幕，不久因母病乞歸。服闋後複入天津戎幕，光緒十六年（1890）卒於軍中。該書卷首載顧雲撰《墓誌》："君生道光二十年九月十三日，卒光緒十六年七月十六日，年五十有一。"有子三：允孝、允恕、允讓。又有三女，長適上元劉文煜，次適上元孫懿誠，三女適陳詒壽。其生平秦際唐《墓表》、顧雲《墓誌》、陳作霖《何善伯太守傳》介紹甚詳。

　　何延慶爲石城七子之一。《晚晴簃詩話》："善伯于學多所涉，尤務讀有用書。少作多感憤，薛時雨題其集，謂'此腔皆熱血，所至發哀吟'者也。與顧雲、陳作霖、鄧嘉緝、秦際唐、蔣師轍、朱紹頤號'石城七子'。"其著作有文，有詩，有詞。陳作霖《何善伯太守傳》："著有《賜策堂文集》《寄漚詩存》。"《詞綜補遺》："何延慶……有《寄漚詞》。"《晚晴簃詩匯》言其有《寄漚詩文集》。

　　何延慶喜游山水，詩風頗具雄勁之風，而其爲文則學歐陽修。與其關係頗善的陳作霖謂之："其文得雄直氣，詩亦詞鋒峭厲。"在其死後作《哭何善伯四首》，其中有云："石城七子集，編訂亦前因。我甫讎叢稿，君真作古人。龍身愧攀附，馬骨倍精神。讀罷互相慰，逾令敝帚珍。"

　　《晚晴移詩匯》錄其詩《夜静》《松江老兵行》《舟行偶成》三首。《詞綜補遺》錄其詞《金縷曲·題孫澂之〈吳淞歸悼圖〉》一首。《國朝金陵詞征》錄其詞二首，分別爲《題孫澂之〈吳淞歸悼圖〉》與《百字令·題陳伯雨〈可園花瑞圖〉》。《金陵詩文徵》收錄部分詩文，陳作霖謂"予與伯虞雖甄錄其求者，而全稿尚留篋笥"。

　　考其著作集，囿於所見，僅知今存有《寄漚詩存》和《寄漚遺集》。

　　《寄漚詩存》收入《石城七子詩鈔》，有光緒十八年（1892）刻本。該詩集中，共收入詩題 90 種共 142 首詩。

　　《寄漚遺集》一書共八卷，前二卷爲文集，後六卷爲詩集。卷前有宣統二年秋九月陳作霖所作《序》一篇，另有陳作霖所作《傳》一篇、顧雲所作《墓誌》一篇，秦際唐所作《墓表》一篇。《寄漚詩存》中所有作品皆收錄於

---

　　①　《清代硃卷集成》（第 158 册），台北：成文出版社，1992 年，第 327 頁。

該書詩集部分。疑此書即《晚晴簃詩匯》所謂《寄漚詩文集》者。

陳作霖《丙戌春日寄何善伯都中》一詩注：“君家有賜策堂。”可知“賜策堂”爲何延慶的書齋名或者堂號，則陳作霖所謂《賜策堂文集》，當收録於該《遺集》中。

據此，《寄漚遺集》一書，當是收録了何延慶作品除詞作以外的較爲齊全的一部作品集。

十、《江寧文武同官録》

《江寧文武同官録》不分卷，清宣統三年（1911）狀元境宜春閣排印本。一册。

該書半葉 16 行，四周雙邊，單魚尾。半葉欄寬 13 厘米，高 21 厘米。版心上鎸“升官圖”，中鎸葉次，下鎸“狀元境宜春閣代印”。粉紅色封面，題簽上爲大字“江寧文武升官全圖”，下爲小字“宣統辛亥春季”。

宜春閣爲南京私家印刷作坊，址在狀元境，善用活字印刷。夏維中在《南京通史》中説：“清代江寧的書坊，多集中在三山街、狀元境一代。……江寧書坊中，以啓盛堂……宜春閣等較爲有名。”羅樹寶《中國古代印刷史》記載：“用活字版印書的還有……南京倦游閣、宜春閣……”[1]直到 1939 年，宜春閣還承印了南京市政公署秘書處編的《南京市政概况 1938 年》。

關於該書題名，或有不同意見。南京圖書館著録爲《江寧文武同官録》，而江慶柏主編的《江蘇地方文獻書目》中，以爲南京圖書館著録是據該書封二朱印木記：“此項同官録，奉府縣憲諭辦，不得私行翻印，招搖情事。特此告白。”應當據封面題名及書口題名，仍作《江寧文武升官全圖》。

考該書卷首有目録，目録題名爲“同官録目録”。而“升官圖”爲世俗游戲，類似今日之“大富翁”。清代梁章鉅《浪迹叢談》記載：“或問，升官圖仿於何時？按此圖相傳爲倪鴻寶所作，前人謂之選格，亦謂之百官鐸，所列皆明之官制。其實此戲自唐時即有之，方千里《骰子選格序》云：‘開成三年春，予自海上北行，次洞庭之陽，有風甚緊，繫船野浦下三日，遇二三

---

① 羅樹寶：《中國古代印刷史》，北京：印刷工業出版社，1993 年，第 425 頁。

子號進士者,以穴骰雙雙爲戲,更投局上,以數多少爲進身職官之差,數豐貴而約賤,卒局有爲尉掾而止者,有貴爲將相者,有連得美名而後不振者,有始甚微而倏然在上位者,大凡得失不系賢不肖,但卜其遇不遇耳。'"①存世圖書中未見有以"升官圖"爲書名者,國家圖書館尚有"升官圖"游戲紙。故以爲該書當以目錄題名爲准,作《江寧文武同官錄》爲是。

該書共八十三目,前有萬壽日期、江寧省圖,末有百壽圖、辛亥節令星期。中間部分爲各省督撫、兩江督撫司道、候補道(分籍)、金陵紳士、督轅文案、財政公所、厘捐分局、清理財政局、諮議局、裕甯局、自治局、通志局、調查局、禁煙公所、巡警局、電報局、中西醫院、刷印廠、電報局、鐵路局、機器局、軍械局、模範學藝、船廠、商埠局、各領事、各督銷、藩署文案、糧道文案、勸業道科員、學務公所、兩江師範、高等學堂、法政學堂、寧屬師範、實業學堂、蠶桑學堂、府中學堂、高等巡警、開通學堂、中等商業、高等小學、簡字學堂、四區小學、監獄學堂、審判研究所、自治研究所、法政講習所、上江公學、暨南學堂、方言學堂、督署模範、民立小學堂、各女學堂、督陳公所、鎮部、標統營官、要塞各台官、測繪學堂、軍醫學堂、海軍學堂、陸軍中學堂、陸軍小學堂、講武堂、海軍輪船、長江武職、江南現任武職、巡防隊、江防軍、江蘇現任府縣、府署文案發審、候補府、候補同知、候補直隸州、候補知州、候補通判、准補正任州縣、候補知縣分籍、候補直隸州等凡七十九目。官銜府局首載其所在街巷,次以官職爲綱,叙錄各級官員之姓氏名號、爵里科第。此書爲考察當時官吏情況提供了極爲詳盡的資料,如陶保晉時任江南自治局法制課員主事,繆荃孫時任江南通志局總纂四品京堂。

該書爲書坊所印,中有許多俗字、錯字。如金陵紳士一目,在目錄中誤作"金陵伸士"。

十一、《秦淮詩鈔》

《秦淮詩鈔》二卷,清李蕭輯,清道光元年文浩堂刻本。毛裝。一冊。

該書半葉 8 行 18 字,白口,四周單邊,單魚尾。版心上鐫"秦淮詩

---

① 梁章鉅撰,陳鐵民點校:《浪迹叢談續談三談》第六卷,北京:中華書局,1981年,第 98 頁。

鈔",中鎸卷次,下鎸葉次。全書上卷正文 69 葉,下卷正文 83 頁。卷端題
"秦淮詩鈔卷上",次行低 10 格題"金陵李鼇滄容輯"。該書版闊欄疏,框
高 15.6 厘米,半葉框闊 11.2 厘米,成書高 26.5 厘米,寬 16.8 厘米。書
前有凡例,各卷前有目録。

　　李鼇,江寧人,清刻本《秦淮詩鈔》與《金陵名勝詩鈔》卷端皆題"金陵
李鼇滄容輯",據此可知其字"滄容"。2003 年南京市秦淮區地方誌編纂
委員會編寫的《秦淮區志》,于清道光十二年寶仁堂刻本《金陵名勝詩鈔》
下著録"(李鼇)一字默夫",江慶柏主編的《江蘇地方文獻書目》與《江蘇藝
文志》皆如此著録,不知何據。

　　作者李鼇,僅爲書坊主,雖輯有《秦淮詩鈔》《金陵名勝詩鈔》等書,然
名聲終不甚顯。時人提及《秦淮詩鈔》時,所指多非此書。如夏仁虎《秦淮
志·游船志》録《江寧王后村上舍讀秦淮詩鈔有感詩序》:"聞杜茶村秦淮
鐙船鼓吹行,妙絶古今,恨未一見。偶索之陳丈菊圃,蒙以澧(筆者注:當
爲"漢"字)陽某君所編《秦淮詩鈔》見示,凡四方人士咏秦淮者,其詩具在,
不下數百篇。以茶村燈船作弁其首。"①則此《秦淮詩鈔》當爲漢陽羅魯峰
所輯之書。清代陶元藻《全浙詩話》卷四十三載"《秦淮詩鈔》四卷,國朝前
輩紀游之作,漢陽羅魯峰世珍裒輯"。

　　李鼇該書《凡例》"秦淮之名,聞於天下。前賢先達題咏甚多,惜無專
刻,易於淹没。予因居近秦淮,乃不揣鄙陋,悉取其詩,録爲一集,以志風
雅勝事云。"可知此凡例爲作者本人所作。而該《凡例》署名爲"江寧文浩
堂自識",則此"文浩堂"或爲作者李鼇所有。考金陵圖書館所藏道光元年
文浩堂所刻《金陵瑣事》,其卷末有牌記"道光元年七月江寧李鼇滄容氏重
梓",則文浩堂爲李鼇所有之書坊明矣。

　　該書"以搜集風雅爲主,並非侈談香豔、漫述温柔","所輯之詩,惟據
所得先後,隨手抄録,世次先後、名位隱顯,有不暇細考者"。全書載録凡
299 家,詩作共 559 首。以王世禎《秦淮雜詩》牟其首,各家少則一首,最
多所收爲朱易(字一知)詩作 26 首。《江蘇地方文獻書目》誤以該書"載録
251 家……凡四百餘首"。考其緣由,查該書卷首目録葉二誤置目録末,

───────

　　① 夏仁虎撰,楊獻文點校:《秦淮志》第九卷《游船志》,南京:南京出版社,2006
年,第 59 頁。

該葉目録所載 48 家,詩作合計 83 首。想來是《江蘇地方文獻書目》統計詩人詩作時,失收該葉所致。

書中所收各家詩作多寡,不知有何依據。《凡例》有言:"海内鴻才蔚起,秦淮佳句美不勝收。因限於剞劂之費,故所載止此。現蒙諸名下各助刻資,始得告竣。凡四方名公,如不吝金玉,即望大作寄至本堂,以便續刊,用成大觀。"則不揣估測,所收詩作多寡或有寄送的刻資多少原因所在耶?

該書所收,始自清初,訖於嘉道,於各家之下,略注字號、籍貫及仕履、著述。如"張瀅,念劬。江寧人。著有《琅環書屋集句詩》"。按,張瀅所著當爲《琅嬛書屋集句詩》,《清人詩文集總目提要》有録,原書今存民國二十四年(1935)鉛印本,南京圖書館有藏。該書所收詩作,或吟諷風月,或興懷古迹,或描摹景物,各有所長。時至今日,許多詩家聲名不顯,多有詩作賴以存焉。

（作者:金陵圖書館副研究館員）

春秋鄔、鄢地理考略
——兼説利用清華簡涉鄭篇章判定
"鄭伯克段"之地存在的問題[*]

黄 浩

摘要:抄本時代鄔、鄢二字易相訛亂,學者對以二字爲名的春秋諸地的既有意見還存在未當之處。《左傳》《國語》等書及出土文字資料所見春秋時代名鄔名鄢之地,計有鄭武公所"北就"之鄔、晉國之鄔、鄭桓公所取之鄢、仲任所亡之鄢、鄭伯克段之鄢、楚之鄢、莒之鄢陵、鄭之鄢陵,尋繹其間糾葛,仲任所亡與鄭國其他三處名鄢或鄢陵者所指蓋爲同一地。春秋初年"鄭伯克段于鄢"之"鄢"即魯成公十六年晉、楚鄢陵之戰之"鄢陵",這一看法古今相承,本無問題,但歷來頗有異說,學者或據近年公布的清華簡《鄭文公問太伯》篇中鄔字別體郞,重申克段之地字當作"鄔",謂地在今河南偃師。此種判斷存在問題,並不可信。

關鍵詞:鄔(郞) 鄢 《左傳》《國語》 鄭伯克段于鄢

引 言

春秋時代地名"鄔"或"鄢"者有數處,主要見於《左傳》《國語》等書,出土文獻中也偶有涉及,以往學者在論及諸地時屢有糾葛,而在版本異文及文字正誤尚未辨明之前,彼此互引以證恐嫌治絲益棼,同時論述中對材料、方法的不當使用及對相關領域已有研究成果的忽視,都將阻礙問題探討的有效深入,因而有必要重作梳理。

一、烏、焉及從烏從焉之字易混之例

在討論春秋時代名鄔名鄢諸地之前,我們想先對烏、焉及以它們爲偏

---

* 本文是"古文字與中華文明傳承發展工程"資助項目"雙劍誃藏甲骨文拓本整理"(G1002)階段性成果。

旁的字易致混淆的現象簡單做些介紹。

自漢隸至中古甚至後世，烏、焉二字字形都很接近，古語所謂"書經三寫，烏焉成馬"，即指此。二字古音亦近，烏（於）①上古音在影紐魚部，焉在影紐元部，从"於"得聲之字或與"焉"相通。②《説文》將"焉"列入烏部，或許是同時考慮到了二字形音方面的密切聯繫。③漢隸是古今文字的分水嶺，許多字形的確立也完成於這一階段，同時形體相近的字彼此之間往往寫混。劉釗先生《古文字構形學》第十三章"秦漢篆隸資料在古文字構形研究中的重要性"第八例具體討論了"烏焉成馬"的問題，認爲在漢隸時代三字確有寫混的可能，"烏焉成馬"之語極有可能產生於這一時期。④另外從中古時代的碑刻及敦煌抄本的用字情況來看，烏、焉易混現象在抄本流行的時代即雕版印刷之前都是普遍存在的。⑤二字及其俗寫在形體上的差異有時極小，抄寫者稍不注意就有可能犯錯。从烏从焉之字也難避免類似問題，如"榪"與"檽"形近而混，"檽米"或寫作"榪米"，以致"榪"有"量"義。⑥

郞、鄢二字在《左傳》中屢有出現，多用作地名，陸德明《經典釋文·春秋左氏音義》於二字出現之處常有説解。如昭公二十四年《左傳》"王子朝入于郞"，《釋文》云："于郞，烏户反。"⑦二十七年"鄢將師爲右領"，《釋文》

---

① 據《説文》，"於"爲"烏"之古文省形，從古文字資料來看，二形實由一字分化。參看季旭昇：《説文新證》，臺北：藝文印書館，2014 年，第 309—310 頁。

② 看高亨纂著，董治安整理：《古字通假會典》"焉字聲系"下"焉與閼"條，濟南：齊魯書社，1989 年，第 176 頁。

③ 劉釗《談古文字資料在古漢語研究中的重要性》認爲："有時字形相近和字音相近是糾纏在一起的。'烏'和'焉'的聲母就很近，韻亦可通轉。從古文字看，'焉'字就是从'烏'得聲的。"（《古漢語研究》2005 年第 3 期，第 55 頁）案目前見到的時代最早的"焉"字見於戰國中山王銅器，字从鳥不从烏，但也不排除此字誤鑄的可能。焉是否从烏得聲，可能還有待研究。

④ 劉釗：《古文字構形學》，福州：福建人民出版社，2011 年，第 221 頁。

⑤ 參看秦公輯：《碑別字新編》"烏""焉"字條，北京：文物出版社，1985 年，第 129、174 頁；黄徵：《敦煌俗字典》"烏""焉"字條，上海：上海教育出版社，2019 年，第 836—837、918—919 頁。

⑥ 張文冠：《〈南齊書〉"榪格"考》，《文史》第 106 輯，北京：中華書局，2014 年，第 284—285 頁。關於烏、焉及以二字爲偏旁之字相混之例，張文尚舉其他例證，可以參看。

⑦ 〔唐〕陸德明：《經典釋文》卷十九，上海：上海古籍出版社 1985 年影印中國國家圖書館藏宋刻宋元遞修本，第 1129 頁。

云:"鄢將師,於晚反,又音烏户反。"①則"鄢將師"之"鄢"當時蓋有作"鄔"者。又昭公二十八年有"鄔臧",陸德明在此對諸地用字的字形、字音有一總結性説明:

> 鄔臧,舊烏户反,又音偃。案:地名,在周者,烏户反,隱十一年"王取鄔留②"是也。在鄭者,音偃,成十六年"戰于鄢陵"是也。在楚者,音於建反,又音偃,昭十三年"王沿夏,將入鄢"是也。在晉者,音於庶反,《字林》乙袪反;郭璞《三倉解詁》音瘀,於庶反;鬮(引者按,原作閒,據諸本改)駬音厭飫之飫,重言之。大原有鄔縣。唯周地者从烏,餘皆从焉,《字林》亦作"隖",音同。《傳》云"分祁氏之田以爲七縣,司馬彌牟爲鄔大夫",即大原縣也。鄔臧宜以邑爲氏,音於庶反,舊音誤。③

此段論述雖然存在問題(詳下),但可以看出當時《左傳》各本"鄔""鄢"之形音相混已至較爲嚴重的地步,故陸氏不得不作此辨。

考察中古時期部分《左傳》抄本,可以更爲直觀地感知陸德明做上述説明的背景。日本宮内廳書陵部所藏金澤文庫舊藏卷子本《春秋經傳集解》(下簡稱"金澤文庫本"),其抄寫所據底本現在一般認爲源自中國中古時期某版本,並且卷子本在抄寫流傳過程中較大程度地保留了原版本的面貌。④ 其底本年代與陸德明所處時代應該不會相差太遠。另外敦煌所出《春秋經傳集解》殘卷更可直接反映隋唐之時的實際用字情況。這些抄本中有關諸字書寫混亂之例如:桓公二年《左傳》"百官像之,其又何誅焉"

---

① 〔唐〕陸德明:《經典釋文》卷一九,第 1140 頁。

② 諸本如此,案"留"當作"劉",即《左傳·隱公十一年》"王取鄔、劉、蔿、邘之田"之"劉",陸書卷十五出音亦作"鄔劉",可知陸德明所見《左傳》字不作"留",此蓋下筆偶疏。

③ 〔唐〕陸德明:《經典釋文》卷二〇,第 1141 頁。阮元《春秋左傳注疏校勘記》於昭公二十八年"鄔臧"下出校云:"石經初刻作鄔,改刻鄢字。下'司馬彌牟爲鄔大夫',鄔字並同。按依《釋文》,則作鄔是,改刻鄢,非也。"(〔晉〕杜預集解,〔唐〕孔穎達等正義:《春秋左傳正義》,〔清〕阮元校刻:《十三經注疏》,臺北:藝文印書館,2001 年,第 918 頁下欄 b)阮氏《校勘記》誤讀《釋文》。

④ 關於金澤文庫舊藏卷子本《春秋經傳集解》的時代、抄寫及流傳問題,可參看計小豪:《金澤文庫〈春秋經傳集解〉鈔卷校勘研究》第一章《鈔卷的版本情況》,南京師範大學碩士學位論文,南京,2019 年;郭帥:《〈春秋經傳集解〉版本研究》第二章《金澤文庫藏〈春秋經傳集解〉鈔卷研究》,南京師範大學博士學位論文,南京,2021 年。

及緊鄰之"郜鼎在廟，章孰甚焉"中"焉"字，金澤文庫本明顯訛作"烏"，且抄者於後一處對應天頭位置別注一"焉"字。① 又隱公元年《經》《傳》"鄭伯克段于鄢"之"鄢"，金澤文庫本或作"鄢"，或作"鄢"，其中一處作"鄢"者抄者亦旁注"鄢"字。隱公十一年《左傳》"王取鄔、劉、蒍、邗之田于鄭"、莊公二十年"王及鄭伯入于鄔"之"鄔"，金澤文庫本俱作"鄢"，而昭公二十四年"王子朝入于鄔"之"鄔"則又作"鄢"。昭公二十七年"鄢將師"之"鄢"，Pelliot chinois 2540 號殘卷或作"鄔（鄔）"，或作"鄢（鄢）"。昭公二十八年"司馬彌牟爲鄔大夫"之"鄔"，Pelliot chinois 2981 號殘卷明顯訛作"鄢（鄢）"，杜注亦同。其混亂如是，無怪乎陸德明要做出上述那番説明了。②

二、春秋名鄔名鄢之地考略

考慮到抄本時代鄔、鄢二字書寫混亂，在討論諸地地理及相關問題時，也必然要對版本用字的正誤做出合理判斷。春秋時代名鄔名鄢之地集中見於《左傳》《國語》二書，現即以此二書所載者依類及出現先後分別考述如下。

1. 鄭武公時所"北就"之鄔

清華簡陸《鄭文公問太伯》篇所記爲鄭國太伯有疾而鄭文公訪問之，太伯告誡鄭文之事，全篇即爲二人對話。此篇前半部分歷述鄭自開國以來，桓、武、莊諸公開疆闢土經營鄭國之經過，涉及鄭國東遷史事，對了解鄭國前期歷史具有重要的史料價值。簡文至鄭武公，有"棠（世）及虞（吾）先君武公，西鹹（城）洧（伊）開（澗），北邊（就）郂（鄔）、酈（劉），縈厄（軛）郆（蒍）、竽（邗）之國"之語（釋文從整理者），有關注釋如下：

① 〔晉〕杜預：《春秋經傳集解》卷二，日本官內廳書陵部藏金澤文庫舊藏卷子本，第二軸。案天頭處所注"焉"字無法確知是日人抄寫時所加抑或所據底本已如此。

② 研究者或謂金澤文庫舊藏卷子本《春秋經傳集解》抄寫所據底本爲當時俗本（參看前述計小豪、郭帥學位論文）。陸德明在其所著《經典釋文》中也常提到"俗本"，上引一段《釋文》或許即包正、俗言之。在古書流傳過程中，所謂"俗本"產生的影響恐怕不容小覷，《左傳》作爲五經之一尚如此，他書更可推想。另外前引張文冠文所舉"橋"作"橋"之例，張先生認爲是積非成是，且謂"表‘量’義的‘橋’並非簡單的訛字，而是‘橋’之俗寫"，情況與我們所舉"鄔""鄢"之例類似。又據張文第284頁，清儒洪頤煊曾指出《淮南子·人間訓》"楚恭王與晉人戰於鄢陵"有版本作"鄔陵"，是"鄔""鄢"相混的又一佳證。

　　《左傳》隱公十一年："王取鄔、劉、蔿、邘之田于鄭，而與鄭人蘇忿生之田：溫、原、絺、樊、隰郕、欑茅、向、盟、州、陘、隤、懷。"是鄔、劉、蔿、邘四地原爲鄭邑，即簡文之郲、鄬、郖、竽。鄔，妘姓，見《鄭語》。典籍或作"鄢"，《鄭語》史伯對鄭桓公所言十邑之"鄔"，公序本作"鄢"；《周語中》"昔鄢之亡也由仲任"，韋注："鄢，妘姓之國，取仲任氏之女爲鄢夫人。唐尚書曰：'鄢爲鄭武公所滅，非取任氏而亡也。'"①

整理者將簡文之"郲、鄬、郖、竽"與《左傳》"鄔、劉、蔿、邘"對照解讀，可信，學界對此並無異議。不過整理者稱"典籍或作'鄢'"，並引《國語·鄭語》及《周語》記載爲證，恐係對相關文本考辨未清而作的誤判，本不應牽涉。有關問題下文還要論及，兹不贅。

　　傳世文獻及字書未見"郲"字，據出土文字資料，於與烏本由一字分化，鄔自然可以寫作郲。然則此地當以作鄔（郲）爲是。上引陸德明《釋文》謂"唯周地者从烏，餘皆从焉"，後半句雖未必確，但"周地者从烏"的判斷，今日看來並無問題。

　　隱公十一年《左傳》杜預《集解》云："二邑（引者按，指鄔、劉）在河南緱氏縣，西南有鄔聚，西北有劉亭。"洪亮吉《春秋左傳詁》引《漢書·地理志》河南郡下緱氏劉聚及《續漢書·郡國志》河南尹下緱氏鄔聚爲證，謂"杜本此"②。楊伯峻《春秋左傳注》亦云："劉邑在今河南省偃師縣南，鄔又劉之西南。"③諸家皆以此鄔位於今河南省偃師縣，當可信。又《路史·國名紀·高陽氏後》云："鄔，邙姓。春秋二鄔：一在晉，（原注：司馬彌牟爲大夫者，太原鄔縣。）一鄭地。（原注：隱十一，王取鄔。今在懷。杜云緱氏西南有鄔聚。緱氏，熙寧爲鎮，入偃師。）"④其所謂鄭國之鄔亦即此偃師之地。

---

　　①　清華大學出土文獻研究與保護中心編，李學勤主編：《清華大學藏戰國竹簡（陸）》，上海：中西書局，2016年，第122頁。案清華簡《鄭文公問太伯》篇有甲、乙兩本，二者内容基本相同，本文所據皆爲甲本。此外關於《鄭文公問太伯》篇其他地理問題及此句其他地名，可參看王瑜楨：《〈清華大學藏戰國竹簡（陸）〉鄭國史料三篇研究》第叁章第三節，臺灣師範大學博士學位論文，臺北，2018年。

　　②　〔清〕洪亮吉撰，李解民點校：《春秋左傳詁》，北京：中華書局，1987年，第207頁。

　　③　楊伯峻：《春秋左傳注》，北京：中華書局，2016年，第83頁。

　　④　〔宋〕羅泌：《路史國名紀》卷丙，中國國家圖書館藏明嘉靖間洪楩刻本（善本書號：02441），第17頁b。

此地在《左傳》中屢有出現,除隱公十一年"王取鄔、劉、蔿、邘之田于鄭"外,莊公二十年"秋,王及鄭伯入于鄔"及昭公二十四年"戊午,王子朝入于鄔"之"鄔"亦皆指此鄭武公時所"北就"之鄔。綜觀清華簡《鄭文公問太伯》及《左傳》記載,此鄔蓋於鄭武公之世始爲鄭所有,爲當時鄭國北境之地。① 魯隱公十一年(即鄭莊公三十二年)爲周王室所取,其後直至魯昭公末年一直爲王室之地。

上引清華簡注釋及《路史·國名紀》皆謂鄔爲妘(邥)姓,蓋本於《國語·鄭語》"妘姓鄔、鄶、路、偪陽"。韋昭注云:"陸終第四子曰求言,爲妘姓,封於鄶,今新鄭也。鄔、路、偪陽,其後別封也。"②依據韋注,鄔乃鄶國之別封,故亦爲妘姓。但《國語》此處文本還有問題。目前所見包括明道本及宋庠本(即公序本)在内各《國語》版本同於上文所引,即正文"鄶"上一字及韋注"路"上一字皆作"鄔"。③ 不過《毛詩譜·檜譜》孔穎達《正義》及《左傳·襄公十年》孔穎達《正義》引《鄭語》此文俱作"妘姓鄢、檜(鄶)、路、偪陽"。④ 阮元《毛詩注疏校勘記》於《正義》"妘姓鄢"下出校,云:"閩本、明監本、毛本同。案此不誤。浦鏜云:'鄢,《國語》作鄔,非也。今《國語》誤耳。《潛夫論》亦作鄢可證。'"⑤浦鏜認爲今本《國語》字誤,且援《潛夫論·志氏姓》記載爲證,可從,關於這一問題的討論詳見下文。若承認今本《國語》"鄔"爲"鄢"之訛字,則上引《路史》"鄔,邥姓"之説蓋已不可

---

① 依據歷代注釋,蔿在今河南省洛陽市孟津區東北,邘在今河南省沁陽市西北(黃河以北),二地更在鄔、劉之北。但簡文此處分用"北就"與"縈軛",似乎反映了當時鄭國對此四地的實際控制能力並不相同,因此將鄔、劉視作鄭武公時鄭國北境之地的看法應可成立。也可參看程浩:《從"逃死"到"扞艱":新史料所見兩周之際的鄭國》,《歷史教學問題》2018年第4期,第37頁。

② 徐元誥撰,王樹民、沈長雲點校:《國語集解》,北京:中華書局,2002年,第468頁。

③ 徐元誥《國語集解》此下按語云:"鄔,一作'鄢',見上。"(第468頁)案《鄭語》此文之前"若克二邑鄔蔽補丹依㻛歷華君之土也"之"鄔"宋庠本作"鄢",《集解》於彼出校云:"宋庠本作'鄢',今不從。"(第463頁)則此處"見上"意謂宋庠本"妘姓鄔鄶路偪陽"之"鄔"亦作"鄢"。其實宋庠本《國語》此處文本作"鄔",不作"鄢",徐氏失校。

④ 〔漢〕毛亨傳,〔漢〕鄭玄箋,〔唐〕孔穎達等正義:《毛詩正義》,〔清〕阮元校刻:《十三經注疏》,臺北:藝文印書館,2001年,第261頁上欄b。〔晉〕杜預集解,〔唐〕孔穎達等正義:《春秋左傳正義》,第537頁上欄b。案五經正義非出孔穎達一人,本文此處及後文所用"孔穎達《正義》"一類表述僅爲便於稱述。

⑤ 〔漢〕毛亨傳,〔漢〕鄭玄箋,〔唐〕孔穎達等正義:《毛詩正義》,第266頁下欄a。

信,此或因羅泌所見《國語》已作"鄔"而致。①

2. 晉國之鄔

春秋時代晉國亦有名鄔之地,不過此地見於史文已是春秋季年。《左傳‧昭公二十八年》記述晉韓宣子卒後,"魏獻子爲政,分祁氏之田以爲七縣,分羊舌氏之田以爲三縣。司馬彌牟爲鄔大夫"。彌牟所得之鄔即七縣之一。杜預《集解》於"鄔大夫"下云:"大原鄔縣(引者按,即西晉太原國鄔縣)。"此鄔隋唐之前代有建置,清顧祖禹《讀史方輿紀要》於山西汾州府介休縣下鄔城即云:"漢置鄔縣,屬太原郡。晉及後魏因之。北齊廢。"②楊伯峻《春秋左傳注》謂:"鄔在今山西介休縣東北二十七里。"③徵之古書地志,其地理位置實較明確,古今學者之説多無問題。④

此鄔所在雖已無疑問,但字應以何爲正還有分歧。《説文‧六下‧邑部》云:"鄔,太原縣。从邑,烏聲。"⑤前引陸德明《釋文》則認爲太原之鄔字當"从焉",蓋以此字若从烏作鄔,不當讀爲烏户反,主張字作鄢而讀爲於庶反,並引《字林》、郭璞、闞駰三家注音。我們上文曾説《釋文》的那段論述存在問題,主要指的就是其中關於晉國之鄔的意見。段玉裁曾就此問題指出:

> 　　據許(引者按,指許慎《説文》),字从烏,以烏爲聲甚明。此所以"《字林》乙袪反;郭樸《三蒼解詁》音瘀,於庶反;闞駰音厭飫之飫,重言之"也。陸氏《左傳音義》乃云太原縣字从焉作鄢,誤甚。且云舊音

　　① 羅泌其人活動於南宋初年,《路史》之創作亦在此階段(參看朱仙林:《羅泌家世及其〈路史〉考》,《古代文明》2011 年第 4 期,第 59—69 頁)。今所見明道本及宋刻宋庠本《國語‧鄭語》俱作"妘姓鄔鄶路偪陽"(宋庠本後所附《國語補音》其對應注音字亦作鄔),且宋庠本爲北宋官方校理之《國語》定本,若羅泌曾利用《國語‧鄭語》,其所據依者也應即此類版本。另外《路史》列"鄔"於《國名紀》,則是羅泌將鄔之前身視作一國。不過考慮到"鄔"或係"鄢"之訛字,則應審慎抱持此種看法。

　　② 〔清〕顧祖禹撰,賀次君、施和金點校:《讀史方輿紀要》,北京:中華書局,2005年,第 1946 頁。

　　③ 楊伯峻:《春秋左傳注》,第 1662 頁。

　　④ 今山西省介休市城區東二十公里左右有鄔城店村,屬連福鎮,當即此鄔縣之遺存。另外安介生先生曾據載籍所記及實地考察,對此鄔之後世沿革變遷及其附近地理區劃情況有過細緻論述,且謂:"鄔縣作爲介休境内建置最早的古縣,其沿革及治所位置是較爲明確的,並無太多歧義。"參看安介生、李嘎、姜建國:《介休歷史鄉土地理研究》,北京:中國社會科學出版社,2016 年,第 81—84 頁。

　　⑤ 〔漢〕許慎:《説文解字》,北京:中華書局 1963 年影印清陳昌治刻本,第 133 頁下欄 a。

烏户反非，當從於庶反。夫於庶與烏户，亦南朝魚虞斂侈之辨耳，安有是非也？①

段氏之後，近人吳承仕對陸德明之説復有駁正：

　　　　鄔留（引者按，留當作劉，説見前，下同）、鄔縣之字音"烏户""於庶""乙袪"等反，俱一聲之轉。鄭、楚之"鄢"音"於建反"，又音"偃"，《釋文》所述各音殊無大誤，唯烏焉邑皀隸書形近，傳寫每多錯互，德明辨音而不辨形，遂謂周地鄔留從烏，餘皆從焉，致與六書及輿地不合，非別有所本也。且聲音弇侈因時變遷，當吕忱、郭璞、闞駰時，"乙袪""於庶""烏户"之音分別甚微，德明不憭，乃妄爲比度，於四聲弇侈之間强生分別，此則後師之蔽也。②

段、吳二人對陸説之不合理的辯駁意見都很合適，據《説文》及諸家釋音，字自應作鄔。

　　新中國成立以來，山西省祁縣、黎城縣、芮城縣、陽高縣及相近省市如河南洛陽、河北靈壽、内蒙古赤峰等地多出土有戰國時代"鄔"方足布，幣文或讀作"烏邑"。學者多以爲布文之"鄔"即春秋時代晉國鄔邑，戰國時屬趙，此即爲趙國鑄幣而流通於三晉者。③ 從出土信息及文字特點等方

---

① 〔漢〕許慎撰，〔清〕段玉裁注：《説文解字注》，上海：上海古籍出版社1988年影印經韻樓本，第289頁下欄b。

② 吳承仕撰，張力偉點校：《經籍舊音辨證》，收入《經典釋文序録疏證（附經籍舊音二種）》，北京：中華書局，2008年，第280頁。案黄侃《經籍舊音辨證箋識》第一〇〇條謂"地名多承舊音，太原之'鄔'自讀'於庶''乙袪'等反，周地之'鄔'自讀'烏户反'，德明不誤，唯謂太原之'鄔'亦從焉，此小誤爾"（《經籍舊音辨證》附録一，第392頁），他認爲地名讀音容有微異，可以參考。又據其下"然烏在模，焉在寒，本可通轉，即謂《字林》不訛亦可"云云，可知黄侃將陸德明所謂"《字林》亦作'鄢'，音同"理解爲太原之鄔《字林》作"鄢"，此種認識恐怕有誤。對於在晉之地，陸德明已引《字林》"乙袪反"之音，不應於後復出此語，而且如此理解則"音同"不知何指。"《字林》亦作'鄢'"緊承"餘皆從焉"一句，其意當謂鄭、楚之"鄢"《字林》亦作"鄢"，鄢、鄢二字本爲異體，故云"音同"，《字林》作爲字書，收録"鄢"這類寫法也頗正常。

③ 參看汪慶正主編，馬承源審校：《中國歷代貨幣大系·先秦貨幣》，上海：上海人民出版社，1988年，第494—497、1104頁；朱華：《三晉貨幣》，太原：山西人民出版社，1994年，第76—78、156頁；《中國錢幣大辭典》編纂委員會編：《中國錢幣大辭典·先秦編》，北京：中華書局，1995年，第264—265頁；陶正剛、趙滿芳、范宏、郭紅、張玲：《山西黎城縣出土的戰國貨幣》，《文物世界》2004年第1期，第28—32頁。

面看,結論可從。這也可以説明在晉之地當从"烏"作"鄔",陸德明之説確實有誤。

此鄔於春秋時期爲晉邑,初爲祁盈家臣鄔臧采邑①,後因祁氏失勢,故又分與司馬彌牟。至於此鄔之來歷則於史無考。②

3. 鄭桓公所取之鄢

西周末年王室多故,鄭國開國之君桓公欲東遷避難,《國語·鄭語》所記即鄭桓公問於周之史伯,史伯分析當時諸國形勢,建議桓公徙居於濟、洛、河、潁之間,若寄帑賄於虢、鄶,則此二國必背鄭而可伐,而後十邑可得。史伯云:"若克二邑(引者按,指虢、鄶二國),鄢、蔽、補、丹、依、弢、歷、華,君之土也。"此句"蔽"前一字,即十邑之一,明道本《國語》作"鄔",宋庠本作"鄢"。③《國語補音》云:"鄢蔽,上音偃,下必袂反。補音:上於晚、於建二反。"④又鄭玄《詩譜·鄭譜》所述襲用《鄭語》,字作"鄢"。⑤《史記·鄭世家》"而虢、鄶果獻十邑"句下裴駰《集解》引虞翻曰及司馬貞《索隱》所引《國語》,"鄢"字對應位置亦皆作"鄢"。⑥

從版本校勘角度看,此字只有明道本一例作"鄔",餘皆作"鄢"。雖然我們可以説宋庠本是"南宋至明的官方標準版本",且"經過官方較徹底的校勘,很多地方依從《左傳釋文》,往往失去《國語》的早期面貌",明道本則"保留更多唐代以來傳本較原始的面貌",似乎更具校勘價值。但同時也

① 鄔臧當即以邑爲氏。案《通志·氏族略》將後世鄔姓列入"以邑爲氏",且謂"晉大夫鄔臧之後也,食邑于鄔"(〔宋〕鄭樵撰,王樹民點校:《通志二十略》,北京:中華書局,1995年,第86頁)。不過鄔姓來源蓋非僅此一處,且未必即以鄔臧爲始。

② 何光岳謂晉國之鄔可能爲上節所論鄭武公時所"北就"之鄔遺民遷徙而來(《楚源流史》,南昌:江西教育出版社,2005年,第91—92頁)。案何先生此種判斷建立在鄭國之鄔原爲鄶國別封的基礎之上,根據下文討論,鄶之別封有鄢而無鄔,作"鄔"者係訛字,故其意見多爲本文所不能同意。

③ 案史伯所述十邑除虢、鄶、鄢(鄔)之外其餘七邑現存《國語》版本及他書引文尚見異文,但與此處所討論者並無牽涉,因此本文不再介紹。

④ 〔宋〕宋庠:《國語補音》卷三,臺北故宮博物院藏南宋孝宗嚴州刻本,第10頁b。

⑤ 〔漢〕毛亨傳,〔漢〕鄭玄箋,〔唐〕陸德明音義,孔祥軍點校:《毛詩傳箋》,北京:中華書局,2018年,第505頁。案鄭玄《詩譜》久已佚,所據唯有輯本,參看李霖:《鄭氏〈詩譜〉考原》,《中華文史論叢》2018年第1期,第157—223頁。

⑥ 〔漢〕司馬遷撰,〔南朝宋〕裴駰集解,〔唐〕司馬貞索隱,〔唐〕張守節正義:《史記》卷四二《鄭世家》,北京:中華書局,2013年,第2111頁。

應承認,經過官方校理的文本必然"減少了明顯的訛字"。① 因此明道本異文的存在並不能成爲此字應作"鄢"的理由。我們認爲明道本作"鄢"應該就屬於"明顯的訛字"。創作於東漢的《詩譜》、南朝的《史記集解》、唐代的《史記索隱》以及宋庠據以增補的唐人舊本《國語音》,對應文字皆作"鄢",這恐怕不是簡單的巧合。②

傳世文獻之外,前引清華簡記述則爲這一問題的判定提供了更直接的依據。簡文謂"枼(世)及虘(吾)先君武公",可知以下所述皆爲鄭武公時事。據此,子居、王寧等認爲簡文"北遠(就)郲(鄔)、鄜(劉)"中的"郲(鄔)"是鄭武公時期所獲城邑,桓公所得十邑之中不應有"鄔",《國語·鄭語》史伯所言十邑之一字當作"鄢"。③ 這種意見没有問題是合適的。

需要補充説明的是,鄭國翦滅虢、鄶是其東闢疆土之始,《漢書·地理志》、鄭玄《詩譜》、韋昭《國語注》及所引唐固説等皆認爲是鄭武公克滅虢、鄶,古本《竹書紀年》等則謂爲鄭桓公,因此在這一歷程完成者的討論上歷來聚訟不決。隨着清華簡《鄭文公問太伯》篇的公布,有關此一問題的討論漸趨統一。簡文述及鄭桓公時謂其"克鄶",則定此基業者當爲桓公而非武公。目前學者大多認可這一看法,且認爲鄭桓公翦滅虢、鄶分兩階段實現:前一階段即"寄帑與賄";後一階段則是待虢、鄶背鄭而後克滅二國。《鄭語》所述僅及第一階段,即"公説,乃東寄帑與賄,虢、鄶受之,十邑皆有寄地"。又《鄭語》篇末云"幽王八年而桓公爲司徒,九年而王室始騷,十一年而斃",此處之"斃"當指周王室凋敝,即幽王之敗,非謂鄭桓公之死。綜觀古書所載及簡文所記,周幽王既敗二年(前 769),即晉文侯十二年,鄭桓公任周之司徒六年,鄭桓公滅鄶,既敗四年(前 767),鄭桓公滅虢。而司馬遷誤讀《鄭語》"十一年而斃"之語,於《史記·鄭世家》中謂桓公與幽王共死於驪山之下,以致《十二諸侯年表》中鄭桓公紀年至少缺失四年。此後不論是誤從《鄭世家》之説抑或其個人誤讀《鄭語》,歷代學者或以爲

---

① 以上論述參考喬秀岩、葉純芳:《學〈中國版刻圖録〉記》,沈乃文主編:《版本目録學研究》第 7 輯,北京:北京大學出版社,2016 年,第 53 頁。案古今學者關於《國語》明道本、宋庠本二版本優劣的評騭,可參看辛德勇:《公序本〈國語〉"我先世后稷"文證是》,《文史》第 107 輯,北京:中華書局,2014 年,第 151—173 頁。

② 案徐元誥《國語集解》此處從明道本作"鄢",對他書異文則未予介紹。

③ 參看王瑜楨:《〈清華大學藏戰國竹簡(陸)〉鄭國史料三篇研究》,第 262—265 頁。

鄭桓公在世之時尚未克滅虢、鄶,認爲實際完成者爲其子武公,此説實不可信。[1] 而且持鄭武公滅虢、鄶之説者,其據以立説的基礎都是個人理解或前人之説而非古史所記[2],時代較早相對可靠的文獻如《國語》《竹書紀年》中的記載並不與上述觀點矛盾。今既已明晰這一過程,則虢、鄶等十邑不但爲鄭桓公所寄帑之地,更是在桓公之時已爲鄭所有,因此我們這裏稱此鄢爲"鄭桓公所取之鄢"。

4. 仲任所亡之鄢

《國語·周語中》首條記載周襄王聯合狄人伐鄭,並感恩於狄,欲以狄女爲后,大臣富辰力諫,謂婚姻乃禍福之階,關乎政治,當内利而不可外利。富辰所舉外利離親而亡者有一隗國,謂"昔隗之亡也由仲任",韋昭注云:"隗,妘姓之國。任氏之女爲隗夫人。唐尚書曰:'隗爲鄭武公所滅,非取任氏而亡也。'昭謂:幽王爲西戎所殺,而《詩》言'褒姒滅之',明禍有所由也。"[3]是韋昭認同唐固之説,即此隗爲鄭武公所滅,但認爲和仲任亦有關聯,故云"明禍有所由"。宋庠本"隗"作"鄢",案"隗"爲"鄢"字異寫,此處作"鄢"作"隗"並無本質不同,爲便於稱説,此段之外凡是指仲任所亡之國之字皆從宋庠本作"鄢"。

韋昭於此處之鄢及《鄭語》"妘姓鄔(鄔當爲鄢之訛,見下)、鄶、路、偪陽"之"鄔"皆出注,而對《鄭語》"鄢、蔽、補、丹"之"鄢"並無説解,則此鄢似與後者即上述鄭國開國初桓公所取十邑中之鄢爲一地。不過根據前文所論,鄢並非如唐固所言滅於武公,而是在鄭桓公時已爲鄭所有。在我們看來,唐固、韋昭諸人之所以認爲仲任所亡之鄢爲鄭武公所滅,恐怕並非依據其他可靠史料。正如上節介紹鄭桓公滅虢、鄶時所述,唐、韋諸人認爲

---

[1]　上述意見綜合參考以下論著:馬楠:《清華簡〈鄭文公問太伯〉與鄭國早期史事》,《文物》2016年第3期,第85—86頁;王寧:《清華簡六〈鄭文公問太伯〉(甲本)釋文校讀》,復旦大學出土文獻與古文字研究中心網站,http://fdgwz.org.cn/Web/Show/2809,2016年5月30日;劉光:《清華簡〈鄭文公問太伯〉所見鄭國初年史事研究》,《山西檔案》2016年第6期,第31—32頁;程浩:《從"逃死"到"扞艱":新史料所見兩周之際的鄭國》,第32—35頁。至於這些文章中涉及鄔、鄢二地的論述,有些我們並不同意,參看本文相關討論。另外對於古書所見鄭國東遷滅鄶滅虢記載的詳細搜集,可參考蘇勇:《周代鄭國史研究》第二章第二節、第三節,吉林大學博士學位論文,長春,2010年。不過蘇勇認爲鄭桓公滅虢、鄶不可信,和我們認可的看法不同。

[2]　《史記·鄭世家》《漢書·地理志》等已不屬於第一手材料。

[3]　徐元誥撰,王樹民、沈長雲點校:《國語集解》,第47頁。

完成鄭國東遷事業，滅虢、鄶而取十邑者爲鄭武公，而鄢在十邑之中，自然也爲武公所滅。這種認知前後相承且内在邏輯充分，本不需再依靠其他史料。且韋昭及之前諸家皆未及見汲冢竹書出土，《竹書紀年》的記載自然不會影響其認知。

此外，前文討論鄭武公所取之鄔時曾提到浦鏜認爲今本《國語•鄭語》"妘姓鄔、鄶、路、偪陽"之"鄔"爲"鄢"之訛，且引《潛夫論》記載爲證。浦鏜所謂"《潛夫論》亦作鄢"，即指《潛夫論•志氏姓》"妘姓之後封於鄢、會、路、偪陽。鄢取仲任爲妻，貪冒愛恡，蔑賢簡能，是用亡邦"①之語。根據上文介紹，現存《國語》版本及韋注在與《潛夫論》"鄢、會、路、偪陽"之"鄢"對應之處，字皆作"鄔"，而仲任所亡之邦又確爲"鄢"。《潛夫論•志氏姓》此段記載合二者於一處，與現存《國語》版本存在矛盾。對於這一問題，我們同意浦鏜的觀點，即承認《潛夫論》記述可信，今本《國語•鄭語》"妘姓鄔"之"鄔"當改作"鄢"。雖然今日已無法考知《潛夫論•志氏姓》此段記載其史源究竟爲何，但叙述中與《國語•周語中》及《鄭語》的高度重合，則表明王符曾充分參考並吸收了《國語》相關記載，如此至少可以説明王符所見《國語•鄭語》尚作"妘姓鄢"。而且韋昭"鄢，妘姓之國"的意見蓋從《鄭語》所述祝融八姓之妘姓諸國而來，如此也可説明韋昭當時所據《國語•鄭語》亦當作"妘姓鄢"。而《詩譜•檜譜》及《左傳•襄公十年》孔穎達《正義》所引《國語》之證，更可堅實上述看法。關於這一問題，徐少華先生也曾指出：

從西周古國的角度來看，鄔邑（引者按，即鄭武公時所"北就"之鄔）在東都成周近旁，一個異姓諸侯在此立國的可能性不大，且文獻中亦不見鄔爲妘姓國的其他例證；而鄢（引者按，即仲任所亡之鄢）離成周較遠，距鄭武公所都之"鄭"較近，文獻中稱其爲妘姓諸侯，從而又進一步證明鄶人之後所別封的妘姓國是"鄢"而非鄔。鄢在今河南鄢陵附近（引者按，參看下文"鄭之鄢陵"部分），西北去祝融之墟約百里，距其本族鄶國約一百三四十里，東南離昆吾之"舊許"僅五六十里,處於祝融集團的集中分布區。①

　　可見從族姓分布的角度來看,《鄭語》原作"妘姓鄔"也是合理的,因而前人將鄭所得之鄔的前身視爲一國並指爲妘姓的做法恐怕都還存在問題。

　　以上看法中的有些環節目前尚乏確據,不過如果這些意見能够成立,則可説明《國語》記述所涉及者僅有"鄢"而無"鄔",今本各處作"鄔"者都應以訛字看待。② 現存《國語》版本及韋注俱作"鄔"者,蓋正文、注文相涉而誤,或許此種錯謬出現較早且被主流版本繼承,後世習焉不察遂相沿其誤。根據前文介紹,抄本時代鄔、鄢相訛極易發生,但韋昭諸人尚可據衆多抄本正其訛誤,擇是而從,而雕版印刷流行之後,板本迅速取代前代廣泛流傳的抄本,此處訛誤文本的定型可能就完成於抄本向板本發展的過渡階段。

5. 鄭伯克段之鄢

　　隱公元年《春秋經》《左傳》俱云"鄭伯克段于鄢",《公羊》《穀梁》同。此鄢之所在及字之正誤,歷來異説紛呈。蓋以其事列《春秋》經、傳之首,故較易引起人們關注。歷代研究《左傳》《國語》《史記》諸家多有討論,又歷代地理類著作對此問題亦頗有涉及,歸納起來,主要有河南柘城説、河南鄢陵説、河南偃師説及河南滎陽説等。熊賢品先生《清華簡六〈鄭文公

————————

　　① 徐少華:《祝融八姓之妘姓、曹姓諸族歷史地理分析》,《湖北大學學報(哲學社會科學版)》1996 年第 2 期,第 17 頁。案徐先生此文寫作較早,仍主張仲任所亡之鄢爲鄭武公所滅,是本文不同意的。

　　② 上引《潛夫論·志氏姓》之語下彭鐸校語稱:"《姓氏急就篇》下亦據《周語》作'鄢'。《鄭語》'鄔'字訛。"案《姓氏急就篇》爲南宋王應麟所作,其中收録鄔、鄢二姓,且謂"鄔氏,晉縣","鄢氏,妘姓國,後爲氏"(並見《姓氏急就篇》卷下,《中華再造善本·金元編》影印中國國家圖書館藏元至元六年慶元路儒學刻本,北京:北京圖書館出版社,2006 年)。相關内容在王氏著作中亦非僅見於此,其所著《詩地理考》(以下所引據《王應麟著作集成》中此書整理本,北京:中華書局,2011 年)中輯録鄭玄《詩譜》,説明王應麟已注意到鄭玄引述《國語·鄭語》作"鄢蔽補丹"(卷二"鄭"下),又卷六引《周語》"鄢之亡也由仲任",其下節録韋注云:"鄢,妘姓之國,爲鄭武公所滅。"同卷在述及祝融八姓時又引《鄭語》"妘姓鄔、鄶、路、偪陽"爲説。則王應麟創作《詩地理考》之時所見《國語》文本與我們今日所見似乎未有不同。至於《姓氏急就篇》爲何不稱鄔爲妘姓,我們認爲此類正如鄭樵《通志·氏族略》僅謂鄔氏出於鄔臧且又不録鄢氏。大概限於著作體例,有所偏指,其所呈現爲作者擇取之結果,並不能反映更多情況。因此彭鐸所引《姓氏急就篇》並不具備校勘價值,不足以判斷今本《鄭語》文字爲誤。至於上舉王氏二書中涉及鄔、鄢之具體論述,有些我們並不同意,參看本文相關討論。

問太伯〉與〈左傳〉"鄭伯克段於鄢"〉一文曾做過一些梳理①,現以熊文爲基礎,略作刪補,簡要介紹判析如下:

(1) 河南柘城説

《漢書·地理志》陳留郡下有縣名傿,顏師古注引應劭曰:"鄭伯克段于鄢是也。"②漢陳留郡傿縣在今河南省柘城縣北,東漢建初四年(公元79)改屬梁國,西晉廢,此後歷代未置。是應劭以鄭伯克段之地位於此。清洪亮吉《春秋左傳詁》從共叔段奔逃情理出發,力主此説。今人荆貴生支持洪氏,但所論基本未有補充。③

質疑此説者或謂柘城距京太遠,太叔奔逃不應至此。④ 不過從地之遠近等角度推測不足以證成或否定,而應盡可能從某些客觀方面來分析。今人胡安順、韓益民等學者曾考察此傿西部、北部諸地春秋時代皆爲宋國領土,南部則爲陳國之地,則漢代陳留郡傿縣春秋時也應爲他國領土。共叔段逃奔及鄭莊公克段不當至他國境内,而且從史文所述也可判斷克段之"鄢"當時必爲鄭地。⑤ 這是很中肯的意見,基本可以否定應劭之説。

---

① 熊賢品:《清華簡六〈鄭文公問太伯〉與〈左傳〉"鄭伯克段於鄢"》,楊振紅、鄔文玲主編:《簡帛研究》二〇一六秋冬卷,桂林:廣西師範大學出版社,2017 年,第 23—26 頁。案熊文引述到的諸家觀點出處我們都已檢覈,爲便於讀者覆查,下文介紹時雖與熊文重複者仍於注釋中注明出處。

② 〔漢〕班固撰,〔唐〕顏師古注:《漢書》卷二八《地理志》,北京:中華書局,1962 年,第 1559 頁。

③ 荆貴生:《"鄭伯克段于鄢"的"鄢"》,《中國語文》1995 年第 2 期,第 145—146 頁,後修訂收入氏著《荆貴生語言文字論文集》,呼和浩特:內蒙古大學出版社,2001 年,第 121—126 頁。

④ 〔清〕沈欽韓:《春秋左氏傳地名補注》卷一,《續修四庫全書》第 125 册,上海:上海古籍出版社,2002 年,第 159 頁下欄 a。

⑤ 胡安順:《"鄭伯克段于鄢"的"鄢"字考辨》,《西安教育學院學報》1997 年第 2 期,第 46—48 頁,又《陝西師範大學學報(哲學社會科學版)》1998 年第 1 期第 85—88 頁刊載的胡安順《"鄭伯克段于鄢"考辨》一文與《西安教育學院學報》1997 年第 2 期所載之文内容基本相同;韓益民:《"鄭伯克段于鄢"地理考》,《北京師範大學學報(社會科學版)》2006 年第 4 期,第 102 頁。案部分清人論著已指出漢陳留郡之傿縣春秋時爲他國之地,如韓菼纂修《大清一統志》謂:"漢鄢縣故城在寧陵縣南五十三里,今在柘城縣北者,自屬宋地,共叔豈有遠保宋地之理? 應劭注實誤,特正於《一統志》中。"(〔清〕閻若璩撰,黃懷信、吕翊欣校點:《尚書古文疏證》卷六下第九十條引,上海:上海古籍出版社,2010 年,第 412 頁)趙一清則認爲是陳國株野之地(〔北魏〕酈道元注,〔清〕楊守敬、熊會貞疏,段熙仲點校,陳橋驛復校:《水經注疏》卷二二洧水"洧水又東徑鄢陵縣故城南"段下引,南京:江蘇古籍出版社,1989 年,第 1851 頁)。但皆未見具體考證,胡、韓二先生的分析可以視作對韓菼、趙一清觀點的進一步完善。

（2）河南鄢陵説

目前所見古今學者持此説者蓋昉於杜預,杜注《左傳》云:"鄢,今潁川鄢陵縣。"杜氏亦當有所承。杜預所謂"潁川鄢陵縣"即今河南省鄢陵縣北部。此説影響最大,是歷代相沿的傳統説法。

（3）河南偃師説

唐陸淳《春秋集傳辨疑》引趙匡説,認爲"鄢"爲"鄔"之訛字,地當在緱氏縣西南,即今河南偃師附近,亦即上文所論"鄭武公時所'北就'之鄔"。古今信從此説者頗不少見。①

根據前文討論,抄本時代鄔、鄢二字時相訛亂,或許趙匡曾見到不少此類現象,因而有上述意見。② 但此説問題正如洪亮吉所駁:"作鄔,一無確據,又係改字,亦非也。"③贊同此説者也多從太叔出奔情理推考,未見有何客觀依據,可以説是代爲共叔段考慮。從相似的思路出發,其他幾説也同樣可以圓通,這是此説的薄弱之處。

（4）河南滎陽説

清人吕調陽、今人程發軔、羅師孔等持此説。④ 如程氏認爲"鄢"與"汳然"所指相同,僅在讀音上有急緩之别,而汳然爲水名,即索水,因謂鄢邑即後世之索城,在今滎陽一帶。此説支持者較少,以其全爲猜測之辭。

上述觀點之中,我們同意第二種意見,即鄭伯克段之鄢在今河南鄢

---

① 如清人徐松,今人郭聲波、賀江、辛志賢、王家康及熊賢品本人等都認同此説,參看:〔漢〕班固撰,〔清〕王先謙補注,上海師範大學古籍整理研究所整理:《漢書補注》卷二八《地理志》,上海:上海古籍出版社,2012年,第2301—2302頁。郭聲波:《鄭伯克段疑不在鄢》,《人文雜志》1986年第4期,第114頁。賀江:《鄢地存疑》,朱東潤、李俊民、羅竹風主編:《中華文史論叢》第15輯,上海:上海古籍出版社,1980年,第100頁。辛志賢:《〈左傳〉地名考辨》,《北京師範大學學報（社會科學版）》1996年第3期,第20—22頁。王家康:《鄭伯克段之"鄢"地在哪裏》,《文史知識》2014年第2期,第120—127頁。

② 或據《史記·鄭世家》"段出走鄢"下張守節《正義》稱"鄢音烏古反。今新鄭縣南鄢頭有村,多萬家。舊作'鄔',音偃",認爲趙匡可能因此懷疑《春秋》經、傳字有訛誤。案不論趙匡據何認爲字訛,其觀點都是缺乏依據的。此外《正義》之語僅可視作張守節對鄭伯克段之地的個人認識,似乎尚不能反映《史記》此處文本在唐初存在異文。

③ 〔清〕洪亮吉撰,李解民點校:《春秋左傳詁》,第2頁。

④ 〔清〕吕調陽:《群經釋地》卷三,哈佛燕京圖書館藏觀象廬叢書本,第2頁a。程發軔:《春秋地名斠注》,臺灣《師大學報》第4期,1959年,第93—96頁。羅師孔:《〈鄭伯克段于鄢〉之"鄢"》,《光明日報》,2014年4月8日第16版。

陵,此説目前看來最爲合理,後文將結合"鄭之鄢陵"詳作探討。

6. 楚之鄢①

《説文・六下・邑部》收録"鄢"字,云:"鄢,南郡縣。孝惠三年改名宜城。从邑,焉聲。"②地在今湖北省宜城市。桓公十三年《左傳》"及鄢,亂次以濟",杜預《集解》云:"鄢水在襄陽宜城縣入漢。"孔穎達《正義》引杜氏《春秋釋例》云:"鄢水出新城沶鄉縣,東南經襄陽,至宜城縣入漢。"③則楚之鄢邑附近有水亦名鄢,或是因邑名河。④ 昭公四年《左傳》"遷賴於鄢"及十三年"王沿夏,將欲入鄢"之鄢,結合古注等考察,亦當皆指楚之鄢邑。⑤

7. 鄢陵

春秋時代鄢陵⑥之地非僅一處,見於《左傳》者即有莒、鄭二地。

(1) 莒之鄢陵

《左傳・文公七年》"穆伯如莒涖盟,且爲仲逆。及鄢陵,登城見之,美,自爲娶之",杜預《集解》云:"鄢陵,莒邑。"未具言何地,似已不能明。高士奇《春秋地名考略》卷十二"莒"下"鄢陵"引或曰云:"在今莒州沂水縣界。"顧棟高《春秋大事表》説亦同之。⑦ 地在今山東省臨沂市沂水縣境。⑧

---

① 戰國時代楚國鄢或鄢郢所指或與此宜城之鄢有異,有關材料豐富,學者頗多討論,但與本文所論者基本無涉。較近的研究可參看陳明:《李信所攻"鄢郢"即昌平君所徙之"郢"》,《中國歷史地理論叢》2021年第2輯,第121—129頁。

② 〔漢〕許慎:《説文解字》,第134頁上欄b。

③ 〔晉〕杜預集解,〔唐〕孔穎達等正義:《春秋左傳正義》,第125頁上欄b。

④ 關於此鄢水,可參看《水經注》及有關諸書,此不贅述。

⑤ 《路史・國名紀・高陽氏後》有"傿",云:"邡姓。今襄之宜城,楚之鄢都,一曰郢(原注:昭四遷賴于鄢者,漢惠三日宜城)。與莒鄢、鄭傿異(原注:穆叔如莒及鄢陵,登鄢城,今沂之安陵也。鄭克段于傿,則開封之傿陵,漢之故縣。晉鄭戰鄢陵,則鄭地,故城在今鄢陵西北十八里)。有傿、傿、鄢氏(原注:地名人姓宜有定音,陸氏兼平上去三聲,非是。按《韓世家》徐音于乾切,而今鄢陵人皆平聲呼之,與姓同。今定鄭傿、楚鄢上聲,餘爲平。"(《路史國名紀》卷丙,第17頁)案《路史》謂楚之鄢爲邡姓,不知何據。又《路史》謂莒之鄢陵即宋代"沂之安陵",可注意。其餘可商者辨見他處。

⑥ 鄢陵之稱,戰國時代及後世或作安陵,春秋時代史料目前似尚未見。

⑦ 〔清〕高士奇:《春秋地名考略》卷一二,《景印文淵閣四庫全書》(第176冊),臺北:商務印書館,1983年,第638頁下欄b。〔清〕顧棟高輯,吳樹平、李解民點校:《春秋大事表》卷六,北京:中華書局,1993年,第698頁,又見卷七《春秋列國都邑表・莒》,第791頁。

⑧ 楊伯峻《春秋左傳注》亦據顧棟高《大事表》,謂"當在今山東省臨沭縣境"(第615頁),似誤。

高、顧二氏之説不知何據,檢諸歷代地理總志亦未見。[1]

(2) 鄭之鄢陵

《左傳》鄭之鄢陵始見於魯成公十六年,即晉、楚鄢陵之戰所在之地。此年《春秋經》下杜預《集解》云:"鄢陵,鄭地,今屬潁川郡。"地在今河南省許昌市鄢陵縣北。如前所述,杜預以來學者多謂"鄭伯克段于鄢"之"鄢"即此鄢陵。所論不煩多舉,現以楊伯峻《春秋左傳注》之語作爲總結,楊先生參考江永《春秋地理考實》云:"鄢陵即隱元年《傳》之鄢。鄭滅鄢以後,初用原名,後改爲鄢陵,今河南鄢陵縣北。"[2]譚其驤主編《中國歷史地圖集》第一册春秋部分標"鄢(鄢陵)"於今河南省許昌市鄢陵縣西北,且"鄢(鄢陵)"前一"鄢"以大字加粗表示[3],説明地圖編纂者也認可此地之鄢原爲古國,後爲鄭所滅的看法。

我們認爲鄭伯克段之鄢就是鄭之鄢陵,或至少可以説二者是就同一地域而言的,下面談談我們的意見。

首先,反駁此説者或謂《春秋經》既然"鄢""鄢陵"分用,則不應視作一地。其實這是對先秦時代"同地異名"現象未有充分認識,且過度拘泥於《春秋經》之書法而作出的錯誤分析。鄢陵可以單稱爲鄢,如《左傳》襄公十三年"而亡師於鄢"、昭公五年"以敗於鄢",《國語》"晉既克楚於鄢"及屢見之"鄢之役",皆謂魯成公十六年楚軍敗於鄢陵之事。此外清華簡《繫年》第十六章中"敗楚自於陝"一句即讀作"敗楚師於鄢"[4],亦指楚鄢陵之敗。不論傳世文獻還是出土資料,頗多例證説明,在東周時代,"鄢陵"單獨稱爲"鄢"的現象是普遍存在的。

至於"鄢"之所以稱爲"鄢陵",上引楊伯峻《春秋左傳注》用清人江永説,謂"初用原名,後改爲鄢陵",其實高士奇已有此説,高氏云:"鄭既滅

---

[1]　前注引《路史》謂莒之鄢陵即宋代"沂之安陵",不知高、顧二氏所説是否與此有關。

[2]　楊伯峻:《春秋左傳注》,第 960 頁。

[3]　譚其驤主編:《中國歷史地圖集》(第 1 册)(原始社會 夏 商 西周 春秋 戰國時期),北京:中國地圖出版社,1982 年,第 24—25 頁。

[4]　清華大學出土文獻研究與保護中心編,李學勤主編:《清華大學藏戰國竹簡(貳)》,上海:中西書局,2011 年,第 174 頁。關於"陝"字的釋讀,整理者意見正確可從,學界對此無異議。

鄢,初仍其故名,後乃改爲鄢陵耳。"①但其説終屬臆測。荆貴生先生即認爲滅國改名的現象一般發生在政權交替不久之時,而從隱公元年到成公十六年,相隔已一百多年,這是改名説的不足之處。②荆先生的思路頗好,但成公十六年出現"鄢陵"一稱,並不代表此時纔開始使用,而且這僅能説明滅國改名説不盡可信,尚不能證明鄢與鄢陵一定爲二地。其實對於此種不協,清人閻若璩《尚書古文疏證》第九十條曾有論及,閻氏云:

> 范守己洧川人,言"大氐陽翟以東、新鄭以南,其地平曠無名山,惟多岡陵,橫亘曲屈,不下三二十許。故《左傳》所謂陽陵、大陵、魚陵、鄢陵,六國所謂安陵、馬陵,皆在其地,第今不能悉其所在耳"。因之悟"鄢"从"阝",乃邑名。共叔所保,當在邑。晉、楚相遇,則在鄢邑左右一帶可作戰場處,惟多岡陵,故曰鄢陵。以知竟合爲一,義猶未精。③

范守己認爲"鄢陵"稱"陵"者,乃係此處地貌多丘陵,閻氏又在其基礎之上,認爲《春秋》經、傳鄢陵之稱並非實指有城邑名"鄢陵",而是當時鄢邑附近之多岡陵且可作戰場處。這種別開生面的解釋對理解有關問題極富啓發。

關於古地名中"同地異名"的現象,趙慶淼先生曾指出,"殷商西周時期仍以單字地名居多,在單字上加綴成分而創造新的多音節字地名,是當時地名構詞演變的一大標志性特徵,也是同一地名產生不同地名稱謂重要途徑",今所見先秦地名中的山、水、丘、土、泉、阜、邑、京、城、陽、陵等字不少都屬於"通名"性質,因而他將"鄢"稱"鄢陵"的現象歸入"增加'地名通名'"一類。④此説可謂和范守己之説不謀而合。我們認爲此種觀點合

---

① 〔清〕高士奇:《春秋地名考略》卷六,第554頁上欄b。其後《欽定春秋傳説彙纂》、江永《春秋地理考實》等皆承此説。

② 荆貴生:《荆貴生語言文字論文集》,第124頁。

③ 〔清〕閻若璩撰,黄懷信、吕翊欣校點:《尚書古文疏證》卷六下,第412頁。本文引用時標點略有改動。

④ 參看趙慶淼:《商周時期的族群遷徙與地名變遷》第二章第二節第二部分,南開大學博士學位論文,天津,2016年。不過作者説"《春秋》隱公元年'鄭伯克段于鄢'的'鄢',《春秋》成公十六年又名'鄢陵',這已爲學界所熟知",因而取此例作爲"陵"爲通名的一處證據。我們認爲對於二地是否同指,學界目前尚有不同意見,似仍需加以討論。本文此部分其實就屬於這方面的一次嘗試。

理性較高,所舉通名類例證也多可信,將"鄢陵"之"陵"視作地名通名應該沒有太大問題。至於閻若璩對范守己之説的進一步發揮,即認爲"鄢邑左右一帶可作戰場處,惟多岡陵,故曰鄢陵",仍主張鄢與鄢陵分開討論。這種説法在鄢陵之戰這一處固然可以解釋地很好,但考慮到後世沿用"鄢陵"之稱,甚至成爲一固定區劃,則僅將其視作"可作戰場處惟多岡陵",似尚未允。①

既然承認鄢陵之"陵"爲地名通用後綴,則《春秋》經、傳鄢陵之稱,其核心在"鄢",這就可以很好地解釋爲什麼《左傳》《國語》大量地將"鄢陵"省稱爲"鄢"了。②

前文曾指出,主張鄭伯克段之地爲偃師之鄢的學者,其辨析多從太叔出奔情理推考,並無客觀依據。我們無意再從情理方面推測共叔段出奔路綫,但對反駁傳統説法的一些異説中存在的有必要加以辯駁的地方在此仍要略作説明。③ 如趙匡主張"鄢"爲"鄔"之訛,且謂:"若遠走至鄢陵,已出境,即無復兵衆,何得云克?"④他認爲若地在鄢陵,則已出境。但對鄭國疆界稍作考察,即知鄢陵之地當時爲鄭國領土。古今學者多已指出趙氏之誤,兹不再述。另外傳統説法中最啓人疑寶的一點是鄢陵在新鄭東南方向,從平面圖看,京、新鄭、鄢陵基本處於一條綫上,太叔從京奔逃,似乎不應迎着新鄭方向。其實這種認識也有問題,平面圖上方位如何,不代表實際地理狀況及具體形勢就不支持太叔逃赴鄢陵。胡安順在反駁趙匡之説時的一段論述也可參考,胡先生説:

———————

①　當然也有一種可能,即"鄢陵"之稱一開始是就包括鄢邑在内的大片地理區域而言的,後來所指又逐漸集中於鄢邑,且固化爲特定的行政區劃。如此則閻若璩之説也有成立的可能。

②　鄢稱鄢陵是因爲此地區地貌多丘陵,因此"陵"可作爲通名使用,我們同意這種觀點。此外趙慶淼還認爲此地之所以加綴通名是爲了避免與上述楚地之鄢重名,但同時這種改名又造成了與莒地"鄢陵"的新的重名(前引作者博士學位論文第125頁,又見趙慶淼:《先秦"異地同名"現象與地名流動的初步考察》,《史學月刊》2020年第10期,第10頁)。案鄭國之鄢改稱鄢陵是否是爲了與楚地之鄢避免重名,可能還需要從二地名出現的先後關係、時人的用字習慣等方面再作考察,不宜確言。

③　如果承認從情理推測也屬於考察的一個重要方面,那麼鄭伯克段之地當爲鄢陵的合理性可以參看上引胡安順、韓益民兩位先生的文章。雖然文中部分觀點我們也未必同意,但對鄭伯克段之地爲鄭之鄢陵的合理性推測則多數可以接受。

④　〔唐〕陸淳:《春秋集傳辨疑》卷一,《景印文淵閣四庫全書》(第146册),臺北:商務印書館,1983年,第600頁上欄。

　　當叔段入鄢後，莊公來不及等子封的軍隊追到鄢，便親自由新鄭出兵伐鄢，這說明鄢距新鄭較近，故子封來不及回師至鄢，而莊公却可以迅速趕到。如果叔段的逃入地遠在靠近成周的鄔，則自京至鄔的距離要比新鄭至鄢近得多，子封由京攻鄔更直接，更迅速，又何勞遠在新鄭後方的莊公親自出兵伐鄢呢？[①]

　　這是很有道理的意見。總之，鄭伯克段之鄢即鄭之鄢陵的觀點，我們認爲完全可以接受。

　　鄢陵古城在考古活動中也有發現。1961 年秋，河南省文化局文物工作隊在今鄢陵縣城西北九公里前步村周圍發掘古城一座，據發掘簡報介紹，古城附近地形平坦，洧水（雙洎河）從古城北部橫穿而過。古城平面呈長方形，南北長，東西短，方向微偏西南。考察城墻內出土的交錯繩紋板瓦、細柄豆、細繩紋灰陶鬲等多屬春秋戰國時期，又結合《鄢陵縣志》相關記載，研究者認爲所調查的古城“或即爲春秋時代的鄢城”[②]。其結論應當可信。

　　在結束此“鄭之鄢陵”的討論之前，還要再簡單談一下此地與前文所論“鄭桓公所取之鄢”的關係，我們傾向於二者爲一地。首先，不論鄭桓公所取之地，還是仲任所亡之邦，抑或鄭伯克段之地，以至晉楚相戰之地，没有疑問都是鄭國領土，而且都顯見於歷史記述。一國之內，雖然可能存在地名相同的現象[③]，但四地異地同名的概率極低，兩地同名而皆彰於史册的情況似也未見其例。此外，據清華簡《鄭文公問太伯》篇記述，鄭國疆界基本確立於桓、武、莊三公之時，於厲公則未見有開拓疆土之叙述。除桓公滅虢、鄶取十邑奠定鄭國基業外，武公時則是“西城（城）洢（伊）澗（澗），

────────

　　①　胡安順：《“鄭伯克段于鄢”的“鄢”字考辨》，第 49 頁。又蘇勇《周代鄭國史研究》認爲“京、新鄭、鄢陵在地圖上看接近三點一綫，不過，實際上從京至鄢陵並不路過新鄭，新鄭西部及南部洧水，東北有溱水，莊公軍隊必然從兩水之間駛向京邑，段不必迎向從新鄭出發的大軍，從東南方向繞過溱水即可到達鄢陵”（第 70—71 頁）。雖然這也僅是作者的推測，但可以説明從上述角度質疑並不合適。

　　②　劉東亞：《河南鄢陵縣古城址的調查》，《考古》1963 年第 4 期，第 225—226 頁。

　　③　參看吳良寶：《戰國文字資料中的“同地異名”與“同名異地”現象考察》，清華大學出土文獻研究與保護中心編，李學勤主編：《出土文獻》第 5 輯，上海：中西書局，2014 年，第 65—66 頁。趙慶淼：《先秦“異地同名”現象與地名流動的初步考察》，第 8 頁。

北邊(就)郟(郚)、鄙(劉),繁厄(軛)郙(蔫)、竿(邘)之國",莊公時則是"東伐齊藟之戎爲敔(徹),北虧(城)郘(溫)、原,徲(遺)釾(陰)、櫨(鄂)宋(次),東啓遺(隤)、樂"①。可見武公、莊公時代,鄭國領土之開拓主要在北、西、東三個方向。我們有理由懷疑,至少鄭莊公及之前的鄭國南境疆界大概桓公之時就已基本確定。而《國語·鄭語》史伯謂鄭桓公曰:"其濟、洛、河、潁之間乎!⋯⋯若前華後河,右洛左濟,主芣、騩而食溱、洧,修典刑以守之,是可以少固。"②此種叙述話語顯係探後而言,説明桓公所取十邑當在濟、洛、河、潁之間,且以溱、洧二水流域爲中心,則作爲十邑之一的鄢亦當在此範圍中。上文提到考古發掘所得可能爲春秋時代的鄢陵古城,其城内正有洧水流經③,而鄢陵作爲鄭國南境之地,亦在上述範圍之内。這應該不是偶然的巧合,鄭之鄢陵大概就是鄭國東遷之初桓公所取之鄢。

小結

綜上所述,春秋時代確可考見之名鄔名鄢之地,計有鄭武公所取"北就"之鄔、晉國之鄔、鄭桓公所取十邑中之鄢、仲任所亡之鄢、鄭伯克段之鄢、楚之鄢、莒之鄢陵、鄭之鄢陵,其中鄭桓公所取之鄢、仲任所亡之鄢、鄭伯克段之鄢與鄭之鄢陵蓋爲同一地,或至少是就同一區域而言的。當然,我們的判斷還缺乏充分的根據,部分環節尚屬推測,希望未來更多相關出土文獻的發現與考古遺迹的發掘可以推動這一問題的徹底解決。

除上述諸名"鄔""鄢"之地外,春秋時代又見左鄢父(僖公二十四年《左傳》)、鄢武子(哀公十六年《左傳》),此類"鄢"字似亦與地理有關,然史料不足徵,無法深考,今則闕如。

---

① 清華大學出土文獻研究與保護中心編,李學勤主編:《清華大學藏戰國竹簡(陸)》,第119頁。

② 前華後河,明道本《國語》如此,宋庠本"華"作"莘",徐元誥則依《考正》之説改作"前潁後河"。案作"莘"不可從,參看楊樹達《國語集解》卷一六第3頁b,中央民族大學圖書館藏稿本;改作"潁"亦無可靠依據。

③ 考古遺址顯示洧水從鄢陵古城北部橫穿而過,而酈道元《水經注》"洧水"下注語則謂"洧水又東徑鄢陵縣古城南"(已見前注)。對於此處之不統一,不知是洧水曾經改道抑或酈道元所謂"鄢陵縣古城"並非春秋時代古城,有關問題尚待研究。

三、利用清華簡記載判定鄭伯克段之地存在的問題

清華簡《鄭文公問太伯》等篇公布之後，以其頗涉鄭國初年史事，激起了學界廣泛討論。在考察簡文所記某些古地名時，學者或重新論及《左傳·隱公元年》"鄭伯克段于鄢"的"鄢"地問題，如前文已提到的熊賢品先生《清華簡六〈鄭文公問太伯〉與〈左傳〉"鄭伯克段於鄢"》一文就利用《鄭文公問太伯》篇有關記述對鄭莊克段一事重新作了考察。在鄭伯克段之地的問題上，熊先生認爲"清華簡六《鄭文公問太伯》的記載則或爲'偃師説'補充了相關資料。綜合文獻與簡文'北就鄔（鄔）、劉'的記載，可見'鄔（鄔）'是在新鄭以北"①。又説："借助清華簡六《鄭文公問太伯》'北就鄔（鄔）'的記載，將之與傳世文獻相比較，它應當就是《左傳》隱公元年'鄭伯克段於鄢'之地，在今日之偃師西南部。"②其實熊先生對鄭莊公克段歷程的重新分析未必不能被接受③，如果克段之地確實爲偃師之"鄔"，在情理方面自然也有一套與之相配的邏輯。但問題在於，傳統説法並無明顯不妥之處，而且《春秋》三傳也未見有版本異文，我們爲何一定要將"鄢"改作"鄔"呢？

此外宋代出土的《詛楚文》中已見"鄔"字，今所見中吳本此字皆摹刻作"鄔"④，前人或直接隸作"鄔"，故《古文苑》所録《詛楚文》"及鄔"下章樵注云"王本作鄔"。⑤ 這並非清華簡帶給我們的新認識，也無法説明"鄭伯克段于鄢"可以改作"鄭伯克段于鄔（鄔）"。而鄔在新鄭以北，在今河南偃

---

① 熊賢品：《清華簡六〈鄭文公問太伯〉與〈左傳〉"鄭伯克段於鄢"》，第 26 頁。
② 熊賢品：《清華簡六〈鄭文公問太伯〉與〈左傳〉"鄭伯克段於鄢"》，第 29 頁。
③ 具體分析過程見熊文第 27—29 頁。
④ 王輝主編，楊宗兵、彭文、蔣文孝編著：《秦文字編》，北京：中華書局，2015 年，第 1017 頁。案此鄔（鄔）爲戰國時代秦邑，與前文所論諸地大概没有關聯。郭沫若云："鄔當即商於之於。《史記·楚世家》'商於之地'，《集解》云：'在今順陽郡南鄉、丹水二縣。有商城在於中，故謂之商於。'《通典》云：'今内鄉縣有於村，亦曰於中，即古商於地。'此文之鄔當即於村、於中，其地必甚小。"（《郭沫若全集·考古編》第九卷《石鼓文研究 詛楚文考釋》，北京：科學出版社，2002 年，第 308 頁)此説當可從。《秦文字編》即云："地名，在今河南、陝西界。"
⑤ 〔宋〕章樵注：《古文苑》卷一第 13 頁 a，《中華再造善本·唐宋編》影印中國國家圖書館藏宋端平三年常州軍刻淳祐六年盛如杞重修本，北京：北京圖書館出版社，2003 年。案明清《古文苑》刻本章注"鄔"多訛作"柳"，不可據。

師西南,前文討論鄭武公所"北就"之鄔時,歷代注家皆持此説,本就没有問題,這也無法看作新的證據。

參照前文介紹,可知"鄭伯克段于鄢"的"鄢"地問題在清華簡出現之前已成聚訟,究其原因,多是學者動輒從共叔段出奔情理考慮,可是當日情形後人已無由得知,從所謂情理推測,依照後世及個人的判斷來反推古人,完全有可能得出截然相反的結論,在歷史研究及文獻考訂中,"以今律古""以己度人"雖不失爲一種手段,但使用時應極爲謹慎。而且"鄭伯克段于鄢",《春秋》三傳及傳世版本未見異文,這與其説是經典化的結果,倒不如認爲是其地作"鄢"本就合乎歷史事實。在更堅實的證據出現之前,對於鄭伯克段之地的判斷,仍當以承認傳統説法爲好。

結　語

清華簡《鄭文公問太伯》篇的出現,以出土文獻佐證了《左傳》"鄔、劉、蕞、邘"記載的可靠性,同時包括此篇在内的不少涉鄭篇章對一些聚訟已久的問題也提供了時代更早的資料,不過在春秋初年鄭莊公克段一事上,清華簡的出現並没有帶給我們任何新的認知。出土資料不必對傳統的歷史記述産生根本的衝擊,對於傳世文獻我們也不必以絶對懷疑的態度來看待。不過這並不意味着我們對於舊材料就不再需要進行嚴密的審查。結合本文討論,雖然中古時代《左傳》文本在涉及鄔、鄢二字之處多有訛混,但宋元以來各類版本此種痕迹已然泯滅。而前文曾推測《國語》記述所涉及者僅有"鄢"而無"鄔",今本各處作"鄔"者都應以訛字看待。如果這種推測可以成立,則《國語》文本在中古時期必然也經歷了大量訛俗字闌入的情況,因而有此後果。二書的不同命運,對於我們把握今日所見古書版本的定型並由此探討相關記載或許不無啓示。

2021 年 6 月初稿

2023 年 9 月改定

（作者：吉林大學考古學院古籍所碩士研究生）

會議紀要

南京師範大學古典文獻學專業舉辦成立
40週年慶典暨古典文獻學學科建設論壇

劉　仁

2023年9月23日、24日，南京師範大學古典文獻學專業在南京師範大學隨園校區舉辦成立40週年慶典暨古典文獻學學科建設論壇，活動分爲南京師範大學古典文獻學專業成立40週年慶典、古典文獻學學科建設座談會、青年學者論壇、"古籍出版與保護"青年校友沙龍四個部分。

9月23日上午，古典文獻學專業成立40週年慶典在南京師範大學隨園校區貽芳報告廳隆重舉行，南京師範大學古典文獻學專業部分退休教師、全體在職教師以及歷屆本碩博畢業生代表和在讀學生共300餘人參加。慶典由南京師範大學文學院院長高峰教授主持。典禮在紀念視頻《南師古文獻——爲往聖繼絕學》中拉開序幕。南京師範大學黨委副書記賁國棟研究員、教育部全國高校古籍整理研究工作委員會副秘書長顧永新教授、山東大學文學院院長杜澤遜教授、南京大學古典文獻研究所所長程章燦教授、鳳凰集團鳳凰出版社吳葆勤總編輯、南京師範大學文學院趙生群教授分別致辭。

賁國棟副書記首先爲古典文獻學專業成立四十週年向古典文獻學專業師生、校友表示祝賀。賁國棟副書記表示，四十年來，南師大古典文獻學專業以徐復、錢玄、趙生群、王鍔等爲代表的學術名家薪火相繼、行穩致遠，幾代師生篳路藍縷、默默耕耘、守正創新，爲古典文獻學專業的發展傾注無數心血，爲學校、學科的發展做出了突出貢獻，爲國家、爲社會培養了眾多優秀人才。作爲國家一流專業，南師大古典文獻學專業近年來出版皇皇巨著、取得豐碩成果。賁國棟副書記向幾代學人的辛勤付出表示感謝和敬意，並寄語古典文獻學專業校友，希望他們與母校保持聯繫，一如既往地支持古典文獻學專業的發展。

顧永新副秘書長表示,作爲全國首批四家古典文獻學本科專業之一,南師大古典文獻學專業成立四十週年以來,在學科建設和人才培養方面都取得了令人矚目的成就,《史記》點校修訂本、《五禮通考》整理本等學術成果在學界獨領風騷。同時,專業教師團隊結構合理,學術方向齊全,多年來培養了衆多優秀畢業生,人才輩出,桃李滿天下,爲我國古籍整理事業和中華優秀傳統文化的傳承與創新做出了卓越貢獻。顧永新教授表示,新時代以來,古籍事業迎來了前所未有的發展機遇,古委會將一如既往地支持南師大古典文獻學專業的發展,並將逐步加大支持力度,也希望南師大古典文獻學專業再接再厲、奮發有爲,爲古籍整理研究事業持續輸送人才,爲繁榮發展中華傳統文化作出應有貢獻。

杜澤遜教授以視頻方式發來祝賀。視頻中,杜教授回顧了南師大古典文獻學專業學者的代表性成果,高度贊揚了專業四十年來爲古籍整理研究事業、爲古典文獻學學科建設、爲傳承弘揚中華優秀傳統文化做出的貢獻,並對南師大古典文獻學專業的師生表示由衷的欽佩與敬意。

程章燦教授在發言中深情回憶了與南師大古典文獻學專業師友之間的交游情形:徐復先生滿腹經綸、平易近人,吳金華先生悉心敬業、幽默風趣,趙生群教授、方向東教授、王鍔教授情真意切、溫潤樸厚。他表示,南師大古典文獻學專業與南京大學古典文獻研究所同屬古委會,同在南京城,同樣源出章黄學脈,同樣致力于繼承發揚傳統文化事業,在數十年的發展過程中兩家單位携手並進,互相支持。他高度評價了南師大古典文獻學專業的學術成就和學科建設水平,並借用陶淵明《移居》詩“鄰曲時時來,抗言談在昔。奇文共欣賞,疑義相與析”來形容兩家單位比鄰而居、親如兄弟的情形,寄寓着對未來兩家單位繼續携手合作的期盼。

吳葆勤總編輯代表鳳凰出版社對南師大古典文獻學專業成立四十週年致以熱烈祝賀,對專業所培養人才的質量以及出版的學術成果給予充分肯定。他表示,教學、科研與出版同氣連枝、相互支持、彼此成就,多年來南師大古典文獻學專業與鳳凰出版社保持着密切聯繫,彼此充分信任。2016年《江蘇文庫》工程的推進、大量科研成果的出版都是兩家單位共同傳承中華文化優秀成果的見證。吳總編輯的父親吳金華先生曾擔任南師大古典文獻學專業主任,他動情地回憶起自己在隨園這座東方最美校園度過的青少年時代,表示自己與南師大古典文獻學專業淵源深厚,對隨園無限眷戀,衷心祝願南師大古典文獻學專業發展順利。

　　趙生群教授回顧了南師大古典文獻學專業四十年艱辛光榮的發展歷程。南京師範大學中國古典文獻學本科專業創辦于 1983 年,課程設置由孫望、唐圭璋、程千帆、徐復、錢玄等老一輩學者參考無錫國專培養方案,精心策劃設置,體系完備,形成了重視經典研究的鮮明特色。四十年來最主要的成就是培養了一批古典文獻整理和研究的專門人才。近年來,本專業有大量的學術論著相繼問世,產生了重大社會影響。還形成了年齡結構合理,富有朝氣和活力的一支教師隊伍。趙生群教授最後表示,目前古典文獻學專業發展的一個瓶頸是本科生培養效率有待提高。當今研究生招生"大綜合"的考試趨勢,一定程度上削弱了古典文獻學系統、專業的培養優勢,造成了本專業培養人才的資源浪費。他指出,古典文獻專業是搞了幾十年而且已經被實踐證明行之有效的"强基"計劃,理應考慮其培養效率。因此,他呼籲增加研究生推免名額或部分實施本碩連讀。

　　隨後,南師大古典文獻學專業 1986 級本科生、江蘇省委統戰部常務副部長顧萬峰,2006 級本科生,北京大學中國語言文學系、中國古文獻研究中心助理教授張學謙,2020 級本科生魯靜晗作爲學生代表分別發言。他們結合各自的學習經歷,表達了對古典文獻學專業的感恩之情。顧萬峰回顧了自己本科畢業後在工作中不斷攀登的經歷,從理想、認識論、用人帶隊伍三個角度闡述了古典文獻的學養對于自己成爲並做好領導者的幫助。張學謙表示,選擇古典文獻學是自己做出的正確選擇,從微觀、中觀與宏觀三個角度闡發了自己對文獻學意義的思考。魯靜晗則從使命感、成就感和幸福感三個方面分享了自己在古典文獻學專業的學習感悟。

　　接下來,南師大古典文獻學專業主任王鍔教授做工作彙報。王鍔教授從人才培養、學術研究和社會影響三個角度,對古典文獻學專業近十年的發展情況作了簡要回顧。南師大古典文獻學專業自 1983 年創立以來,秉承"章黃學派"之風,將讀書治學與人才培養、古籍整理與古典文獻研究緊密結合,形成了一支由老、中、青三代組成的學術研究方向齊備、文獻基礎扎實、師德學風優良的師資隊伍,承擔各類科研項目三十多項,培養學生 1015 人,所出成果嘉惠學林,備受好評。近年來,古典文獻學專業教師出版的學術成果多次獲獎:由趙生群教授領銜整理的《史記》點校修訂本先後榮獲教育部第 7 屆高等學校科研成果一等獎、江蘇省第 13 屆哲學社會科學優秀成果一等獎等獎項;《五禮通考》整理本、《〈四庫全書薈要〉研究》、《曲禮注疏長編》等學術成果多次獲得國家級、省級出版獎項與榮譽,彰顯了專業學術實力。最後,王鍔教授代表南師大古典文獻學專業對教育部全國高校古籍整理研究工作委員會秘書處、兄弟單位、南師大和文學院表示感謝,並表示在新的十年中,專業將繼續爲賡續中華文脉、弘揚中華優秀傳統文化和培養優秀的古籍整理與研究人才而努力奮鬥。

慶典最後,南師大古典文獻學專業榮休教師黄征教授,將徐復先生的名言寫成書法作品,並捐贈給古典文獻學專業,蘇芃教授代表專業接受贈禮。

9月23日下午,"南京師範大學古典文獻學專業成立40週年慶典暨古典文獻學學科建設論壇"之"古典文獻學學科建設座談會"在隨園校區400號樓會議室舉行。古典文獻學是一個以典籍研究爲中心的學科,與現代學科分類中以知識體系爲標準劃分的文、史、哲等學科息息相關,却又獨具特色。自1983年以來,在教育部全國高校古籍整理研究工作委員會的直接指導下,全國共有北京大學、浙江大學、上海師範大學、南京師範大學、陝西師範大學等五家單位設立古典文獻學本科專業。在新形勢下,古籍保護與研究事業日益興起,2022年4月中共中央辦公廳、國務院辦公廳印發《關于推進新時代古籍工作的意見》,對古籍整理與研究事業提出了更高的要求,如何完善學科建設以及培養相關高質量人才的問題迫在眉睫,本次論壇恰逢其時。

本次座談會由南京師範大學古典文獻學專業王鍔教授主持。在座談會上,教育部全國高校古委會副秘書長、北京大學中文系顧永新教授與浙江大學文學院副院長、古典文獻學專業主任真大成教授,陝西師範大學古籍整理研究所所長周曉薇教授,上海師範大學古籍整理研究所所長鍾翀教授,陝西師範大學文學院副院長王曉鵑教授,華中師範大學歷史文獻研究所副所長黄珏教授,南京師範大學古典文獻學專業趙生群教授、方向東教授、江慶柏研究員、楊新勛教授、劉立志教授,就古典文獻學學科建設、學術交流、人才培養等相關事宜進行了探討。

在學科建設方面,王鍔教授指出,各家古典文獻學專業都應當有屬於自己的頂層設計,能够對專業建設發展方向進行合理規劃,各單位之間應當加强交流,促進學術共同進步。方向東教授認爲,團隊發展是專業建設中極爲重要的環節,各學校與專業應當注重良好小環境的營造。楊新勛教授就古典文獻學專業出土文獻方向研究人才的匱乏以及古文字、出土文獻逐漸脱離文獻學的問題,劉立志教授就專業圖書購置和學科經費等問題,各自發表了意見。

在學術交流方面,鍾翀教授表示,學科内迫切需要進行更廣泛的交流,希望古委會能够發揮組織帶頭作用,促進學術交流活動的展開。真大成教授認爲應當使資深學者、青年學者以及在讀學生都有合適的學術交流平臺。王曉鵑教授表達了希望能够和古委會直屬院校單位達成合作的意願。

在人才培養方面,趙生群教授表示,古典文獻學專業作爲國家保護專業,其培養的專業人才理當受到國家政策保護,而升學率是目前專業人才培養面臨的重大問題,需要得到高度重視。黄珏教授也就古典文獻學專業學生升學困難問題發表意見,希望古典文獻學專業在升學上能够擁有更大自主權。真大成教授肯定了南師大古典文獻學專業開設專書導讀課程的做法,認爲此舉能够很好地將授課教師專長與課程建設相結合,對人才培養起到良好的作用。江慶柏研究員提出在課程建設過程中,應加强理論與實踐的結合,教師應當帶領學生走出書本、走出課堂。周曉薇教授分析了古典文獻學的發展現狀與問題,提出"如何宣傳推廣文獻學"的思考,並表示應當開設"古籍修復與保護"等相關實踐性課程。

9月23日下午、24日上午,"南京師範大學古典文獻學專業成立40週年慶典暨古典文獻學學科建設論壇"之"青年學者論壇",在南師大隨園校區南大樓110室舉行。論壇由南京師範大學文學院蘇芃教授召集,東南大學人文學院王華寶教授擔任總評人,徐州工程學院人文學院薛以偉教授、南通大學人文學院萬久富教授、安慶師範大學文學院芮文浩副教授、嘉應學院文學院劉顯教授分任主持。論壇分四場舉行,每場由三位學者報告論文,每篇論文指定一位評議人,來自各高校、圖書館、博物館等科研機構的24位校友參與了論文報告和評議。

第一場主題爲語言文字研究。復旦大學出土文獻與古文字研究中心石繼承《説"引書"——從出土文字資料看漢晋時代小篆的實際面貌》將秦漢魏晉時代出土篆文資料與傳世文獻相關記載相結合,對當時“篆書”的實際面貌加以考察,認爲漢晉時代所謂“篆書(即小篆)”,主要是指篆文中那種垂筆拉長、重心偏高的字體,肯定了前人將“引書”之“引”解釋爲“引長”的觀點。江蘇師範大學李博肯定了報告人的結論,並就隸書的形成是否受到“引書”的影響與報告人進行了交流。

　　山東大學文學院高中正《關于〈孟子〉“舍皆取諸其宮中而用之”的一點補充》認爲《孟子·滕文公上》“舍皆取諸其宮中而用之”中“舍”當爲表示“皆、共”義的總括詞,這種“舍”字在戰國時代六國文字中爲“餘”之異體,和《公羊傳》中關東語“皆、共之辭”的“餘”字所記録的爲同一個方言詞,“舍”與表示總括的“舉”音義關係密切,用法相近,或有共同來源。南京財經大學新聞學院朱丹寧對于“餘”“舉”的同源關係、“舍”的訓釋等問題提出質疑。

　　陝西省社會科學院古籍整理研究所王志勇《武周新字補論》以石刻、墓志爲主要材料,結合古籍中的相關記載,並充分吸收前賢研究成果,追溯“武周新字”的改字目的及背景,補證其標準字形及分期,逐一分析其文字構形,並探討其在歷史上的具體應用及歷史意義。安徽財經大學歷史文化研究所蘇成愛對論文所作的學術推進進行了充分肯定。

　　第二場主題爲經學文獻研究。《春秋》的性質、孔子與《春秋》的關係等議題,是《春秋》學的根本問題。山東大學文學院吳柱《古〈春秋〉二體論》認爲孔子修《春秋》之前,列國《春秋》可分爲二類:一類是繫年體,以《魯春秋》等爲代表;一類是記事體,以《墨子》引《春秋》等爲代表。相比于繫年體《春秋》的記事簡略,記事體《春秋》因叙事詳贍,而更具垂鑒當世、教化人心的作用,據此可以推知,孔門之《春秋》學並非純從繫年體之《魯春秋》而出,實兼具二體。中國社會科學院古代史研究所張沛林就《春秋》名義、孔子作《春秋》的内涵以及《春秋》書法義例等問題與報告人進行了交流。

　　相比于他經,《禮記》的文本秩序因爲缺少内在邏輯而具有不穩定的特性。南京曉莊學院文學院郎文行《論〈禮記〉文本秩序的歷史形態》認爲,漢唐時期以鄭玄注《禮記》所確立的文本秩序成爲絶對的主流。至宋代,朱子《儀禮經傳通解》開啓了元明兩代《禮記》文本秩序調整的先河。在晚明以來考據學的影響下,鄭玄確立的《禮記》文本秩序在清代重新得到恢復，並一直延續到現代學術體系的研究框架之中。南京信息職業技術學院素質教育部王寧玲在材料、觀點等方面肯定了論文的貢獻，同時從概念、文章結構等方面對論文中宋、明部分的論述提出意見。

晚清經學名家曹元弼的《周禮》學向來缺乏關注，金陵科技學院人文學院聶濤《曹元弼〈周禮〉學鈎沉》以《曹元弼日記》《曹元弼友朋書札》爲中心發掘曹氏研讀《周禮》之情形及時人對其《周禮》學之評價，鈎輯曹氏《周禮》學之著作，並闡論其學説中獨具價值之觀點及所體現的研究方法。南京師範大學文學院瞿林江在新材料的利用及文獻勾稽上對論文進行了充分肯定。

第三場主題爲版本學研究。中國古代書册制度演變是版本學上的重要議題，歐陽修《歸田録》中所言“葉子”究竟爲何，頗引起前賢時修的异議，北京大學中文系張學謙《再論“葉子”及其形制——中國册子起源考之一》以唐代文獻中所記載的“葉子”，結合敦煌遺書中的“葉子”實物，論證了“葉子”當爲橫寬縱窄、兩面書寫、側面裝訂的書籍裝幀方式，駁斥了此前將“葉子”等同于折叠裝、龍鱗裝、類龍鱗裝的説法。蘇州博物館李軍就書籍形制與功能之關係、書籍形制與皮藏之關係、書畫裝幀技術等問題與報告人進行了交流。

近年來，版本研究呈現深細化趨勢，顯示了學界關于“版本”内涵之認識的轉變。復旦大學圖書館曹鑫《〈史通削繁〉原刻本考述》通過對清紀昀《史通削繁》一書衆多版本的細節比對，發現清道光十三年（1833）由廣州芸香堂書坊承刊之兩廣節署本爲原刻，且分辨了其中之初印與後印，而流傳較廣之廣州翰墨園書坊本爲翻刻，部分書目、論著多誤以翰墨園翻刻本爲兩廣節署原刻本。安徽省圖書館歷史文獻部常虛懷肯定了論文的結論，並就文章細節問題提出商榷意見。

揚州大學文學院張琪《國圖藏毛晋舊藏元刻本〈禮書〉實爲影刻或覆刻考》仔細比對了陳祥道《禮書》的十一部“元刻本”，發現國家圖書館藏毛晋舊藏本《禮書》，實際上是元刻明修本中刷印較晚版本的影刻或覆刻本。山東大學儒學高等研究院郭超穎肯定了論文的結論，並就版本研究方法之推進表示期待。

第四場則涉及史實考證、書籍史與四庫學研究。西北大學文學院趙陽陽《唐永淳元年西征阿史那車簿史事考》利用吐魯番文書《唐尚書省牒》

及苑大智墓所出《授苑大智壯武將軍守左領軍衛將軍員外置同正員詔》石刻等地下之新文獻，考證唐高宗永淳元年唐軍出征西突厥阿史那車簿的諸種史實細節，補正傳世文獻新舊《唐書》與《資治通鑒》之疏誤。安徽師範大學文學院蔡德龍從選題意義、材料利用、論證過程等方面肯定了論文，並以《新唐書》爲例，就文人修史等問題與報告人進行討論。

香港中文大學（深圳）人文學院王紅梅《晚明杭州書坊的商業化——以問奇閣書坊及其〈古今女史〉爲例》以晚明杭州書坊問奇閣所刻書籍爲中心，揭示了晚明杭州書坊之間存在聯合刊刻諸子叢書的商業運作模式，並分析了問奇閣所刊閨秀總集《古今女史》的商業特質及其缺陷。江蘇大學文學院王勇肯定了論文資料搜集利用上所作出的貢獻及其選題意義，並就文章具體內容提出商榷。

泰州學院人文學院孫利政《〈四庫全書總目〉考辨五札》以史源考辨爲主要方法，辨證《四庫全書總目》中《四書章句集注》《平黔三記》《涉史隨筆》《歷代小史》《忠貞集》五書提要文字的錯誤或疑義。南京師範大學文學院井超就文獻資料利用的便利條件與考證成果推進之間的關係進行了申論。

王華寶教授從研究對象、研究思路、材料使用、文章結構、學術規範等方面分別對報告論文進行了評議。

9月23日下午，“南京師範大學古典文獻學專業成立40週年慶典暨古典文獻學學科建設論壇”之“古籍出版與保護”青年校友沙龍，在隨園校區南大樓111室舉行。本次沙龍由南京師範大學文學院謝秉洪副教授、吳新江副教授、曹紅軍教授聯袂召集，上下半場分別由廣陵書社孫葉鋒副社長、鳳凰集團鳳凰出版社吳葆勤總編輯主持，來自圖書館、出版社的26位校友結合自身工作經歷，對古籍出版與保護事業發表了自己的看法。

在古籍出版方面，鳳凰出版社郭馨馨講述了自己參與編校《尚書學文獻集成·朝鮮卷》的過程，展現了古籍出版的艱辛，以及爲實現古籍傳播與文化傳承的目標而努力克服困難的堅韌精神。浙江古籍出版社路偉談到出版社在商業利潤與學術出版之間進行平衡的不易，並以最近影印的汲古閣抄本《集韵》爲例，介紹了出版社自覺承擔文化責任，追求高質量古籍出版所作的努力。上海譯文出版社徐辰陽談到探索古籍聯名出版等高效率出版模式的設想。

在古籍保護與利用相結合方面，南京圖書館歷史文獻部趙彦梅介紹了自己實際參與的《江蘇藝文志》（增訂本）等項目的情形，結合《古籍普查目録》的出版對南圖館藏目録的情況進行説明，並呼籲出版社能够加强與古籍存藏保護單位的合作，更快速地推進古籍"化身億萬"的目標，實現古籍保護與利用之間的雙贏。

在古籍出版與數字化方面，金陵圖書館古籍部紀景超提出在諸如"中華古籍資源庫"等古籍數字資源廣泛公布的新形勢下，如何開展古籍影印出版工作這一議題，引發現場廣泛討論。南京出版社劉娟闡述了南京出版社"六位一體"的出版模式，特别介紹了文獻檔案《金陵全書》的情況，以及古籍數字化成果"南京歷史文獻數據庫"的情形，展現了古籍出版與古籍數字化相結合的新思路。上海古籍出版社侯君明以上海古籍出版社建設的古籍數字化綜合服務平臺"尚古匯典"爲中心，説明了數字出版的新形勢。

其他與會校友柳向春、李林鐘、崔廣洲、吴瑕碧、徐大軍、姚明輝、趙瞳等也分别就古籍出版如何進行突破創新，新形勢下古籍營銷如何轉變以及數字出版、古籍人才建設、圖書館古籍的保護與利用等相關問題進行了深入的交流探討。

至此，南京師範大學古典文獻學專業成立 40 週年慶典暨古典文獻學學科建設論壇圓滿落下帷幕。

（作者：南京師範大學文學院講師）